KB147077

세균의 복음

1870~1930년 미국 공중보건의 역사

제균의 복음

The Gospel of Germs

낸시 톰스Nancy Tomes 지음 | 이춘입 옮김

1870~1930년
미국
공중보건의
역사

푸른역사

일러두기

1. 이 책은 Nancy Tomes의 *The Gospel of Germs: Men, Women, and the Microbe in American Life*(Cambridge: Harvard University Press, 1998)를 완역한 것이다.
2. 인명과 지명은 주로 외래어표기법에 따랐으나 네이버 백과사전 등도 참고했다.
3. 저자의 주는 모두 미주이며, 역자가 본문에 더한 주는 괄호 안에 별도로 '역자 주'라고 표시했다.
4. 저자의 이탤릭체 및 대문자 강조는 굵은 글씨로 표시했다.
5. 본문의 인용은 원문에 충실하게 옮기고자 했다.

한국어판 서문

이 책이 처음 출간된 지 올해로 20년이 흘렀다.[1] 이런 의미 있는 해에 이 책이 한국어로 번역된다고 하니, 나에게는 더 없는 영광이다. 이 작업을 가능하게 해 준 나의 친구이자 동료 이춘입 선생에게 깊은 감사의 마음을 전한다. 그녀가 처음 한글판 서문에 대해 언급했을 때, 여전히 내게 매우 중요하지만 한동안 잊고 있었던 이 책의 주제에 대해 다시금 생각할 수 있었다.

서론과 결론에서 언급했듯이, 나는 에이즈HIV-AIDs를 염두에 두고 이 책을 썼다. 집필을 시작했던 1980년대 말 당시에 에이즈 바이러스HIV(후천성 면역 결핍 바이러스)는 새로 발견된 매우 두려운 병원균이었다. 이 바이러스는 수년 간 동면 상태에 있다가도, 곧 면역 체계를 무너뜨리면서 고통스럽게 죽게 할 수 있는 힘이 있었다. 내가 이 책을 마무리 한 1990년대 말 항레트로바이러스 치료ART가 도입되어 에이즈 바이러스 감염인이 에이즈 환자가 되는 것을 늦출 수 있었고, 예외 없이 치명적인 급성 질환에서 관리 가능한 만성 질환(비록 비용이 많이 들어서 만만치 않지만)으로 바꿰었다. 이런 변화가 생겼을 때, "세균의 복음"의 오용—우리가 기침이나 재채기로 다른 사람들을 감염시키지 않으려는 일상적인 행동—은 일상적 접촉으로는 결코 퍼지지 않는 에이즈HIV-AIDs 환자에 대한 차별을 지속적으로 부채질했다.

1960년대와 1970년대는 근대의 보건 조치, 백신, 항균제 등의 사용으로 더이상 인간이 균을 두려워할 필요가 없다는 의기양양한 믿음이 생긴 시기였다. 이 책은 에이즈 유행병이 어떻게 이러한 당시의 만족감을 훼손시켰는지에 대한 나의 깨달음과 관련이 있다. 이 책의 에필로그에서 나는 에이즈가 단지 시작일 뿐이라는 1990년대 보건과 환경의학의 수많은 경고를 조사했다. 이는 발병하고 재발하는 전염병이 21세기에는 엄청난 파괴력을 가질 것이라는 주장의 목소리였다.

20년 뒤, 그런 경고가 사실임이 밝혀졌다. 전 세계 경제와 기후의 변화로 새로운 바이러스성 질병이 확산되었고 이전에 통제했던 전염병이 재발하였다. 최근 에이즈는 중증급성호흡기증후군SARS, 신종 H1N1 인플루엔자 바이러스, 중동호흡기증후군MERS, 에볼라, 그리고 가장 최근에 지카Zika처럼 다른 세계적 유행병의 위협과 결합했다. 더구나 항생제 내성균의 위험은 더욱 심해졌고, 메티실린 내성 황색 포도구균MRSA과 클로스트리듐 다이피실이라는 병원 기반 질병을 증가시켰을 뿐만 아니라 그것들이 학교나 체육시설로도 확산되었다. 지속적인 보건 기반의 악화로 수인성 질환에 대한 방어 제일선인 상하수도 시스템도 무너졌다.

9·11 테러와 그 이후 기이한 탄저병 이송 때문에, 생화학 테러에 대한 공포가 더해졌다. Y2K 비상대응계획(20세기 말 새천년 도래로 인한 연도표기 문제에 대한 해결책 모색-역자 주) 시기에 분명해진 취약성에 대한 보편적

의식은 전 세계적 유행병에 대한 대응 전략을 포함해 보건 비상 대비책을 개선하려는 체계적인 노력으로 바뀌었다. 2002년 이후 미국 정부는 유행병 등의 "대규모 보건 위기 예방 및 대응과 관련한" 국가 능력 개선에 50억 달러 이상을 썼다. 보건 비상 대책에 대한 연구나 정책 분석도 갑자기 늘어났다.[2]

그래서 신생 질병 전문가 두 사람이 2012년에 썼던 것처럼 다양한 측면에서 거듭된 도전에 직면해 효과적으로 대응하는 것, 즉 "예기치 않은 것을 예측하는" 것, 다시 말하면 세균과 공생하는 법을 우리는 어떻게 배울 수 있을까?[3] 그런 도전에 직면해서 1900년대 초 이후 분명 많은 것이 변했다. 우리가 지금 잠재적인 질병의 위협을 더 잘 아는 이유는 9·11 테러 이후 질병 감시 기반이 강화되었기 때문이다. 그런 전 세계적인 감시 시스템이 작동하고 있기 때문에 최근 질병—사스에서 지카에 이르기까지—에 대한 공포가 널리 퍼지게 되었다. 그러나 전반적으로 새로운 질병을 추적해서 확산을 막는 능력은 2000년이나 1970년 혹은 1900년에 비해 훨씬 나아졌다. 만약 긍정적인 사람이라면, 그 어떤 무시무시한 신생 질병도 미국이나 한국 등의 선진국을 완전히 장악하지 못했다는 사실에 안도할 수 있을 것이다. 또한 보건 기반 능력과 결합된 상대적 부는 여태까지 우리를 보호해 왔다.

그러나 이런 성공에는 아이러니가 있다. 위기일발의 상황은 이제 전 세계 많은 사람들이 유행병의 위협에 불안감을 갖게 만들었다. 예방 시스템의 가동 효과와 그것에 대한 언론의 관심은 불안을 야기했고, 가장 최근의 바이러스 재앙에 대한 "피어볼라fearbola(fear와 ebola의 합성어-역자 주)"나 "히스테리"가 누구의 탓인지 격렬한 규탄이 시작되었다.[4]

대중매체와 대중문화의 변화는 21세기 보건 교육을 복잡하게 만들었다. 1980년대 케이블 TV의 증가로 주요 방송3사의 독점이 깨지고 일주일 24 시간 내내 뉴스 속보를 경쟁적으로 방송했다. 1990년대 말 시작된 대중들의 인터넷 사용은 새로운 뉴스 탐색을 가속화시켰다. 그것은 또한 눈 깜짝할 새 전송될 수 있는 대안적인 뉴스원이나 음모론의 "다크넷dark net(불법 공유 네트워크-역자 주)"의 문을 열었다. 이런 경쟁의 온상에서, 지하철이나 뒤뜰의 잠재적인 위협에 대한 이야기들로 인해 새로운 질병의 위협에 대한 질병대책센터CDC의 최신 정보는 아마도 사소하게 들릴 것이다.

뉴스 환경의 변화는 급증하는 오락 장르와 병행했다. 거기서 소설, 영화, TV쇼는 프리실라 월드Priscilla Wald가 "전염병 유행서사outbreak narrative"라고 부른 요소들을 선택하고 계속 재활용해 왔다. 영장류에서 인간에게로 돌진하는 새로운 질환, 파멸적인 죽음의 물결이 시작되는 최초 감염자, 전략적인 균 전쟁의 사용, 이 모두가 현대적인 디스토피아의 가능성에 대한 익숙한 의미 탐구의 수단이 되었다. 거기에는 "유행병" 보드게임과 비디오 게임(내가 지어낸 이야기가 아니다!)이 있다. 근면한 보건의료 전문가들은 〈워킹 데드The Walking Dead〉, 〈피어 더 워킹 데드Fear the Walking Dead〉, 〈스트레인The Strain〉 혹은 〈라스트 쉽The Last Ship〉을 볼 시간이 없겠지만, 그들의 환자나 이웃은 시청했을 가능성이 있다. 지카와 같은 실제 질병의 복잡성을 설명해야 할 만큼 나쁘지 않더라도, 당신은 좀비 바이러스의 존재도 부인해야 한다.[5]

게다가 소셜미디어의 손쉬운 접근성 때문에, 시간 여유가 있는 사람이라면 누구나 최신 유행병 위험을 트위터에 올릴 수 있다. 2014년 9월 16일에서 10월 6일 사이, 에볼라를 언급한 1억 50만 트위터 글이 전 세계

170개 국가에서 보내졌다. 모두 똑같이 140개 문자로 보건 전문가나 음모론자들은 에볼라가 CIA에 의해 조작된 것이라고 생각한다는 내용이었다. 트위터 유저들은 #에볼라와 @Eboladeeply를 에볼라 발발의 전모를 이야기하기 위해 설계된 공동 뉴스 사이트로 만들었다. 그들은 #지카, #지카바이러스, 정보센터@지카_뉴스를 사용하면서 지카에 대해서도 똑같이 트위터에 올렸다.[6]

　사실 좋게 포장해서 말한다 하더라도, 대중매체, 오락, 소셜미디어의 변화는 질병 대비 작업을 어렵게 만들어 왔다. 문제는 그 시스템 작동 방식의 의도치 않은 부작용을 통제하는 데 있다. 즉, 각각의 질병 위험에 너무 과도하게 주의를 기울이면 나쁜 누적 효과를 낳을지도 모른다. 지카와 같은 질병의 위협에 "과잉 반응"하게 만듦으로써—살충제를 사용해라, 당신의 마당을 모기로부터 안전하게 만들어라—그것이 바로 실현되지 않으면, 오랫동안 예상된 "큰 일Big One", 다시 말해 1918~1919년의 독감과 유사한 질병이 생겼을 때, 양치기 소년의 이야기에서처럼 우리는 냉담하게 돌아서지 않는가? 지카에 대한 걱정으로 인해 병원 방문 동안 메르스에 감염되는 것과 같이 더 가능성이 큰 질병의 위협으로부터 주의를 돌리지는 않는가? 2016년 거의 6만 4,000 미국인들을 죽인 약물 과다복용에 더 집중해야 하지 않을까?

　건강에 관한 서로 상반된 메시지의 포화로 사람들이 혼란스러워하는 것도 당연하다. 전문가들이 서로 상반된 의견을 내놓기도 한다. 예컨대, 도날드 맥닐Donald McNeill이 《지카: 신생 유행병Zika: The Emerging Epidemic》에서 썼듯이 임신한 여성들을 위한 지카 지침서 발행에 맞서 질병대책센터 직원들이 논쟁을 벌인 적이 있다. 이처럼 전문가들도 동의할 수 없는

일에 일반 시민이 무엇을 생각하고 어떻게 행동할지 몰라 당황하는 것은 당연한 일이다.[7]

　여기서 나의 요점은 간단하다. "어리석은" 대중이 모든 재앙의 근원이라는 가정을 가지고 출발하는 것은 보건 교육 활동을 시작하는 데 현명하지도 공정하지도 않다. 학자나 교육자들이 그러하듯, 우리도 인류학자처럼 생각하는 것이 좋다. 이는 사람들이 알고 있는 것과 세상을 이해하는 방법에서 시작한 다음, 필요에 따라 그것을 고치는 데 도움이 되는 정보를 제공하는 것이다. 여기에는 현대 심리학자뿐만 아니라 나와 같은 역사가의 연구가 인내력을 기르는 데 도움이 될 수 있다. 사람들은 이미 알고 있는 말로 위협을 이해한다. 우리는 1900년대 초에 만들어져 오늘날까지 지속된 일련의 보건 행위와 신념—내가 "균의 복음"이라고 부르는 것—에 계속 의지하고 있다. 사람들에게 어떤 질병이 전염될 수 있다는 것을 알게 하고 주요한 확산 방식—직접 전염, 접촉 매개물, 동물 및 곤충 매개체—을 숙지하도록 하기 위해서라면 우리는 어떤 고생도 마다하지 않는다. 우리는 그들에게 손을 씻고 조심해서 식품을 다루며 아프면 집에 있고 재채기나 기침이 나면 입을 가리며 방충망을 설치하고 마당에 모기 서식지를 없애라고 훈련시킨다. 새로운 질병의 위협이 있을 때면 그들은 이런 일반적인 말로 그 위험을 이해하려고 애쓴다.

　이런 점에서 에볼라에 감염된 한 의사가 지하철을 탔다는 소식에 나의 동료 뉴요커들이 패닉 상태에 빠진 것은 완전히 불합리한 것만은 아니다. 나 역시 처음에 매우 분개했다. 그러나 후속 기사를 읽은 후, 그때 그에게 접촉 전염성이 없었다는 것을 배웠다.[8] 사실 언제 전염성이 있고 언제 없는지에 대한 과학적 확실성은 보통 우리가 원하는 만큼 실시간으로 명확하지는 않다. 이와 마찬가지로 뉴저지주의 뉴웍에 사는 임신한 여성이 지카 감염을 걱정하는 것이 불합리한 일인가? 그렇다. 우리는 벡터 모기vector mosquito의 범위에 대해 지금 알고 있는 것에 기초해 그녀에게 아무 것도 걱정할 게 없다고 말할 수 있다. 그러나 그녀가 걱정하는 건 당연하지 않을까?

우리를 보호하기 위해 생겨난 특정 보건 조치로 활성화된 걱정거리도 마찬가지다. 내가 사는 뉴욕주 서포크 카운티의 아시아 호랑이 모기가 발견된 특정 지역에서는 모기를 죽이려고 살충제를 뿌려대고 있다. 살포할 때면 주민들은 살충제 노출 부작용을 최소화하기 위해 집에 머물라는 주의를 듣는다. 그러나 그 지역에 거주하는 내 학생—의대에 진학하려는 아주 합리적인 젊은 청년—은 사람들이 일하러 가거나 학교에 가야한다고 지적했다. 그들은 어떻게 지카 위험과 살충제 노출 간의 균형을 맞출 수 있을까? DDT(살충제-역자 주) 스프레이에 대한 기억이 여전히 생생하고 암 발병률이 높은 지역의 사람들은 당연히 불안해 할 것이다.

이것은 우리 모두가 직면하는 복잡성이다. 새로운 질병과 그것을 물리치기 위해 사용하는 보건 전략을 염려하는 데에는 합당한 이유가 있다. 이러한 걱정을 무지하다거나 비논리적이라고 말하는 것은 유익하지 않다. 우리의 최일선의 방어선은 환자, 학생, 가족이 걱정하는 것을 진지하게 받아들이고 그들의 근심에 대해 최상의 경험에 입각한 윤리적 근거를 제시하여 최선을 다해 그들을 안심시키는 것이다.

그렇게 하기 위해서는 청결, 위험, 안전에 대한 다양한 문화적 사고를 잘 헤아려야 한다. 미국과 한국을 포함해 세계인 모두가 새로운 전염병에 걸릴 위험에 처해 있다. 예를 들어, 한국에서는 보건 당국이 항생제 내성

균의 확산뿐만 아니라 메르스의 위협에 대한 최선의 대응책도 찾고 있다. 그러나 한편으론 보편적인 것처럼 보이지만, 병에 '걸리는' 데 대한 두려움은 역사나 문화와 밀접한 관련이 있다. 나는 《세균의 복음》을 쓰면서 나의 관점이 미국 역사의 특수성과 관련된다는 것을 알았다. 나는 질병 세균설의 대중화가 다른 나라의 다른 문화에서는 어떻게 전개되었는지 몹시 궁금했다. 책이 완성될 무렵, 나는 그 주제에 대해 더 많은 비교연구를 계획했었다. 그러나 당시 나는 의사-환자 사이의 관계 변화의 특성에 대해 새롭게 관심을 갖게 되어, 이 관심사는 제쳐 두게 되었다. 나의 바람은 이 책의 한글 번역본 출판으로 젊은 학자들이 내가 하지 못했던 비교연구를 했으면 하는 것이다.

마지막으로 나는 균의 복음의 역사를 다시 생각하게 만든 최근 10년간의 발전에 대해 언급하고자 한다. 책에서 간략하게 논의했듯이, 초기 질병 세균설을 대중화한 사람들은 종종 "좋은 균/나쁜 균"을 구분했다. 그들은 나쁜 균에 대한 대응책을 촉구하는 순간에도 많은 미생물이 무기물을 유용한 에너지 형태로 분해할 뿐만 아니라 우리에게 맛좋은 발효주나 발효식품을 제공하는 "인류의 친구"라는 점을 대중에게 상기시켰다. 또한, 보건 교육가들은 "살균 의식"을 장려했지만 인체가 결코 균으로부터 자유로울 수 없으며 몸 안팎의 많은 미생물이 건강에 위협이 되지 않는다는 것을 알고 있었다. 그러나 대체로 균의 복음은 몸에서 미생물을 제거하는 것이 좋다고 가정하게 만들었다. 1930년대 항균제의 도입으로 주류 과학 및 의학은 "우호적인" 균에 대해서 무관심하게 되었다. 그런 관심은 주로 자연요법처럼 대안적인 의학 전통 추종자들 사이에서 지속되었다. 이러한 자연요법에서는 질병 세균설로 병을 설명하는 것에 여전히 회의적이다.

최근 몇 년간, 인간 마이크로바이옴microbiome(장내 미생물군유전체-역자주)에 대한 새로운 연구가 "좋은 균/나쁜 균"이라는 담론을 극적으로 부활시켰다. 연구자들은 선진 DNA 배열법을 사용해 신체의 "표준" 미생물 구성도를 그리기 시작했다. 그들의 연구는 뉴스거리를 양산해 냈다. 예를 들어, 인체는 인간 세포보다 열 배 많은 미생물을 포함하고 있고, 우리의 마이크로바이옴을 반려동물과 공유한다는 것이다. 로드니 디터트Rodney Dietert의 《인간 초유기체*The Human Superorganism*》나 에드 용Ed Yong의 《내 속엔 미생물이 너무나 많아*I Contain Multitudes*》와 같은 책들은 마이크로바이옴에 대한 새로운 이해로 인간/세균 관계에 대한 근원적인 재검토가 필요하다고 주장한다. 이런 연구는 19세기 말 이래로 균의 복음의 특징이었던 미생물과의 공생에 대한 적대감에 의문을 제기한다. 그것은 또한 위나 피부 생물군을 더 건강한 상태로 복구시킨다고 알려진 새로운 제품을 홍보하려는 기업 간 경쟁도 야기했다.[9]

장내 생물군과 친해지라는 외침과 발병하고 재발하는 질병의 예방 사이에서 사람들은 어떻게 균형을 잡을까? 말하기 너무 이르지만 한 가지 결론은 분명한 것 같다. 바로 인간과 병균의 관계는 계속해서 우리를 매료시킬 것이라는 점이다.

과거 질병에 대한 기억들

1990년대 말, 미국 사회는 세균germs이라는 주제에 사로잡혔다. 감염의 위험은 어디에서나 예고된다. 에이즈AIDS(후천성 면역 결핍증) 환자의 회고 록에서, 《신종 전염병*The Coming Plague*》과 같은 베스트셀러 책에서, 《라스 트 스탠드*The Last Stand*》와 《아웃브레이크*Outbreak*》 같은 영화에서, 〈살인 미생물의 복수Revenge of the Killer Microbes〉라는 제목의 잡지 기사에서, 심 지어 《세균에 대한 필드 가이드*A Field Guide to Germs*》에서도. 지난 10년 동 안 인간과 세균의 관계에서 생태학적 변화와 그것이 삶에 미칠 결과에 대 해 상당한 관심이 집중되었던 것이다.

사실 나는 아주 최근까지도 세균에 대한 이런 관심에 공감하지 못했다. 20세기 중반 항생제 혁명 이후 성년이 된 대부분의 중간계급 베이비부머 (2차 세계대전 종전 즈음에 태어난 세대—역자 주)와 마찬가지로 세균에 대해 그다지 신경을 쓰지 않았다. 그러나 내가 세균 신앙germ beliefs의 역사를 쓰려고 마음먹은 것은 외래 질병이나 생명을 위협하는 병치레를 겪어서 가 아니다. 우리 집을 방문한 사람은 누구나 확인할 수 있듯이, 나는 청결 기준에 까다로운 사람이 아니다. 이 연구를 시작할 때까지만 해도, 나는 변기에 종이 커버를 씌우는 사람을 구제할 수 없는 노이로제 환자라고 생각했고, 집안 청소를 여성을 비생산적인 삶으로 이끄는 사소한 일로 치부했다.

예전에 내가 감염의 위험을 대수롭지 않게 여긴 것은 우리 세대가 누렸던—적어도 최근까지는—페니실린과 같은 20세기 특효약 덕분이다. 또 우리 세대 중산층의 교육 덕분에, 나는 한 때 흔했던 일, 즉 치명적인 감염 가능성을 가진 친척이나 친구를 피할 수 있었다.

그렇지만 우리 가족의 병력은 유년 시절 내가 알았던 것과는 꽤나 다른 질병의 환경에 둘러싸여 있었고 이로부터 나의 역사의식이 형성되었다. 나는 모두 남부인인 부모의 막내로 태어나 과거가 훨씬 더 위험했다는 이야기를 들으면서 자랐다. 저녁 식사 때나 친척이 방문할 때면, 부모님과 친지들은 질병에 대해 회상하곤 했다. 그것은 내가 알지 못했던 두려움과 불쾌감을 주었다. 나는 그들의 이야기를 통해, 과거에는 질병으로 갑자기 죽거나, 위험천만한 비위생 상태가 늘 존재했다는 사실을 어렴풋이 알 수 있었다.

나는 켄터키주 중남부의 농장에 살았던 조부모님을 방문하면서 이러한 차이를 재차 확인할 수 있었다. 이곳은 1911년에 아버지가 태어난 곳이기도 했다. 남부 대부분의 시골과 마찬가지로 에드먼슨Edmonson 카운티(켄터키주 남서쪽에 위치한 군郡—역자 주)는 전기, 수돗물, 실내 화장실 등과 같은 20세기 문명의 이기와는 거리가 멀었다. 유년 시절 아버지가 살았던 집은 심지어 1960년대에 내가 좋아하던 로라 잉걸스 와일더Laura Ingalls Wilder의 소설에 나오는 개척 농가 같았다. 그곳에는 내가 상당한 경외심을 가졌던 칠흑같이 어두운 우물이 있었다. 또 유일한 변기는 산비탈에 설치된 옥외변소(통칭 '롱 드롭long drop'이라는 방식)뿐이었다. 그 옥외변소는 어린 아이에게 너무나 무섭게 보였다. 때문에 나는 아주 위험하거나 소름 끼치게 보이는 그 변소를 결코 사용한 적이 없다.

이색적이었던 조부모님의 집과 마찬가지로 그곳 큰 사랑방에 모인 가족들이 되풀이하던 옛날이야기에는 다른 위험 요소도 다소 포함되어 있었다. 친척들은 간혹 스텔사Stelsa 고모를 회상했다. 어느 날 고모는 입술을 잘랐고 다음날 패혈증으로 죽었다고 한다. 제타Zeta, 줌마Zuma, 줄라Zula 라는 별난 이름의 세 쌍둥이인 나의 육촌 중 한 명도 결핵으로 죽었다고 한다. 이 모든 이야기는 내가 카운티의 조그마한 교회 길 아래 있는 그 신화 같은 인물들의 묘비를 봤을 때 더욱 가슴 저미었다.

그리고 내슈빌Nashville(미국 남동부 테네시주의 주도-역자 주)에서 차로 한 시간 거리에 있는 어머니의 고향을 방문했을 때의 경험은 과거 질병의 위험에 대해 미묘하지만 고통스러운 깨달음을 주었다. 1912년에 태어난 어머니는 아버지보다 더 상류층 출신이었다. 외조부는 구리광산 회사에서 사무원으로 일했고 읍의 우체국장을 역임하기도 했다. 할아버지가 기록한 멋진 표준문안boilerplate(기업이나 정부에서 사용한 규격화된 서법書法-역자 주)이 법원에 보관되어 있었는데, 언젠가 나는 그것을 보고 감탄해 마지않았다. 그러나 어머니의 가족은 아버지의 농촌 일가보다 더 안락하게 살았지만, 더 많은 병으로 고생했다. 어머니가 다섯 살 되던 해, 할아버지는 원인을 알 수 없는 신부전증으로 죽었고, 열세 살 때에는 따르던 오빠가 맹장 파열로 인한 복막염으로 사망했다. 자라면서 이런 가족의 죽음이 어떻게 끊임없이 어머니의 삶을 우울하게 만들었는지 생생하게 느낄 수 있었다. 거실에 놓인 할아버지 사진이나, 어머니가 성경과 함께 서랍에 넣어둔 어린 해밀턴 삼촌의 스냅사진을 보면, 나도 어머니처럼 아버지나 오빠를 병으로 잃을까봐 갑자기 두려워졌다.

1950년대에서 1960년대 안전하고 깨끗했던 나의 유년기에는 없었던 위험을 부모님은 겪었었다. 물론 죽음은 나의 세상에도 있었다. 나는 어릴 때 친척과 지인이 죽는 것을 보았다. 그렇지만 패혈증, 결핵, 복막염보다는 심장병, 암 그리고 노환이 주된 사인이었다. 소아마비는 1950년대에도 여전히 부모들의 심각한 걱정거리였다. 그렇지만, 감염은 대체로 어린 시절 한 때 앓는 홍역, 볼거리, 혹은 성인이 감기나 독감에 걸리는 것 같은 그런 일상적이고 가벼운 질환이었다.

나는 변기—특히 할아버지의 옥외변소—를 사용한 뒤에는 손을 씻고 재채기나 기침을 할 때는 코와 입을 가리는 것이 건강을 위해 필요하다고 막연하게 알고 있었을 뿐이다. 그런데 이런 사소한 습관이 내가 좋아한 옛날 책에 등장하는 어린 소녀를 빼앗아 간 성홍열이나 폐결핵을 염두에 둔 것은 아니었다. 나에게는 핵무기 공격이나 토네이도로 인해 죽을지도 모른다는 공포가 훨씬 더 구체적이었다. 이 둘은 공립학교에서 자주 대비 훈련을 했지만, 사실상 일어날 것 같지 않은 재앙이었다. 1960년대 초 소아마비 백신을 맞으러 지역 고등학교에 간 것을 제외하고 감염을 피하는 것은 방사선 중독을 최소화하는 방법이나 방공호를 갖추는 방법을 배우는 것만큼 적극적인 예방조치를 필요로 하지는 않았다.

소수의 독자들만이 나의 성격 형성에 영향을 미친 옥외변소에 대한 충격에 공감할지 모르겠다. 그러나 이 경험은 대부분 중간계급 베이비부머를 대변한다. 1960년대에서 1970년대까지 다양한 나이대의 미국인들 사이에서 질병에 대한 경험은 그 세대차가 커졌다. 제2차 세계대전 이후, 특히 중간계급 가정에서 태어난 우리 세대는 근대 역사상 가장 괄목할 만한 발전 가운데 하나를 당연한 것으로 받아들였다. 인구 통계학자들은 그것을 "위대한 사망률 변화great mortality transition"라고 불렀다. 조부모 시대에 대부분의 사람을 죽음에 이르게 한 질병인 결핵, 폐렴, 장티푸스는 이제 무력해졌다. 우리는 수천 년 동안 가족과 공동체에 타격을 주었던 질병으로부터 보호받는 운 좋은 존재이다.

항생제 특효약으로 보호를 받으며 자란 우리 베이비부머들은 이전 세기 개인의 위생을 위해서 일상적인 접촉casual contact을 경계해야 한다는 걱정으로부터 자유로워졌다. 치명적인 감염병의 위력을 경험하지 않은 우리는 세균과 살균제에 대한 구세대의 집착을 다소 우습게 여겼다. "사랑과 평화peace and love"의 세대의 관점에서, 우리 어머니와 할머니들이 문손잡이부터 변기 의자에 이르기까지 눈에 보이는 모든 것에 리졸Lysol(소독제나 살균제의 상표-역자 주)을 뿌리는 버릇은 구시대의 신경증적인 접근을 드러내는 증거일 뿐이었다.

그러나 지난 15년 동안 에이즈 출현뿐 아니라 내성 결핵부터 에볼라 Ebola 바이러스에 이르기까지 완전히 새로운 "슈퍼버그superbugs"(항생제로 쉽게 제거되지 않는 박테리아-역자 주)의 발생으로 젊은이 특유의 자신감은 크게 좌절되었다. 신문, 잡지, 텔레비전, 영화는 위협적인 세균 이야기로 가득 찼다. 갑자기 우리는 보이지도 않는 미생물 세계에 또다시 노출되었다고 느낀다. 어떤 논평가의 공포처럼 '신종 전염병'이 파국적일 것이라는 확신은 없다. 그러나 우리가 한때 생각한 것처럼 20세기 초 공중보건운동의 성과가 그렇게 안전하지만은 않다는 것도 확실하다.

오늘날 이런 문제를 고려하면서 부모님과 조부모님들이 한때 그렇게 냉철하게 대면했던 질병의 위험에 대해 더 잘 이해하게 되었다. 그들의 경험은 더이상 그렇게 멀리 있지도 유별나지도 않은 것 같다. "한창 나이"에 죽은 스텔사 고모나 해밀턴 삼촌의 이야기는 과거에 대한 이질감을 심화시켰지만 이제는 동질감이 느껴진다. 나는 이러한 생각으로, 한때 그들이 아주 잘 알았고, 앞으로 우리가 익숙하게 발견하게 될 질병의 특징을 이해하기 위해 노력하게 되었다.

이 책에서는 몇 가지 간단한 질문을 던진다. 언제 어떻게 미국인들이 세균의 존재를 믿게 되었는가? 그들은 어떻게 육안으로 확인할 수 없는 살아있는 미생물과 공존한다는 것을 처음으로 상상하고 이해했는가? 어떻게 보이지 않는 적을 믿고 일상생활의 방식을 바꾸게 되었는가? 이 질문들에 대답하기 위해, 나는 의학사와 사회사에서 몇 가지 익숙한 양상을 언급할 것이다. 그것은 실험과학의 발전, 공중보건운동의 확대, 그리고 미국 사회의 다양한 집단에 영향을 미친 새로운 위생의 의미 등이다. 그러나 세균 의식 그 자체의 기원과 과학적인 탐구로부터 미국 가정의 담론 영역으로 이동하는 방식에 대해서도 새롭게 이야기할 것이다.

이런 관점에서 나는 병을 예방하는 방법에 대한 대중의 믿음과 태도의 근원으로서 질병 세균설the germ theory of disease에 가장 관심을 둔다. 다시 말해서 나를 매혹시키는 것은 세균학이 식탁, 거실, 화장실에까지 적용되는 방식이다. 《세균의 복음》에서는 각계각층의 남녀가 세균의 존재를 믿고 그것을 피하기 위해 일상생활의 근본을 바꾸게 된 교육 십자군에 대해 살펴볼 것이다. 1880년에서 1920년까지, 많은 개혁가들이 종교적 열정을 가지고 이런 행동 규범을 부추겼고, 근대 생활신조의 일부로 세균을 믿게 만들었다. 이 책의 제목이 "세균의 복음"인 이유이다. 이러한 믿음은 어떻게 하면 다른 사람으로부터 병에 "걸리지" 않을지, 그리고 면역결핍증후군, 즉 에이즈 같은 새로운 감염병을 예방할 수 있는지에 대한 노력을 이해하는 데에 핵심적이다.

현대인의 세균에 대한 믿음의 기원을 탐색하면서 변기 디자인, 먼지 털기, 취사 등 얼핏 사소하지만 호기심을 유발하는 것들을 독자에게 많이 소개하려 한다. 그러나 변기 소독, 식수대 물 마시기, 방충망 설치처럼 끔찍한 죽음을 피하려는 욕망으로 시작된 일들이 지금은 어떻게 해서 하찮게 여겨지는지도 보여줄 것이다. 이 과정에서 우리가 일상생활에서 당연시하는 위생적 근거에 주목하고, 미국인들이 변기의 물을 내리고, 오염되지 않은 물을 마시며 살모넬라균이 없는 식사를 즐기는 것 등은 애초에는 특권이었다는 점을 환기할 것이다.

세균에 대한 믿음의 역사적 기원을 탐구함으로써, 감염병이 우리 사회에 야기하는 새로운 도전을 더 잘 직시하게 될 것이라 기대한다. 내 가족과 마찬가지로 한 세대의 질병에 대한 기억은 다음 세대로 이어지고 재해석된다. 오늘날 우리를 불안하게 만드는 에이즈, 에볼라 바이러스, 다른 모든 세균의 위협에 대한 경험은 우리 아이들의 믿음과 행동을 형성하고 있다. 우리의 건강에 대한 믿음의 역사적 차원을 잘 인식한다면, 새로운 "세균의 복음"을 심어 주는 현대 십자군의 영향력을 아마 더 잘 감지할 수 있을 것이다.

The Gospel
of Germs

Men, Women, and the Microbe
in American Life

Nancy Tomes

차 례

I 복음의 출현, 1870~1890

II 복음의 승리, 1890~1920

❷ 수세식 변기 모델 디자인(1887)

세균에 대한 대중의 인식이 높아지자, 구식의 화려한 빅토리아 식 화장실은 매끄럽고 단단한 현대식 화장실로 바뀌었다. 입식 백자 변기는 목재 장식장에 부착되지 않고 타일로 둘러싸서 오물을 좋아하는 세균이 붙을 자리가 없었다.

❶ 저미사이드 위치(1885년경)

변기에 부착된 살균 장치 저미사이드는 하수가스를 막는 용도로 판매된 다양한 장치 중 하나였다. 홍보물에 실린 이 삽화는 1880년대 전형적인 중간계급 미국인의 화장실에 설치된 저미사이드다. 화장실은 다른 방과 마찬가지로 나무판자, 벽지, 깔개를 갖추고 있다.

3 표준 에나멜 자기제품 광고(1906)

"항균을 의식하게 된" 생활방식 때문에, 사람들은 점점 더 표면이
매끈하여 쉽게 세척할 수 있는 제품을 선호했다. 이는 20세기 미
국 가정의 모습을 근본적으로 바꾸었다. 이 에나멜 자기제품 광고
는 한때 화장실에만 국한되었던 위생 기준이 어떻게 식당, 세탁실,
그리고 침실로 확장되었는지를 잘 보여 준다.

가정용 정수기 광고(1894) 4

도시 상수도가 깨끗한지 여전히 의심스러웠던 때, 많은
중간계급 미국인은 수인성 병원균으로부터 가정을 보
호하기 위해 집에 정수기를 설치했다. 1894년 업계 카
탈로그에 실린 이 그림은 필터를 설치하지 않으면 불가
피하게 생기는 질병을 묘사하고 있다. 여기에 묘사된 상
상의 미생물은 어렴풋이 곤충을 닮았다. 이는 보통사람
대다수가 벌레와 균을 동일시했다는 사실을 보여 준다.

⑤ 반결핵 포스터(1910)

결핵이 기침과 침 뱉기로 전염되는 질병이라는 발견은 더 공격적인 공중보건 교육의 시대를 예고했다. 이 포스터들은 1910년 전미결핵 협회에서 홍보 캠페인을 위해 제작한 것으로 건강한 생활방식, 꼼꼼한 청소법, 침 뱉기 금지의 필요성을 홍보했다.

반결핵 코끼리 퍼레이드(1924) ⑥

전미결핵협회와 지부는 광고 및 오락 산업에서 아이디어를 얻어 포스터, 활동사진, 위생 전시회, 퍼레이드를 포함한 혁신적인 공중 보건 교육 방법을 많이 개발했다. 이 사진은 1920년대 초 코끼리 퍼레이드를 보여 준다. 다른 건강 옹호단체들은 미국의 반결핵운 동이 개발한 홍보 방법을 폭넓게 모방했다.

⑦ 제복을 입은 근대 보건 십자군(1921)

전미결핵협회는 원래 크리스마스 씰 캠페인의 일환으로 시작한 근대 보건 십자군을 야심찬 아동 보건교육 프로그램으로 발전시켰다. 이 사진은 의복을 완전히 갖춰 입고 프랑스의 전쟁 영웅 페르디낭 포슈Ferdinand Foch에게 크리스마스 씰을 파는 근대 보건 십자군 전사를 보여 준다.

I WASHED MY HANDS
BEFORE EACH MEAL TODAY.

손 세척 포스터(1919) ⑧

근대 무균수술에 대한 이론과 실천은 인간의 피부와 머리카락에 있는 미생물을 새롭게 인식하게 만들었다. 공중보건 당국에서는 일상적인 감염에 맞서 상시적인 손 세척을 장려했다. 손 세척 습관을 강조한 이 포스터는 근대 보건 십자군의 일환으로 펜실베니아 결핵예방협회가 배포한 것이다.

❿ 개인용 컵 판매기(1909)

인간의 입에 박테리아가 있다는 새로운 깨
달음으로 무장한 위생 개혁가들은 전통적
으로 공공 식수대에 비치된 공용 컵을 제거
하려 했다. 이 사진에 보이듯이, 기업과 공
공기관에서 위생적인 컵 판매기를 설치하
기 시작했고, 판매기에서는 1페니짜리 일회
용 종이컵이 나왔다.

❾ 파리 퇴치 포스터(1917)

곤충이 병원균의 매개 역할을 한다는 인
식은 거센 집파리 퇴치운동으로 이어졌
다. 일리노이 결핵협회는 이 1917년 포
스터에서 파리 억제를 애국적인 일에 비
유했다. 파리가 옮기는 것으로 간주되는
질병인 장티푸스, 결핵, 콜레라의 라벨
이 폭탄에 달려 있다.

⑪ 젖병 준비 방법을 가르치는 방문간호사(1912)

특정한 청소 및 취사 방법과 질병 예방을 연결함으로써, '균의 복음'은 미국 주부를 가정의 "박테리아와의 전투"에서 핵심적인 인물로 만들었다. 이 사진에서는 방문간호사가 젖병을 준비하는 방법을 한 이민자 어머니에게 가르치고 있다. 방문간호사는 그런 특별한 기술을 설명하는 것 이외에도, 개인 청결에 대한 세심한 감각을 보여 주었다. 여기에서 그녀의 외출복 위로 보이는 하얀 앞치마가 그것을 상징한다.

"치렁치렁한 치맛자락" 만화(1900) ⑫

세균학자들이 숙녀의 드레스와 외투자락에서 균을 배양한 뒤로 공중보건 개혁가들이 "썩은 치마"의 위험을 경고하기 시작했다. 1890년대 말에는 여성들이 "비 내리는 날 클럽"을 만들어서 보다 짧은 위생적인 치맛자락을 장려했다. 1900년의 이 만화는 뉴욕 주간지 《퍽》에 실렸다. 화려한 숙녀의 외투에 있는 균이 청소하는 하녀뿐만 아니라 가까이 있는 주인의 아이들도 위협한다는 것을 보여 준다.

"나한테 키스하지 마" ⑬
턱받이를 입은 아기(1929)

점차 인간의 몸을 감염원으로 강조함에 따라, 일부 위생 개혁가들은
균을 주고받는 악수나 아기와의 키스 같은 사회 관습을 비판했다.
특히 어머니들에게 그 누구도 심지어 친척들도 아이와 접촉하거나
키스하지 않게 할 것을 충고했다. 이 아기는 "나는 아프기 싫어요.
나에게 키스하지 마세요"라는 말이 쓰인 턱받이를 착용하고 있다.

주방을 검사하는 위생감독관(1922) ⑮

식품 매개 질환으로 인한 발병은 개인의 주방과 공공 식당의 위생 상태에 대해 새로이 주의를 환기시켰다. 이 사진에서 밀워키 위생국의 한 위생감독관이 개인 부엌의 위생 위반을 검사하고 있다. 극소수의 건강한 사람도 장티푸스나 다른 질병의 원인이 되는 박테리아를 옮긴다는 사실이 발견됨에 따라, 식품 취급에 대한 조사도 증가했다.

⑭ 루이스 하인, "공동주택 냉장고와 유아 사망률"(1902~1904)

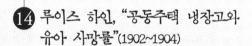

새로운 세균학으로 식품 매개 질병에 대한 인식이 높아지자, 공중보건 종사자나 가정경제학자들은 뚜껑을 덮지 않거나 냉장하지 않은 채 장시간 음식을 놔두지 말라고 충고했다. 이것은 루이스 하인이 1902년에서 1904년경에 찍은 사진으로 "공동주택 냉장고와 유아 사망률"이라는 제목이 붙어 있다. 이는 높은 유아 사망률과 부적절한 식품 취급의 관련성에 대한 암시다.

16 리스테린 광고(1931)

1900년대 초 전염병이 줄어들긴 했지만, 미국 광고에서 "균의 판
매"는 여전히 인기가 있었다. 리스테린 제조사는 질병의 예방을
위해서는 소독약으로 자주 손을 세척하고 가글하라고 홍보했다.
이 인상적인 1931년 광고는 아름다운 여성의 입에 있는 위험한 균
을 강조했다.

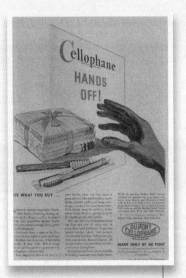

17 듀폰 셀로판 광고(1930년대 초)

식품 매개 질병에 대한 불안으로 새로운 형태의 포장법
이 급속하게 개발되었다. 그중 하나인 셀로판 포장 상품
에 대한 대중의 수요를 충족하기 위해서, 듀폰 셀로판
회사는 1920년대 말과 1930년대 초 광고에서 일상적인
접촉의 위험에 대한 공중보건 경고를 반복했다. 소비자
들은 균에 대한 걱정 때문에 일회용 포장재 가격에 더욱
관대해졌다.

**⑱ 에이즈 포스터,
밀워키 에이즈 프로젝트(1980년대)**

손 세척, 기침, 재채기 방지처럼 20세기 초 위생 개혁가들이 주장한
많은 특정한 습관들은 여전히 근대 질병 예방의 토대다. 그러나 일
상적인 전염 공포는 인체면역 결핍 바이러스에 대한 대중의 이해,
즉 일상적인 접촉, 곤충 매개체 혹은 식품 오염으로는 에이즈가 퍼
지지 않는다는 생각을 방해했다. 이 포스터가 입증하듯이, 에이즈
교육가들은 미국인들에게 이전의 반질병anti-disease 십자군이 그렇
게 성공적으로 가르쳤던 교훈을 잊게 만들어야 했다.

서론

세균의 복음

1989년 한 여성이 칼럼니스트 앤 랜더스Ann Landers에게 조언을 구했다. 그녀의 약혼자가 에이즈에 걸린 친구를 결혼식에 초대하겠다고 우긴다는 것이었다. 하객이 에이즈에 걸린 친구와 같은 방에 있다고 해서 바이러스에 감염되지 않을 거라는 것은 그녀도 알았지만 여전히 걱정되었다. "만약 누군가 사고로 그 친구의 포크를 쓴다면, 혹은 같은 잔을 쓰게 된다면? 그가 테이블 너머로 재채기를 하거나, 맙소사 나에게 축하의 키스를 한다면?" 예비신부는 에이즈에 걸린 친구가 결혼식에 참석한다는 말이 새어나가 다른 하객들이 오지 않을까 불안해했다.

　많은 공중보건 권위자들이 HIV(인체면역결핍 바이러스-역자 주)에 대한 불안감과 대면했을 때처럼, 앤 랜더스도 혼란스러워하는 그 여성에게 퉁명스럽게 대답했다. "당신은 공부를 더 해야겠어요."[10] 물론 랜더스가 옳다. 인체면역결핍 바이러스는 공중보건 관계자들이 "일상적인casual" 감염이라 부르는 것, 즉 환자와 건강한 사람 사이의 비非 성적인 접촉으로는 감염되지 않는다. 그러나 전문가들이 반복해서 명확하게 말하더라도, 대부분의 미국인은 에이즈 환자나 심지어 그들이 만지는 물건만 봐도 병에 감염될까 걱정을 한다. 바이러스 보균자는 사람들의 일상적 감염 위험에 대한 확고부동한 믿음 때문에 말할 수 없는 고통과 학대를 경험한다.

그 학대를 옹호할 의향은 없다. 그럼에도 불구하고 이 책에서는 많은 미국인이 가지고 있는 에이즈 전염에 대한 공포를 이해하고자 한다. 동성애 혐오나 인종주의가 그 공포를 야기하는 데 지대한 역할을 했다. 그러나 단순한 무지, 불합리성이나 편견이 다가 아니다. 전염과 그것이 특정한 행동이나 물질과 관련된다는 근본적인 믿음에서 그 공포가 생겨난다. 이러한 공포심은 가장 진보했고 자비로운 사람들조차 공유하고 있다. 에이즈에 걸린 사람과 그들을 사랑하고 보살피는 사람도 사소한 접촉으로 병에 걸릴까 두려워한다. 이 책은 어떻게 그리고 왜 그런 집단적인 불안감이 생겨나는지를 고찰한다.[11]

예비신부가 앤 랜더스에게 포크, 컵, 그리고 키스에 대해 염려했을 때, 그녀는 자신도 모르게 내가 "균의 복음gospel of germs"이라 부르는 것을 증명했다. 균의 복음은 병균microbes이 질병을 야기하며, 특정한 예방 행위로 피할 수 있다는 믿음이다. 오늘날 우리는 통칭 "균germs"이라 부르는 매우 다양한 유기체가 병을 야기할 수 있다는 것을 안다. 그것은 박테리아, 바이러스, 리케차rickettsiae(세균과 바이러스 중간의 미생물—역자 주), 기생충, 곰팡이 등이다. 균이 있다는 믿음은 근대 서구 사회에서 일상생활을 지배하면서 가장 광범위하게 퍼진 과학적 인식의 결과이다. 어떤 사람은 여전히 특정 병균과 특정 질환이 관련된다는 것에 동의하지 않을지도 모르겠다. 그렇지만, 병원성 미생물이 병을 야기한다는 일반 법칙은 거의 논쟁의 여지가 없다. 중력의 법칙이나 태양 중심의 행성계처럼, 이른바 질병 세균설은 시대를 초월한 보편 진리처럼 보인다.

그 결과, 아주 어릴 때부터 우리는 감각으로는 알 수 없는 병원균disease agent이 있다는 것을 믿고, 그 균을 피하기 위해서 다른 사람과의 접촉—재채기, 기침, 배설물 등—을 금하라고 배운다. 부모님, 선생님, 의료 전문가와 광고주 모두가 손을 씻고 음식을 냉장 보관하는 습관이 건강을 유지하는 비결이라고 가르친다. 균을 피하는 것과 관련된 의식은 너무 많고 너무 자명해서 언제 어디서 우리가 그것들을 처음 배웠는지조차 기억할 수 없다.[12]

그러나 우리가 가진 균에 대한 믿음과 공포는 상대적으로 최근에 습득한 것이지, 결코 시공간적으로 초월적이지는 않다. 한 세기 전만 하더라도, 조부모나 증조부는 전염병 매개물이 미생물microorganisms이라는 것을 알지 못했다. 우리의 몸과 집, 공기, 음식에 가지각색의 미생물이 있고 그중에 매우 위험한 미생물도 있다는 사실은 지금은 당연하게 생각하지만, 우리의 선조는 매우 조심스럽게 가르쳐야 했던 것이었다. 이처럼 미국인이 어떻게 균의 존재에 대해 믿게 되었고, 어떻게 그 지식이 그들의 삶을 변화시켰는지가 이 책의 주제이다.

1800년대 말 이전 보통의 미국인이 질병을 상상했던 방식을 보면, 그 변화가 얼마나 중요한지 더 잘 이해할 수 있다. 세균설이 널리 받아들여지기 전까지 미국인들은 천연두나 선腺페스트bubonic plague(흑사병의 일종으로 몸의 림프절이 부어 아픈 것이 특징-역자 주) 같은 병을 앓는 사람들이 다른 사람을 아프게 만들 수 있는 일종의 무형물질을 발산한다고 생각했다. 환자의 숨, 피부, 배설물, 옷 등이 병의 '씨앗seeds'을 품고 있어서 건강한 사람에게 옮길 것이라 생각했던 것이다. 그러나 이러한 감염원의 본질은 여전히 불가사의했다. 많은 질병이 환자와의 접촉 없이도 퍼진다는 사실 때문에, 의사는 대기 속에 있는 더 광범위한 감염원을 의심하게 되었다. 이러한 의심은 종종 '미아스마miasma설'(히포크라테스 시대부터 오염된 공기 미아스마를 흡입하기 때문에 전염병이 발생하는 것이라는 주장-역자 주)이라 불렸다.[13]

19세기에 많은 미국인은 천연두나 콜레라 환자는 피했지만, 오늘날 건강을 위해 기피하는 타인과의 접촉이나 물과 음식의 오염에 대해서는 거의 신경 쓰지 않았다. 그 외에도 그들은 침대 파트너의 건강에 대해서 깊이 생각하지도 않았고, 집에서는 친척과, 호텔에서는 낯선 이들과 같은 침대를 썼다. 그들은 머리빗이나 칫솔도 서로 주고받았으며, 위험에 대한 지각 없이 입이나 자신의 숟가락으로 아기에게 음식을 먹였다. 주위 사람들에게 미칠 건강상의 결과 따위는 고려하지 않은 채, 부주의하게 기침과 재채기를 하고 침을 뱉었다. 식중독에 대한 걱정 없이 음식을 저장하고 요리를 했다. 우물과 샘물에서 길어 올린 여과되지 않은 물을 마셨고, 공용 바가지나 컵을 흔히 사용했다. 그리고 분뇨가 공동체 상수도의 어디로 흘러 들어가는지 전혀 신경 쓰지 않고 요강과 실외 변소에서 용변을 보았다.[14]

분명히 어떤 미국인은 질병 세균설이 소개되기도 전에 이미 다른 사람과 문란하게 섞이는 것을 피하기 시작했다. 그러나 이는 질병을 피하기 위해서라기보다는 다른 이유 때문이었다. 르네상스 시대 이후 에티켓에 대해 적은 책들에서는 개인의 청결을 권했고, 사회적인 구별짓기를 바라는 사람들에게 침 뱉기나 기침 같은 행동을 금지시켰다. 18세기 교양 있고 고상한 미국인은 정신적·육체적 행복과 호감 가는 사회성을 드러내기 위해 위생 습관을 함양하기 시작했다. 병에 대한 공포가 아니라 고상하고 우아한 품위의 추구가 청결 혁명을 가열시켰던 것이다. 이는 식민지 엘리트에게서 시작되어 점차 도시의 중간계급으로 퍼져 나갔다.[15]

비누와 물을 더 많이 사용했음에도 불구하고, 남북전쟁(1861년부터 1865년까지 미국 북부 연방과 남부 주들 사이에 벌어진 내전-역자 주) 이전에는 유행병이 발생했던 시기를 제외하면 소수의 미국인만이 감염에 대한 일상적인 위험을 걱정했을 뿐이다. 이러한 무관심은 1800년대 중반 이전에는 극소수의 병의학자만이 "전염성이 있는 것catching"을 구분했다는 사실을 부분적으로 반영한다. 오늘날 전염성이 있다고 알려진 많은 질병이 당시에는 타고나는 것이라 생각되었다. 즉, 건강에 나쁜 생활 습관 때문에 허약한 유전체질이 더 악화된다는 것이었다. 폐결핵consumption(결핵, 특히 폐결핵의 옛 명칭-역자 주)이 적절한 사례이다. 오늘날 결핵tuberculosis이라고 하는 이 질병은 19세기 초 30여 년간 만연했다. 대략 세 명 중 한 명이 사망했을 정도로 위험한 병이었는데, 특히 젊은 성인에게 심각한 피해를 주었다. 1880년대까지 폐결핵은 유전적으로 폐가 약해서 걸리는 병이며, 과로, 습한 기후, 방치된 감기 혹은 지나친 음주로 악화될 수 있다고 알려졌다. 그 질환자들은 질병의 원인이 되는 박테리아를 옮기는 침 뱉기나 기침에서 나오는 작은 입자들droplets에 대해서 아무런 개념이 없었다.[16]

돌이켜 보면, 미국인들이 그들의 분비물이 치명적일 수 있다는 것을 알지 못했다는 것은 소름끼치는 일이다. 미국인 최초로 결핵세균설로 전향한 의사 에드워드 트루도Edward Trudeau는 자서전에서 1860년대 말 폐결핵을 앓는 형을 간호했던 일을 회상했다. 몇 주 동안 형을 뜨겁고 폐쇄된 방에서 돌보고 밤에는 가까이에서 잠을 자면서도, 그것이 자신에게 위험할 거라는 생각은 못했다. 형의 담당 의사는 트루도에게 창문을 꼭 닫으라고 지시했는데, 이는 감염 가능성을 증가시킬 뿐이었다. 형이 죽은 지 몇 해 안에 트루도도 결핵에 걸렸다. 1882년 로베르트 코흐Robert Koch(독일의 세균학자로 1905년 노벨 생리의학상 수상-역자 주)의 결핵균 발견에 대해 읽기 전까지, 그는 죽어 가는 형을 헌신적으로 보살핀 것 때문에 그 병에 걸렸을 것이라는 사실을 깨닫지 못했다.[17]

또 다른 예로 세균설을 배우기 전, 사람들이 식품을 취급했던 방식을 살펴보면, 위생 기준이 얼마나 달랐는지 잘 알 수 있다. 식품의 생산자와 소비자는 일상적으로 세균에 오염될 수밖에 없는 방식으로 음식을 취급했다. 우유는 공기와 파리에 노출되었고 상하기 쉬운 음식도 불규칙한 온도에서 저장되었으며 조리된 음식도 식사 전후 식탁에 남겨져 있었다. 건강 보균자healthy carrier(병원균을 보유하지만 증상이 없는 사람-역자 주)에 대한 개념이 없었기 때문에, 겉으로 건강해 보이는 요리사와 웨이터가 음식물과 함께 장티푸스나 다른 미생물을 함께 전달했다.

사실 오늘날에도 식중독을 예방하는 것은 매우 어려운 일이다. 이를 고려해 보면, 19세기의 미국인이 얼마나 자주 음식으로 인한 질병에 걸렸는지는 짐작조차 하기 어렵다. 여기에 소름끼치는 예가 하나 있다. 1891년에 켄터키주 린든Lyndon에서 결혼식에 참석한 60여 명의 하객들이 심각한 위장병으로 쓰러졌고, 신랑을 포함해 여섯 명이 사망했다. 신부한테 퇴짜를 맞은 남자가 비소로 하객들을 독살하려 했다는 의심을 받았다. 그리하여 철저한 의료 조사로 이어졌다. 그러나 결과적으로 결혼식 이틀 전에 조리된 고기로 만들어 상온에서 저장했던 치킨 샐러드가 범인이었다.[18]

오늘날에는 그런 행위가 치명적인 질병을 퍼뜨린다는 것을 잘 알고 있다. 하지만 1800년대 중반 이전에 이에 대한 무지 혹은 인식 부족은 대단히 일상적인 일이었다. 당시 미국인은 일상적인 접촉이나 식품 오염이 어디에나 존재하는 감염원이라고 생각하지 않았다. 오염으로부터 안전하기 위해서 자신의 몸과 가정에 지속적이고 엄격한 규율이 필요하다는 것도 생각하지 못했다. 이런 상황 속에서 점점 더 많은 사람이 도시로 모여들어 다른 사람들과 가까이 살면서 공동 식수와 식품 보급에 의존하게 되면서 장티푸스와 결핵 같은 감염성 질환으로 인한 사망률이 급증했다.

원인 불명의 열과 소모성 질환의 위협이 증가해 모든 계급이나 민족 집단에게 상처를 입혔다. 심지어 영국과 미국 사회에서 가장 힘 있고 존경받는 인물들도 겸허하게 임종을 맞이해야만 했다. 장티푸스는 전쟁에 지친 링컨 대통령의 사랑하는 아들 윌리Willie를 죽음으로 내몰았다. 빅토리아 여왕의 남편이 사망했고, 그녀의 장남은 죽음 직전까지 갔다. 그리고 미래의 대통령 시어도어 루스벨트Theodore Roosevelt(1901년에서 1909년까지 재임한 제26대 미국 대통령-역자 주)의 아내가 해산 중 사망한 바로 그날 그의 어머니도 죽었다. 그때에도 지금처럼 가난한 사람이 병의 고통을 더 많이 겪었다. 그러나 그렇다고 해도 부와 사회적 지위는 당시의 "보이지 않는 적들invisible enemies"로부터 아무것도 보호하지 못했다.[19]

이러한 상실과 불안의 분위기에서 질병 세균설이 대중의 관심을 끌기 시작했다. 이는 의사들이 그 타당성에 동의하기 훨씬 전이었다. 사실 살아 있는 유기체가 발병에 어떤 역할을 한다는 생각은 고전주의 시대로 거슬러 올라가는 유서 깊은 역사를 가진 것이다. 이 책의 1장에서 논의하고 있는 것처럼, 1800년대 중반 '극미동물 가설animalcular hypothesis'이라고 불렸던 이것은 의사들 사이에서는 그다지 인기가 없었다. 그러나 1860년대와 1870년대, 프랑스의 화학자 루이 파스퇴르Louis Pasteur와 독일 의사 로베르트 코흐 같은 실험주의자들이 점차 특정 병균이 당대 가장 치명적인 질병과 관련된다는 납득할 만한 증거를 축적했다. 1870년대 말부터, 세균학bacteriology이라는 새로운 과학은 콜레라, 결핵, 임질, 장티푸스, 성홍열의 원인이 되는 박테리아를 신속히 확인함으로써 극적인 성공을 거두었다. 많은 의사들이 질병 세균설에 대해 계속 주저했음에도 불구하고, 미생물이 전염병 발생에 핵심적인 역할을 한다는 일반 원칙은 1900년에 이르러 유럽과 미국에서 널리 수용되었다.

애초 세균학은 질병에 대한 새로운 이해를 통해 효과적인 치료와 예방 백신을 생산할 것이라는 기대치를 높였다. 그러나 1890년대 디프테리아 항독소와 광견병 백신, 1900년대 초 비소에서 나온 매독 치료약인 살바르산과 장티푸스 백신 등과 같은 몇몇 유용한 조치가 발견되었음에도 불구하고, 1930년대와 1940년대 설파제, 페니실린, 그리고 항균성 약물이 발견될 때까지 믿을 만한 화학요법에 대한 희망은 요원했다.

세균설이 받아들여진 후 50년 동안, 그것은 개인과 집단의 행동 변화를 통해 질병 **예방**prevention의 가이드로서 대단히 유용했다. 세균학자들은 감염의 특정 매개체를 확인했을 뿐만 아니라, 그것이 어떻게 환자로부터 건강한 사람에게 퍼지는지 추적했다. 이를 통해 균의 확산에 대한 더 구체적이고 정확한 로드맵을 가질 수 있었고, 또 유기체가 퍼지는 것을 사전에 차단하도록 하는 공중보건 활동을 더 잘 지도할 수 있었다. 케케묵은 대기 감염설은 어떻게 질병이 일상적인 접촉, 음식과 수질 오염, 곤충 매개체, 그리고 건강한 인간 보균자에 의해 전염되는지에 대한 더욱 근대적인 해석으로 바뀌었다.[20]

그런 계시revelations로 인해 도시 하수체계, 정수, 쓰레기 수거, 식품 검사 등의 집단적인 공중보건 관행이 급진적으로 확장되었다. 정부가 공중보건에 책임이 있다는 근대 개념은 1890년에서 1930년으로 거슬러 올라간다. 이 시기는 흔히 미국 공중보건운동의 '황금시대golden era'로 불린다. 같은 시기에 개인과 가정의 위생 개혁에 대한 관심도 증가했다. 나는 이를 '공중보건의 사적인 측면private side of public health'이라고 생각한다. 1880년에서 1920년 사이, 모든 연령대의 미국인이 적극적인 공중보건 캠페인의 대상이었다. 이 캠페인에서는 실험실에서 나온 새로운 지침을 가르쳤다. 그것은 아주 미세한 살아있는 입자들이 전염의 매개체라는 것, 균이 환자의 몸에서 주위 환경으로 발산된다는 것, 그리고 병은 기침, 재채기, 침 뱉기, 공용 컵 사용 혹은 식전 손을 씻지 않는 것과 같은 무해한 듯한 행동으로 퍼진다는 것 등이 포함되어 있었다.

한 논평가가 "소인국의 걸리버"라고 말한 것처럼, 돌이켜 보면 보통의 미국인이 보이지 않는 미생물의 세계와 공존한다는 사실을 믿는 것은 엄청 두려운 일이었다. 균은 보이지도 않고, 냄새가 나거나 만질 수도 없었다. 그 존재는 현미경을 통해 들여다보아야만 입증 가능한 것이었다. 이는 미국인들이 한 세기 이전에는 결코 가질 수 없는 특권이었다. 최초의 균의 사도들apostles이 당시 사람들에게 균과 같은 무형의 존재가 있고, 그것이 치명적인 병을 야기할 수 있다는 사실을 납득시키는 데는 상당한 어려움이 따랐다.[21]

그럼에도 불구하고 그런 급격한 믿음의 변화는 얼핏 보는 것보다는 덜 극단적이었을 것이다. 종교적 유산 덕분에, 보통의 미국인은 생사여탈권을 가진 보이지 않는 힘이 지배하는 '보이지 않는 세계invisible world'가 있다는 믿음에 익숙했다. 또한 공중보건 개혁가들이 자주 언급했듯이, 악령에 대한 전통적인 공포와 세균에 대한 새로운 관점에는 놀랄 만한 유사성이 있었다. 게다가 오랫동안 유행병에 대한 합리적 혹은 박물학적인 해석은 무형의 병원체를 보이지 않는 독기나 환자의 숨이라고 추정하고 있었다. 균의 사도들이 주장했듯이, 과학의 역할은 그 보이지 않지만 해로움을 끼치는 매체의 '진정한true' 정체를 증명함과 동시에, 그것이 자연 질서의 한 부분이며 따라서 인간의 행동으로 통제할 수 있다는 것을 보여주는 것이었다. 세균학 덕택에 새로운 실험 방법을 훈련받은 최초의 미국인 중 한 명인 T. 미첼 프루덴T. Mitchell Prudden은 1890년 다음과 같이 주장했다. "마치 악마를 내쫓아야 하는 것처럼, 어떤 것에 굴복하거나 태우기에 앞서 신비로운 무형의 어떤 것을 찾아 더 이상 헤매지 않아도 된다."[22]

초기부터 세균설에 대한 대중의 관심은 무시무시한 질병을 구체적인 적으로 확인하는 것이었다. 한 논평가는 1885년 《월간 대중과학Popular Science Monthly》에 이렇게 썼다. "세균설은 평범한 사고에 호소한다. 그것은 실재하는 어떤 것이다. 그것은 들추어 찾아내고 현미경으로 볼 수 있다. 그리고 그 다양한 세균 중에서 심각한 피해의 원인이 되는 것을 정확히 판별할 수 있다." 그와 동시에 균의 세계에 대한 초창기 설명에는 흔히 경외와 불안의 어조가 나타난다. 여전히 남아 있는 질병에 대한 종교적이고 신비로운 관점 때문이었다. 그렇다면 공상과학 소설 작가 H. G. 웰스H. G. Wells가 1898년 그의 유명한 단편 이야기 〈우주전쟁The War of the Worlds〉에서 화성인의 침입으로부터 인류를 구원해야 하는 상황에서 박테리아를 소설 속의 가장 강력한 데우스 엑스 마키나deus ex machina(특히 고대 그리스극에서 가망이 없어 보이는 상황을 해결하기 위해 동원되는 힘이나 사건-역자 주)로 만들었던 것은 조금도 이상하지 않다.[23]

이런 참신한 새로운 질병 세균설에도 불구하고, 기존의 감염에 대한 생각과 예방 방식이 즉시 바뀌지는 않았다. 감염 지식을 갖춘 오늘날의 사람들이 에이즈에 반응하는 것처럼, 한 세기 전 미국인들은 병균을 오랫동안 익숙하게 알고 있었던 질병의 해설과 혼합하려 했다. 특히 초기 세균설에 대한 지식은 '위생학sanitary science'이라는 낡은 과학 학문에 힘입은 바가 컸다. 그것은 어디에나 존재하는 공기 전염, 그리고 인간 배설물과 유기체의 부패 등이 질병을 유발한다는 점을 강조하는 것이었다.[24]

이 책《세균의 복음》 첫 세 장은 위생학과 세균설의 결합을 살펴볼 것이다. 이는 1880년대부터 1890년대 질병 예방 교육 첫 세대의 형성과 관련이 있다. 병원균에 대한 지식은 처음에 '집 병house diseases'이 존재한다는 위생학자들의 믿음을 반영했다. '집 병'이란 배관 결함, 통풍, 살림살이로 야기되는 질병이다. 그 결과 처음 미국인들은 가장 위험한 병균이 변기와 세면대에서 나온다고 이해했다. 그들은 '하수 가스sewer gas'가 위험한 박테리아로 가득 찼다고 생각했으며, 그것이 집으로 들어올 수 있는 입구를 매우 두려워했다. 이 공포는 강박적으로 가정의 배관과 환기를 걱정하게 만들었다.

4장에서는 1890년대부터 1900년대 초 더욱 성숙해진 세균학과 함께 확장된 두 번째 단계로 나아간 세균의 복음에 대해 살펴본다. 결핵 환자의 기침과 재채기에 결핵균이 있다고 생각하면서, 입과 코에서 배출되는 감염성 물질에 더 조심하게 되었다. 이에 발맞추어, 세기 전환기의 예방 교육은 부주의한 기침과 재채기, 공용 컵의 사용, 그리고 타액을 옮기는 흔한 습관 등에 초점이 맞추어졌다. 그러나 일상적인 접촉으로 인한 감염 가능성이 새롭게 부각되기는 했지만, '집 병'에 대한 오랜 집착이 줄어든 것은 아니었다. 예를 들어, 세균학자들은 흔한 집 먼지에서 결핵균이 증식될 수 있다는 것을 알아냈다. 따라서 집에서 먼지를 없애는 것이 근본적인 결핵 예방의 조치였다(나중에서야 더 발전된 연구로 먼지에서 증식된 세균은 전염력이 없다는 것이 밝혀졌다). 건조된 병균이 몇 달 심지어 몇 년 동안 물체에 잠복할 수 있다는 '접촉성 매개물 감염fomite infection설'은 가정의 가구나 의류에 대한 걱정도 가중시켰다. 집파리가 결핵균이나 다른 병원균을 옮긴다는 증거 때문에 모든 가정에서는 방충망을 설치하는 운동을 벌였다. 그 결과 '집 병' 개념은 세기 전환기 세균의 복음에 중요한 부분으로 남게 되었다.

세균학자들이 일상생활의 예방교육을 미세하게 조절한 것은 혁신주의 시대 세균의 복음이 대량으로 보급된 것과 동시에 일어났다. 1880년대와 1890년대의 세균 기피는 주로 부유한 도시 가족의 강박이었다. 그러나 1900년대 초 개혁가들은 모든 미국인들을 위생적으로 계몽시키고자 했다. 이는 전 사회를 전염병의 공포로부터 해방시키기 위해서였다. 그 목적을 달성하기 위해 기라성 같은 혁신주의 시대의 협회들이 세균의 복음을 택했다. 여기에는 시와 주정부의 위생국, 생명보험회사, 여성클럽, 사회복지관, 보이스카우트와 걸스카우트, YMCA와 YWCA, 노조, 그리고 농촌지도 프로그램이 포함되었다.

5장과 6장에서는 1900년대 초 대중의 세균 의식에 가장 큰 영향을 미쳤던 '반결핵 십자군antituberculosis crusade'과 가정학운동domestic science movement을 살펴볼 것이다. 결핵예방운동은 결핵이 전염병이라는 메시지를 전달하기 위해 위생교육법을 개척했다. 다른 공중보건 활동가들도 이 방법에 따랐는데, 놀랍게도 오늘날에도 거의 변함없이 남아 있다. 반결핵 활동가들은 어디에나 존재하는 결핵균을 예방하라는 메시지를 "팔기sell" 위해 1900년대 초의 새로운 광고문화를 공공연하게 빌려서 포스터, 슬로 건, 그리고 여러 종류의 선전물을 만들었다. 가정학운동은 원래 반결핵 십 자군과 동시에 생겨났는데, 미국의 가정을 더 건강하고 생산적으로 만들 기 위해서 주부와 어머니들에게 집중적으로 세균에 대한 교육을 실시했 다. 20세기 초에는 가정경제학자, 방문간호사, 사회복지사와 같은 새로운 여성 전문가들이 국가의 모든 가사 담당자homemaker(기혼의 전업주부 housewife와 구별해 남녀를 포괄하는 성평등적인 명칭–역자 주)들에게 "가정 세 균학household bacteriology"을 이해시키는 데 헌신했다.

세균의 복음에서 요하는 청결은 남녀 모두가 지켜야할 의무로 묘사되었 다. 하지만 시민이자 전문가였던 여성들에게 더 깊은 함의가 있었다. 균에 대한 새로운 신념 아래 남자들 또한 실천해야 할 역할이 분명히 있었지 만, 일상에서 걱정해야 할 일의 태반은 가정주부였던 여성들의 몫이었기 때문이다. 선구적 가정경제학자인 엘렌 리처즈Ellen Richards가 인용했듯 이, 세균의 복음은 설거지와 청소 같은 허드렛일을 "질 높은 행동, 일종의 종교, 더러움은 죄악이므로 악마를 처단하는 단계"로 승격시켰다. 이처럼 '집 병'과 집안일이 연관되자, 여성의 가사노동은 상대적으로 고상해졌지 만 여성의 육체적·감정적 부담은 훨씬 무거워졌다.[25]

이 책의 3부에서는 다양한 집단의 미국인들이 이해한 세균의 복음과 그 에 따른 행동지침을 더 세밀하게 살펴볼 것이다. 7장은 1890년대에서 1920년대 부유한 미국인들이 균을 피하기 위해서 실천했던 엄청난 행동 의 변화를 조망하고 있다. 당시 남자들은 수염을 깎고 여자들은 치마의 길이를 줄였다. 균을 옮길지도 모르는 부속물을 제거하기 위해서였다. 그들은 균이 득실거리는 세간을 깨끗이 하고, 하얀 자기 변기, 진공청소기와 냉장고 같은 가정용품을 무균germ-free 생활의 필수품으로 받아들였다. 그들은 세균 오염을 늦추도록 고안된 새로운 방식으로 음식을 사고 저장하며 요리했고, 다른 사람의 재채기와 기침을 피하고 악수나 아기에게 입을 맞추는 익숙한 사회 관습도 피하려 했다. 이러한 가정에서의 변화는 호텔, 기차, 식당, 심지어 장례식장과 같이 "집 밖의 집homes away from home"에까지 미쳤다. 점점 더 균에 대한 의식이 강화된 미국인들의 외식 횟수가 늘고 여행이 잦아지면서, 음식을 제공하는 시설에서는 위생에 더 신경을 써야 했다. 호텔은 개인용 비누를 비치했고, 동시에 세균이 들끓는 이불을 감쌀 여분의 긴 천을 사용하기 시작했다. 교회는 개인용 성작聖爵communion cups을 사용했고, 도시에서는 위생적인 식수대를 설치해 세균을 퍼뜨리는 공용 컵을 대체했다.

시장과 광고는 '항균 의식적antisepticonscious 미국'을 만드는 데에 핵심적인 역할을 했다. 우리는 미국 기업들, 특히 광고대행사가 과학적 사고의 전파에 크게 영향을 미쳤다고는 좀처럼 생각하지 않는다. 그러나 3장과 7장에서 살펴보듯이, 개혁가와 교육가들만이 세균설을 일상생활의 습관과 관련시켜 이해한 유일한 집단은 아니었다. 1880년대부터 온갖 종류의 기업가와 제조업자들이 수많은 상품과 서비스를 팔기 위해 병균의 공포를 효과적으로 이용할 수 있다는 사실을 깨달았다. 먼저 위생학 중심의 균 복음의 비호 아래, 기업가들은 특수한 변기 부속품과 가정용 정수기 같은 하수 가스와 오수汚水의 위험을 막는 안전장치를 홍보했다. 다음으로 더욱 세균학적으로 정통한 복음 아래, 1895년에서 1915년 사이 병균과 싸울 다양한 보조기구가 개발되었다. 여기에는 항균 바닥재와 벽지에서부터 위생적인 배수구와 파리잡이 통에 이르기까지 많은 물품이 포함되었다.

세균을 의식한Germ-conscious 광고 캠페인은 교육 효과가 더욱 컸다. 그러나 이것이 반결핵 십자군이나 가정학자의 일이 단순히 확장되었다는 의미는 아니다. 제조업자와 광고주들도 상품을 팔기 위해 실험실의 권위에 호소했다. 하지만 그것이 과학적 양심을 충실히 이행하려 했던 것만은 아니었다. 예컨대 공중보건 전문가들은 하수 가스의 공포와 같은 것을 점차 폐기하려고 했지만, 광고는 이와 관련된 균의 복음을 유지함으로써 더 많은 수익을 내려고 시도했다.

위생 개혁가와 제조업자들은 미국 사회의 세균 예방 원칙을 보편적인 상품으로 만들었다. 위생 예방에 드는 비용은 1930년대까지 미국인들 대부분에게 미칠 수 있는 지원의 한도를 넘어섰다. 노동계급 가정은 수세식 변기, 깨끗한 수돗물과 안전한 우유 공급 같은 균의 복음을 실천하기 위한 가장 기본적인 것들조차 갖출 형편이 못 되었다. 청결한 '항균antiseptic' 기준을 따를 수 있는 능력에 따라 부자와 빈자, 교육받은 사람과 그렇지 못한 사람, 그리고 미국 태생과 외국 태생이 구별되었다. 8장에서는 위생 혜택이 불균등하게 보급된 결과가 미국 중간계급의 주변부에 있었던 두 그룹의 여성, 즉 이민자 주부와 농촌 여성에게 미친 영향을 살펴보고 있다.

비백인 시민인 가난한 이주민과 병원균의 관련성은 1900년대 초 대부분의 중간계급 미국인들에게 계급적 편견, 배외주의nativism(외국인이나 외국 문화 등을 배척하는 것-역자 주), 그리고 인종주의를 심화시켰다. 균의 사도들은 전염의 위협을 반복함으로써 불가피하게 환자와 가난한 자에 대한 낙인찍기를 확대했다. 감염의 유령은 배외주의자와 인종주의자들이 이민 제한과 인종분리정책을 합법화 하는 데에 유용하게 쓰였다.

그러나 동시에, 세균의 복음은 통합과 개혁을 향한 대항력 있는 압력이기도 했다. 세균설로 개종한 많은 사람들이 '질병의 사슬chain of disease', 즉 미국 사회의 모든 사람이 서로 연결되어 있다는 '병균의 사회주의socialism of the microbe'를 깊이 믿었다. 단순한 휴머니티는 아니라 하더라도, 서로 연결되어 있다는 이유만으로도 가난한 사람과 이민자의 건강 문제는 다루어져야 했다. 20세기 초 위대한 항균 십자군은 전염이 계급과 인종을 가로지른다는 공통된 전제를 만들어 냈다. 그리고 폭넓은 사회변화를 위한 운동에 지적 자산이 되었다. 9장에서는 노동조합원과 흑인 공동체 활동가들이 어떻게 질병에 대한 공포를 사회경제적 정의를 위한 싸움의 수단으로 만드는지 살펴보고 있다.

이 책의 본문은 세균의 복음을 전하는 노력의 강도가 약해지기 시작한 1920년대에서 끝이 난다. 훨씬 더 정밀한 세균학 조사가 이루어지면서, 먼지와 접촉 매개물에 의한 감염 가능성은 의심받기 시작했다. 이에 전문가들은 접촉성 감염과 건강보균자에 대한 통제의 중요성을 더 강조했다. 이른바 신공중보건의들은 환자를 확인해서 격리하는 데 더 많은 주의를 기울이면서 선조의 교육십자군의 광범위한 사회적 관심과 복음 전도 열정과는 거리를 두었다.

그렇지만 세균의 복음과 관련된 많은 기본교리가 오늘날의 공중보건 습관에도 여전히 남아 있다. 세균이 먼지와 접촉 매개물에서 몇 달, 심지어 몇 년간 살 수 있다는 생각은 폐기되었을지 모르지만, 다른 예방법 원칙 대부분은 아직 남아 있다. 감염병의 통제에 대한 미국공중보건협회 American Public Health Association의 표준안내서 최신판에서도 이를 확인할 수 있다. 여전히 재채기와 기침을 통한 비말 감염droplet infection, 일상적인 접촉, 배설물로 인한 물과 식품 오염, 곤충 매개체와 부적절한 식품 처리가 감염병이 퍼지는 가장 일반적인 방식이라고 생각하는 것이 그러하다.[26]

그러나 제1차 세계대전 이후, 개인과 가정의 위생 습관은 치명적인 질병의 통제라는 점에서 중요성을 잃게 되었다. 이는 세균의 복음이 중요성을 상실한 것이라고도 할 수 있는데, 감염병 사망률이 지속적으로 낮아지고 정수와 식품관리 같은 집단적인 균 예방이 강화되었기 때문이다. 1920년대 말 주요 사망 원인은 호흡기나 위장 감염보다는 심장병, 신장병, 암이었다. 그러자 과학적 관심과 공중보건 모두는 현재 미국인의 건강에 주된 위협인 비감염성 만성질환을 예방하는 데 몰두했다. 10장에서 볼 수 있듯이, 1950년대까지는 대체로 소아마비에 대한 위협과 광고의 영향 때문에 균에 대한 의식이 여전히 강하게 남아 있었다. 세균의 복음이 치명적 질병을 피하기 위한 로드맵으로서의 중요성을 완전히 상실한 것은 제2차 세계대전 이후 항생제가 널리 보급되면서부터였다. 이런 현상은 적어도 에이즈가 유행하기 전까지는 지속되었다. 에필로그에서는 1980년 이후 세균의 복음이 새롭게 부상했다는 사실을 제시한다. 이때 미국인들은 새로운 '슈퍼버그' 시대를 맞이했다. 그중에서 가장 심각한 것이 인체면역결핍 바이러스였다.

질병 세균설의 '승리'는 오랫동안 의학사와 사회사의 핵심 주제였다. 감염에 대한 근대적 시각을 낳은 과학적 전례와 실험적 발견에 전념한 글이 많다. 개별 과학자의 사고 변화나 콜레라나 결핵 같은 특정 질병의 개념에 대한 훌륭한 연구 성과도 많다. 공중보건, 여성, 광고, 그리고 건축을 다루는 역사가들은 모두 세기 전환기에 미국인들이 엄청나게 균을 의식하게 되었다고 말한다. 그러나 놀랍게도 집단적 차원에서 질병에 대한 사고 변화에 대해서는 씌어진 것이 거의 없다. 그리고 내가 '실험실의 교훈lessons of the laboratory'이라 부르는 것이 일상생활의 일부가 되는 방식에 대해서도 씌어진 것이 거의 없다.[27]

나는 집단적인 의식화를 추적하는 데 존 버넘John Burnham, 로저 쿠터 Roger Cooter, 브루노 라투르Bruno Latour, 마틴 퍼닉Martin Pernick 등의 과학사가들로부터 영감을 받았다. 그들은 질병에 대한 대중의 지식이 구성되는 역사적 과정에 새롭게 주목했다. 나도 그들과 마찬가지로 대중화를 위로부터 아래로의 위계적인 과정으로 보지는 않는다. 그것은 대중이 "올바르게" 이해했는지 혹은 "틀리게" 이해했는지에 초점을 맞춘다. 반면 나는 그것이 실험 과학자, 개업의, 위생 개혁가, 관심 있는 보통 사람들처럼 각기 다른 다양한 청중 사이에서 사상과 이미지가 교환되는 역동적인 과정이었다고 생각한다. 이런 관점은 대중의 시각을 "진정한" 과학자들이 만든 "진정한" 지식을 단순히 희미하게 그리고 왜곡해서 받아들이는 것으로 다루지 않는다. 오히려 이 역동적인 모델은 세균설이 초창기에 공식화될 때 위생학적 사고를 수용했던 것과 유사하게 다양한 방향으로 생각할 수 있게 한다. 또한 이런 접근 방식은 다음과 같은 나의 관심을 설명하는 데에도 도움이 된다. 어떻게 과학적 규율이 일상생활에 유효한 가설이 되는지 혹은 '민족지학ethnoscience'이라는 것이 무엇인지.[28]

나는 대중화에 따른 위계적 관점을 회피하려 노력해 왔다. 하지만 세균학 지식이 실험실에서 거실로 옮겨질 때 불가피하게 일어나는 단순화와 왜곡까지 숨기려는 것은 아니다. 합리적인 교육 과정으로 보면, 20세기 초위대한 항균 십자군은 분명히 실패했다. 많은 공중보건 개혁가들은 질병에 대한 포괄적인 지식 전달을 멈추고 위생 습관을 가르치는 데에만 치중했다. 이러한 점에서 존 버넘은 세균의 복음을 "기능상 미신과 동의어 functional equivalent of superstition"라고 했던 것이다. 과학적 토대를 상실함으로써, 새로운 균의 신조는 너무 쉽게 맹목적이면서 기계적으로 따르게 되는 또 다른 형태의 주술로 변했다. 주술이 실패하고 질병을 피할 수 없게 되자, 관련 종사자들은 크나큰 불안과 고통 속에 빠져들었다. 그것은 쉽사리 한 세기 전 폐결핵 환자나, 오늘날 에이즈 환자를 향한 비합리적인 혐오감과 편견의 소재가 되었다.[29]

나는 세균의 복음이 초래한 어두운 결과를 인정함과 동시에, 역사가들이 거의 주의를 기울이지 않았던 다른 측면에 대해서도 말하고자 한다. 20세기 초 위대한 항균 십자군은 질병 세균설을 모든 미국인들에게 정확하게 이해시키지는 못했다. 그럼에도 불구하고 다양한 사람들이 개인의 행동을 근본적으로 바꾸는 데에는 큰 역할을 했다. 그것이 비록 위생 "미신"의 한 형태로만 실천되었다고 하더라도, 그 세균 예방법은 여전히 유효하다. 그러나 한 가족이 배설물 오염을 퍼뜨리는 가정에서의 모든 습관을 버리고, 이를 통해 콜레라나 장티푸스의 위험을 줄이기 위해서 질병 세균설의 원리를 다 이해할 필요는 없다.

나는 이 책에서 개인과 가정의 **실천**practices, 다시 말해 보통 미국인들이 질병을 예방하는 습관에 관심을 둔다. 이는 이전의 공중보건 역사가들과는 다른 방향으로 나아가는 요인이다. 다년간, 공중보건 황금기는 세기 전환기에 집단적인 국가의 입법 조치와 동일시되었고, 같은 시기 대중 교육 캠페인은 상대적으로 무시되었다. 이는 교육이 별로 중요하지 않다고 가정했기 때문이었다. 이러한 부정적인 시각은 1910년대와 1920년대로 거슬러 올라간다. 그때 새로운 공중보건을 주장했던 사람들은 "진정한" 과학이 선조들의 "엉터리bogus" 가르침, 다시 말해 싱클레어 루이스Sinclair Lewis의 소설《애로스미스*Arrowsmith*》나 폴 드 크루이프Paul De Kruif의《미생물 사냥꾼*The Microbe Hunters*》같은 대중 작품에 기술된 관점을 이겼다고 칭송하기 시작했다.[30]

최근까지도 역사인구통계학자들historical demographers은 개인과 가정에서의 변화가 19세기 전염병으로 인한 치사율 감소와는 아무런 관련이 없다고 가정했다. 여기에는 영국 의사 토마스 매키언Thomas McKeown의 연구가 특히 영향을 미쳤다. 그는 1960년대에서 1970년대 엄청난 사망률의 변화가 체계적인 의술이나 공중보건운동의 결과라기보다는 더 나은 영양 섭취와 생활수준의 향상에 따른 의도치 않은 결과라고 주장했다.[31]

이 책을 처음 쓰기 시작했을 때, 나 역시 개인의 건강 습관이 인구통계학적으로 중요하지 않다고 보았다. 그러나 나의 주제가 더 존중할 만하다는 것을 깨닫는 데에는 두 가지 이유가 있었다. 첫째, 오늘날에도 여전히 통용되는 동일한 실천들이 질병 통제의 근본적인 방식으로 홍보되고 있다는 점이다. 1990년대 초 결핵이 약간 유행한 동안 뉴욕 사람들에게 권유된 예방책과 미국 농무부가 제시한 안전한 육류 처리법은 내가 연구하고 있었던 결핵 통제와 가정세균학의 지침에서 직접적으로 유래한 것이었다.

또한 나는 개인의 위생 습관에 더 관심을 기울인 새로운 세대의 역사인구통계학자와 의학사가들에게서 큰 영향을 받았다. 그레첸 콘드랜Gretchen Condran, 앤 하디Anne Hardy, 새뮤엘 프레스턴Samuel Preston, 사이먼 스레터Simon Szreter 등의 학자들은 자발적인 위생 행동의 변화가 이른바 매키언 테제에서 밝힌 것보다 사망률 감소에 더 크게 기여했다고 말했다. 이러한 새로운 연구는 전 도시적인 공중보건 활동으로 안전한 하수 체계, 수질 순도, 식품 공급 등을 확보하기 몇 십 년 전부터 이미 사망률이 낮아지기 시작했다는 점을 보여 준다. 만약 개인과 가족이 위생학자들의 권고사항에 따라 집에서 배설물 오염을 피하고 물을 끓이고 아픈 친척을 간호할 때 격리했다면, 가족의 생존율을 높일 수 있었을 것이다.[32]

1900년 이전에는 가정에서의 변화가 인구통계학적 결과, 특히 유아와 아동 사망률의 감소에 미친 영향은 크지 않았다. 그러나 더글라스 유뱅크 Douglas Ewbank와 새뮤엘 프레스턴의 연구에서는 1900년에서 1930년 엄마들에게 우유 정제精製와 아동 질환 관리의 원칙을 가르쳤던 공중보건 십자군이 청년 사망률 급감에 기여했다고 한다. 그들은 인구통계학적 자료가 미국과 영국에서 "개인 위생 습관의 변화가 유아와 아동의 사망률을 감소시키는 중요한 요인이었다"는 것을 보여 준다고 결론지었다.[33]

내 연구는 그 복잡한 인구통계학적 논의에 어떤 확실한 공을 세우고자 하는 것이 아니다. 그러나 그런 논쟁이 계속되고 있다는 것은, 루이스와 드 크루이프의 작품보다는, 개인 위생 행동의 혁명에 대해 훨씬 더 진지하게 분석할 필요가 있다는 반증이다. 아울러 이 혁명의 젠더적 중요성을 통해 이러한 나의 확신을 더욱 강화할 수 있었다. 새로운 인구통계학적 연구가 보여주듯이, 세균설이 개인의 위생 실천과 관련되는 것은 대부분 집 청소, 보육, 취사의 영역이다. 이는 전통적으로 여성의 일이라고 간주되고 그래서 무시되거나 사소한 것으로 간주된 영역이다. 이 책의 목표 중 하나는 실험실에서 행한 파스퇴르의 업적은 중요하게 여기면서 공중보건 간호사와 주부의 통찰은 하찮게 치부하는 젠더적 지식 구분에 도전하는 것이다.

나는 개인의 위생 행위를 질병 예방의 진지한 형태로 고려한다. 이러한 나의 해석은 세균의 공포를 문화적 인공물로 보는 오래된 학문적 전통과 불가피하게 상충된다. 독일 사회학자 노베르트 엘리아스Norbert Elias와 영국 인류학자 메리 더글라스Mary Douglas가 청결 행위에 대한 유력한 설명을 공식화했다. 질병에 대한 이해가 청결 추구로 표현된 것은 사회 질서를 만들고 유지하기 위한 강력한 구실에 불과하다는 것이다. 이후 많은 학자들이 그것을 따랐다. 더글라스는 이를 "분리와 분류의 제스처gestures of separation and classification"라고 했다. 그는 1966년에 발간한 고전 《순수와 위험Purity and Danger》에서 "우리는 질병을 피하려는 걱정 때문에 먼지를 쓸고 도배하고 장식하고 정돈하는 것이 아니라, 긍정적으로 주변을 재정비하면서 어떤 사상에 순응하는 것이다"라고 말했다.[34]

이러한 관점은 청결에 대한 문화적 중요성을 제대로 이해하게 만들었고, 세균의 복음에 대한 나의 이해도 분명하게 만들었다. 나는 모든 질병이 그 어떤 선입견도 없이 관찰되지 않는다는 전제에 동의한다. 우리가 병을 다룰 때, 거기에 영향을 미치는 문화적 장막이 항상 존재한다. 그러나 더글라스의 접근법은 질병에 대한 공포를 너무 쉽게 특정한 청결 태도로만 결부시키는 경향이 있다. 《순수와 위험》에서의 관점은 1960년대의 자신감을 반영하는 것이다. 그 시대에 미국 공중보건국 국장은 전염병이 더 이상 공중보건에 심각한 위협이 아니라고 선언했다. 나는 더러움에 대한 문화적 해석이 질병에 대한 단순한 공포 그 이상을 반영한다고 생각한다. 그리고 어떻게 질병이나 죽음과의 일상적 만남이 세균 기피의 가르침을 강화했는지 강조하고자 한다.[35]

이와 유사한 근대의 예로 인류학자를 상상해 보자. 그들은 지금으로부터 100년 전쯤 에이즈의 유행에 대해 기록하면서, 콘돔이나 표백제로 살균한 주사바늘을 사용하는 것과 같은 예방조치를 동성애자와 마약 중독자를 겨냥한 순수한 "분리와 분류의 제스처"로 이해했다고 생각해 보자. 그런 견해는 우리에게 터무니없게 느껴진다. 심지어 질병의 문화적 구성을 열렬히 믿는 지지자들조차 안전한 성관계와 깨끗한 주사바늘이 생명을 살릴 수 있다는 것을 부인하지 않는다. 그러나 단지 중간계급의 지위를 쫓아서 행동하거나 혹은 특정 미국인 집단에게 오명을 씌우기 위해, 사람들에게 배설물로 인한 상수도 오염을 막고 음식에 병원성 미생물을 제거하라고 설득하는 19세기 말 개혁가들의 노력을 무시하는 것도 똑같이 순진하다.

나의 역사 분석은 절충적이다. 청결에 대한 문화적 해석과 질병에 대한 생물학적 차원 둘 다 존중한다. 장티푸스와 결핵 같은 질병은 생물학적인 실체, 즉 그것에 부여된 문화적 의미를 형성하는 일련의 구체적인 병리학적 특징이 있다. 그 위험성에 대한 공포는 묵과해서는 안 되는 질병과 죽음에 대한 고통스러운 경험에 근거한다. 이러한 "생물학적 몸biological body"을 역사 서술에 담보하는 것은 한 세기 전 질병 이론의 변화가 초래한 변형들을 이해하는 데에 핵심적이다.[36]

나의 서술은 또한 세균설 수용이 근대 생의학적biomedical 질병 모델의 한계라는 비난에 이의를 제기한다. 과학 학문으로서 세균학에 대한 권위의 증가는 주로 미국의 의료 범위를 불가피하게 제한하고 새로운 형태의 차별을 부추기는 보수적인 발전으로 묘사된다. 세균설은 종종 검사, 배제, 감금의 이미지와 연결된다. 엘리스섬Ellis Island(19세기 말에서 2차 세계대전까지 미국 이민자들이 입국 수속을 밟던 뉴욕에 위치한 작은 섬-역자 주)의 검사관들은 단추걸이를 이용해 이민자들의 눈꺼풀에 결막염이 있는지 검사했고, 위생관들은 허약한 폐결핵 환자들을 요양원으로 보내 죽게 만들기도 했으며, 혹은 장티푸스 보균자가 30년 이상 노스 브라더섬North Brother Island으로 쫓겨난 슬픈 모습 등이 그러하다.[37]

이러한 전개도 분명 세균설 수용의 한 결과였다. 하지만 그것이 미국 정치와 문화의 유일한 유산을 대표하지는 않는다. 역사가들은 전통적으로 이민 억제와 인종분리를 위한 캠페인을 그 증거로 삼았다. 그러나 경제적 정의나 사회적 평등을 위한 덜 보수적인 운동에서도 세균설의 "진실truths"에 호소했다. 그 활동을 면밀히 살펴봄으로써, 나는 세균의 발견이 고정된 도덕 혹은 사회적 메시지를 가지지 않았다는 점을 강조하고자 한다. 질병 세균설 그 자체에는 본질적으로 편협하거나 차별적인 것이 없었다. 그러나 일상생활에서 그 의미는 다양한 해석의 여지가 있었고, 미국 사회 문제의 논쟁적 자리에 배치되었다. 만약 특정한 관점이 다른 것보다 더 우세했다면, 그 사실에 대한 하나의 설명을 위해서 이론 그 자체가 아니라 정치적이고 문화적인 논쟁의 맥락을 보아야 한다.[38]

이 연구는 미국에만 한정된다. 그럼에도 불구하고 영국과 프랑스 같은 다른 서구 국가들에서도 같은 시기에 유사한 공중보건운동이 생겨났다는 점을 인식하는 것은 중요하다. 식민지배 세력을 통해 세균의 복음은 중국, 인도, 필리핀 같은 비서구 국가들로 수출되었다. 그 이동에 대한 체계적인 비교는 이미 너무 광범위해진 이 연구의 범위를 넘어선다. 그러나 다른 나라의 상황을 제한적이나마 참고하여, 내가 특징적이었다고 생각하는 미

국 보건운동의 두 가지 측면을 강조하고자 한다.[39]

하나는 광고의 엄청난 중요성과 그것의 소비자 지향적인 접근법이다. 최근 광고나 대중문화에 대한 연구는 그것이 미국 사회에 미친 조숙하면서도 지배적인 영향을 강조해 왔다. 나는 이 책에서 공중보건운동에도 그러한 영향이 이어졌다는 점을 보여주고자 한다. 미국의 위생 개혁가들은 20세기 초 이용 가능한 새로운 형태의 대중매체와 설득에 일찍부터 관심을 갖고 재능을 발휘했다. 건강 "판매selling"라는 개념은 그들의 대중 교육 프로그램의 핵심이었다. 다른 하나는 질병 예방운동이 미국 정치 문화에 특별한 역할을 했다고 간주하는 것이다. 다른 나라에서도 확실히 정당 정치의 싸움보다 일반 시민의 목표인 건강에 호소했다. 그러나 이러한 현상은 미국에서 특히 두드러졌다. 젠더, 인종, 민족, 계급 차이로 분열된 민주주의 사회에서 공중보건을 통한 시민권 개념은 배제와 통합의 목적을 위해서 합의를 이끄는 표면상 중립적인 지대였다.[40]

내가 비록 세균설이 미국 의료계나 대중문화에 미친 영향에 대해 몇몇 전통적 학문 지식에 도전하고 있지만, 나 자신이 일반화라는 중죄重罪를 저지르고 있음을 먼저 지적해야 할 듯하다. 실제로 존재했던 것에 질서를 부여하지 않은 채 세균에 대한 사상의 발전을 서술하는 것은 불가능하다. "질병 세균설"이나 "균의 복음" 같은 문구에 부여된 의미를 해석할 때, 나는 실제보다 더 많은 일관성과 정합성을 부여했다. 글 전체에서 인용 부호를 쓰기보다는 잘 정리되지 않은 사상을 쫓아가는 역사적 속기의 형태로 그것들을 사용한다는 점을 독자들에게 알린다.

나는 '대중화popularization', '대중 교육mass education' 혹은 '대중the public'과 같은 용어를 단일한 과정이나 집합적 실체가 존재하는 것처럼 사용하지 않으려 했다. 지금도 그렇듯이 내가 연구하는 기간, 즉 1870년대에서 1920년대까지 미국인들은 매우 비균질적heterogenous인 사람들이었다. 그러한 다양성 때문에 우리는 다양한 집단이 동일한 생각에 어떻게 반응하는지 주의 깊게 살펴야 한다. 따라서 나는 광범위한 일반화와 다양한 목소리를 서술하는 상세한 사례 연구의 균형을 잡으려고 노력했다.

마찬가지로 나는 개인individual의 다양성이 매우 중요하다고 여긴다. 동일한 젠더, 민족, 계급 혹은 인종집단 내에서도 건강 문제에 대해 구성원마다 매우 다양한 견해를 가질 수 있다. 가족 중 한 사람은 라듐 가스 위협에 대해 심각하게 걱정하지만 다른 사람은 그것을 지나친 공포라고 치부할 것이다. 내가 연구하는 시기에도 분명히 그랬다. 어떤 사람은 세균의 위험에 대한 무시무시한 경고를 무시했지만, 다른 사람은 그것을 끊임없이 걱정했다. 이러한 다양한 세균 의식의 정도는 부모의 청결에 대한 관심, 개인적 질병 경험, 역사가인 내가 쉽게 판단할 수 없는 기본적인 개성처럼 여러 가지 요소에 영향을 받아 형성되었다. 1870년부터 1930년까지 모두는 아니더라도 많은 미국인들이 가졌던 감염과 관련된 믿음이나 행동을 추적하는 것이 여기서 내가 할 수 있는 최선이다.

마지막으로 용어에 대해 언급하자면, 엄밀히 말해 '감염infectious', '전염contagious', '전염성communicable'과 '유행성epidemic'이 질병에 적용될 때는 서로 다른 의미를 갖는다. '감염'은 그들 사이에 실질적인 접촉 없이 사람에게서 사람으로 전해지는 병을 뜻한다. 반대로 전염병은 사람들 사이에서 직접적으로 전해진다. '전염성'은 감염과 전염병 둘 다를 포괄하는 더 일반적인 용어이다. 유행병epidemic diseases은 소수의 증상으로 시작해 많은 사람에게 급속히 퍼지다가 점차 사그라지는 것이고, 풍토병endemic diseases은 특정 지역에 자주 나타나는 것이다.

이러한 용어들은 19세기 말에도 비슷한 의미를 가졌다. 그러나 실제로 사용될 때는 그런 구분을 유지하기 어려웠다. 나의 연구 대상 시기에 의료 당국은 흔히 그런 용어를 사용하는 데 정확성이 떨어졌다. 특히 감염병과 전염병의 구분이 무의미했다. 1866년 《미국의사협회 회보Transactions of the American Medical Association》에서 한 의사는 그 점에 불만을 드러냈다. "유행병, 전염, 감염 이 세 가지 명칭은 빈번하게 조사원을 혼동하게 만든다. 그 경계선은 적도equator보다 훨씬 더 공상적인 것 같다."[41] 감염과 전염이 엄밀히 다르다는 것을 안다. 그러나 나는 '적도 무시하기'를 선택하고 이 책에서는 그 용어들을 호환성 있게 사용할 것이다.

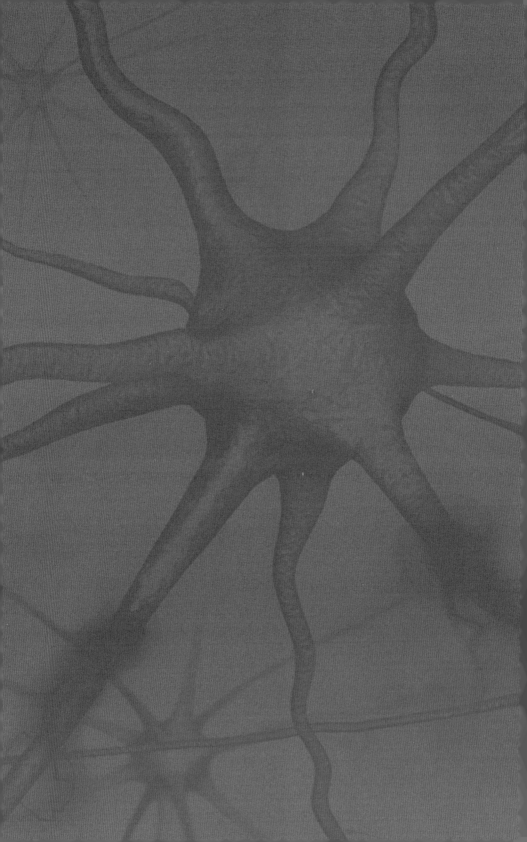

The Gospel of Germs

I
복음의 출현,
1870~1890

1. 세균의 사도들

1884년 2월 어느 춥고 눅눅한 날, 마사 블럭 루스벨트Martha Bulloch Roosevelt의 자녀들은 어머니의 임종을 보기 위해 모였다. 뉴욕시의 저명한 자선가인 아버지 시어도어 루스벨트Theodore Roosevelt, Senior의 미망인 마사는 며칠 전 감기 기운이 있었는데, 갑자기 상태가 나빠졌다. 의사는 그녀가 치명적인 위장 질환인 장티푸스에 걸렸다고 진단했다. 볼티모어에 있던 딸 코린Corinne과 알바니에 있던 아들 시어도어는 웨스트 57번가에 있는 어머니의 멋진 집에 빨리 오라는 전보를 받았다. 그 호출은 시어도어에게 두 번째로 참담한 소식이었다. 그 집에는 그의 아내 앨리스Alice가 첫째 아이를 낳은 직후 브라이트병Bright's disease으로 알려진 신장 질환으로 몸져누워 있었던 것이다. 2월 14일 새벽 3시, 마사 루스벨트는 자녀들에 둘러싸인 채 죽었다. 그 후 12시간 이내 앨리스 루스벨트도 남편의 품에서 숨을 거두었다. 몇 년 후, 코린은 그날 밤 집에 도착했을 때 오빠 엘리어트Elliott가 그녀에게 한 말을 기억할 수 있었다. "이 집에 저주가 씌였어."[42]

마사와 앨리스 루스벨트의 장례식을 위해 5번가 교회에 모여든 많은 사람들은 아들 시어도어가 말한 것처럼 그렇게 일찍 생명을 빼앗아간 "이상하고 끔찍한 운명"에 대해 생각했다. 마사는 48세였고 앨리스는 22세에 불과했다. 가족과 친구들은 앨리스의 죽음을 더 비극적으로 생각했다. 갓 태어난 딸을 남겨두고 떠났기 때문이다. 아울러 그녀의 죽음은 더욱 납득하기 쉬웠다. 당시 많은 여성들이 분만 과정에서 죽었고, 앨리스처럼 진단 미확정 신장 질환자는 더더욱 그러했다.[43]

마사 블럭 루스벨트의 죽음에는 다른 문제가 있었다. 그녀는 1880년대 초 '오물병filth disease', 즉 배설물 오염에 의해 퍼지는 것으로 분류된 병 때문에 사망했다. 보통 장티푸스는 가정의 적절한 위생 습관을 통해 예방될 수 있다고 여겨졌다. 오늘날 우리는 마사 루스벨트가 집 밖의 식당에서 상한 해산물을 먹거나 혹은 악명 높은 요리사 '장티푸스 메리Typhoid Mary' 멜런(미국 최초의 무증상 장티푸스 보균자 메리 멜런Mary Mallon에게 붙여진 이름으로 그녀는 요리사로 일하면서 약 49명을 감염시키고 그중 3명이 사망–역자 주)처럼 건강보균자와의 접촉으로 장티푸스에 쉽게 걸릴 수 있다는 것을 안다. 그러나 1884년에는 그런 감염 방식은 아직 발견되지 않았다. 보건 당국은 파손된 가정배관을 통해 장티푸스가 퍼지며, 그 가정배관은 보통 질병을 유발하는 "독성poison"을 내포한 공기와 물에 의해 오염된다고 여겼다.[44]

마사 루스벨트의 사망 당시, 장티푸스를 유발하는 정확한 독성 물질에 대해서는 논쟁 중이었다. 대부분의 의사들은 그 병원체가 부패한 배설물에서 생긴 화학 물질이라고 생각했다. 반대로 소수이긴 했지만 그 수가 점점 많아지고 있던 공중보건 전문가들은 배설물이 아니라 배설물에 포함된 살아있는 미생물이 위험하다고 생각했다. 1880년 두 명의 독일 의사가 나중에 이베르스균Eberth's bacillus이라 불린 세균을 분리했다. 그들은 그것이 장티푸스를 유발한다고 믿었다. 마사 루스벨트가 죽었던 그해, 뉴욕시 보건 당국은 《세대주를 위한 위생 정보 안내서*Handbook of Sanitary Information for Householders*》를 발행하면서 "하수 공기를 마시는 것에 있어서⋯⋯가장 큰 위험은 그것과 함께 병든 사람의 배설물에 포함되어 있거나 거기서 자란 살아있는 입자―바실루스bacillus 등―를 흡입하는 것이다"라고 경고했다.[45]

그러나 전문가들이 병원病源causal agent에 대한 논쟁을 벌였음에도 불구하고, 그 누구도 가정 내에서의 장티푸스 발병이 위생 설비와 깊은 관련이 있다는 점에 이의를 제기하지 않았다. 이러한 점에서 마사 루스벨트의 비극은 미스터리였다. 1870년대 아버지 시어도어 루스벨트가 웨스트 57번가에 지은 대저택은 그 당시 최고 건축가가 디자인했고 고급 설비 또한 갖추어져 있었다. 게다가 친근하게 "미티Mittie"로 불렸던 마사 루스벨트 또한 청결에 지나치게 신경을 써서 가족과 친구들이 거의 강박적이라고 생각할 정도였다. 그녀는 1853년 결혼한 뒤 조지아 시골에서 뉴욕시로 이사했기 때문에 급속도로 진전된 도시의 엄청난 불결 상태를 결코 받아들일 수 없었다. 미티는 그것에 맞서기 위해 철저한 청결 의식을 생각해냈다. 그녀는 두 번씩 물을 바꿔가면서 매일 목욕을 했고, 밤에 무릎을 꿇고 기도를 할 때에는 바닥에 천을 깔았으며, 심지어 겨울에도 하얀 옷을 입어 티끌 한 점도 놓치지 않았다. 또한 하인들의 도움으로 항상 새 집처럼 집안을 깨끗하게 유지했다. 가족의 한 친구는 그녀가 며느리 앨리스를 위해 준비한 광택, 세척, 청소, 먼지 털기에 대한 엄격한 방법을 가르치는 많은 분량의 살림설명서를 기억했다. 예를 들어, 요리사는 매일 아침 청소부가 집에 들어오기 전에 쓰레기통을 소독할 끓는 물을 준비해야 했다.[46]

그러나 마사 루스벨트는 그녀 자신과 집을 티끌 하나 없게 하려했지만, 결국 공중보건 전문가들이 '오물병'이라 불렀던 병으로 죽었다. 그렇게 청결에 까다로운 여성이 장티푸스가 아니라 오물 오염에 의한 질병에 걸렸다는 것을 알았다면 죽고 싶을 정도로 수치심을 느꼈을 것이다. 장티푸스로 인한 마사 루스벨트의 죽음은 황금기the Gilded Age(남북전쟁 이후의 미국호황기-역자 주)에 가장 성실하게 집을 청소한 사람조차도 시달려야만 했던 불확실성의 전형이었다. 때문에 가장 꼼꼼한 사람조차도 보이지 않는 질병의 매개체로부터 안전하지 않은 듯했다.[47]

1870년대와 1880년대에 이런 보이지 않는 적에 대한 열띤 과학적 논의가 있었다. 이때는 미국과 유럽에서의 발병률 증가에 따른 심각한 불안의 시기였다. 뉴욕시 당국이 집계한 사망률은 대도시는 살기에 매우 비위생적인 장소라는 마사 루스벨트의 개인적 경험을 입증했다. 그만큼 19세기에는 발병률과 사망률이 놀랄 만큼 증가했던 것이다. 주민들은 콜레라와 천연두 같은 빈발하는 유행병으로 주기적인 위기를 맞았고, 해마다 꾸준하게 목숨을 앗아 가는 폐렴과 장티푸스 같은 감염병으로 어찌할 바를 몰라 했다. 특히 어린이들이 위험했는데, 마사 루스벨트가 거주한 뉴욕시에서 모든 유아의 5분의 1이 주로 '여름 설사summer complaint' 혹은 '유아 설사infant diarrhea'로 돌이 채 지나기도 전에 죽었다. 운이 좋아서 성인이 될 때까지 생존한다 하더라도 거의 네 명 중 한 명은 20세에서 30세 사이에 사망할 가능성이 높았다.[48]

그 결과 19세기 후반 모든 계급의 미국인들은 오늘날 감염병 전문가들도 좀처럼 갖추기 어려운 질병에 대한 해박한 지식을 갖고 있었다. 그들은 콜레라로 인한 푸른색 피부와 쌀뜨물 같은 설사, 그리고 장티푸스의 증상인 고열과 발진 등에 익숙했다. 천연두의 특징인 피부 발진, 성홍열의 인후염과 딸기혀, 햇볕에 탄 것 같은 발진도 분간할 수 있었고, 백일해, 폐렴, 폐결핵과 관련된 기침도 구별할 수 있었다. '여름 설사'의 증상인 만성 설사와 쇠약, 그리고 디프테리아(주로 어린이가 많이 걸리는 급성 전염병의 하나-역자 주)로 인한 호흡 곤란과 기도 막힘 증상 또한 잘 알고 있었다.

질병과 죽음에 대한 일상적인 경험은 많은 도시 미국인에게 깊은 공포심을 남겼다. 심지어 예측하기 어려운 원인 불명의 발열과 소모성 질환에 "최고의" 가족들도 포위된 듯했다. 부유한 빅토리아 시대(영국의 빅토리아 여왕이 통치하던 19세기 산업화와 제국주의 절정기-역자 주) 사람들의 일상은 표면적으로는 안락하고 잘 정돈된 듯했다. 예를 들어, 마사 블럭 루스벨트 세대는 그들의 부모나 조부모와 비교하면 유례가 없을 정도로 고상했다. 그런데도 여전히 불결로 인한 질병의 희생양이 되었다. 이런 취약함에 대한 인식 때문에 질병 세균설에 대한 토론이 증가하게 되었다. 주창자들은 그 이론이 확고한 청결 추구로도 마사 루스벨트와 그녀의 동시대 사람들을 보호하는 데 실패한 이유에 대한 미스터리를 설명해 주리라고 생각했다.

보이지 않는 위험 세계

1880년 샌프란시스코 의료협회San Francisco Medical Society에 배달된 〈디

프테리아, 성홍열, 장티푸스, 산욕열 독성의 가상의 정체에 대하여On the Supposed Identity of the Poisons of Diphtheria, Scarlatina, Typhoid Fever, and Puerperal Fever〉라는 인상적인 제목의 논문에서 의사 윌리엄 H. 메이스 William H. Mays는 "나는 열렬한 세균론자임을 천명한다. 나는 세균론에 맞서는 그 어떤 교리도 뉴턴의 중력 법칙을 반박하려는 시도로 간주한다" 라고 강렬한 어조로 시작했다. 그는 자신의 믿음에 대한 신조를 교리문답 catechism 방식으로 다음과 같이 설명했다.

나는 모든 전염병은 살아있는 유기체나 발효미생물microzyme이 조직에 삽입된 결과라고 생각한다. 그것들은 종의 재생이 가능하며 감지할 수 없을 만큼 미세하다. 우리 행성의 모든 생명체는 선행하는 생명체의 결과이므로 모든 특정 질병도 그 선행하는 특정 질병의 결과다. 어떤 세균도 새로이 생겨날 수 없듯이 성홍열 또한 자연적으로 나타날 수 없다. 참나무는 참나무에서, 포도는 포도에서 나오기 때문에 장티푸스는 장티푸스균에서 디프테리아는 디프테리아균에서 생겨난다. 그리고 비둘기 알에서 바다 갈매기가 나올 수 없는 것과 마찬가지로 장티푸스에서 성홍열이 생길 수는 없다.[49]

이 질병 세균설은 한 세기 이상 읽힌 이후에야 아이작 뉴턴의 중력 법칙이나 (메이스 박사도 동의했던) 찰스 다윈의 진화론과 비슷한 과학적 정설로 간주되었다. 과학적 정설이 된 이후에 메이스의 위와 같은 선언을 보면 확실히 이상할 것이다. 오늘날 감염병의 본질에 대한 논쟁이 존재한다 하더라도, 과학자들은 성홍열의 원인이 되는 연쇄상구균이 자연적으로 생겨날 수 있는지, 더구나 그것이 장티푸스 발병의 원인이 되는 바실루스(막대 모양의 세균으로 간균杆菌이라고도 부른다-역자 주)로 바뀌는지에 대해서도 더이상 논쟁하지 않는다. 그러나 유럽과 미국에서 의사들이 갈매기가 비둘기 알에서 부화될 수 있다고 믿고 있던 때에 자신의 신념에 대한 메이스의 장황한 설명은 질병에 대한 이런 새로운 이론을 믿는다는 것의 의미를 정확히 포착하게 해 준다.[50]

1880년에는 영국과 미국의 의사 태반이 병의 원인에 대한 이러한 급진적 생각을 받아들이기 어려웠다. 의학계에서 또 다른 신념에 근거한 질병 발효설zymotic theory of disease을 굳건하게 받아들이고 있었기 때문이었다. 질병 발효설은 병원체가 부패한 오물에서 발생하는 화학 효소이며, 그것은 알맞은 대기 환경이 갖춰지면 자연적으로 발생한다는 것이었다. 게다가 그들은 발효병이 잘 통제될 거라고 말하면서 '위생학'이라는 예방의학의 진보에 매우 만족해했다.[51]

당시 발효설과 위생학이 누렸던 만족감을 고려해 본다면, 세균설의 주창자가 그렇게 허세를 부리듯이 새로운 신념을 표현한 것도 당연하다. 1870년대 세균설을 믿는다는 것은 흔히 개종改宗에 비유되었다. 윌리엄 메이스가 그랬듯이, 세균설 지지자들은 자신을 새로운 "교리"로 "개종한 자"라고 불렀고, 교리문답식으로 그들의 교리를 제시했다. 열렬한 세균론자들은 마치 다시 태어난 기독교인처럼 새로운 시각으로 세상을 보았다. 세상은 공기, 물, 흙이 보이지 않는 생명으로 가득한 장소이며 자신들의 피부와 분비물은 미생물이 득실거리는 곳이었다. 현미경 연구 전문가인 라이오넬 빌Lionel Beale은 "고등생물의 모든 곳에 하등생물이 침투해서" 미시적 적자생존에 옴짝달싹 못한다고 말했다.[52]

영어로 세균germ은 라틴어 동사 '싹트다sprout'에서 기인한 것으로, 지각할 수 없는 전염의 '씨앗'을 칭하는 데 오랫동안 사용되었다. 새로운 이론의 주창자들은 인간이나 동물에게 병을 유발할 수 있는 미생물을 표현하기 위해 그 용어를 사용했다. 연구자들은 머지않아 박테리아, 균, 기생충처럼 더 크고 더 복잡한 미생물과 훨씬 더 작은 바이러스나 리케차를 구별할 수 있을 것이었다. 그러나 1870년대에는 세균이나 병균의 범주로 묶이는 개별 매개체는 잘 알려져 있지 않았다. 그리고 초기 세균설에서는 '비브리오', '조류algae', '은화식물cryptogams', '발효미생물microzymes', '분열식물schizophytes' 등 종잡을 수 없을 만큼 다양한 용어로 균을 묘사했다.[53]

감염병 고찰에서의 이런 변화는 과학적 탐구 방식에 대한 새로운 믿음을 필요로 했다. 의사들은 전통적으로 개인과 공동체에서 질환을 관찰하는 것 내지, 오늘날 우리가 임상 및 역학적 증거라고 부를 질병에 대한 이론에 기반해 있었다. 이에 반해, 세균설에 대한 믿음은 실험실에서 파생되는 증거에 기초를 두고 있었다. 세균과 병을 관련시키는 실험 방법은 1860년대에서 1870년대 루이 파스퇴르와 로베르트 코흐의 연구로 눈부시게 발전하기 시작했다. 실험주의자들은 현미경 검사, 시험관 배양, 동물 실험으로 증거를 모았고, 그 증거는 세균설 주창자들에게 병의 근본적인 본질에 대해 새로운 예측을 가능하게 해 주었다.

그러나 대부분의 사람에게 새로운 실험주의는 임상 및 역학적 관찰의 시대에 생긴 발효설과 위생학의 타당성을 입증하는 통찰을 버릴 이유는 아닌 듯했다. 그 결과 서양 의학은 1865년에서 1895년까지 세균설의 진실을 둘러싸고 사실상 내전을 겪었다. 미국과 유럽의 전문가들은 수많은 의학저널과 교재에서 양 진영으로 갈라졌다. 결국에는 세균설 지지자들이 승리해 1890년대 의대생들은 세균설을 과학적 정설로 받들고 파스퇴르와

코흐를 영웅으로 여기도록 교육받았다.[54]

그러나 의사와 대중에게 새로운 질병관이 처음으로 소개된 1870년대에서 1880년대 초, 세균설은 '극미동물 가설'이라고 불린 고대의 신빙성이 떨어지는 의학 전통과 연결되면서 이러한 특권적 지위를 얻지 못했다. 그 주창자들도 잘 알고 있었듯이, 감염 매개체가 살아있는 존재라는 명제에는 유구한 역사가 있었다. 이에 대해서는 세균설에 관한 1874년 논문에서 칼 리버마이스터Karl Liebermeister가 "고대 작가들이 그런 생각을 분명히 말했다"고 언급했다. 다음 세기에 관찰자들은 불가사의한 **살아있는 콘타지움**contagium vivum(바이러스 개념의 시원이 되는 감염 병원체-역자 주)이 선페스트 같은 유행병 확산을 설명해 준다는 가설을 세웠다.[55]

리버마이스터는 계속해서 1600년대 말 안톤 판 레이우엔훅Antoni van Leeuwenhoek이 단순한 현미경을 발명하여 "육안으로 보이지 않는 아주 미세한 생물을 현미경으로 증명함으로써 그런 이론에 실질적인 토대가 갖추어졌다"고 말했다. 그 네덜란드 상인은 널리 보고된 일련의 관찰 기록에서 현미경으로만 볼 수 있는 세계에 대해 상세하게 설명했다. 그 대부분은 기존에 알기 어려웠던 콘타지움이 살고 있을 것으로 예상되는 인체 내부나 표면이었다. 불행히도, 18세기 신봉자들은 미시적인 상상력에 도취되었다. 기구는 조야했지만, 그들은 다양한 미생물의 복잡한 정체성과 가계도를 만들었다. 그들 중 몇몇은 "구부러진 부리와 날카로운 발톱"을 가진 생물체로 상세하게 그려졌다. 이러한 사실로 보면, 리버마이스터가 "그런 공상적인 생각들이 그 이론 전체를 우스운 것으로 실추시켰다"고 평했던 것, 그리고 의학적 소견의 무게가 감염 대기설에 치중되었던 것은 전적으로 이해할 만했다.[56]

1830년대 콜레라의 유행으로 살아있는 콘타지움 이론에 대한 관심이 부활했다. 이는 특히 영국 의사 존 스노우John Snow와 윌리엄 버드William Budd가 환자의 배변에 의한 오염된 물에서 병이 퍼진다는 것을 증명한 이후였다. 1840년에 버드는 콜레라 독이 살아있는 유기체라는 자신의 소신을 발표했다. 그때까지는 소수의 사람들만 그런 관점을 받아들였을 뿐이었다. 그리고 구세대 중에서 1853년에 글을 쓴 프리드리히 구스타프 야코프 헨레Friedrich Gustav Jacob Henle가 "아마도 **살아있는 콘타지움** 이론을 마지막으로 정교화했다"고 리버마이스터는 언급했다. 19세기 중반 몇 십 년 동안, 질병 발효설은 사실상 서구 의학계에서 반박의 여지가 없는 지배적 이론이었다.[57]

그래도 많은 박물학자와 의사들이 계속해서 미생물을 연구했다. 그들은 1820년대 말 영국의 와인 상인 조지프 잭슨 리스터Joseph Jackson Lister가 발명한 무색 복합현미경의 도입으로 연구 능력이 대단히 강화되었다. 이 새로운 기구는 오랫동안 미시적 관찰을 방해했던 고배율 상에서의 뒤틀림 문제를 제거했다. 질 좋고 값싼 기구를 활용하게 되면서, 현미경 사용은 영국과 미국의 의사와 비전문가들 사이에서 인기 있는 놀이가 되었다. 미시적 세계에 점점 더 익숙해지면서 오래된 극미동물 가설이 새로운 질병 세균설로 부활하고 있었다.[58]

이런 변화는 1850년대 말에서 1860년대 초 루이 파스퇴르의 작업으로 시작되었다. 얼핏 보면, 의사가 아닌 화학자가 의학적 사유를 혁명적으로 전환하는 데 중추적인 역할을 했다는 것이 특이하게 보일 수도 있다. 그러나 화학과 의학은 오랫동안 밀접한 관계가 있었다. 질병 발효설은 독일의 화학자 유스투스 폰 리비히Justus von Liebig와 연관되어 있었다. 그의 작업은 질병과 발효 사이의 유사성을 널리 알리는 데 기여했다. 파스퇴르는 발효 연구에 착수하면서 자신의 연구가 잠재적으로 질병설에 매우 중요하다는 것을 알았다.[59]

파리고등사범학교École Normale Supérieure에서 화학을 공부한 파스퇴르는 결정학crystallography 분야에서 처음 명성을 얻었다. 1850년대 중반에 사탕무로 만든 설탕 제조 산업의 중심지인 릴Lille(프랑스 북동부의 공업 도시-역자 주)에 있는 대학에서 화학을 가르치면서 발효 과정에 점점 더 관심을 갖게 되었다. 파스퇴르의 현미경 연구는 그와 동향인 카냐르 드 라 투르Cagniard de la Tour가 1835년에 이미 진척시켰던 관찰의 결과, 즉 모든 발효와 부패의 매개체는 서로 다른 종류의 살아있는 미생물이라는 점을 확인했다. 특이한 미생물을 성공적으로 다루는 것으로 생계가 좌우되는 맥주나 포도주 양조업자, 그리고 식초 제조업자들과 작업하면서, 파스퇴르는 응용발효과학의 전문가가 되었다. 그는 현미경을 사용해 플라스크flask(목이 길고 몸은 둥근 실험용 유리병-역자 주)에 담긴 맑은 국물에서 자란 배양균을 실험해서 좋은 맥주, 고급 포도주, 맛좋은 식초를 만드는 미생물 종과 오로지 끈적끈적하고 역겨운 것을 만드는 종을 구별하는 법을 파악했다. 어떤 종은 호기성好氣性aerobic이어서 살기 위해 공기가 필요했던 반면, 다른 종은 혐기성anaerobic이어서 공기 없이도 잘 자랐다.

파스퇴르는 곧 그의 발효 연구가 프랑스 산업에서 유용한 것을 넘어 매우 중요하다는 것을 알아차렸다. 당시 지도적인 의학 권위자들은 화학적 발효로 감염병이 생긴다고 믿었는데, 그는 발효 매개체가 살아있는 미생물이라는 것을 보여 주었다. 감염병은 이와 같은 미생물에 의해 발생할 것이라는 그 함의는 명백한 듯했다. 1859년 파스퇴르는 미생물과 발효에 대한 논문에서 "모든 것이 전염병이 유사한 원인으로 발생한다는 것을 가리키고 있다"고 기술했다. 몇 년 뒤, 1861년 논문에서는 공중의 먼지나 티끌을 현미경으로 검사하는 것이 유행병 확산에 귀중한 통찰력을 제공할 것이라고 말했다.[60]

파스퇴르의 연구는 자연발생 가능성에 대한 오래된 과학적 논쟁에 휘말렸다. 그것은 유행병 이론과 직결되는 것이었다. 수 세기 동안, 철학자들은 생물이 무생물로부터 생겨날 수 있는지를 논하고 있었다. 이런 논의에서 미생물 관찰은 핵심 요소가 되었다. 해설자들은 살균된 플라스크 용기에 담긴 국물에서 그런 가장 원시적인 존재가 생길 수 있다면, 생물도 자연적으로 생길 수 있다고 추론했다. 이와 동일한 방식의 유추를 통해 유행병은 이전의 어떤 질병과 관련 없이 새롭게 발생할 수 있다는 결론에 도달했다.[61]

프랑스에서 가장 저명한 자연발생설 주창자이자 박물학자인 펠릭스 아르키메데스 푸셰Félix Archimède Pouchet와의 유명한 실험 경쟁에서, 파스퇴르는 이런 고대 진리에 도전했다. 파스퇴르는 일련의 독창적인 연구를 통해 만약 플라스크에 담긴 국물이 "보통의 공기"—일반적인 먼지로 가득 찬 공기—와 접촉하는 것을 차단하면, 그것이 불순물 없이 깨끗한 상태로 유지된다는 것을 증명했다. 이와는 반대로 정화되지 않은 공기나 미생물로 가득한 물방울에 잠시만 노출되어도 그 동일한 무균 용액은 곧바로 생물로 득실거렸다. 파스퇴르는 푸셰나 다른 자연발생설 주창자들의 실험 방법이 공중에 항상 존재하는 세균이 들어갈 수 없을 만큼 충분히 엄밀하지 못했기 때문에 정반대의 결과를 얻었다고 말했다.[62]

돌이켜 보면, 파스퇴르의 초기 연구와 1870년경에 생겨난 질병 세균설은 분명히 관련이 있는 듯하다. 그러나 파스퇴르는 1850년대 말에서 1860년대 초에는 미생물과 질병 사이의 특별한 관계가 아니라, 발효와 자연발생설에 대한 일반 문제에만 주로 관심을 보였다. 그는 1860년대 중반에 이르러서야 실제 질병, 즉 **미립자병**practices이라 불린 누엣병(누에에 생기는 병-역자 주)을 연구하기 시작했고, 질병 세균설이 이미 구체화되었던 1870년대에 와서야 탄저병과 광견병에 대한 그의 저명한 연구를 시작했다.[63]

흔히 파스퇴르에게 공을 돌리지만, 사실 근대 질병 세균설은 훨씬 더 많은 사상과 연구의 합작이었다. 1860년대에서 1870년대 초, 자연과학자와 의사로 이루어진 소수 집단이 자신의 관심사에 따라서 혹은 파스퇴르 초기 연구 보고서에 영감을 받아서 미생물과 질병의 관계를 연구하기 시작했다. 의학 및 과학 잡지에 그들의 연구 보고서가 게재됨에 따라, 그들은 점차 병균을 인간과 동물에게 발생하는 병의 원인으로 고려하는 학설의 주창자들로 보였고 그들 자신도 그렇게 여겼다.

프랑스 의사 카시미르 다벤느Casimir Davaine, 영국 의사 존 버든 샌더슨 John Burdon Sanderson, 그리고 독일 의사 로베르트 코흐를 포함한 많은 수의 연구자 집단이 감염 과정을 연구하기 위해 실험 방법을 사용했다. 그들은 질병을 앓는 사람이나 동물로부터 추출한 혈액 혹은 다른 물질에서 감염 물질을 분리한 다음 그것을 건강한 동물에게 주입했다. 이 방법으로 동일한 질병이 발생할 것이라고 기대했다. 1870년대 중반까지 이런 종류의 실험은 결핵, 디프테리아, 패혈증, 우역cattle plague, 탄저anthrax가 "접종 가능inoculable하다"는 것을 보여 주었다. 접종 가능하다는 것은 그것들이 한 생물에서 다른 생물로 옮겨질 수 있다는 것을 의미했다.[64]

세균설은 또한 살아있는 기생충이 황선favus이나 옴scabies과 같은 국소 피부병뿐만 아니라 누에에 생기는 병인 경화병muscardine의 원인이 된다는 것을 설득력 있게 증명했던 이전의 연구로부터도 정당성을 얻었다. 1850년대에 연구자들은 회충, 즉 **선모충**_Trichinella spiralis_이 덜 익은 돼지고기를 통해 인체 소화기관으로 들어갈 수 있다는 사실을 증명해 보였다. 거기서 기생충이 군체colonies를 재생산해서 인체의 다른 부분으로 파고 들어갔다. 이런 "새로운 계시"는 한 세균설 해설자가 설명했듯이, "특정 기관이나 조직뿐만 아니라 몸 전체가 기생충 오염의 결과로 고통 받을 수 있다는 것을 보여 주었다." 이 기생충 작용 모델은 병균과 숙주의 관계를 이해하는 데 유용했다.[65]

그러나 흥미롭게도, 세균설 초기의 실질적인 질병에 대한 연구는 공기의 전염성에 대한 파스퇴르의 실험에 가려 빛을 보지 못했다. 여기에 영국 물리학자 존 틴들John Tyndall의 연구는 영국과 미국인의 사고 형성에 특히 중요했다. 가스와 빛을 연구하는 동안, 틴들은 막대한 양의 "부유 물질floating matter"이 공중에 있다는 것을 깨달았다. 파스퇴르의 연구를 접한 뒤, 그는 그 물질이 병원균을 함유하고 있다고 확신했다. 틴들은 그것을 증명하기 위해서 수많은 연구를 진행했고, 유명한 영국의 자연발생설 주창자 헨리 찰튼 바스티안Henry Charlton Bastian과 오랜 논쟁을 펼치기도 했다. 그리하여 뛰어난 대중강연자이자 저자인 틴들은 1870년대 영어권에서 세균설의 가장 중요한 옹호자 중 하나가 되었다.[66]

갓 생겨난 세균설을 지지하는 또 다른 매우 중요한 증거는 실험실이 아닌 수술실에서 나왔다. 무색 복합현미경을 발명한 리스터의 아들이자 외과의사인 조지프 리스터는 공기 중 감염 물질에 대한 파스퇴르의 추론을 읽은 이후, 수술의 위험성은 수술 후의 감염원 때문일지도 모른다고 생각했다. 리스터는 그 감염성을 완화시키기 위해서 석탄산carbolic acid을 소독제와 상처치료제로 사용하기 시작했다. 그 결과 수술 후 감염률이 급감했다. 회의론자들은 공기에 내포된 살아있는 세균 때문이 아니라 단지 공기 그 자체의 감염성을 중화했기 때문에 그 소독법이 효과가 있다고 주장했지만, 리스터는 자신의 외과 경험을 파스퇴르의 이론의 증거로 제시했다.[67]

'질병 세균설'이라는 말은 1870년경 영어권 의학서에서 일반적으로 사용되었다. 파스퇴르뿐 아니라 코흐, 틴들, 리스터, 그리고 다른 연구자들의 작업과 관련된 명제를 과학적으로 약칭하는 것이었다. 간단히 말하자면, 세균설은 두 가지 관련 명제로 이루어졌다. 첫째, 동물과 인간의 질병이 특정한 종류의 미생물에 의해 야기되며, 그것은 공기나 물에 퍼져 있다는 것이고, 둘째, 그 세균은 자연적으로 발생할 수 없으며, 항상 바로 이전의 동일한 질병으로부터 생겨난다는 것이었다.[68]

그러나 질병 세균설을 지지한 모든 사람이 두 번째 명제에 동의한 것은 아니었다. 초기 개종자 대부분은 병균과 질병 사이의 인과관계는 받아들였다. 그러나 계속해서 적절한 환경 아래서 병원균이 새로이 발생한 뒤 사람들 사이에 퍼질 것이라고 생각했다. 영국 내과의사 토마스 J. 맥레이건 Thomas J. MacLagan이 《랜싯Lancet》 지에서 주장했듯이, "모든 균이 이전에 존재하는 것에서 생겨난다는 것이 사실일지도 모른다. 그러나 그런 믿음이 질병 세균설의 본질적인 부분은 아니다." 게다가 대부분의 세균설 초기 지지자는 병의 입자가 발생하기 위해서 혹은 싹트기 위해서 특정한 조건이 필요하다고 가정했다. 따라서 병원균과 성숙한 병원성 미생물이 반드시 동일한 것은 아니었다. 이런 가정은 그 후에 어떤 종류의 박테리아는 포자 spores, 즉 적절한 환경에서 성숙한 유기체로 자랄 수 있는 강인한 생식 세포를 만든다는 발견에 의해 더욱 설득력을 얻었다. 따라서 자칭 새로운 이론의 신자들 사이에서조차도 이런 점에 대한 견해는 상당히 다양했다.[69]

초기 세균설 비판

세균설은 1870년경 처음으로 분명하게 표현되었는데, 당시에는 사실상 이론에 불과했다. 즉, 한정된 실험 관측을 통해 나온 급진적인 추정일 뿐이었다. 오늘날 옳다고 증명된 사실을 덮어 두고 세균설의 초기 논쟁을 공평하게 살펴보면, 세균설 반대파가 무장한 논거들도 사실 만만하지 않다. 세균설의 주창자들이 고차원적인 실험 증거에 호소했음에도 불구하고, 세균설에 유리한 초기의 실험실 '증거들proofs'은 적었고 또한 설득력도 없었다. 심지어 열렬한 지지자들조차 그 가설의 본질적인 측면은 여전히 증명되지 않았다고 솔직하게 인정했다. 1870년대에 활용할 수 있었던 실험적 증거를 통해 초기의 세균설을 믿기는 어려웠다. 이는 대부분의 의사들에게 쉽게 납득할 수 없는 맹신을 요구하는 것이었다.[70]

교육받지 못한 사람들과 주변부의 의사들뿐만 아니라 당시 가장 명석하고 체계적인 사상가들도 이에 대해 이의를 제기했다. 의술을 더 과학적으로 만드는 데 전념한 많은 의사들도 너무 단순한 세균설 이론을 상당히 미심쩍어 했다. 이는 18세기 의학의 쓸데없는 가설 세우기에 귀 기울이게 하는 듯한 느낌을 주었다. 그들에게 복합적인 유행병의 기원 전부를 병균 매개체로 환원시키는 것은 의학적 사고에 있어서 진보가 아니라 퇴보처럼 보였다. 다른 이들은 실험주의 전제 그 자체에 반대하기도 했다. 그들의 사고방식에서는 시험관 배양이나 실험용 동물의 반응과 인간의 질병에 도움이 될 만한 것 사이의 유사점을 찾을 수 없었을 뿐만 아니라, 다양한 질병에 대한 철저한 관찰이 질병의 본질에 대한 훨씬 더 권위 있는 증거를 제공했다. 또 다른 사람들은 실험실 증거의 타당성이 아니라 그 해석에 반대하기도 했다. 푸셰와 바스티안 같은 회의론자들은 병균을 죽인다고 알려진 가열 과정 이후에도 액체에서 미생물이 생길 수 있다는 것을 보여 주는 실험을 고안함으로써 맞불 작전을 펼쳤다. 이처럼 실험 방법이 여전히 미숙했던 1870년대에는 세균설 반대파도 세균설 지지자들이 제공한 것 못지않은 실험 결과를 내놓을 수 있었다.[71]

신중한 관찰자들은 활용 가능했던 연구 방법을 이용해 쉽게 답할 수 없는 세균설에 대한 여러 가지 이의를 제기했다. 그중에서도 세균의 편재와 질병의 인과적 관계는 의사들이 받아들이기 어려운 것이었다. 현미경 연구자들은 건강한 사람의 몸과 분비물에서 많은 종류의 미생물을 발견했다. 따라서 세균이 존재한다는 것만으로 병이 생기지 않는다는 것은 명백해 보였다. 매사추세츠의 의사 에드워드 P. 허드Edward P. Hurd는 1874년 세균설의 증명에 대한 비평에서 "전반적으로 건강 상태가 양호한 한 모든 고등생물은 세균과는 아무런 관계가 없는 듯하다"고 말했다.[72]

게다가 회의론자들이 주장했듯이, 환자의 분비물에서 특이한 박테리아가 성장하는 것은 질병의 원인이 아니라 결과일 수 있었다. 발효설에서는 사람이 병과 관련된 화학적 발효균을 섭취했을 때, 그런 박테리아가 자라는 데 필요한 부식물을 인체에서 만들어 낸다고 생각했다. 허드가 말했듯이, "하등 은화식물lower cryptogams이 부속물이나 결과물이 아니라는 증거, 관련성을 찾을 수 있는 병세의 원인이 아니라는 증거도 없다." 세균설을 뒷받침하는 동물 실험을 고려할 때에도 동일한 문제가 제기된다. 초기의 연구자들은 병든 동물의 혈액이나 조직으로부터 미생물을 쉽게 분리해 낼 수 없었다. 따라서 평론가들은 주입된 물질에 어떤 다른 화학 물질이 그 증상을 일으킬지도 모른다고 주장했다. 이에 대해 허드는 다음과 같이 말했다. "혈액에 참담한 변화를 일으키고 전염 요소가 될지도 모르는 부패했거나 부패하기 시작한 물질을 삽입하지 않고서 건강한 동물의 혈액에 박테리아를 주입하는 것은 사실상 불가능하다."[73]

파스퇴르, 리스터 그리고 틴들의 초기 연구에서 공통적인 병원균의 대기 확산에 대한 가정도 회의론에 부딪쳤다. 병원균이 대기의 구름 속에 떠다닌다면, 환자를 둘러싼 공기가 특정한 세균으로 가득 차 있을 것이라고 가정하는 것이 타당했다. 그러나 연구자들이 병실의 공기나 매우 전염성이 강한 병에 걸린 환자의 호흡과 타액에 닿은 현미경 슬라이드를 견본으로 시험했을 때 나온 병균은 환자의 거실이나 사무실에서 발견되는 것과 다르지 않은 것 같았다. 1871년에 병실과 보통 주거지의 공기를 비교한 시카고 의사는 이렇게 결론 내렸다. "한 곳에 있는 가장 작은 입자가 다른 곳에서도 똑같이 존재하지는 않는다는 것을 알 수 없다."[74]

더구나 세균설 반대파는 초기 열렬한 현미경 지지자들이 오직 문제의 세균이 무해한 유기체임을 밝히기 위해서 환자의 분비물로부터 치명적인 질병을 일으키는 생명체를 분리했다고 추정되는 수많은 유명 사례를 들먹일 수 있었다. 그 예로 미국의 내과의사인 제임스 H. 솔즈버리James H. Salisbury는 1860년대에 홍역, 장티푸스, 말라리아 등과 같은 열병의 원인균을 발견했다고 주장했다. 그는 미세한 **팔멜라**_palmella_가 말라리아와 관련된다는 독창적인 증거를 내세웠다. 예컨대, 창문 문턱에 팔멜라가 주입된 흙 상자를 두고, 그 방에서 잠을 잔 지원자들이 곧바로 열병에 걸렸다는 것이었다. 그러나 다른 연구자들은 말라리아가 없는 지역에서도 그것이 존재한다는 것을 보여줌으로써 팔멜라 논제의 오류를 쉽게 입증했다. 1890년대 막스 폰 페텐코퍼Max von Pettenkoffer의 유명한 '콜레라 칵테일'(그는 비브리오균이 콜레라의 직접적인 병원균이 아님을 증명하기 위해 스스로 그 균으로 칵테일을 만들어 마셨다—역자 주)에 앞서, 필라델피아 내과의사 호레이쇼 C. 우드Horatio C. Wood조차 미생물이 인체에 무해하다는 것을 보여주기 위해 균을 넣은 물을 마셨다.[75]

그러나 팔멜라와 말라리아에 대한 솔즈버리의 주장은 특정 미생물과 특정 질병을 연결하려는 설득력 없는 수많은 시도 중의 하나일 뿐이었다. 1874년 리버마이스터는 18세기 선조들이 공상적인 그림을 그렸던 것과 마찬가지로 당시의 지지자들이 미숙한 주장으로 세균설을 손상시켰다고 말했다. 그는 또한 "이 연구 분야에 대한 비판적인 식견과 방법이 전적으로 부족했고, 동시에 불확실한 의미를 확실한 증거로 선언한 그 무모함이 우리 시대 많은 성실한 연구자들을 내쫓아 버렸다"고 한탄하기도 했다.[76]

에드워드 허드 같은 회의론자들은 "더 설득력 있는 실험이 수행될 때까지는 예전 병리학자들의 독 이론이 더 새로운 생물 발효설living ferment theory에 대항할 것"이라고 주장했다. 허드는 다음과 같이 결론 내렸다. "세균설을 거부하려면 우리는 발열과 염증성 전염병 모두의 원인에 대해 무지하다는 것을 고백해야 하거나……혹은 유사점에 이끌려서 환자의 몸에서 발생한 잠재적인 화학 효소, 즉 유기체의 독이 전염의 본질이라는 대안을 받아들여야 한다."[77]

비탈저splenic fever라고도 불리는 탄저anthrax에 대한 실험 연구는 질병 세균설에 대한 반대이론을 물리치는 데 핵심적이었다. 실험자들은 탄저를 처음으로 특정 미생물과 설득력 있게 관련지을 수 있었다. 주로 소와 양, 그리고 말의 질병이 때때로 인간에게 퍼졌고, 통증을 수반하는 종기와 열, 그리고 폐의 충혈을 야기했다. 1876년 시골 의사였던 로베르트 코흐는 크고 비교적 막대 모양의 바실루스로 자라는 **탄저균***Bacillus anthracis*을 확인했다. 이때 코흐는 가축의 눈에서 나오는 수양액에서 배양된 미생물을 사용했다. 그리고 반복된 실험을 통해 탄저균이 건강한 동물의 혈액에 존재하는 것이 아니라, 동물에게 균을 주입했을 때 항상 그 질병의 증상이 나타난다는 것을 보여 주었다.[78]

게다가 코흐는 탄저균이 두 가지 형태라는 것을 발견했다. 가는 실 모양의 성숙한 바실루스는 숙주의 사후에 오래 생존하지 못했다. 그러나 극도의 추위와 열에도 견딜 수 있는 작고 검은 씨 같은 모양의 포자를 만들었다. 코흐의 발견은 왜 탄저가 특정 지역에 한정되어 그렇게 불가사의하게 나타났다 사라지는지 설명하는 데 도움을 주었다. 탄저균의 포자는 흙 속에 남아서 적절한 환경 속에서 성장했던 것이다. 이런 발견으로 유능한 실험주의자들은 왜 가열된 용액에서 발효가 될 수 있는지를 설명할 수 있었다. 열은 박테리아는 죽였지만 더 강한 포자는 죽이지 못했던 것이다.[79]

나중에 밝혀진 것처럼, 바실루스와 흙에서 나온 포자의 순환 과정이 병원성 미생물에는 흔치 않았다. 탄저 이외에는 파상풍, 가스 괴저gas gangrene, 보툴리눔 식중독의 원인이 되는 유기체과科에서만 발견되었다. 그리고 장티푸스와 결핵을 포함해 일반적인 전염병 대부분을 발생시키는 병균은 그렇게 회복력이 빠른 포자를 만들어 내지 못했다. 1870년대 말에서 1880년대 초에는 병원균의 기원과 보급을 설명하는 데 일반적으로 탄저 모델을 널리 이용했다. 뜻밖에도 실험주의자들이 확인한 최초의 병원성 박테리아는 질병의 미생물 '씨앗'이 공기와 흙에 널리 산재해 있으며, 싹을 틔우기 위해서는 적절한 조건이 필요할 뿐이라는 인식을 확인해 주었다. 토양에 있는 탄저 포자는 먼지와 병원균의 연관성을 매우 강화시켰다. 병원성 미생물이 매우 튼튼하며 주변에 널리 퍼져 있다는 그런 가정은 이후 세균설의 이름으로 주창된 최초의 예방법 세대에게 강력하게 영향을 미쳤다.

공개하기

연구자들의 더욱 세련된 실험 방법에 힘입어 세균설의 부족함이 점차 채워졌다. 주창자들은 다른 사람들을 세균설로 개종시킬 만한 더 분명한 실험 증거를 기다리지 않았다. 세균설 옹호자나 반대자들은 논의의 초기부터 하나같이 자신들의 주장을 펼칠 공개 토론회를 적극적으로 찾아다니면서 오래된 '공중학public science'(17~18세기 실험실이나 연구실을 벗어나 대중에게 강연, 전시 등을 통해 과학 지식을 전달하는 방법을 통칭−역자 주)의 전통을 따랐다. 최고 엘리트 과학자들조차도 그 전통에 따라 자신들의 생각과 실험을 공개해서 정당성을 얻으려고 했다. 공개 토론회에서 사용된 전문용어와 표현 방식은 몇 년 후와 비교해 보면 훨씬 덜 형식적이고 덜 난해했다. 초기 질병 세균설 논평가는 단순한 언어로 말했고, 의사뿐만 아니라 교육받은 일반인도 이해할 수 있는 다채로운 이미지를 이용했다. 초기 세균설 개종자들은 의학 저널과 공개 강연의 강연록, 그리고 《월간 대중과학》과 같은 잡지에서 새로운 실험실의 교훈을 설명했다. 그들은 이를 위해 베이킹, 양조, 상한 음식, 그리고 햇살 아래 춤을 추듯 움직이는 먼지라는 일상생활의 경험을 이용했다.[80]

상상력이 풍부한 미생물 세계에 대한 묘사는 청중에게 질병 세균설을 소개하는 데 특히 유용했다. 세균설 주창자들은 이 주제를 둘러싼 의학 투쟁에서 승리하기 훨씬 전에 이미 건강 문제에 열렬한 관심을 보이는 사람들을 찾아냈다. 그들은 대개 중간계급이자 도시에 거주하는 남녀였다. 세균설에 대해 여전히 생소하거나 적대적이었던 1870년대에 많은 의사들이 대중적인 건강 관련 책자에서 세균설을 호평하기 시작했다. 이로 인해 처음 세균설을 뒷받침한 과학적인 논증과 '증거'는 곧바로 건강과 질병에 관련된 대중 저술에 포함되었다.

세균설에 관해 서술하기 시작했던 초기에는 실험의 중요성을 설명하는 것이 중요한 특징이었다. 물론 세균설 주창자들이 자신의 신념을 펼치기 위해 다양한 종류의 추론과 증거를 사용했다. 하지만 당시의 실험실에서 나온 결과물은 새롭고 특별한 종류의 지식의 원천이었다. 하지만 1870년대 당시에는 세균설에 유리한 실험은 상대적으로 적었고, 그 분야에 흥미를 가진 진지한 아마추어가 되풀이할 수도 없었다. 대중에게 인기 있는 존 틴들 같은 사람의 저서에서 실험실 생활에 대한 초기 묘사는 익숙한 것과 경이로운 것의 기묘한 혼합이었다. 실험실의 재료와 실험 방법에 대한 묘사는 누구에게나 익숙한 것이었지만, 연구자들이 친절하게 설명한 가정용품에서 시험관 공기실을 만드는 방법, 순무·청어·곡국으로 배양액을 만들고 미생물 육수를 부엌 난로에서 데우는 방법 등은 그렇지 않았다(틴들도 한때 시험관 한 세트를 터키 식 목욕탕에서 배양했다고 보고한 바 있다).[81]

그러나 그런 순무 조각이나 한 대야의 양 갈빗살 즙과 같은 흔하고 일상적인 새료가 극적인 결과를 낳았다. 논평가들은 애초에 "달고", "불순물이 없는" 혹은 "맑은" 것으로 묘사되었던 고기나 국이 "끈적이고 부패하거나 탁한 것"으로 변하는 과정, 즉 박테리아가 액체나 고체 배양액을 변형시키는 효과를 설명하기 위해서 생동감 넘치는 언어를 사용했다. 한 의사는 이렇게 썼다. "(탈지면에 스며든) 공기와 적절한 열은 공급했지만, 내 방에 삼사 년 동안 메마른 상태로 있는 플라스크나 전구 하나를 집어 들었을 때 놀라움을 금할 수가 없다." 그는 솜 마개를 빼고 세균으로 가득 찬 먼지나 물이 들어가게 만드는 것도 똑같이 놀라웠다고 덧붙였다. "몇 시간 내에 수년간 그대로 꼼짝 않던 것이 생명과 활력으로 대체된다."[82]

실험 이야기는 또한 하찮아 보이는 실수 하나—피펫pipette(극소량의 액체를 재거나 옮길 때 사용하는 시험관–역자 주)을 살균한 물로 씻지 않거나 배양액을 넣기 전에 플라스크를 살균하지 않는 것—가 어떻게 불모지에 번식력이 강한 무리를 넣을 수 있는지를 강조했다. 이처럼 세균설 주창자들은 정확한 기술의 중요성을 강조했다. 비평가들이 동일한 결과를 반복할 수 없었던 이유에 대해서도 다용도로 설명할 수 있었다. 이유는 단지 그들이 충분한 주의를 기울이지 않았기 때문이었다.[83]

세균설에 대한 실험 증거는 시험관이나 실험동물에게서 발생했던 것을 유행성 질병에서 생기는 것의 견본으로 삼는 데에 따라 결정되었다. 그 비교는 매우 단순했다. 예를 들어, 틴들에 따르면 공기 중의 세균을 배양기培養基에 주입하여 그것이 엄청나게 증식하는 시간 간격은 한 개인이 전염되어 발병하는 잠복기와 딱 들어맞았다. 마찬가지로 서로 다른 배양액이 각각 다르게 균에 영양을 공급하는데, 이는 개인별 체질에 따른 병에 대한 저항력과 같다. 다양한 청어와 순무액으로 채워진 백 개의 시험관이 어떻게 다른 비율로 탁해지는지를 지켜보면서, 틴들은 "전 과정이 사람들의 역병의 증식과 연이은 공격 그리고 상이한 정도의 독성 등과 유사성을 가지는지" 관찰했다.[84]

세균설 지지자들은 청중들에게 실험과 일상적인 지식 사이의 유사점을 보라고 지속적으로 호소했다. 파스퇴르의 발효 연구에서 잘 예증했듯이, 세균설은 빵 만들기나 맥주 양조와 같은 익숙한 가정 내의 제조 과정과 많이 닮았다. 《월간 대중과학》에 실린 글래스고Glasgow(스코틀랜드 남서부 항구 도시-역자 주)에서의 연설에서 틴들은 청중에게 "그런 발견들이 어떻게 보통의 생활 습관과 일치하는지 관찰하라"고 촉구하면서, 자신의 집에 있는 가정부가 꿩과 우유를 "맛나게" 만들려고 단시간에 열을 가하는 예를 들었다. 공기 중에 퍼져 있는 세균을 묘사하기 위해서 청중들에게 젖은 부츠나 공기에 노출된 과일 조각에서 자란 곰팡이, 혹은 하녀가 방을 치운 뒤 햇살에 비치는 먼지를 생각해 보라고 말했다. 신맛의 체리로 술을 담그려는 이웃을 병의 진행 과정에 비유하면서 "우리는 체리통과 맥주통으로 시작했습니다. 그러나 인간의 몸에서 끝이 났습니다"라고 그는 설명했다.[85]

새로운 세균설 해설자들은 식물학자 크리스티안 에렌베르크Christian Ehrenberg의 표현처럼 현미경이 보여 준 "하위 생물의 은하수"를 적절히 묘사하기 위한 단어를 찾으려고 애썼다. 처음에는 전문용어가 문제였다. 관찰자들은 "단세포 생물monad", "은하식물cryptogam", "적충류infusoria" 같은 그런 생물들을 묘사하기 위해서 용어를 이상하게 조합했다. 개별 종은 "구균micrococcus"과 "**고초균***Bacillus subtilis*"처럼 이상한 이름이었다. 그 다음 다양한 형태와 움직임을 묘사하는 것이 문제였다. 논평가들은 미생물 형태의 변덕스러움을 전달하기 위해 모든 종류의 유사성에 호소했다.

이 종들은 하나는 "한 줄짜리 구슬", 다른 것은 "돌아가는 바퀴" 모양으로 장어를 닮았고, 현미경으로 볼 수 있는 범위에서 그 움직임은 "뛰어오르고leaping" "날쌔게 움직이고darting" "날아오른다springing"고 묘사되었다.[86]

이후 《월간 대중과학》에 실린 식물학자 페르디난드 콘Ferdinand Cohn의 박테리아 형태—구형, 직사각형, 막대형, 나선형—에 따른 분류 체계가 점차 표준이 되었다. 그는 생물의 기행을 이렇게 평했다. "그것들이 물 한 방울에 떼 지어 움직일 때 각다귀나 개미총 무리와 비슷하게 흥미로운 광경을 보여 준다." 그것들이 움직이는 형태는 한없이 흥미진진했다. "어떨 때는 화살처럼 빠르게 나아가고, 다른 때는 팽이처럼 돌다가, 가끔은 오랜 시간 움직이지 않는다. 그러다가 눈 깜짝할 새에 사라진다."[87]

이런 미시적인 경이를 목격한 사람들은 그 작으면서도 높은 번식력에 계속 감탄했다. 현미경 전문가 조지프 리처드슨Joseph Richardson은 1878년 필라델피아 사회과학회Philadelphia Social Science Association 강연에서 그것이 얼마나 작은지 전하고자 극적인 숫자를 지어 냈다. 그는 질병의 "포자"가 "매우 작아서 2만 개를 줄 세운 길이가 1인치 정도이고, 그 양은 이 종이에 찍힌 마침표(.) 하나의 지름에 5천만 개가 들어갈 것"이라고 말했다. 그는 5천만 개 씨앗 각각이 "좋은 환경에서는 거의 상상할 수 없는 속도로 재생산할 수 있다"고 덧붙였다.[88]

논평가들은 그런 미세한 존재를 이미 박물학자들이 진화 단계상 더 고등 동물을 묘사하려고 개발해 놓은 범주에 끼워 맞추려고 했다. 생물학적 사슬에서 미생물은 가장 "원시적인" 형태의 생물로 가장 낮은 지위에 있었다. 저자들이 지적했듯이, 그것은 너무 원시적이어서 암수의 짝짓기가 아니라 싹 틔우기, 분열하기, 혹은 포자 생산을 통해 재생산했다. 그것의 물리적인 구조는 상당히 단순—대부분 획일적인 세포질 덩어리로 둘러싸인 세포벽—했고, 움직이지 않을 때는 보통 크리스탈이나 다른 무생물과 구별되지 않았다.

초기 기록자들은 조그마한 동물의 우화를 열거하면서, 미생물 세계를 친구와 적으로 나누었다. 빅토리아 시대 박물학자들 대부분이 사자를 뛰어난 짐승이라 여기고 늑대를 잔인한 포식자로 비난했던 것처럼, 19세기 말 해설자들도 다양한 종의 미생물을 좋고 나쁜 미생물로 분류했다. 좋은 종류는 사람들이 빵, 와인, 맥주를 즐길 수 있게 만들어 인간 사회를 풍요롭게 하며, 죽은 물질을 새로운 형태의 생명이 사용할 수 있는 요소로 분해하는 데에 필수적인 역할을 했다. 미국 의사 조지 스텐버그George Sternberg는 다음과 같이 말했다. "그 작은 거인들이 죽은 동물을 산산조각 내는 힘이 없었다면, 우리는 통조림 랍스터나 절인 소의 혀처럼 완벽한 상태로 보존된 시체들 속에 파묻혔을 것이다."[89]

소수의 "나쁜" 미생물 종만이 인간과 동물을 괴롭혔다. 그러나 그 잠재적인 파괴력은 놀라웠다. 세균설 개종자들은 종종 보이지 않는 적들로 가득 찬 주변 환경을 오싹하게 그렸다. 대기에는 박테리아 구름이 떠다니고, 공기의 흐름이 변해 상수도로 떨어져서 운반되며, 마침내 순무액이나 곰국 등의 인간 수용 매체를 찾아냈다. 페르디낭 파피용Ferdinand Papillon이 《월간 대중과학》에 쓴 것처럼, "우리의 대기는……무수한 미시 존재인 균을 위한 저장소이며, 균은 조직된 세계에서 중요한 역할을 한다." 그는 "질병의 사악한 일꾼, 부패의 침투제는 언젠가 동식물의 내부 조직을 뚫고 들어가서 가벼운 혹은 심각한 장애를 일으킬 기회를 엿보고 있다"고 말했다.[90]

균 이론가들은 세균이 적당한 숙주를 찾아내는 방법을 설명하기 위해 세균과 씨앗의 유사성을 이용했다. 사실 의사들은 옛날부터 한 개인의 체질과 외부의 질병 매개체 사이의 상호작용이 질병에 걸리기 쉬운 정도를 결정한다는 사실을 묘사하기 위해서 씨 뿌리는 사람sower(밭에 뿌려진 씨앗이 기름진 땅에서는 잘 자라지만, 돌밭이나 가시밭에서는 싹을 틔우지 못한다는 예수의 비유로 종교적 믿음에 대한 복음—역자 주)이라는 신약의 우화에서 가져온 "씨앗과 토양"의 비유를 사용하곤 했었다. 한 개인의 체질과 외부의 질병 매개체 사이의 상호작용이 질병에 걸릴 확률을 결정한다는 것을 묘사하기 위해서였다. 세균설 주창자들은 그 이미지가 자신들의 목적에 부합한다고 생각했다. 세균 혹은 '씨앗'은 완전한 성장을 위해서 적절한 '토양', 즉 쇠약한 체질이 필요했다. 씨앗과 토양의 비유는 병원균의 **특이성** *specificity*을 강조하는 데도 효과적이었다. 농부가 밀을 심으면 밀이 나고 옥수수를 심으면 옥수수가 난다고 예상하는 것과 마찬가지로, 성홍열균에서 성홍열이 생기고 천연두균에서 천연두가 생겼다. 그 농부는 자연발생론 주창자들이 주장했었던 바와 같이 씨앗을 뿌리지 않은 곳에서 밀이나 옥수수를 수확하리라 기대하지 않았다.[91]

또한 해설자들은 세균이 가진 기생성을 설명하기 위해 옴의 원인이 되는 작은 곤충이나 익히지 않은 돼지고기에 기생하는 선모충을 예로 들면서 병균을 곤충과 벌레에 비유했다. 1873년 뉴욕 의학아카데미New York Academy of Medicine에서 발표한 〈질병의 원인과 전파〉라는 강연에서 내과의사 존 달튼John Dalton은 박테리아와 질병에 낯선 청중의 이해를 돕기 위해 꽤 길게 그러한 예를 들었다. 그는 세균설의 엄청난 잠재력은 전체적으로 자연과학과 조화를 이루는 능력에 달렸다고 주장했다. "인체병리학의 한 부분이 식물에 대한 일반 생리학과 얼마나 많이 연결되는지를 보여줄 것이기 때문이었다."[92]

세균설에 대한 다른 해설은 기생균을 묘사하기 위해 더욱 야생적인 이미지를 사용했다. 윌리엄 메이스는 세균이 "떼를 지어 사냥한다"고 청중에게 말했다. 또 다른 의사는 "대기의 독수리"라 부르기도 했다. 병균은 숙주인 인간을 공격하고 침입하며 정복하는 것과 같이 종종 전쟁용어로 묘사되었다. 조지프 리처드슨은 1878년 사회과학회 연설에서 식물성과 야생의 이미지를 결합해서 전염병이 "현미경으로 볼 수 있는 포자 혹은 씨앗의 이식으로 발병한다"고 설명했다. "포자나 씨앗은 각각 그 본성에 따라 스스로 독립된 생명력을 가졌으며, 마치 우리가 동물이나 해충의 무리를 피할 때처럼 우리 몸에 들러붙기 전에 차단하거나 죽여야 하는 것이다."[93]

미생물의 적자생존

세균설에 대한 초기의 설명에서는 "고등"과 "하등" 유기체라는 용어를 자주 사용했다. 또한 매우 작은 포식자와 기생균을 언급함으로써 의도적으로 미생물의 적자생존이라는 이미지를 상기시켰다. 그것은 진화론—찰스 다윈의 《종의 기원》이 1859년에 출간되었고 1861년에는 허버트 스펜서 Herbert Spencer가 《생물학 원리Principles of Biology》에서 '적자생존'이라는 용어를 소개했다—에 익숙한 의사나 일반 독자들에게 강한 영향력을 지닌 비유였다. 진화론과 세균설의 언어가 많이 겹쳤던 것은 우연이 아니었다.

특히 논쟁을 주도한 다수의 영국인들은 찰스 다윈의 열성적 지지자들이었다. 존 스콧 버든 샌더슨John Scott Burdon Sanderson은 다윈과 자주 연락을 주고받던 친한 벗이었고, 존 틴들은 처음으로 진화론을 옹호하여 전국적인 명성을 얻었으며, 그의 라이벌 헨리 찰튼 바스티안도 진화론자였다.

바스티안의 경우처럼, 자칭 진화론자들은 세균설 논쟁의 양쪽에 모두 걸쳐 있었다. 사실 미생물의 행동에 대한 진화론적 의미와 그와 정반대의 의미는 결코 선명하지 않았다. 자연발생론이라는 주제와 관련해서 특히 그랬다. 세균설 주창자들만이 진화론을 주장한 것은 아니었다. 하지만 높아진 진화론의 인기는 세균설 반대파보다는 세균설 지지자들에게 더 큰 도움이 되었다. "미생물의 적자생존"이라는 이미지가 병균과 숙주의 관계에 대한 매우 강력한 모델이라는 사실이 증명되었기 때문이었다.[94]

많은 논평가들은 병균의 종류를 더욱 복잡한 동식물의 종류와 가장 간단한 수준에서만 비교했다. 초기 세균설에서 갈매기는 비둘기 알을 부화하지 않으며 말은 당나귀 새끼를 낳지 않는다는 속담이 인기를 끌었다. 이는 기적이나 예상 밖의 변화를 부정하는 자연법칙의 개념을 끌어냈다. 이런 질병에 대한 진화론적 관점은 매우 호소력이 있었다. 당시 의사들이 의술을 더욱 열성적으로 과학화하고 있었기 때문이었다. 시카고 의과대학의 생리학 교수인 헨리 그레이들Henry Gradle이 언급했듯이, "그것은 질병에 대한 고려에서 '우연'이라는 요소를 제거하고, 질병을 자연에 대한 진화론의 프로그램에 위치시켰다."[95]

그레이들은 초기의 많은 세균설 서술에서 보이는 '적자생존'이라는 테마를 명확하게 만들었다. 그는 1883년 《박테리아와 질병 세균설*Bacteria and the Germ Theory of Disease*》에서 "세균설에 비추어, 질병은 **생물과 그것에**

침입한 기생균 사이의 싸움으로 고려되어야 한다"고 기술하고 있다. 병균과 고등 생명체 사이의 경쟁은 더 작은 종이 더 큰 생물의 몸을 괴롭히는 자연의 기생 관계와 비슷했다. 그는 이렇게 결론을 내렸다. "또다시 우리는 맞붙는 양쪽 군대의 무기에 대해서 무지하고, 대립하는 식물과 동물 세포 사이에서 어떻게 전쟁이 벌어지는지 알지 못한다. 그러나 그 싸움이 존재한다는 것은 분명하고, 그것은 한 쪽 혹은 다른 쪽의 승리로 끝이 날 것이다."[96]

다윈은 단호하게 진화의 과정에서 도덕적 의미를 찾지 않으려고 했다. 그러나 대부분의 당대 사람들은 그런 신중함 없이 병원균에 대한 의도적인 악의를 내비쳤다. 그들은 "이질적인foreign", "야비한base", "살인적인 murderous", "교활한cunning" 등의 매우 격한 형용사를 사용했다. 이는 병균에게 생물학적으로 우위의 경쟁상대를 파괴하는 무서운 의지가 있다고 생각한 것이다. 아울러 "가장 하등의 창조물"이 인간 종에게 질병을 퍼뜨려 죽게 만듦으로써 자신의 운명을 개척한다는 인식은 인간을 겸손하게 하면서도 공포에 떨게 만들었다.[97]

그러나 전체적으로 초기의 세균설에 대한 설명은 엄청나게 낙관적이었다. 개종자들은 실험실의 새로운 학문을 안전의 왕도王道로 묘사했다. 진정한 병원균, 그 이동 방식, 확실한 박멸 방법을 확인함으로써, 세균설의 통찰은 쉽게 보이지 않는 병원균의 허점을 찌르는 듯했다. 1885년 필라델피아의 한 의대생이 그런 낙관주의를 이렇게 표현했다. "수 세기 동안 조용히 복종한 후, 마침내 과학으로 계몽된 인간은 가혹하고 불가사의했던 적을 알아보기 시작했다." 그는 수사적으로 물었다. "그렇다면 극미함이 유일한 힘인 적의 공격에 매년 쓰러지는 수많은 희생자들을 우리는 계속 죽어 나가게 내버려두어야 하는가?" 그는 극적으로 대답했다. "아니다! 인간은 더 이상 먹잇감이 아니라 유아기에 자기 방식으로 맞서 싸워야 하고 산업·지식·노동을 통해 정복하거나 파괴해야 하는 야수와 같이 될 수밖에 없다."[98]

정복의 길

이러한 진보의 전망에서 가장 큰 매력은 새로운 백신과 약의 발견 가능성이었다. 이미 알려진 천연두 백신에 자극을 받은 세균설 개종자들은 다른 치명적인 질병에도 그와 비슷한 보호물이 될 길들인 균을 조제하려는 꿈을 꾸었다. 1870년대에서 1880년대에 루이 파스퇴르는 탄저병, 닭 콜레라, 광견병 예방 백신을 개발하는 데 몰두했다. 1890년대 로베르트 코흐는 투베르쿨린tuberculin을 결핵약이라고 광고했다. 잘 알려지지 않은 많은 연구자와 임상의는 "체내 소독제internal antiseptics" 내지 섭취하면 미생물 침입자를 죽일 화학 물질을 실험했다.[99]

그러나 1870년대에서 1900년 초까지 그런 희망은 계속 수포로 돌아갔다. 광견병 백신과 디프테리아 항독소 같은 몇 가지 예외는 있었지만, 세균설의 열정에 도취되어 개발한 그 어떤 약도 세월의 시련을 견디지 못했다. 과학자들은 계속해서 전설적인 "특효약magic bullet"을 찾아다녔다. 그 노력은 1909년 매독 치료약인 살바르산의 발견으로, 몇 십 년 후에는 술파제와 페니실린의 발견으로 마침내 결실을 맺었다. 그러나 1900년 이전에는 세균설 주창자의 치료 약속은 여전히 지켜지지 못했다.

사실 이보다 훨씬 더 직접적으로 유용했던 것은 위생 상태와 위생시설에 대한 세균설의 통찰이었다. 균의 사도들은 특효약을 찾는 것과 같은 새로운 분야를 애써 개척하지 않았다. 균이 공기와 물 어디에나 있고 체외에서도 잘 견딘다는 초기의 해석은 이미 받아들여진 발효병 예방법과도 잘 맞았다. 그 결과 세균의 복음 첫 번째 버전은 과거 위생학과 새로운 세균설 사이의 놀랍도록 성공적인 결합으로 나타났다.[100]

그러나 이러한 행복한 결합이 구세대 공중보건 개혁가들에게 처음부터 분명하지는 않았다. 벤자민 리처드슨Benjamin Richardson, 플로렌스 나이팅게일Florence Nightingale, 엘리자베스 블랙웰Elizabeth Blackwell처럼 저명한 인물조차 세균설의 수용이 위생학의 성과를 깎아내릴 것이라는 두려움을 토로했다. 그들은 세균설에서 감지한 도덕적 무작위성을 매우 거북해했다. 만약 세균과의 접촉이 유일한 병의 원인이라면, 도덕적이고 정직한 삶을 산다고 해서 반드시 균의 파괴를 면하지는 못할 것이기 때문이었다.[101]

이에 대한 대응으로, 초기 세균설 주장자들은 새로운 질병 신앙만이 위생학의 위대한 '진실'을 증명한다고 말함으로써 구세대의 위생학자를 안심시키려 했다. 사실 세균설이 야기한 의학계의 모든 논쟁에도 불구하고, 애초 예방에 대한 세균설의 의미는 사적·공적 위생에 대한 기존의 교리와 일치하는 듯했다. 세균설에 대한 논의가 재검토된 후인 1873년 콜롬비아 대학 총장 F. A. P. 바너드F. A. P. Barnard는 다음과 같이 결론 내렸다. 예방의학에 대해서라면, "상반되는 이론들 중 승자는 논쟁의 경기장에서 자유롭게 긴 창을 쪼갤지언정 공공의 적 앞에서는 나란히 사이좋게 행진하는 것을 볼 수 있을 것이다."[102]

개인이나 가정의 청결 습관과 균에 대한 새로운 실험 증거는 전통적인 위생학에서의 열정을 약화시키지는 않았다. 오히려 질병의 발효를 하나의 점으로부터 수백만을 복제할 수 있는 극미생물로 재개념화 한 것은 확산을 막는 엄격한 예방법의 중요성을 강화시켰을 뿐이었다. 마찬가지로, 고열이나 보통의 소독 과정에서도 생존할 수 있는 세균 포자의 탄저 모델은 더욱 엄격한 청결을 필요로 했다.

청결에 대한 파스퇴르의 명성은 세균설의 수용과 위생의 세부 사항 사이의 밀접한 관련성을 잘 보여 주는 예였다. 장티푸스로 두 딸을 잃은 그는 '오물병'이 가정을 파괴할 수 있다는 것을 잘 알고 있었다. 아마도 그런 이유 때문에 실험실에서의 청결 의식이 개인 생활로 이어졌던 듯하다. 파스퇴르의 사위이자 전기 작가인 르네 발레리-라도René Vallery-Radot는 집에서든 외식을 하든 "그는 세심하게 검사해서 정성들여 닦지 않은 접시나 유리잔은 절대 사용하지 않았다. 미세한 먼지 한 점조차 그의 시야를 벗어나지 못했다"라고 썼다. "이런 점에서 그는 만족시키기 어려움 그 이상"이어서, 종업원에게는 공포였다. 파스퇴르가 "일상생활에 그렇게 세심하게 신경을 쓴" 이유는 미생물 세계에 대한 그이 풍부한 지식 때문이있다고 발레리-라도는 결론 내렸다. 만약 먼지 한 점이 플라스크 한 개에 담긴 곰국에 수많은 박테리아 무리를 발생시킬 수 있다면, 한 그릇의 국은 어떻겠는가.[103]

실험에 관한 지식을 통해 플라스크나 피펫을 소독하지 않는 것과 같은 사소한 행동이 균의 만연을 초래할 수 있다는 점을 재차 인식하게 되었다. 그리고 일상생활에서 그는 훨씬 더 엄격한 청결 습관에 집착했다. 세균설 주창자들이 실험실에서 얻은 실질적인 교훈은 위생학자들의 긴급한 경고, 즉 가정에서 병을 피하기 위해서는 세심한 주의가 필요하다는 것이었다. 이제 드디어 마사 블럭 루스벨트의 죽음과 같은 비극이 설명된다. 단순하게 그녀의 청결 의식이 교활한 장티푸스균의 약탈 행위에 대항하기에 충분할 정도로 정확하지는 않았던 것이다.

따라서 새로운 실험실의 교훈은 가정을 "병적인 것으로 간주하려는" 공중보건 개혁가들의 활동 확대에 기여했다. 왜냐하면 그들이 일상적인 행동과 물건에 치명적인 병의 원인 혹은 예방 능력을 주었기 때문이다. 세균설 수용은 1870년대까지 이미 진행 중이던 개인과 가정의 행동에서의 혁명에도 반영되었다. 위생학이라는 기존의 진리를 탈취한 균의 사도들은 전염에 대한 오랜 믿음과 새로운 믿음을 합성해서 미국 가정을 위한 새로운 보호법을 만들었다. 그것이 가정 정화 의식이 되었을 때, 세균설의 놀라운 통찰은 오래된 병에 넣은 새 포도주였다.

2. 가정, '회칠한 무덤'

마사 루스벨트가 죽기 전 해인 1883년, 그녀의 죽음을 예언하는 듯한 논문 〈부자들의 비위생적인 집The Unsanitary Homes of the Rich〉이 《북미비평 *North American Review*》에 실렸다. 필자인 찰스 윈게이트Charles Wingate는 "비참한 뉴욕의 빈민 가정, 그 더러움, 오물 그리고 거주민의 도덕적·육체적 타락에 대해 쓴 글이 최근에 많다"고 지적했다. 그러나 맨해튼 Manhattan 도처의 호화로운 저택이 최악의 공동주택tenement house(열악한 도시 빈민가의 다세대 연립주택 혹은 아파트–역자 주)만큼이나 보이지 않는 비위생적 위험으로 가득 차 있다는 사실을 아는 도시 주민은 적었다. 윈게이트가 "엄청난 크기, 궁궐 같은 장식, 그리고 안락, 즐거움, 건강에 부족함이 없을 것 같은" 주택들을 언급했을 때, 57번가에 있는 루스벨트의 집을 말한 것일지도 모른다. 그는 잘못된 배관으로 인해 "그런 집 대부분이 순전히 회칠을 한 무덤whited sepulcher(겉만 번지르르하다는 의미로 성서에서는 위선자를 뜻함–역자 주)일 뿐이며, 사치스런 거주민은 병과 죽음의 위험

에 지속적으로 노출된다"고 결론 내렸다.[104]

윈게이트가 "회칠한 무덤"이라는 말을 사용한 것은 독자들이 신약성서에 익숙하다고 전제한 채 바리새인Pharisees(고대 유대교의 엄격한 의식이나 전통만을 고수하는 집단-역자 주)의 이미지를 상기시키기 위해서였다. 바리새인은 속에서 썩어 가는 시체를 위장하려고 무덤 바깥에 회칠을 했다. 그들은 겉으로는 고결해 보이지만 안으로는 죄로 가득한 사람들이었다. 19세기 말 보건개혁가는 이 충격적인 은유를 자주 사용했다. 이 은유를 통해 위생상의 죄는 비천한 사람뿐 아니라, 명문 태생에게서도 발견된다는 점과 미국 사회 전체가 위생적인 '속죄'를 할 필요가 있다는 점을 납득시키려 했다.[105]

또한 "회칠한 무덤"은 윈게이트의 세대가 심각하게 느낀 질병의 가정적 기원을 명확히 보여 준다. 매개체로서의 균을 의심하기 훨씬 전부터, 대중은 환자가 생전에 만졌던 물건과 거주했던 집에 병의 '씨앗'을 남긴다고 믿었다. 19세기 위생학자는 주택과 질병의 관계를 더욱 확장했다. 그들은 눅눅한 지하실, 변변찮은 환기구, 미비한 배관이 무시무시한 발효병을 증식시킨다고 비난했다. 대부분의 중간계급 미국인이 공감하기 시작한 1800년대 중반에는 주택 설계와 가사노동에 중요한 변화가 나타났다.

따라서 병균과 질병에 대한 이 새로운 계시는 이미 진행 중이었던 가정혁명에 발맞추어 도입되었다. 다수의 미국인, 의사, 비전문가들이 오늘날 말하는 "병에 걸린 건물sick buildings"이라는 것을 꽤 열정적으로 믿었을 때, 질병 세균설은 대중적인 질병 예방의 담론 속으로 들어갔다. 1880년대 지속적으로 출현했던 최초의 균의 복음은 가정의 발병 위험을 그린 지도에 병균의 위협을 첨가했다. 그러므로 미국인이 자신의 집을 "방균防菌

germ-proof"한 최초의 성공은 1860년대에서 1870년대 널리 퍼져 있던 균의 복음 이전 가정의 질병 예방 덕분이었다.[106]

가정 질병 예방의 기원

19세기 말에 등장한 가정 청결법은 처음에는 위생학의 비호 아래에서, 그 후에는 새로운 질병 세균설과 협력하면서, 유행병 시기에 감염을 피하기 위한 전통적인 방법을 기반으로 한 것이었다. 본래 위생개혁가는 끔찍한 병이 창궐했을 때에만 엄격한 조치를 취했을 뿐, 증대하는 풍토병이나 '흔한ordinary' 발열 위협에 대해서는 일상적인 예방책만을 제시했다.

19세기 미국인은 선페스트와 천연두 같은 유행병에 맞서기 위해 오래전부터 개발해 왔던 예방책을 고수했다. 수 세기 동안, 사람들은 병이 출현할 때마다 오염된 공기와 환자로부터의 전염을 막기 위해 고안된 가정의 정화 의식에 기대었던 것이다. 유행병이 닥칠 때, 개인은 질병에 좀 더 잘 저항하기 위해서 몸을 따뜻하게 하고 잘 먹고 잘 쉬려 했다. 그들은 집과 뜰의 대기 감염 요소인 오물이나 고인 물을 청소하거나, 유행병이 퍼지자마자 타인과의 접촉을 피하면서 그 지역에서 도망쳤다.[107]

그들은 천연두 같은 질병에 앞서 아픈 사람과의 접촉이 먼저 있었다고 믿었다. 대중은 환자의 숨, 침, 피부, 몸에서 나온 배설물 모든 것이 병을 퍼트릴 수 있다고 믿었다. 아마도 보이지 않는 전염 물질이 리넨, 옷, 종이, 심지어 집에서 기르는 애완동물에 들러붙어 있는 듯했다. 그런 '접촉매개물fomites'은 입을 통해 수년 간 타인을 감염시킬 수 있는 능력을 유지하는 것 같았다. 보통 사람들은 유행병이 눈에 보이지 않는 대기 감염 매개체에 의해서가 아니라 직접적인 전염과 접촉 매개물로 퍼진다는 것을 의사들보다 더 잘 믿었다. 그러므로 그들은 질병 시기 동안 환자와 그들의 소지품을 의도적으로 피했다.[108]

이런 전염 물질의 확산을 억제하기 위해서는 엄격한 가정 간호의 실천이 필수적이었다. 특히 1860년대 이전에는 병원이 매우 적었기 때문에 더욱 그러했다(그런 병원에서조차 대개는 전염병에 걸린 환자는 치료하지 않았다). 유행병 기간 동안, 모든 가정이 병원의 기능을 했고, 거기서 감염의 확산을 줄이기 위해서 취하는 조치는 매우 중요했다. 가족들은 병의 씨앗을 파괴하기 위해 환자를 격리하고 그들의 방과 소지품을 소독했다. 그렇게 돌보지 못한 사람들은 이웃과 시당국으로부터 호된 비난을 받았다.[109]

유행병은 질병 기피와 가정 예방의 관계를 강화시켰다. 그러나 위기가 지나가면 개인과 가정에서 취한 영웅적 활동들은 곧 잊혔다. 18세기에 시작된 새로운 공중보건학 주창자들은 병의 위협을 줄이기 위해서 지면 배수, 하수 구조 등 더 장기적인 변화를 염두에 두기 시작했다. 그러나 유행병에서 벗어날 수 있었던 개인이나 가정은 거의 없었다. 18세기에서 19세기 초 개인 위생 안내서는 전염병 확산의 예방보다는 소화불량이나 통풍 같은 '체질성constitutional' 질환을 피하는 데 많은 분량을 할애했다. 1793년 필라델피아 의사 벤자민 러쉬Benjamin Rush가 황열병의 유행 시기에 자기 아내에게 "거기에는 한 가지 확실한 예방책이 있어요. 바로 '그것을 피하는 것'이에요"라고 썼던 것은 당시의 일반적인 통념을 잘 압축해서 보여 주었다.[110]

1800년대 중반부터 이러한 계산법이 변하기 시작했다. 위생학에서는 열병 발생률의 증가가 도시와 주거지의 극심한 더러움 때문이라고 생각했다. 그러므로 발효병 통제를 집단적인 행동뿐만 아니라 개인적인 행동의 영역으로까지 넓혔다. 남북전쟁 시기에는 이러한 위생 개혁가들의 경험을 통해, 높은 청결 기준이 생명을 살리는 데 직접적인 도움이 된다는 확신이 강화되었다. 남북전쟁 시기 개혁가들은 뉴욕시의 위생 조사 결과와 마찬가지로, 도시에서 가장 가난한 집과 그 이웃에게 "전 도시의 공기를 오염"시키기에 충분한 "골칫거리nuisances"가 있다고 가정했다. 이처럼 그들이 처음 집중했던 문제는 개인의 청결이었다. 그러나 1870년대 위생 개혁가들은 부유한 계급이 위생적으로 우월할 것이라는 데 점차 의문을 제기했다. 그들은 복잡한 대기 및 수질 오염 경로를 추적하면서, 위험한 가정 위생의 결함은 최고의 가정에서도 일반적이라는 것을 깨달았다.[111]

위생학자들도 가정의 배관이 주범이라는 데 동의했다. 1840년대에 부유한 가족들은 변기를 실내로 옮기고 그 내용물을 물로 쓸어내리기 시작했다. 그런 새로운 수세식 변기water closets에서 배출되는 양이 증가하자, 기존의 오물통과 흙으로 만든 하수관으로는 감당하기 어려웠다. 그 결과 폐수가 지하실과 마당으로 스며들었다. 땅으로 폐수가 스며드는 문제는 도시의 하수관을 개선함으로써 해결했다. 하지만 그것이 새로운 위험을 야기했다. 가정에서 모든 변기나 세면대에 빈틈없이 "하수 트랩sewer traps"(U자 혹은 S자 형태로 가스의 역류 방지 장치-역자 주)을 설치하지 않으면, 공설 하수구 연결 부위는 치명적인 배설물 방출 가스의 다양한 유입구가 되었다.[112]

최고의 가정에서도 습기 찬 지하실, 악취, 방취판이 없는 배수관을 흔히 볼 수 있었다. 이에 위생학자들은 가난한 사람들뿐만 아니라 부자들도 발효병 예방운동에 참여해야 한다고 확신했다. 이 점을 강조하기 위해서, 공중보건 개혁가들은 종종 영국 왕실 가족의 비극을 상기시켰다. 빅토리아 여왕의 부군은 1861년에 장티푸스로 사망했고, 왕세자인 아들 에드워드는 1872년에 같은 병으로 거의 목숨을 잃을 뻔했다. 두 사례에 대한 조사보고서에서는 발병의 원인을 궁중의 배관 결함 탓으로 돌렸다. 미국 백악관에서도 1881년 유사한 위생 스캔들이 벌어졌다. 나라의 가장 상징적 집인 백악관에서의 위생 태만 사례는 그 누구도 안전하지 않다는, 마사 블럭루스벨트의 죽음에서와 같은 메시지를 남겼다.[113] 그 스캔들은 3장에서 더 상세하게 살필 것이다.

위생 십자군은 과학적인 것만큼이나 종교적인 언어로도 표현되었다. 위생 개혁가들은 신법과 자연법을 동일시하면서 모든 시민에게 위생적인 속죄의 청결 복음을 받아들이라고 요구했다. 1875년 미시간 의대University of Michigan Medical School 대학원 강의에서 R. C. 케지R. C. Kedzie 교수는 다음과 같이 설명했다. "희귀병을 분노한 신의 천벌과 관련짓는 오래된 미신이 과학의 빛으로 사라졌습니다. 우리가 그렇게 많이 들어왔던 것에 대한 '불가사의한 섭리'는 '배관 결함', '하수 오염', '해로운 음식', '오염된 벽', '환기 미비' 등으로 바뀌고 있습니다." 이런 지식을 마음속에 품고, 케지는 "신의 면전에서 우리의 오물을 등한시 한 채 그런 고통이 신의 손에서 왔다고 말하지 말고, 당신의 신체, 집, 당신이 먹는 음식, 당신이 마시는 물과 숨 쉬는 공기를 깨끗이 하세요"라고 훈계했다.[114]

그러나 위생학자들이 종교적 측면에서 사적인 청결 준수를 촉구했지만, 결코 그 자체로 충분하다고 생각하지는 않았다. 개인 가정의 개혁은 항상 공중보건위원회와 시의 위생 개혁의 필요성으로 연결되었다. 1870

년대에서 1880년대 당시에는 국가의 공중보건 권한이 여전히 매우 취약했다. 그러므로 위생학자들은 심지어 가장 부유한 주택보유자조차 안전한 도시 상수도나 하수도를 가졌다고 기대할 수 없다는 것도 알았다. 공공서비스에 의지할 수 없던 시기에, 하수 트랩이나 정수기 같은 가정에서의 보호 장치는 개별 주택보유자에게 통제력을 되돌려주었다. 조지프 에드워드Joseph Edwards가 그의 1882년 안내서에서 말했듯이, "당신은 (공설) 하수구를 조사해서 그것이 깨끗한지 아닌지는 알 수 없습니다. 그러나 당신의 집에 있는 모든 설비는 항상 들여다보고 제대로 되어 있는지는 분명하게 알 수 있습니다."[115]

세력 확장의 길

19세기 말 가정 개혁가들은 대중 교육에 전념했다. 이는 값싼 출판문화를 가능하게 만든 기술 변화 및 시장 변화와 동시에 일어났다. 1860년대 중반부터, 다수의 의학 및 비전문 저자들은 가정의 질병 예방을 빅토리아 시대의 아버지와 어머니에게 가르치기 위해 다양한 경로를 찾았다. 19세기 말 25년간 가정 위생과 관련한 출판물의 양과 다양성은 그 주제에 대한 엄청난 관심의 증거가 된다.[116]

내과의사이자 공중보건 권위자 헨리 보디치Henry Bowditch는 1876년 "위생상의 논의는 소설과 마찬가지로 많은 사람의 관심을 불러일으키는 것 같다"고 말했다. 상류층 사람들이 일반적으로 신체 부위나 신체 기능에 대해 솔직하게 말하는 것을 기피한 시기에, 변기, 하수 가스, 대소변 매개 질병에 대한 상세한 이야기를 찾아서 읽는 그들의 열의에 그는 놀랐던 것이다. 보디치는《월간 애틀랜틱Atlantic Monthly》에 가정 배관 시리즈의 성공을 언급하면서 위생 기사sanitary engineer(배관공에 대한 완곡한 표현-역자 주) 조지 웨어링George Waring이 "무한한 열정을 가지고……하수도를 논의하고, 이 월간지의 모든 독자들이 분명히 만족했던" 것에 놀랐다.[117]

가정 위생은 추천의 근거를 속속들이 상술하는 매우 기술적인 책에서부터 가장 기초적인 주의사항만을 설명하는 짧고 간단한 요약에 이르기까지 다양한 곳에서 다루어졌다. 예컨대 윌리엄 이씨William Eassie의《주거지 위생 설비Sanitary Arrangements for Dwellings》(1874)는 미국에서 흔히 인용된 영국의 전문서적인데, "보건 관계자, 건축기사, 건축업자, 그리고 세대주를 위해 만들어졌다." 헨리 하트숀Henry Hartshorne의《우리집Our Homes》(1880)은 이보다 좀 더 일반적인 안내서로서, 집을 짓거나 선택하는 것에서부터 전염병 간호를 위한 "가정병원home hospital"을 만드는 것에 이르는 다양한 주제를 다뤘는데 안락의자나 침대 머리맡에서 읽기 편한 크기로 만들어졌다.《우드의 의료, 위생, 수술의 가정 실습Wood's Household Practice of Medicine, Hygiene, and Surgery》(1880)과 같이 부피가 큰 가정용 백과사전과 가족 의료지침서는 "가족, 여행객, 어부, 광부 그리고 다른 사람들"을 위한 용도로 위생 원칙에 대해 매우 압축된 설명을 포함하고 있다.[118]

여성잡지나 대중적인 과학잡지, 심지어 문학비평 등의 정기간행물도 가정 위생에 대해 관심을 보이기 시작했다. 유서 깊은《고디의 숙녀 안내서 Godey's Ladies Book》에는 가정의 건강 문제에 대한 짧은 훈계가 들어 있었고, 1883년에 출간되기 시작한《레이디스 홈 저널Ladies' Home journal》은 감염병 예방과 조치에 대한 연재기사를 실었다. 1872년 처음 발간된《월간 대중과학》은 위생적인 배관, 소독, 질병 세균설에 대한 기사를 자주 실었다. 《프랭크 레슬리의 월간지*Frank Leslie's Monthly*》와 《스크라이브너스*Scribner's*》처럼 흥미 위주의 잡지들도 곧 그것을 따라했다. 1875년 《월간 애틀랜틱》은 조지 웨어링의 가정 배관 시리즈를 연재하여 큰 성공을 거두었으며, 1890년대 초까지 《인디펜던트*Independent*》 같은 주간 종교신문도 공중보건 문제를 다루는 칼럼니스트를 두었다.[119]

보다 가난한 청중들은 종종 매우 축약된 형태의 광고 인쇄물이나 안내장을 통해 가정 위생의 복음을 접했다. 콜레라, 천연두 혹은 디프테리아가 유행했을 때, 지역과 주의 보건 당국에서는 질병 예방에 대한 지침서를 인쇄해서 가난한 이웃에 배포하고 신문에 실었다. 그것은 두세 쪽짜리 안내장으로 짧고 간단한 위생 복음의 형태였다. 이는 1900년 이전까지 노동계급에게 상세한 질병 예방 정보를 전달하는 주된 방법이었다. 더구나 지역별 '위생협회sanitary associations'는 대도시에서 가정 위생을 다룬 팸플릿을 몇 센트에 팔았다. 남부에서는, 노예 출신들을 위해 버지니아에 세운 학교인 햄튼 대학Hampton Institute에서 〈국민을 위한 소책자Tracts for the People〉를 작성했다. 그 책자에는 그 학교 교장의 아내 메리 암스트롱Mary Armstrong이 쓴 《예방 가능한 질병*Preventable Diseases*》도 들어 있었다.[120]

그러나 많은 노동계급 가족들에게 5센트는 엄두도 못 낼 큰 비용이었다. 그러므로 1900년 이전에는 가정 위생을 다룬 저술의 독자는 매우 제한적이었다고 할 수 있다. 개혁가들은 복음의 보편성을 강조하는 수사를 사용했다. 하지만 그들의 교육 방법은 그들의 메시지를 읽고 쓸 줄 알며 부유하고 여가가 많은 사람들에게 국한되었다. 안내장이 손에 들어왔을 때도 노동계급 가족들은 보통 그들의 제안 사항들을 실행할 시간과 돈이 없었다. 따라서 1800년대 말 위생 지식과 실천은 대체로 중상류계급의 가족에게만 국한되었다.

세균설의 대중화

가정 내의 발병에 더 많은 관심을 가진 가정 위생 저자들은 병균과 질병을 연결하는 새로운 과학적 견해를 재빨리 보고했다. 그 결과 의사들이 타당성에 대해 합의하기 훨씬 이전에, 세균설에 대한 논의는 대중적인 권장서 advice literature에 나타나기 시작했다. 저자들은 이런 서술들을 통해서 1장에서 설명한 과학적 논의에 조금 익숙해졌다. 그러나 연구자들이 장티푸스의 원인균인 이베르스균이나 콜레라균 같은 특정 미생물을 확인하고 묘사하기 시작한 1880년대까지도 대중적인 조언자popular advice giver들은 여전히 '병원균'을 하나의 획일적인 집단처럼 말하는 경향이 있었다. 또한 대부분은 루이 파스퇴르와 존 틴들의 자연발생설과의 싸움을 무시하고 균이 부패하는 물질에서 새로 생겨날 수 있다고 가정했다.

미국 실용서에서 발견되는 가장 초기의 세균설 중 하나가 1875년의 《가정 매뉴얼Household Manual》이다. 이것은 일반 독자를 위해 복잡한 주장을 단순화하는 방식을 잘 보여 준다. 익명의 매뉴얼 저자는 존 틴들이 사용한 것과 유사한 언어로 좋은 균과 나쁜 균을 구별하면서 상식에 호소했다. 그들은 균을 "작은 동물—미소동물animalcula—이나 미세한 식물의 씨앗"이라고 규정했다. 또한 그 균이 폐와 위를 통해 몸속에 들어가 혈류로 길을 찾는다고 말했다. "그것들이 여기에서 발육해서 상당한 정도로 그리고 엄청난 속도로 증식한다. 어떤 종류는 매우 치명적이고 다른 것들은 훨씬 덜 치명적이다. 그리고 몇몇은 다시 해롭지 않게 되는 것 같다." 그 저자는 틴들과 같은 방식으로, 더 온화한 균을 보기 위해서는 "햇살 아래 춤추는 티끌"을 보라고 독자들에게 권했다. 그리고 이렇게 덧붙였다. "그것들은 빵을 부풀리고 맥아와 와인을 발효시킨다. 그리고 아내가 정성들여 저장한 통조림 식품을 상하게 만드는 매개체이기도 하다." 그에 반해서, "동물성이든 식물성이든, 모든 부패 물질은 엄청난 양의 균을 배출해서 방금 말한 것들보다 훨씬 더 해로운 성질이 된다."[121]

씨앗과 토양의 비유는 대중적인 세균설 해설자들 사이에서도 특별히 인기가 있었다. 1874년 《뉴욕 타임스》의 기사는 이렇게 말했다. "엉겅퀴 씨앗이나 민들레 씨앗, 혹은 튤립나무균이나 라임균, 혹은 아주 약간의 흙이나 수분이 있는 곳이면 어디든지 스스로 씨를 뿌리는 수많은 이름 없는 식물과 마찬가지로, 공기에 떠 있는 '콜레라 씨'나 '성홍열 균' 혹은 '장티푸스 포자'가 있을지 모른다는 그런 생각은 인상적이며 자연스러운 것이다." 틴들의 박테리아 구름 이미지를 되풀이하면서, 그 기사는 다음과 같이 결론지었다. "이 도시에는 보이지 않는 '성홍열 균', '장티푸스 씨', 콜레라나 '디프테리아 포자' 구름이 있다. 그것은 항상 벌집 같은 빈민가에서 부촌으로 떠다니고, 주택과 의류에 넘쳐난다. 그것은 아이나 연약한 사람의 인체와 같이 왕성하게 성장할 유리한 기회를 제공받을 때까지 잠복한다."[122]

세균설은 환자의 몸도 환자가 만지는 물건과 마찬가지로 병을 퍼뜨리는 능력이 있다는 전통적인 믿음과 잘 맞았다. 1878년 소책자에서 메리 암스트롱은 독자들에게 단언했다. "최근 많은 위대한 사람들이 병의 원인을 연구하는 데 몰두해 왔다. 그들은 의심의 여지없이 모든 전염병이 균에 의해서 발생된다는 사실을 입증했다. 모든 전염병은 환자와의 접촉으로 걸릴 수 있고, 그 균은 옷으로 운반되거나 침대와 가구 등에 남아 있을 수 있다. 균은 극히 작은 살아있는 유기체로서 환자의 몸에서 방출된다." 그녀는 덧붙여 설명했다. "그것은 폐에서 나오는 숨, 신체의 분비물과 배설물에서 발견된다. 사실상 성홍열, 디프테리아나 홍역 등과 같은 전염병에 걸린 사람 주위의 공기가 상상할 수 없는 속도로 증식하는 그런 균으로 가득 차 있다." 암스트롱은 마지막으로 "이제, 이것을 이해한 모든 이성적인 사람이 첫 번째로 하고 싶은 일은 그런 유해한 유기체를 제거하는 것, 그 위험한 존재를 죽여 공기를 정화하는 것일 테다"라고 결론지었다.[123]

대중 작가들의 세균설에 대한 묘사는 엉성하긴 했지만, 1880년대 의사들이 여전히 주저하고 있었다는 점을 생각해 보면 그들의 관점은 조숙했다고 할 수 있다. 당시 의사들은 미생물이 병의 원인으로 충분한지 논쟁을 벌이고 있었다. 하지만 위생 작가들은 더러움, 감염, 균의 관련성을 받아들이는 데 거의 문제가 없었다. 저자들이 주먹구구식 지침으로 의료계에서 더 멀어질수록 세균설을 중요하고 신뢰할 만한 과학적 발견으로 받아들이기는 더 용이했다. 엠마 휴잇Emma Hewitt은 《가정의 여왕Queen of the Home》에서 이렇게 보고했다. "균 증식 이론의 연구는 유행병을 확인하는 데에 엄청난 성과를 낳았다." 반대로 1870년대에서 1880년대 초 위생에 대해 조언한 대부분의 의사들은 세균설을 논란의 여지가 있는 주장으로 간주했다. 예를 들어, 1880년 매뉴얼에서 의사 조지 윌슨George Wilson은 세균설을 증명되지 않은 가설로 여기면서 다음과 같이 미지근하게 결론 내렸다. "그런 질병 증식의 근원이나 방식이 무엇이든지 간에 대체로 통제할 수 있다는 것을 아는 것이 훨씬 더 중요하다."[124]

가정의 보이지 않는 적들

1870년대 말에서 1880년대 세균설은 대중적 실용서에 쉽게 들어갔다. 그것이 환기, 소독, 환자의 분리, 일반적인 청결 등에 대해 널리 수용된 예방 조치를 정당화하는 듯했기 때문이다. 균의 복음의 첫 화신은 단순히 이미 신뢰를 받고 있던 예방 전략에 대한 살균적 합리성을 부여했다. 습기 찬 지하실과 더러운 공기로부터의 위험을 막기 위한 실천이 해로운 균을 물리치는 데에도 똑같이 쓰였다.

이와 같이 인간의 신체를 강력한 오염원으로 보는 공통된 시각은 오래된 위생학과 새로운 질병 세균설의 결합을 용이하게 만들었다. 메리 암스트롱이 설명했듯이, "인간의 몸에서 배출되는 모든 것이 불결하며 인간의 삶을 즉시 위험에 빠뜨린다." 상식적으로 인간의 몸은 배설물 부식으로 생기는 "하수 가스"뿐만 아니라, "탄산"(이산화탄소)과 황화수소와 같이 폐에서 내뿜는 가스로 실내 공기를 오염시키거나 "타락vitiated"시켰다. 또한 인간의 대소변은 직접적으로 물을 오염시켰다. 보통 환경에는 몸의 부산물을 정화하는 햇빛과 공기, 그리고 흙과 같은 자연 소독제가 충분히 있다. 그러나 너무 많은 사람이 너무 좁은 공간에 밀집하자 그런 자연의 정화 장치가 대응할 수 없었다. 그리하여 위험한 오물이 퇴적되어 공기와 물을 오염시키면서 이상적인 세균 발생지가 되었다. 이런 불균형은 어디에서나 위험할 수 있지만, 사람들이 시간을 많이 보내는 가정과 같은 곳에서

특히 위험했다.[125]

펜실베니아 의대University of Pennsylvania Medical School 최초의 위생학 교수인 헨리 하트숀은 1880년에 출간된 가정 매뉴얼《우리 집》에서 이 문제를 다음과 같이 잘 요약했다. "인간의 개입뿐만 아니라 자연에도 형성과 파괴, 생과 사, 음식과 배설물의 균형, 즉 모든 곳에서 완벽한 자연경제natural economy를 만드는 균형이 있다." 그렇다면 "인간은 인위적인 행위로 이 자연경제의 많은 부분을 제거함으로써 지구, 물, 공기의 오물, 즉 악취, 독기毒氣, 역병 등을 낳는다." 그는 "그 자연의 침입자 주위에서 게릴라전이 벌어지는 듯하다"라고 하면서, 건강을 되찾기 위해서 공동체는 "우리 주위에 생명의 산물과 죽음과 부패의 결과를 교정하여 본래 원시자연의 균형을 복구해야만 한다"고 결론 내렸다."[126]

초기 세균설 개종자들은 이미 위험한 오염 상태에 병균을 추가했을 뿐이었다. 그들의 주장대로 더러운 공기와 물이 모이는 어디에나 균이 반드시 따라온다. 그 결과는 인간의 건강에 대한 양면 공격이었다. 장기간 오염된 공기와 더러운 물에 노출되면 몸 전체의 저항력이 떨어져서 미생물 적들의 희생양이 되기 쉽다. 그때 병원균이 들어오면 사람은 병과 죽음을 피할 수가 없다.[127]

세균설의 미명 아래 최초의 예방전략 세대는 가정 건축에 대한 위생학자들의 오랜 집착을 제멋대로 이용했다. 이는 특히 환기나 배관과 관련된 것이었는데, 이런 점 때문에 질병 예방은 가정에서부터 시작되었다 할 수 있다. 빅토리아 시대에는 주택 보유자에게 부식과 균에게 생명력을 주는 습도를 막기 위해 건토乾土 위에 집을 짓고, 박테리아의 "자연 소독제"인 신선한 공기와 햇볕에 최대한 노출하라고 권했다.[128]

더 오래된 매뉴얼에는 폐에서 나온 가스가 축적되지 않도록 환기 장치가 필요하다고 기록되어 있고, 가정 안내서에는 방의 크기에 따라 적절한 환기에 대한 정확한 지침이 포함되어 있다. 이와 관련해 방 안의 거주자 수에 맞추어 들어오는 공기의 양을 확보함으로써 유기물질을 충분하게 희석할 수 있도록 했다. 많은 안내서에는 해로운 외풍 없이 창문에 신선한 공기를 순환시킬 수 있는 환기구를 만드는 방법에 대한 지침도 있었다. 그 환기구는 쐐기wedges와 판boards으로 만들어진 아주 단순한 것이었다. 균에 초점을 맞춘 새로운 매뉴얼에는 환기와 관련된 동일한 추천사항에 더하여 대기의 박테리아 '구름'을 분산시키는 효과도 추가했다. T. J. 맥레이건은《월간 대중과학》에서 그 전제를 간단하게 말했다. "창문을 닫아서 균을 가두고, 창문을 열어서 공기 변화에 균이 쓰러지게 한다."[129]

환기에 대한 강박은 가정 배관에 대한 편견과 결합되었다. 헨리 하트숀은 "우리 시대는 배관의 시대"라고 강조했다. 그리고 위생 저자들은 계속해서 만약 가족이 변기를 관리하지 않는다면 그 예방 의식들은 무용지물이 될 것이라고 강조했다. 심지어 가징 단순한 가정 위생 매뉴얼에도 가정에 공급되는 물과 공기를 배설물 오염으로부터 막는 데 필요한 배수관, 수세식 변기, 지하 배수관 등에 대한 길고 구체적인 논의가 포함되어 있다. 처음에 위험한 하수 가스로부터 보호하자고 주장되었던 그 조치는 나중에는 그 가스가 집으로 운반할지 모를 박테리아를 예방하는 것으로 바뀌었다.[130]

19세기 말 위생사들은 하수 가스와 그것에 수반되는 균에 대한 최소의 예방책으로 다음과 같은 것을 주장했다. 식수와 폐수의 완전 분리, 배설물이 쌓이는 것을 차단하기 위해 물로 씻어 내리는 수세식 변기, 폐수를 하수구로 보내는 방수 파이프, 하수 가스가 방으로 역류하지 않도록 막는 모든 하수구의 배수관, 그리고 주택 측면으로 돌아가는 지하 배수관과 가스를 집에서 멀리 내보내는 지붕 위의 환풍기. 1878년 스태튼 아일랜드Staten Island 선교신문에서 한 저자는 지하 배수관에 대해 자신 있게 말했다. "그런 단순한 외부 설비, 빈틈없이 건조한 지하실, 그리고 누수 없는 실내 배수관 중의 하나만으로도 가정생활은 최악의 침입자로부터 안전해질 것이다."[131]

이런 복잡한 배관은 외부의 도움이 필요했다. 보건 당국은 주택소유자들에게 최고의 배관공을 고용하고 그 작업을 꼼꼼하게 감독하라고 권했다. J. 프리진 틸J. Pridgin Teale은 유명한 "가정의 위생 결함에 대한 그림책"을 만들었다. 그래서 주택소유자들이 "책을 들고 다니면서 배관공, 석공 혹은 가구장이에게 물어서 모든 위생 사항을 하나하나 살펴볼" 수 있었다. 집을 임대하거나 구매한 사람에게는 '박하 시험peppermint test'을 해 보라고 권했다. 그것은 수세식 변기에 박하기름을 주입해서 집안 곳곳에 박하 냄새가 나는지 냄새를 맡아보는 것이었다. 냄새가 나면 하수 가스나 균이 가정의 공기를 오염시킬 수 있는 배관 결함을 확인할 수 있었다.[132]

가정 안내서에는 상수도를 검사하고 정화하는 데 대한 지침도 있었다. 외관, 맛, 냄새가 물의 안전을 가늠하는 데는 충분치 않다고 경고하면서, 해로운 유기물을 제거하고 병원균을 죽이기 위해서는 모든 식수를 여과하거나 끓이라고 강력하게 권했다. 많은 안내서에는 모래, 숯, 천으로 간단하게 가정용 여과기를 만드는 방법도 들어 있었다. "그러나 미심쩍은 물은 조리나 음료로 사용하기 전에 여과해야 할 뿐만 아니라 반드시 끓여야 한다"고 1880년 하트숀은 충고했다.[133]

이처럼 청결이 위생의 안전 장치로 제시되자, 일반적으로 가정 위생의 보호수단으로서 높은 청결 수준을 권장했다. 위생학자들의 오래된 규범에 따라, 먼지나 부식물 더미는 습도와 어둠과 관련된 보이지 않는 병인으로 간주되었다. 초기의 세균설 개념에서 공기 중의 먼지, 토양의 포자, 병원성 미생물은 가정의 먼지와 더러움에 대한 위협을 증대할 뿐이었다. 1887년 여대동창회Association of College Alumnae에서 엮은 가정 매뉴얼에서 "그런 퇴적물에 위험한 균이 있을지도 모르기 때문에, 질병 세균설의 수용은 모든 가정주부에게 먼지 더미의 예방을 절대적으로 필요하게 만든다"고 설명했다. 또한 여성들에게 당시 지배적이었던 빅토리아 시대의 아름다움을 버리고 먼지와 균이 좋아하지 않을 만한 가구를 선택하라고 권하기도 했다. "건강의 여신을 달래기 위해서는 거실과 침실에 쓸데없는 휘장, 카펫, 장식품을 제단의 제물로 바쳐도 된다."[134]

감염성 질환을 앓는 가족을 돌볼 때는 훨씬 더 극단적인 조치가 필요했다. 위생 매뉴얼에는 적절한 '가정 병원'의 운영에 대한 자세한 기술이 항상 포함되어 있었다. 주택보유지들에게 전염으로부터 다른 사람을 보호하는 것뿐만 아니라, 환자의 회복을 돕기 위해서도 밝고 통풍이 잘 되는 방을 선택해서 거기에 있는 카펫과 천을 벗기고 강력한 소독제, 석탄산에 적신 시트를 복도에 매달라고 조언했다. 이러한 격리 조치의 준수는 자신의 가족뿐만 아니라 공동체 전체에 대한 의무로 묘사되었다. T. J. 맥레이건이 장티푸스에 대한 그의 논문에서 결론 내렸던 것처럼, "주변에 위험의 원인이 될 시간이나 기회를 갖기 전에 독을 없애기 위해 고안된 조치를 실행에 옮기는 것은 가정에서 그런 질병을 가진 사람들에게 달려 있다."[135]

전통적인 '접촉 매개물'에 대한 근심은 질병 세균설로 인해 더욱 심각해졌다. 접촉 매개물은 감염 물질을 옮길 수 있다고 생각되는 모든 물질에 적용되는 용어였다. 위생 개혁가들은 다양한 일상적 물건이 장기간 병의 입자를 숨길 수 있다고 경고했다. 예를 들어, 매사추세츠 보건국Massachusetts State Board of Health에서 배포한 성홍열 관련 소책자에는 "공기, 음식, 옷, 시트, 이불, 수염, 머리카락, 가구, 장난감, 도서관 책, 벽지, 커튼, 고양이, (그리고) 개가 전염병을 옮길 수 있다"는 주의가 실려 있었다. 병의 '포자'에 대한 발견은 병의 입자가 수년간 동면할 수 있다는 대중의 믿음을 더 강하게 만들었다. 조지프 페리Joseph Perry는《우리 집의 건강Health in Our Homes》에서 모자에 대한 모범적인 교훈을 말했다. 성홍열로 죽은 소년의 방에 걸려 있던 모자를 "소독하지도 않고 양철 상자에 밀폐해서 치워 버렸다가" 2년 뒤 어린 동생이 그 모자를 쓰자마자 똑같은 병을 앓았다. 페리가 말한 전염병의 '끈질김tenacity'을 보여 주는 결정적인 증거였다. 그런 비극을 피하기 위해서 부모들에게 아픈 아이가 사용한 옷가지와 장난감을 없애라는 주의를 주었다. 이는 마저리 윌리엄스Margery Williams의 고전 동화《벨벳 토끼인형The Velveteen Rabbit》에서 길이 남게 된 습관이었다.[136]

아동 사망률이 높았던 시기에, 가정용 매뉴얼 전체가 탁아소에서의 예방법에 할애되었다. 1888년 엠마 휴잇의 매뉴얼에는 장소의 중요성을 설명하는 이야기가 실렸다. 한 여성이 자신의 아이를 낮 동안 지하 작업실에 있게 했더니, 그 아이에게 "디프테리아 증상이 지속적으로 생겼다"는 이야기였다. 주치의가 아이의 주간 육아실을 위층으로 옮기라고 충고했는데, 그 뒤 "생긴 변화는 거의 마술과 같았다." 위생 저자들은 부모에게 위층에 육아실을 마련하고 가구는 거의 두지 않으며 가능한 많은 시간 동안 아이를 밖으로 데려 나갈 것을 권고했다. 또한 밤 시간에 아이들은 싱글 침대에 눕혀서 "내뿜는 숨exhalations"이 섞이지 않도록—성인의 침실 배치에 대해서도 추천한 조치—당부했다. 치명적인 '여름 설사' 혹은 유아 설사 예방책으로, 유아용 식기는 꼼꼼하게 세척하고 식수는 끓이거나 여과해야 했다. 우유는 공기 중의 세균과 불순물을 흡수하기 쉽다고 생각되었다. 때문에 부모들에게 깨끗하고 신선한 우유를 공급할 것을 권했다.[137]

　균이 예방법에 포함되기 전후에, 병실에서의 특별한 보호와 일상적인 질병 예방을 위한 소독법이 가정 통지서domestic advice에 두드러지게 등장했다. 회람이나 가정 위생 매뉴얼에서는 다양한 소독도구를 장황하게 설명했고, 필요에 따라 저렴한 용액을 만드는 방법도 제공했다. 아울러 병실의 공기 정화, 환자의 피부 세척, 배설물 소독, 옷과 속옷의 훈증 소독, 시신 염하기와 가정의 배관 청소 등에서 소독약을 다양하게 활용할 것도 주장했다. 1885년 뉴햄프셔 보건국New Hampshire State Board of Health 회람에서는 "가족의 건강이 나빠지지 않도록" 주택보유자가 실천할 수 있는 가장 중요한 예방책의 하나로 빈번하고 체계적인 소독을 제시했다.[138]

빅토리아 여성과 문화적인 청결 작업

1800년대 말, 공중보건 전문가와 일반 위생개혁가들은 가정에서도 질병을 예방할 필요가 있다는 점을 수많은 글을 통해 상세히 설명했다. 그들의 메시지가 대중의 의식 속으로 얼마나 폭넓고 깊게 파고들었는지는 알기 어렵다. 정해진 주제에 대해 수많은 조언이 있었다고 해서 대중이 그것을 따랐을 것이라고 보장할 수도 없다. 그러나 부유한 미국인들이 청결을 중요하게 생각하고, "회칠한 무덤"이라는 이미지가 '집 병'에 대한 무서운 경고로서의 강렬한 문화적 의미를 가졌을 때, 세균의 복음도 그와 함께 성장했다. 미국인들 중 몸에 관심이 많고 집안을 가꾸는 데 열중했던 세대는 가정에 숨어 있는 감염 원인에 대한 위생학자들의 충고에 귀를 기울였다. 또한 19세기 동안 개인과 가정의 청결에 기울이는 세심한 주의는 상류층의 지위를 나타내는 중요한 표지였다. 때문에 위생개혁가들은 이들 중상류계급의 위생적 우월감을 비난함으로써, 중상류층이 소중하게 지켜 온 그들의 정체성을 공격했다.[139]

가정과 자신의 몸에 대한 엄격한 청결은 품위의 본질적인 전제조건이었다. 1878년 대중적인 에티켓 매뉴얼에서 "이 문제에 관한 한 지나친 까다로움이란 있을 수 없다. 청결은 내적 순수함의 외적 표시이다"라고 개인 위생에 신경 쓰는 여성 독자들에게 말했다. "가난한 빈민의 공동주택"인 '아일랜드 오두막shanty Irish'이나 '브라운스톤 부류brownstone classes(적갈색 사암으로 장식된 호화로운 부유층 저택을 의미—역자 주)'처럼 주택이 계급을 의미했던 시절에, 사회적 지위는 최신의 근대적 배관뿐만 아니라, 가정의 청결에 세심한 주의를 기울이는 가정생활의 특정한 스타일과 직결되었다.[140]

이들 중상류층의 가족 구성원은 품위를 지키기 위해서 엄청난 시간과 돈, 그리고 걱정을 집에 쏟아부었다. 빅토리아 시대 가정은 진지한 가족생활과 사회 관습의 무대로서 기능했다. 필요한 소품은 화려한 가구, 플러시plush 천으로 만든 덮개, 무거운 휘장, 바닥 전체에 깔린 카펫 등이었다. 이들은 세척하기 매우 어려웠다. 격식을 차린 식사는 도자기, 유리그릇, 은그릇, 식탁보와 같은 부수적인 소장품을 갖추는 것이었다. 개인의 위생을 위해서는 당시 "문명의 이기modern conveniences"라고 불린 화장실, 욕조, 침실 세면대 등을 설치하고 정비해야 했다. 요컨대, 1870년대에서 1880년대까지 빅토리아 시대 미국인들은 집의 외관상 청결과 정리정돈에 많은 돈을 썼다. 그럼에도 불구하고 보건 전문가들로부터 자신의 주택에, 특히 새로운 문명의 이기라 여겼던 변기와 세면대에 치명적인 질병 매개체가 있다는 사실을 들었을 때 그들의 염려는 매우 컸다.[141]

'집 병'이라는 개념은 빅토리아인의 품위에 있어서 아킬레스건이었다. 개인과 가정은 엄청난 노력과 많은 하인들 덕택에 겉으로는 청결했다. 하지만 꼼꼼하게 신경을 쓴 겉모습 안에는 다양한 종류의 오물을 끊임없이 쏟아 내는 통제되지 않는 몸이 항상 존재했다. 계급적 지위와 상관없이 생리 작용에는 땀, 배설물, 소변, 침, 그리고 여성에게는 월경혈을 만드는 "추잡함coarseness"이 있었다. 빅토리아의 신사 숙녀는 유행병이 빈민 탓이라고 비난했다. 하지만 마음속으로는 자신도 비위생적인 적unsanitary enemy이라는 사실을 잘 알고 있었다. 오염에 대한 공포는 궁극적으로 그들 자신을 포함한 모든 인간의 몸에 대한 근본적인 불신에서 비롯되었던 것이다.

그런 쌍둥이 테마—보이는 것의 현혹과 오물의 편재—를 가진 빅토리아 사회 시스템은 감염과 질병에 대한 강력한 방식의 지배적인 관점들로 가득했다. 말을 번드르르하게 하는 낯선 사람의 좋은 옷과 매너가 그의 잠재적인 사회적 배신 행위에 대한 그 어떤 단서도 주지 않는 것처럼, 매우 깨끗해 보이는 신사나 숙녀도 질병의 씨앗을 품고 있을지도 몰랐다. 마찬가지로 훌륭하게 가꿔진 대저택에서 배관이나 "숨겨진 일hidden work" 안에 도사리는 위험이 겉으로 드러나지는 않는다. 어둡고 눅눅한 몸의 부위

들 그리고 집에서 그것들과 가장 밀접한 구역들이 질병의 자연 서식지였다.[142]

엄습해 오는 감염병의 망령이 중간계급의 가정이라는 성역을 위험 공간으로 바꾸었다. 뉴욕의 의사 로버트 톰스Robert Tomes가 《바자르 건강서 *Bazar Book of Health*》에 썼듯이, 비위생적인 '성castle'에서 안전하다고 믿는 사람은 "가장 나쁜 적과 함께 자신을 거기에 가두었다." 이와 유사하게 1876년 《위생학자*Sanitarian*》 사설에서는 "즐거운 우리 집"이라는 이미지와 대립되는 무서운 이미지를 제시하면서 다음과 같이 경고했다. "지하실, 저장실, 식료품 저장고, 침실, 거실, 응접실, 그리고 부패하는 채소, 과일, 육류, 때 묻은 옷, 오래된 의류와 가구, 부엌 쓰레기, 곰팡이가 핀 벽, 이 모든 곳에서 아주 작은 세균이 번식하고 있다."[143]

"회칠한 무덤"의 이미지는 특히 상류층 여성에게 날을 세웠다. 수세기 동안 남성 예술가나 도덕주의자는 여성의 외면적 아름다움이 내면의 오염과 질병을 숨기는 가면이라는 주장을 펴기 위해서 여성의 몸을 비유적으로 묘사했었다. 19세기 "진정한 여성성의 숭배cult of true womanhood"는 다양한 중간계급 여성의 이미지를 도덕적인 권위와 순수함의 전형으로 승격시켰다. 하지만 더럽고 위험이 도사리는 여성의 몸이라는 전통적인 개념도 남아 있었다. 사회적으로 도덕적인 덕과 계급적 규범의 수호자로 규정된 중상류계급 여성은 성적인 욕망과 그것의 파괴적인 결과에 대한 불안으로 가득 차서 그들의 "더 천한" 육체적 본성을 넘어서려고 애써야만 했다. 마사 루스벨트가 기꺼이 받아들였던 개인과 가정에서의 청결 의식을 통해 많은 사람들이 "회칠한 무덤"이라는 이미지로부터 멀어지려고 했다. 어느 정도 차이는 있었지만, 청결 작업은 상징적 의미나 실질적 의

미에서 여성의 문화 영역에 분명하게 자리 잡았다.[144]

위생 안내서에서는 작고 세세한 살림살이에 큰 비중을 두었다. 1885년 해리엇 플렁킷Harriette Plunkett은 엄격한 위생 준수의 필요성을 강조하면서 "부단한 경계는 소유하거나 지켜야할 가치가 있는 모든 것에 대한 대가"라고 말했다. 부주의한 여성은 "예방 가능한 질병으로 소중한 것을 잃은 뒤에야 너무 늦게 위생의 중요성을 이해하게 된다. 다가오는 위생의 새 천년에는 그것은 살인과 매한가지일 것"이라고 그녀는 경고했다. 조지프 페리도 1887년 안내서에서 이런 심정을 그대로 되풀이했다. "많은 사람들이 예방조치를 따르는 것이 너무 귀찮다고 말할지도 모르겠다. 그러나 너무 편한 것만을 찾는 그들의 삶에도 사소한 징조만으로 심각한 질병을 막고 목숨을 건질 수 있을 때가 올지도 모른다"고 그는 수사적으로 경고했다.[145]

죄책감과 불안을 조장하는 그런 가혹한 시도가 남녀에게 똑같은 영향을 미치지는 않았다. 분명히 위생개혁가들은 남성이 위생에 중요한 역할을 한다고 강조했다. 남성과 여성 대명사를 사용한 문서에서는 남자는 일반적으로 집을 짓고 배관이나 지하실 등을 보수한다고 예상한 반면, 여자는 가사, 보육 및 일반적인 살림살이에 책임이 있다고 보았다. 물론 중상류계급 가정에서 남녀 모두 그들의 책임을 떠넘길 수 있는 방법이 있었다. 남자들은 배관공이나 건축기사를 고용해서 집을 안전하게 만들 수 있었고, 그들의 아내에게는 힘든 청소를 담당하는 하인이 있었다. 그러나 매일의 위생 행위의 감독은 여자들의 몫이었다.[146]

조언자들은 가정과 가족에 더 밀접하게 관련된 여성 독자들이 건강을 지키는데 더 큰 책임감과 관심을 가진다고 가정했다. 그들은 심지어 배관과 같은 기술적인 영역에서도 여성이 더 능동적인 역할을 하라고 충고했다. 위생기사 조지 웨어링은 1885년 논문에서 주부의 일은 "그녀의 남편이 기사와 배관공에게 상당한 액수를 지불할 때 끝나지 않는다"고 설명했다. 그는 이렇게 썼다. 가정의 배관은 "그녀가 직무를 잘 수행하는가 혹은 태만하게 하는가에 따라 안전의 수단 혹은 파괴의 엔진이 된다." 해리엇 플렁킷도 유사한 맥락에서 1885년《여성, 배관공, 그리고 의사》라는 제목의 글에서, "어둡고 눅눅한 공간"에 대한 공포를 극복하고 본래 남성의 영역에 속하는 그 "이상하고 으스스하며 기괴한" 지하실을 맡으라고 여성 독자들에게 충고했다.[147]

　1870년대에서 1880년대 감염병이 실제로 어떻게 발생하고 퍼지는지에 대한 과학적 논쟁이 계속되고 있었던 점을 고려하면, 당시 가정 위생에 대해 쓴 저자들은 질병 예방을 위해서 놀랄 만큼 높은 수준의 책임을 개별 가정에 떠맡겼다. 이런 책임을 떠맡게 된 중간계급 여성들은 가정 예방법 prevention의 복음이 다분히 은총이자 저주라는 것을 알게 되었다. 위생개혁가들이 아내와 어머니가 위생 규범을 엄격하게 지킨다면, 질병의 재앙을 크게 경감시킬 수 있다고 한 약속은 은총이었다. 반면 질병과 죽음에 대한 책임을 아내와 어머니의 탓으로 돌린 것은 저주였다.

　세균으로 가득 찬 모자와 디프테리아균이 있는 방에 대한 반복된 이야기가 증명하듯이, 위생학자들의 권고사항을 따르지 않는 어머니는 아이가 아프거나 죽는 가장 끔찍한 결과를 야기할 수도 있었다. 전체 아동의 5분의 1이 첫돌이 되기도 전에 사망했던 시절에, 질병의 예방 가능성에 대한 강조는 실수에 대한 강력한 죄의식을 발생시킬 가능성이 있었다. 빅토리아 시대 부모들이 자식의 죽음을 더 강도 높게 애도한 것은 소규모 가족에서서 종종 나타나는 경향으로, 주로 어머니에게 '집 병'을 예방할 책무를 장려하려는 노력의 반영일지도 모른다.[148]

세심한 가사노동과 질병 예방을 동일시한 것은 또한 하인들을 불쾌하게 다그쳤던 특권층 여성들의 행위를 설명해 준다. 청소에서의 사소한 실수는 품위의 규칙을 어기고 가족의 사회적 지위를 위태롭게 하는 데에만 그치지 않았다. 그것은 가족을 치명적인 "오물"병의 잠재적 위험에 빠트리기도 했다. 19세기 말 대중적인 여성문학에서 그토록 끊임없이 하인 문제를 한탄했던 것도 여주인과 하인 모두에게 부과된 '집 병'이라는 전염병으로부터 가정을 지켜야 했던 특별한 부담과 관련되어 있다.[149]

어떤 경우에는 가정을 지켜야 한다는 책임감이 궁극적으로 가정이라는 제한된 영역 안으로 중간계급 여성들을 내몰기도 했다. 남성을 전문가와 입법자로, 여성을 빈틈없는 아내와 어머니로 설정하는 성별 분업은 너무 한정적인 것이었다. 플렁킷과 같은 몇몇 사람들은 다른 여성들에게 질병 예방을 교육하는 방법으로 가정 안내서와 신문 칼럼에 공중보건 문제에 대해 쓰기 시작했다. 다른 사람들은 지역의 위생 단체나 제도 개혁을 위해 활동하게 되었다. 질병 예방에 대한 여성의 의무를 다소간 강조한 것은 전문 경력을 쌓기 위한 논리적 근거가 되는데, 이에 대해서는 6장에서 좀 더 자세히 논의할 것이다. 1885년에 플렁킷이 정확하게 예견했듯이, 여성들에게는 "위생 문제에 있어서 약간의 예방이 엄청난 치료보다 낫다는 유용성과 효율성의 새로운 영역이 지식 분야에서 새롭게 시작된다."[150]

기본적인 가정의 질병 예방 개념들이 다양한 형태의 인쇄매체를 통해 1880년대 말에서 1890년대 초 부유한 도시 계층들 사이에 널리 퍼져나갔다. 가정을 병적으로 취급하려는 위생학자들의 오랜 노력이 세균설에 비교적 빨리 주목하게 만들었고, 이는 위생 복음의 기본 교리도 강화시켰다. 통풍, 위생 배관, 소독, 정수 시설에 대한 위생적인 조치들은 세균설 이전에도 널리 받아들여졌지만, 병균의 위협은 1880년대 말 그런 조치들에 새로운 힘을 보태었다. 예전 위생학자들이 두려워했던 것과 달리, 균의 복음은 깨끗하고 도덕적인 삶과 질병으로부터의 안전 사이의 관련성을 약화시키지는 않았다. 대신 엠마 휴잇의 말대로, 새로운 과학적 발견은 가정에서 "항균 청결antiseptic cleanliness"의 실천을 통해 "균을 파괴하는 힘은 아니라 하더라도 적어도 균의 증식을 막아 내는 힘을 모든 사람들의 손에 쥐어 주었다." 빅토리아 여성에게 이런 새로운 지식은 새로운 권력과 함께 무거운 죄책감을 가져다 주었다.[151]

3. 세균을 '파는' 사람들

1881년 8월 중순, 유명한 위생기사 조지 E. 웨어링은 중대한 국가적 임무를 띠고 워싱턴에 도착했다. 그가 도착하기 전인 7월 2일 미국 대통령 제임스 A. 가필드James A. Garfield가 암살 미수범 찰스 기토Charles Guiteau가 쏜 총에 맞았다. 백악관에 설치된 '가정 병원'에서 치료를 받던 대통령은 잠시 회복되는 듯하다가 다시 계속되는 열병에 점차 기력을 잃어가고 있었다. 가필드를 치료했던 저명한 의사들은 총상으로 인한 발열로 진단했다. 그러나 대통령이 계속 쇠약해지자 언론뿐 아니라 일부 대통령 고문들은 전문가만이 알 수 있는 다른 포착하기 어려운 위험 때문이 아닌지 의심하기 시작했다. 그리하여 대통령이 대저택의 구식 배관에서 나오는 하수 가스에 감염된 것인지 알아보기 위해 조지 웨어링을 백악관으로 불렀던 것이다.[152]

오늘날에는 웨어링의 임무가 어처구니없어 보인다. 지금의 관점으로 가필드의 사망은 하수 가스에 노출된 것 때문이 아니라 총상의 결과라는 점이 명백하다. 그러나 이 백악관의 위생 스캔들은 19세기 말 미국인들이 감염병의 본질과 그 확산에 있어서 주택의 역할을 얼마나 다르게 이해했는지 잘 보여 준다. 1881년에만 하더라도 하수 가스의 위협은 매우 폭넓게 이해되었다. 이에 센세이션을 찾는 저널리스트와 존경할 만한 위생기사들은 모두 하수 가스가 대통령 건강의 주된 악화 원인으로 여겼다. 따라서 이러한 백악관 이야기는 19세기 말 '집 병'의 위협이 어떻게 이해되었고 미국인들이 가정에서 어떻게 조치했는지를 살피는 데 적절한 출발점이 된다.[153]

1880년대 초까지, 중간계급 미국인들의 집에 대한 불안감은 새로운 종류의 사업에 풍부한 토양을 제공했다. 조지 웨어링과 마찬가지로 발명가, 기술자, 배관공 및 제조업자들은 질병을 방지하는 주택이나 건물이 수익성 좋은 사업이 될 수 있다는 것을 알아챘다. 권장서적을 벗어나서 이런 상업 서비스의 발달을 보면 어떻게 부유한 미국인들이 질병에 대한 우려에 대처하기 시작했는지를 파악할 수 있다. 빅토리아 시대 소수의 주택보유자들만이 일기장이나 편지에 배관 수리나 소독제 구매에 대한 세부사항을 털어 놓았다. 그러므로 특히 출원, 광고지, 무역 잡지, 업무 기록 등은 당시의 위생 실천을 추적하는 데 특별히 도움이 된다. 이와 같은 위생에 대한 기업가들의 발상의 전환은 19세기 말 대통령의 집에서부터 공동주택에 이르기까지 미국 가정의 풍경을 변화시킨 안전의 추구를 파악하는 데 유용하다.[154]

물론 시장의 동향이 대중의 신념과 행동을 완벽하게 보여 주지는 않는다. 기업가들은 자신들의 특정 상품의 판매를 정당화할 수 있는 위생학과 세균설의 가르침만 적용했다. 많은 사업가들은 보건 전문가들도 동의할 만한 합당한 공포를 앞세웠고, 그중 몇몇은 비양심적인 방식으로 그런 공포를 과장하려 했다. 그러나 그런 왜곡과 과장이 있다 하더라도 가정의 위생 서비스 향상을 추적해 보면, 감염병에 대한 걱정이 어떻게 일상생활 습관을 변형시켰는지 잘 보여 준다.

위생과 관련된 기업의 증가는 세균설 수용 훨씬 이전에 주택보유자들이 질병 발효설에 따라 배관시설을 갱신하기 시작했다는 점과 관련이 있다. 위생업계는 1880년대에 미생물의 발견을 언급하기 시작했다. 주로 하수 트랩이나 소독 장치 같은 구식 위생품의 새 버전을 홍보하기 위해서였다. 그렇게 함으로써 기업가들은 만연한 하수 가스 공포에 맞는 세균 개념을 만들었던 것이다. 미국에서 가정을 '방균'하려는 초기의 노력은 하수도 입구, 즉 변기와 세면대라는 문명의 이기에 주로 집중되었다.

백악관의 배관공들

백악관 위생 스캔들은 대중적인 논쟁과 기업가적인 진취성 모두에서 질병 세균설이 등장하기 시작했던 바로 그때 작동한 '집 병' 개념의 극적인 예시이다. 1881년의 논쟁은 대통령 관저가 건강에 좋은지 여부에 대한 수십 년간의 걱정을 종결지었다. 원래 워싱턴 도시 자체가 그러한 것과 마찬가지로, 펜실베이니아 애비뉴 1600번지(백악관 주소이자 별칭–역자 주)에 위치한 그 저택은 포토맥Potomac강 습지대에 가까워서 열을 발생시킨다고 오랫동안 알려져 왔다. 1812년 전쟁(1812년 6월 18일부터 3년여에 걸쳐 미국과 영국 사이에 벌어진 전쟁–역자 주) 시기에 영국이 불태운 건물을 대체하기 위해 1817년에 지어진 이후로, 백악관에선 수세식 변기와 하수관은 조금씩만 수리되었다. 1870년대 말에 이르면 백악관은 배관 결함 등으로 품위가 없을 뿐만 아니라 위험하게 보이기까지 했다.[155]

가필드 논쟁이 벌어지기 수년 전, 백악관의 건물과 부지를 담당했던 행정관이 대통령의 집이 당시 좋은 주택에서 볼 수 있는 위생 기준에 한참 못 미친다는 것을 깨닫고 새롭게 수리하기 시작했다. 수리를 하는 동안 그 행정관은 한 푼의 동전 지출까지 확실한 사유를 제시해야만 했다. 개량 공사에 필요한 지출은 모두 의회의 승인을 받아야 했기 때문이었다. 그는 1879년 인색한 의회가 백악관 배관 정비 자금을 승인하도록 설득하는 데 성공했다. 그리하여 하수 가스를 차단하기 위한 기본적인 장치들이 추가되었고, 오래된 수세식 변기는 더 위생적인 모델로 대체되었으며, 위층으로 공기가 더 잘 들어가게 하기 위해 "수직의 측면 창틀 환풍기"가 나선식 계단 위에 설치되었다.[156]

그러나 이런 보수만으로 백악관의 완전한 건강을 증명하기에는 부족했다. 1881년 봄 가필드가 취임한 직후에 새로운 영부인 루크리샤Lucretia 가필드가 장기간 심각한 열병을 앓았는데, 일부 관찰자들은 즉시 백악관 탓을 했다. 분개한《볼티모어 아메리칸Baltimore American》에서는 다음과 같이 보도했다. "포토맥강 지대는 아주 최근에 매립되었기 때문에 하수 가스를 대통령의 집으로 되돌아가게 만들어서 가필드 여사가 그것에 중독되었다." 또한 그 기사는 "그 오래되고 낡아빠진 저택은 완전히 수리되거나 새로 지어져야 한다"고 주장했다. 가필드 여사의 질병 때문에, 의학뿐 아니라 공학 학위도 있었던 신임 행정관 알몬 F. 록웰Almon F. Rockwell 대령은 배관 수리─백악관과 주요 하수도를 연결하는 더 나은 방취판과 환풍기를 포함—를 명령함과 동시에 웨스트 윙west-wing(대통령 집무실과 비서진이 근무하는 백악관의 서관西館-역자 주) 침실을 현대식으로 바꾸게 했다.[157]

위생 사업가들은 집을 "치료하는doctoring" 데서 발생되는 이익을 감지했다. 이에 그들은 즉시 의회와의 교섭을 통해 록웰이 벌인 수리 작업에서 돈을 벌려고 했다. '라이스의 특허 환기시스템' 발명가인 E. E. 라이스E. E. Rice는 아이오와주 공화당 출신 상원의원 윌리엄 B. 앨리슨William B. Allison에게 도움을 구했다. 라이스 시스템이 앨리슨의 집에 미쳤던 영향을 록웰에게 증명하는 편지를 써 달라는 부탁이었다. 또 다른 공화당원이자 전前 상원의원 에파 헌튼Eppa Hunton은 직접 가필드에게 서신을 보내 라이스 장치를 설치해서 대통령 관저를 "건강한 주거지로 만들라"고 당부했다. 헌튼은 간사한 어조로 "저는 당신이 무수히 많은 공무를 보면서 천천히 그 문제를 생각해 보기를 바랍니다"라고 썼다. 그리고 대통령에게 그 시스템이 4,000달러 이상의 비용이 들지는 않을 것이라고 단언하면서, "저는 국민들이 흔쾌히 (부통령) 아서를 대통령으로(체스터 A. 아서Chester A. Arthur 부통령은 가필드 대통령이 암살당한 뒤 취임한 제21대 미국대통령-역자 주) 생각하려 하거나, 항상 원수Chief Magistrate와 그의 가족의 건강을 지키는 데 기꺼이 비용을 지출하려 한다고는 생각하지 않습니다"라고 끝맺었다.[158]

그러나 록웰이 위생 후원자를 선택하기도 전에 가필드 대통령이 1881년 7월 2일 수도를 떠나 휴가를 가려던 와중에 총격을 당했다. 그는 곧바로 백악관으로 옮겨졌다. 의사들은 총알이 등에 너무 깊이 박혀서 안전하게 제거할 수 없음을 깨달았다. 이에 대저택의 아래층을 '가정 병원'으로 만들었고, 가필드는 잠깐 회복하는 듯했다. 그러나 7월 중순 들어 주치의

가 걱정했던 만성 소모성 열병을 앓기 시작했다. 1881년 리스터 연구에 대한 폭넓은 이해를 증명하듯이, 비평가들은 상처에 충분할 정도로 꼼꼼한 소독 절차를 따르지 않았다고 말했다. 가필드의 의사들은 격렬하게 그 비난을 부인했다.[159]

일부 해설자들은 가필드 여사의 병을 상기시키면서 대통령이 포토맥강 습지에서 나오는 "말라리아 영향"으로 해를 입은 것은 아닌지 걱정하기 시작했다. 7월 말에《뉴욕 헤럴드*New York Herald*》는 관행적인 큰 이슈를 만들기 위해 하수 가스 문제를 또다시 들먹였다. 기사에서《헤럴드》기자는 한 "유명한 배관공"을 인터뷰했다. 그는 가필드의 경우에는 단순히 오염된 공기보다 "열 배는 더 나쁘고 심지어 더 유독한 하수 가스가 진짜 문제"라고 자신 있게 말하면서 "대통령 관저에는 완벽하게 작동하는 (하수) 관이 없습니다"라고도 주장했다. 며칠 뒤, 또 다른 대담한《헤럴드》기자는 "이 도시의 유명한 과학적 신사"와 함께 악취를 풍기는 포토맥강 습지를 시찰했는데, 물에 "오물과 배설물 덩어리들이 떠다녔다"고 설명했다. 전하는 바에 의하면, 그 "과학적 신사"는 "당신의 코가 안전한 가이드입니다. 그리고 그것은 항상 우리가 마시는 공기가 병균으로 가득 찼다는 것을 이미 당신에게 말해 주고 있어요"라고 했다. 그 '의사'가 과장되게 지적한 바로 그 공기는 열병을 앓는 대통령이 누워 있는 백악관의 병실 방향으로 불고 있었다.[160]

위생에 관심 있는 지지자들은 하수 가스로부터 대통령을 보호하자는 제안에 빠르게 반응했다.《뉴욕 헤럴드》에서 백악관 배관의 부정적 상태에 대해 읽은 뒤, 뉴욕 마스터 배관공 위생위원회Sanitary Committee of the Master Plumbers of New York는 백악관 하수 트랩과 관련해 비판으로 가득 찬 장문의 편지를 록웰 대령에게 보냈다. 그리고 "진심으로 대통령과 가족의 안녕wellfare(원문대로)"을 위해 무료 봉사하겠다고 제의했다. 이와 유사하게, 다수의 발명가들도 하수 가스를 막는 장치를 제안했다. 일례로 '오길비와 베넘Ogilvie and Bennem'이라는 회사는 "하수구에서 방출되는 유독가스를 파괴하여 건물 안으로 들어오는 것을 방지하는 간단하고 효과적이며 경제적인 방법"으로 장식용 가로등을 추천했다. E. E. 라이스는 그 전해 봄에 록웰에게 제안했다가 완전 무시당했던 장치를 설치해 주겠다고 하면서 날선 어조로 말했다. "대통령이 총에 맞기 전에 제가 개량 공사를 하지 못한 것이 유감입니다. 그것은 경비를 절감하고 불쾌한 감정을 누그러뜨려서 현재의 설비가 수행하는 것 그 이상 그리고 모든 것을 완수할 것입니다." 그 설비는 록웰이 대통령을 더 안락하게 만들려고 설치했던 특허 받은 에어컨을 의미했다.[161]

공적으로 대통령 주치의는 대통령의 열이 하수 가스와 관련 있다는 견해를 묵살했다. 그러나 사적으로 가필드의 핵심 각료들은 논란이 제기되는 것을 걱정했다. 미국 법무장관 웨인 맥비그Wayne MacVeigh는 그 문제를 잠재우려고 결국 조지 웨어링을 불러 백악관 배관의 검사를 제안했다. 록웰도 그 계획에 동의했다.[162]

웨어링은 남북전쟁 참전으로 존경받는 인물이었기 때문에, 이런 까다로운 임무를 맡기에 적당했다. 그의 명성이 전국적으로 높아진 것도 1870년대 '집 병'이 현저하게 중요해졌음을 입증했다. 원래 농지 배수 전문가였던 웨어링은 1860년대 말 주택 위생에 관심을 가지게 되었다. 《월간 애틀랜틱》(1875)과 《스크라이브너스》(1876)에 주택 위생에 대한 글을 써서 유명해졌다. 그 글들은 나중에 책으로도 발간되었다. 1878년 치명적인 황열병이 테네시주 멤피스Memphis를 강타했을 때, 러더퍼드 B. 헤이즈 Rutherford B. Hayes 대통령이 그를 도시 배수 개량 공사를 감독하라고 보냈다. 머지않아 그런 위기에 더 적임자가 된 웨어링은 수도首都의 배관 문제를 잘 알고 있었다. 그는 1880년 스미스소니언협회Smithsonian Institute 에서의 연설에서 그 도시의 주거지에서 나오는 하수 가스가 악명 높은 포토맥강 지대보다 훨씬 더 건강에 해롭다고 경고했다. 그 이유는 가스의 "직접 작용뿐만 아니라 너무 자주 세균의 운반책이나 특정 질병의 원인 역할을 하기 때문이었다."[163]

1881년 8월 23일, 웨어링이 록웰에게 백악관에 대한 사전보고를 했다. 바닥을 고치거나 벽을 부수어서 병든 대통령을 방해하는 일 없이는, 실내에서 '숨겨진 일'의 품질을 추측만 할 수 있을 뿐이라고 말했다. 그러나 그가 보기에 그 주택은 "현재 보고서들의 예상보다 훨씬 덜 위험"했다. 그러나 웨어링은 "대통령 관저의 배관 설비는 오늘날 안전한 주거에 필요한 위생 조건을 충족하지는 않는다"고 인정했다. 예를 들어 큰 지하 주방에는 "영구적인 오물통을 조성하는 것 같은" 커다란 배수관이 달린 싱크대가 있었다. 위층은 모든 관이 잘못 끼워져 "오물이 제대로 방류되지 못했다." 윗방에 놓인 물탱크는 "사실상 수세식 변기"나 마찬가지였다. 바로 그 아래에 있는 욕실이 제대로 환기되지 않아서 생기는 오염 때문이었다. 대통령의 질환을 고려할 때, 웨어링이 가장 우려한 것은 구식 "냄비식 변기pan closet"가 있는 욕실이었다. 그것은 병실 바로 옆방에 있었는데 굽어져서 환기가 되지 않아 오수관soil pipe으로 작동했다. 그 보고서는 긴급수리를 해야 하는 목록으로 끝맺고 있다.[164]

9월 초 법무장관이 록웰에게 편지를 써서 웨어링의 보고서에 "찬성한

favorable다면, 간추려서 연합통신사Associated Press에 공개하라"고 요구했다. "그것이 현재 대통령의 건강을 해치는 해로운 환경에 대한 불안을 많이 가라앉힐 것"이라고 그는 판단했다. 그러나 놀랄 것도 없이 록웰은 그 요구를 따르지 않았다. 웨어링은 자신의 보고서가 안심시킬 것이라고 생각했지만, 오물통, 오물, 악취 나는 부패 등을 자주 언급한 것이 백악관을 대통령의 회복에 좋은 장소가 아닌 것처럼 보이게 만들었기 때문이었다.[165]

가필드의 주치의들은 공개적으로는 하수 가스설을 신용하지 않았다. 그러나 대통령이 이동 중에 생존하지 못할지도 모른다는 두려움에도 불구하고, 웨어링이 백악관에 건강증명서clean bill of health를 줄 수 없었다는 사실은 대통령을 뉴저지 여름 별장으로 옮기는 그들의 결정에 영향을 미쳤다. 웨어링이 사전보고서를 제출한 지 2주 뒤인 9월 6일, 가필드가 백악관에서 옮겨졌지만 그의 상태는 호전되지 않았고, 9월 19일 뉴저지에서 사망했다. 부검으로 밝혀진 직접적인 사인은 비장 동맥의 파열이었다. 총알이나 혹은 그것을 찾으려고 사용된 탐침probes으로 인한 손상이었다.[166]

그러나 백악관의 위생 상태에 대한 논란은 대통령의 사망으로도 끝나지 않았다. 대통령 사후에 웨어링의 보고서가 공개되었다. 《헤럴드》의 '하수 가스 십자군'을 가까이하지 않았던 온건한 《뉴욕 타임스》조차도 그 보고서를 길게 발췌해서 실었다. 《위생기사Sanitary Engineer》는 그 전문을 싣고, 신랄한 논설도 덧붙였다. 거기서 백악관의 결함을 규명하기 위해 "가필드 여사의 질환과 대통령의 오랜 고통처럼 어떤 대재앙이 필요했다"고 한탄했다. "의회에 책임이 있다. 의회는 돈에 인색해서 백악관을 잘 아는 사람들에게는 수년간 분명했던 그 실수를 고칠 수 없게 만들었다. 즉, 그 의회가 그것들을 고치는 데 필요한 비용을 확보할 수 없게 만들었다." 그 논설은 "관저의 배관이 철거되고 완전히 개조될 때까지 백악관은 공동주택에도 못 미칠 것"이라고 결론지었다.[167]

새로운 대통령 체스터 아서는 태만한 백악관의 상태를 너무 잘 알았다. 때문에 배관이 개선될 때까지는 거기서 살지 않겠다고 백악관 입주를 거절했다. 그가 지켜보는 가운데, 록웰은 웨어링이 보고서에서 제안했던 수리 작업을 진행했다. 그러나 높은 불안감과 전문가들의 경쟁으로 그 사업은 방해를 받았다. 이미 프랑스 정부를 위해 자문을 맡았던 웨어링은 해외에서 백악관 수리를 감독했다. 그가 부재할 때 록웰은 웨어링이 추천했던 값비싼 보스턴 회사 대신 평소 백악관을 담당했던 지역 배관업자를 쓰기로 결정했다. 그것을 알게 된 웨어링이 화가 나서 다음과 같은 편지를 파리에서 보냈다. "이제는 나의 명성이 그 문제와 관련되고 내가 의심하는 작업에 대해서 내가 책임을 져야 할 것이기 때문에 내가 알지도 못하는 배관공에게 그런 지극히 중요한 수리를 맡길 수는 없습니다."[168]

아마도 체스터 아서가 어깨 너머로 지켜보면서 걱정하던 탓인지, 록웰은 웨어링과 타협했다. 그는 웨어링이 주문했던 맞춤 자재를 구매하고 웨어링의 조수 중 한 명인 윌리엄 폴 게르하르트William Paul Gerhard를 고용해서 지역 배관공을 감독하는 데 동의했다. 그때부터 수리는 원활하게 진행되어 백악관의 낡은 배관은 새로운 밀폐 배관과 최신식 하수 트랩 및 통풍구 시스템으로 대체되었고, 오래된 변기는 웨어링이 디자인한 하얀 도기 변기로 대체되었다. 웨어링은 자신의 신식 데세코Dececo 모델은 완벽하게 물로 씻어 내려 그 어떤 더러운 물질도 남기지 않는다고 설명했다. 그것은 또한 붙박이 목재 장식장에 넣지 않고, 하얀 타일에 둘러싸여 있었다. 그래서 "누구나 그 장치를 통째로 볼 수 있었고" 그 어떤 오물도 숨겨진 채 쌓일 수 없었다. 사업 기회를 잡아 데세코 변기를 제작하고 웨어링이 선택했던 하수 트랩에 특허권을 낸 회사들은 "최근 백악관에 사용된"이라는 슬로건으로 자신들의 상품을 광고하기 시작했다.[169]

웨어링은 최종 보고서에서 이제 백악관은 살기 안전해졌다고 보증했다. 그러나 만약 대통령 가족이 대저택을 주거 용도로 계속 사용하려면 더 수리할 필요가 있다고도 주장했다. 웨어링은 저택이 놓인 바로 그 땅에 하수가 넘쳐나기 때문에, "가장 중요한 위생 조치는 땅과 건물 사이를 완전히 분리하기 위해서……기둥과 궁륭아치(반원형의 천장-역자 주) 위에 건물 전체를 올리는 것"이라고 추천했다. 아서 대통령은 의회에 더 급진적인 해결—즉, 백악관을 허물고 현 위치 남쪽에 현대식 배관을 완비한 더 위생적인 복제물을 다시 짓는 것—을 지원해 달라고 말하면서 웨어링의 보고서를 인용했다.[170]

당시 '집 병'이라는 개념은 매우 강력했다. 1882년 6월에 상원은 사실상 대통령과 가족이 오래된 건물 근방에 "좋고 건강하며 편리한 거주 공간"을 만드는 데 사용할 30만 달러를 승인했다. 그러나 결국 역사적인 대저택을 보존하자는 정서가 팽배했고, 하원에서 그 법안을 통과시키지 않았다. 이에 체스터 아서는 현존 건물을 완전히 위생적으로 정비하는 데 만족해야 했다. 위생기사나 배관공은 다시 한번 백악관 밑에 있는 오래된 하수구를 튼튼한 주철관cast-iron pipe으로 대체했다. 가필드와 아서 정부 4년 동안 그 저택에 11만 달러 이상의 돈을 썼다. 그것은 70년 전 영국에 의해 파괴된 이후 가장 많은 공사비였다.[171]

기업가들이 균을 발견하다

백악관 논쟁에서 드러났듯이, 질병 세균설이 폭 넓게 대중의 이목을 끌기 시작하면서 하수 가스에 대한 불안감과 상업적인 위생 서비스가 미국에서 확고히 자리 잡았다. 세균설 개종자들이 예방 복음을 만들기 위해서 위생학의 진실을 제멋대로 사용했지만, 위생 "전문가들"은 균의 위협을 이미 발전하기 시작한 가정 질병 예방사업에 결합함으로써 자신들의 이익을 늘리려고 했다.[172]

이를 위해 '균 사업가'들은 집을 충분히 소독하고 트랩을 설치했으며 통풍 설비를 했다고 생각한 주택보유자들에게 그들의 방식이 틀렸고, "진정한" 보호는 가정의 위생 방어시설에 새로운 살균 요소를 더해야 한다는 것을 납득시키려고 했다. 이런 주장을 하면서 '세균 사업가'는 당시 대중적인 실용서에서 발견되는 것과 동일한 논거들을 많이 이용했다. 이들 논거는 세균 판매가 가정의 질병 통제에 대한 기존의 논리에 얼마나 쉽게 통합되었는지 뿐만 아니라, 상업적인 균 지지자들이 '집 병'으로부터 안전하다고 자신했던 주택소유자들을 얼마나 불안하게 만들려고 했는지를 잘 보여 준다.

살균보조제 마케팅은 이 두 가지 경향 모두를 보여 준다. 발효설의 비호 아래 제조업자들은 예전의 라임이나 황 제품보다 더 효과적으로 질병의 "발효"를 중화할 수 있는 수많은 새로운 살균제를 내놓았다. 1880년대 초기에 소비자들은 독특한 "비밀" 공식으로 다양한 약품을 섞어 특허를 받은 소독약뿐만 아니라, 석탄산, 과망간산칼륨, 녹반(또는 황산철), 염화아연 용액 중에서 선택할 수 있었다. 세균설이 알려지자, 소독약 제조업자들은 치열한 시장 경쟁에서 우위를 차지하기 위해 세균설을 신속하게 이용했다. 이제 소독제의 효력은 대기의 화학적인 불순물을 중화시킬 뿐만 아니라 균을 죽이는 능력도 포함해야 했다. 어떤 회사는 세균설과 관련된 저명인사들에게 경의를 표하며 자신의 제품을 "리스테린Listerine"이나 "파스퇴르의 기적의 소독제Pasteur's Marvellous Disinfectant"라고 이름 짓는 등 온갖 수단을 활용했다. 또 다른 회사는 "세균 파괴자germ-destroyer"나 "저미사이드germicide" 같은 용어를 사용한 광고를 내면서 권위 있는 실험 결과가 자신의 상품가치를 보장한다고 주장했다.[173]

1884년에는 이와 같은 보호의 주장이 지나치게 많아지자 미국보건학회American Public Health Association는 소독제가 일반적인 살균 용도에 적합한지를 검사하기 위해 외과의사 조지 스텐버그를 위원장으로 하는 위원회를 만들었다. 위원회는 제품의 살균 효과와 대기의 악취를 제거하고 부패를 억제하는 효과를 조심스럽게 구분했다. 그리고 병원성 박테리아를 죽이는 능력을 진정한 소독제로 간주했다. 애석하게도 이 검사에 따르면 대부분의 소독제는 기준 미달이었다.[174]

스텐버그 위원회는 소독제가 살균에 도움이 된다는 주장을 반박했다. 예를 들어, 스텐버그는 "파스퇴르의 기적의 소독제'는 사실상 실용성이 없다. 그러나 이 용액은 파리에 있는 균을 잡아 하수구에 도달하기 전에는 해를 끼치지 못하도록 하기 위해, 세균을 두려워하는 모든 시민이 변기에 물을 내릴 때 떨어뜨리는 일종의 도구"라고 했다. 스텐버그는 더 현대적인 살균이 중요하다고 강조하면서 이렇게 말했다. "가장pater familias이 길모퉁이 약국에서 사 가지고 조끼 주머니에 넣어 온 석탄산 한 병으로 집을 살균했다고 만족스럽게 축하할 수 있을 때가 됐다." 그러나 스텐버그가 그런 화합물을 엄밀하게 평가하라고 간청했음에도 불구하고, 위원회는 은연중에 살균제 판매가 점점 더 "과학"에 호소하는 데 기여했다. 그가 1885년《의학 뉴스*Medical News*》에 상업적인 살균제에 대한 첫 번째 연구를 발표하자마자, 위더스 반발효액Wither's Antizymotic Solution 제조자들은 스텐버그가 "최고의" 살균제라고 승인했다(그것은 허위로 판명되었다)고 주장하기 시작했다.[175]

1800년대 말에는 규정이 전혀 없었던 점을 생각하면, 소독제 제조업자들은 사실상 근거 없는 주장을 자유롭게 펼칠 수 있었다. 여기서 더욱 중요한 것은 사업가들이 신속하고 확실하게 세균 방지 약속을 제품의 가치 목록에 추가했다는 점이다. 동시에 그들은 악취를 중화시키거나 부패 과정을 막는다는 예전의 주장도 버리지 않았다. 보건 전문가들이 계속해서 악취와 질병의 관계를 부인했음에도 불구하고, 소비자들은 소독제가 강력한 탈취제이기를 여전히 바랐다. 악취와 그것이 동반할지 모를 세균의 해독제로 타임thyme, 유칼립투스, 솔pine을 특히 좋아했다. 1893년에 '보츠포드 자동 분수Botsford Automatic Fountain' 광고는 "티몰thymol과 유칼립투스는 완벽한 세균 박멸제이며 유해한 증기로 인한 질병의 예방제"라고 주장했다.[176]

하수 가스에 대한 공포가 만연했던 점을 감안하면, 가정의 배관 장치는 살균 개선을 위한 또 다른 주요 장소였다. 사업가들은 변기와 하수 트랩 등이 이윤이 되는 업종이라는 것을 이미 알았다. 그들은 세균설이 받아들여지자 하수 가스만을 없애는 원래 장치에 병균을 죽이는 화학제나 강한 열을 첨가했다. 특히 출원과 광고 카피에서는 이처럼 새로운 디자인이 구식 하수트랩의 단순한 "기계적mechanical" 보호보다 더 완벽하게 위생 안전을 제공한다고 강조했다. 필라델피아의 '태이맨의 소독과 훈증소독 회사Tayman's Disinfectant and Fumigating Company' 팸플릿은 "여태까지의 경험은 기계 장치만으로는 불충분하고, 우리는 화학의 도움을 구해야 하며 질병의 씨앗을 중화하고 파괴할 어떤 매개체를 구해야 한다는 것을 아주 분명히 증명한다"고 주장했다.[177]

균 방지를 주장함에 있어서 사업가들은 이미 위험하다고 생각되었던 유해가스와 균을 대등한 위치에 놓으려 했다. 예를 들어, 1883년 "하수 가스를 제거하고 균을 파괴하는 기구"로 특허장을 받은 프레드릭 C. 허버드 Frederick C. Hubbard는 다음과 같이 설명했다. "지금까지 하수 가스, 소변기 등의 악취를 중화하는 방향으로 모든 노력을 기울였지만 그 어떤 소독 화합물도 하수관에서 자라는 곰팡이균을 파괴하는 약품을 겸하지는 못했다." 그의 발명은 세 가지 소독제 혼합물을 변기에 계속 떨어뜨려서 그 결함을 해결했다. 1886년 1월에 특허를 받은 조지 W. 버드George W. Beard 의 하수 트랩과 환풍기도 이와 비슷하게 하수 가스에 있는 세 가지 위험성분—탄산, 유황수소, 균—모두를 가스 불과 전류를 결합한 복잡한 시스템으로 중화시켰다.[178]

균의 위험은 기존의 하수 가스 위협에 편승하기 쉬웠다. 때문에 균 장사는 변기, 하수 트랩 등을 홍보하는 데서 처음으로 시작되었고, 또한 가장 격렬했다. 사업가들이 가정의 정수기를 상업화하는 데에는 다소 더뎠다. 정수가 하수관보다 더 많은 위생적 보호를 해 준다는 현재의 관점으로 보면 이런 지체는 의외다. 그러나 대기 감염이 매우 오랫동안 감염에 대한 과학 및 대중의 사고를 지배했고 하수 가스의 공포는 애초에 물로 퍼지는 세균에 대한 걱정을 가렸다. 음료로 전염되는 질병에 대한 세균학적인 확

실성이 증가함에 따라, 점차 가정의 식수 보호가 변기로 인한 위험보다 중요하게 되었다.[179]

1880년대 중반부터, 전통적으로 상수도에 대한 걱정이 많았던 대도시의 회사들은 식수를 끓여야 하는 수고를 덜어 주는 가정용 필터를 팔기 시작했다. 예를 들어, 필라델피아는 1876년 100주년 기념행사에 온 많은 방문객들이 디프테리아에 걸린 뒤 평판이 나빴는데, 하얏트 순수회사Hyatt Pure Water Company는 이곳에서 분당 1.5갤런에서 8갤런의 물을 정화할 수 있는 필터를 팔았다. 이 회사는 1890년 소책자에 고객의 명단을 제공했는데, 거기에는 출판업자 알렉산더 맥클루어Alexander McClure와 은행가 앤서니 J. 드렉셀Anthony J. Drexel 등 필라델피아의 저명인사들이 포함되어 있었다. 필라델피아의 액침 필터 회사Sub-Merged Filter Company는 부유하지 못한 고객을 위해 물 냉각기와 가정용 정수기에 첨가할 수 있는 단순한 숯과 모래 필터를 팔았다. 그 회사의 팸플릿에는 그 필터가 스퀼킬강Schuylkill River에서 나오는 모든 오물과 거기서 자라는 "무수한 미세 벌레the innumerable minute worms"를 제거할 수 있다고 보증했다. 하수 가스 장치 조달자들과 마찬가지로 생수 회사들도 종종 경쟁사에서 제공한 예방책을 헐뜯으면서 자신의 서비스를 홍보했다. 예를 들어 하얏트사의 필터는 박테리아를 제거하는 특별한 응고제를 혼합했는데, 다른 필터에는 그런 능력이 없다고 무시하면서 "물속에 가장 작은 미생물은 1인치 당 2만 5,000분의 1 정도 크기인데, 이들 회사가 자기네 필터는 응고제 없이도 그것을 제거할 수 있다고 단언하는 것은 근거가 없다"고 주장했다.[180]

저미사이드 붐

저미사이드 회사Germicide Company의 역사는 어떻게 한 기업가 집단이 세균설의 계시로 돈을 벌려고 했는지 더 자세히 보여 준다. 저미사이드 Germicide는 1880년에 뉴욕시에서 에드워드 J. 말레트 주니어Edward J. Mallett, Jr.가 발명해서 특허를 낸 변기에 부착하는 소독 장치이다. 신용평가 보고서에서는 그를 다양한 발명품 특허로 수입이 꽤 괜찮은 "능력 좋고 건장한 체격의 남자"로 묘사했다. 뉴욕시 수금회사 직원 레오폴드 콘 Leopold Cohn이 그의 발명품에 관심을 가지면서 그 장치를 제조하고 판매하는 데 약 8,000달러를 투자했다. 레오폴드의 아들 체스퍼 L. 콘Casper L. Cohn은 새로운 저미사이드사의 총괄 책임자가 되어 뉴욕시에서 성공을 거둔 뒤에 보스턴, 시카고, 신시내티, 볼티모어, 필라델피아, 그리고 워싱턴에도 비슷한 회사를 세웠다.[181]

1882년에 발간된 그 회사의 첫 번째 팸플릿에서는 저미사이드를 염화아연과 티몰이라는 두 가지 소독약이 나오는 "검정 호두나무Black Walnut로 만든 단순하고 깔끔한 장치"로 묘사했다. 염화아연은 변기통에 떨어져서 하수 가스를 막는 살균성 수방벽water-barrier을 만들었고, 티몰은 박테리아를 죽일 수 있도록 변기 뚜껑을 여닫을 때마다 허공에 뿌려졌다. 그 장치는 팔리기보다는 임대되었고, 따라서 "유니폼을 입은 경험 많은 회사 감독관이 항상 관리하기 때문에 주택에 거주하는 그 누구도 신경을 쓸 필요가 없었다." 설치비와 월 서비스비는 1년에 15달러였다. 책자의 주장에 따르면 "가장 검소한 주택소유자도 감당할 만큼" 충분히 낮은 가격이었다.[182]

장치에 대한 설명에 이어서 그것의 효율성을 입증하는 일련의 의학적인 증거도 제시했다. C. L. 콘은 존 틴들의 질병 세균설을 적절하게 인용하는 것으로 시작했다. 그리고 "질병 세균설이 처음에는 조금씩 받아들여졌지만, 이제는 대중의 마음에 확실히 자리 잡게 되었다고 말할 수 있다"고 했다. 그는 하수 가스와 균의 위험을 융합하여 기술적인 보호뿐 아니라 화학적인 필요에 대해서도 통상적인 주장을 펼쳤다. 그는 독자들에게 **"어떤 다른 방법도 안전하거나 안심할 수는 없다"**고 단언했다. 그리고 저미사이드만이 "우리 가정에 몰래 들어와서 행복을 깨트리는 음흉한 적으로부터 우리를 보호할 수 있다"고 장담했다.[183]

콘은 그의 주장을 뒷받침하기 위해 다양한 보건 권위자들로부터 받은 과학 증명서를 길게 나열했다. 예를 들어, 벨뷰 병원 의과대학Bellevue Hospital Medical College의 화학과 독물학 교수이자 의사인 R. 오그던 도레무스R. Ogden Doremus는 1882년 뉴욕의대New York Academy of Medicine에서 진행했던 일련의 실험에 대해 보고했다. 그 실험을 통해 그는 일반적으로 하수구에서 나오는 가스가 전통적인 하수 트랩에 사용되는 수밀봉水密封뿐만 아니라 벽돌이나 브라운스톤 벽을 통과할 수 있다는 것을 증명했다. 또한 도레무스는 "최근에 사랑하는 가족을 잃고 (그의 어린 아들이 최근 장티푸스로 사망한 것에 대한 언급) 내가 분명하게 깨닫고 느꼈던 것처럼" 이런 위험은 감지하기가 어렵다고 강조했다. 가정에 유입되는 "지독한 가스와 병을 유발하는 균을 막기 위해서", 도레무스는 저미사이드를 임대하라고 진심으로 권했다.[184]

저미사이드 팸플릿 초판과 후속 판에 포함된 기술적인 세부사항은 위생상 세련된 고객, 즉 기술적인 보호수단보다 화학적 수단에 찬성하는 고객을 주로 겨냥했다. 그다음 배움이 부족한 대중에게 좋은 인상을 남기기 위해서 저명한 의사와 과학자의 승인을 이용했다. 이를 위해 팸플릿에는 그 장치를 설치한 기관들뿐만 아니라 도시에 있는 의사 고객들에 대한 아주 긴 명단이 포함되었다. 존경받는 위생 전문가 헨리 하트숀뿐만 아니라 세균설의 초기 주창자이자 현미경 전문가인 조지프 리처드슨도 필라델피아 명단에 있었다. 뉴욕시에는 하수 가스의 대재앙을 언론화 하면서 저미사이드에 대한 만족감을 보도했던 《헤럴드》가 있었다. 그 장치를 설치한 소박한 주택보유자들은 뉴욕의 유니언클럽, 필라델피아의 콘티넨탈호텔, 시카고의 공공도서관과 동일한 위생회사라는 것에 만족할 수 있었다.[185]

1884년 R. G. 던 앤 컴퍼니R. G. Dun and Company의 대리인이 제출한 펜실베니아 저미사이드사Pennsylvania Germicide Company에 대한 신용평가보고서에는 "지도적인 변호사와 의사들로 이루어진 구성은 매우 인정받을 만하고 높은 성공의 가능성을 갖고 있다"고 언급했다. 1886년 후속 보고서에서는 "관리자들은 이 사업을 잘 유지하고 추진하는 데 열정적인 사람들"이라는 데 동의했고 장치에 대해서는 "위생상 상당히 만족스럽게 개선되었으며 대체로 용도가 더 확대되고 있는 것 같다"고 했다. 1884년 제조 및 서비스 비용을 감당하기 위해 현금 1만 달러로 시작한 필라델피아 지사는 개인주택, 호텔, 다른 공공기관과 활발하게 사업을 진행해, 일 년 만에 2,000개의 저미사이드를 설치했다. 펜실베니아 저미사이드사는 기계와 임대 방식에 문제가 생겨 고객들의 불만이 생겼던 1888년까지 계속 번창했다. 그해 회사를 다시 조직했지만, 더이상 신용평가보고서가 제출되지 않아서 이후의 역사는 파악할 수 없다.[186]

최후의 운명이 어떠했든지 간에, 저미사이드사와 같은 회사들의 장기적인 성공은 궁극적으로 유사한 보호 서비스를 제공하는 기존 위생업계, 특히 배관 제조업자들에 의해 제약을 받았다. 콘과 동년배인 H. P. 클레멘트 H. P. Clement—그의 회사 뉴욕과학위생설비New York Scientific Sanitary System는 특허받은 가정용 하수 가스 차단 장치를 설치—에 대해 1883년 그의 대리인이 썼던 던의 보고서에서는 이런 경쟁에 대해서 다음과 같이 지적했다. "집에 그 장치를 설치한 사람들은 주택에서 하수 가스를 완전히 차단하는 유일하게 완벽한 기구라고 하면서도, 그 장치를 소개하기는 힘든 것 같다." 그리고 그는 클레멘트가 "그와 배관공들 사이의 대결이긴 했지만, 끝까지 싸워서 자신의 기계를 알리려고 결심했다"고 결론지었다.[187]

'실용 위생학자'들과 세균설

콘과 클레멘트 같은 소규모 기업가들은 위생기사, 배관 시공 및 제작업자들과 점점 더 많이 경쟁하게 되었다. 이들은 모두 세균 판매, 특히 하수 가스에 대한 공포에 편승할 때 수익성이 높다는 것을 잘 알았다. 주요 위생업계 잡지인 《위생기사》에 실린 세균설 관련 보도는 미생물의 위협이 얼마나 손쉽게 '오물병' 예방에 추가될 수 있는지를 보여 준다. 출세한 배관 제조업자 헨리 C. 메이어Henry C. Meyer가 1878년에 만든 이 잡지는 배관공, 기술자, 건축가, 의사를 겨냥했으며, 최신 위생학 발전에 정통한 일반인의 관심을 끌었다.[188]

이런 이유로 《위생기사》에서는 1880년경부터 질병 세균설의 확산에 대한 보고서를 포함하기 시작했다. 그 보고서는 일관되게 호의적인 보도만은 아니었다. 예를 들면, 말라리아의 원인이 되는 미생물을 분리했다는 초기의 주장에 대해서는 의구심을 드러냈다. 그러나 전체적으로는 세균설의 타당성에 대해 경의를 표했다. 1881년, 편집자는 "교양 있는 여론이 병의 원인에 대해서 더 정확한 지식을 요구하고 있고, 그것에 따른 수요는 공급을 창출하고 있다"고 인정했다. 그는 과학 진보의 예로 "파스퇴르, 코흐 혹은 버딘-샌더슨Burdin-Sanderson(원문대로)이 어떤 작고 하찮은 유기체의 일대기에 대해서 새로운 사실을 발견했다는 발표는 곧이어 화학자나 기술자가 제공한 소독 방법, 혹은 질병의 확산을 막는 법안의 토대가되었다"고 말했다.[189]

《위생기사》는 최근의 세균학 발견에 대해 호의적으로 보도했지만, 기술자들이 새로 발견된 병원균의 위협을 다루는 데 필요한 전문성을 이미 갖추고 있다는 점도 분명히 했다. 잡지는 C. L. 콘의 주장에 답하면서 세균이 집으로 유입되는 경로를 수방벽이 실제로 차단한다고 주장하면서, 사용중이던 표준적인 하수 트랩을 확실하게 변호했다. 1882년 《월간 대중과학》은 한때 가필드의 외과 자문이었던 프랭크 해밀튼이 쓴 하수 가스에 대한 길고 냉소적인 글을 실었다. 편집자는 세균이 수방벽을 통과할 수 있다는 것을 보여 준 도레무스 실험―저미사이드 팸플릿에서도 그렇게 인정했다고 인용―의 "오류"를 비웃었다.[190]

배관 시공업자나 '마스터 배관공들master plumbers'도 그들의 명성과 수입을 올리는 수단으로 질병 예방에 대한 새로운 과학적 통찰을 활용하려했다. 많은 배관회사들은 자신의 위생품목을 제작했을 뿐만 아니라 설치와 보수도 했다. 그래서 배관과 질병을 연결하는 첨단 이론을 따를 가치는 충분했다. 많은 마스터 배관공들은 공식적인 교육은 못 받았지만 자신들의 위생 지식이 중간계급 공학자나 의학자들에 견줄 만한 '실용 위생학자 practical sanitarians'라는 자부심을 가졌다.[191]

1883년 전미마스터배관공협회National Association of Master Plumbers의 첫 회의에서 위생학 문제에 대한 최근의 중요성이 부각되었다. 대표들은 "위생법과 관련된 모든 최신의 과학적 발견 속에서 사업의 발전"을 자신의 주요 목표로 삼았다. 이에 위생학의 진척에 대해 해마다 보고할 위생위원회도 세웠다. 다음 해, 전미마스터배관공협회는 미국보건학회American Public Health Association 회의에 대표를 보내 하수 가스에 대한 세균학 연구를 의뢰했다.[192]

마스터 배관공들은 위생기사들과 비교해서 균의 위협을 더디게 활용했다. 그러나 1890년대 초에는 병에 대한 새로운 관점을 그들의 서비스를 정당화하는 데 결합하기 시작했다. 1890년 미국보건학회에 다녀온 뒤, 앤드류 영Andrew Young은 동료 대표들에게 분명하게 말했다. "우리는 다른 누구보다도 가족의 건강과 겁의 하수 설비 가까이에 서 있다." 그는 배관공과 의사의 이미지, 즉 "브로드천broad cloth, 실크모자와 장갑을 끼고" 현관에 도착해 모든 예를 갖추어 대접을 받는 의사와 "기름투성이 작업복을 걸치고" 뒷문으로 들어와서 하인과 가족들이 모두 무시하는 미천한 배관공의 이미지를 대비시켰다. 그러나 영은 질병 예방의 실질적인 일은 배관공이 한다고 결론 내렸다. 배관공이 "가족의 생명을 위협하는 병원균에 맞서 자신의 기술과 과학적 지식을 가지고 지하실에서 싸우고" 있기 때문이었다.[193]

물론 도시와 마을에서 감염의 유포를 막도록 고안된 배관법이 통과되었기 때문에, 배관 설치 관행의 변화는 업계 외부로부터 야기되었다. 정확히 말하면, 가정의 배관이 공중보건과 매우 밀접하게 관련되었기 때문에, 업계는 1880년 이후 훨씬 엄격하게 규제를 받았다. 시행되기는 어려웠지만, 1881년에는 뉴욕법이 그런 법률의 모델 역할을 했다. 그것은 뉴욕시와 브루클린Brooklyn에서 보건국이 모든 새로운 주택의 배관 계획을 승인하고, 면허를 가진 마스터와 중견 배관공의 등록을 요구하는 것이었다. 이 법규의 위반은 경범죄에 해당되어 벌금과 구속의 대상이 되었다.[194]

그 마스터 배관공들은 보건 당국이 위생적인 배관에 대해서 아무것도 모른다고 불평했음에도 불구하고, 일반적으로는 더욱 엄격한 법규와 등록을 위한 운동을 지지했다. 그리고 그들은 위생상의 고지를 점령했다. 이에 부유하지 못하고 위생에 명민하지 못해 법규를 위반할 가능성이 많았던 동료 배관공들보다 우위에 섰다. '실용 위생학자'라는 이미지의 조장은 직업적으로나 사회적으로, 그들이 개발하려는 사업과 열망하던 지위를 가진 점잖은 중간계급과 배관업자를 동일선상에 위치시켰다.

백자 변기의 승리

19세기 말 균으로 가득 찬 하수 가스에 대한 대중의 걱정과 그 걱정을 완화시키는 데 열중한 사업의 이윤은 화장실의 변신으로 수렴되었다. 특히 백자 변기는 방균bacteria-proof의 상징으로서, 균의 복음이 최초로 구현된 것이었다. 이 중 조지 웨어링이 백악관에 설치한 데세코 모델은 근대적인 미국의 화장실을 탄생시킨 디자인 혁명의 선구자였다.

1880년대 이전의 화장실은 화려한 방과 마찬가지로 카펫과 무거운 휘장으로 둘러싸여 있었다. 또한 주철에 에나멜을 칠한 필수품들—수세식 변기, 욕조, 그리고 세면대—이 목재 장식장 안에 들어 있었다. 이와는 대조적으로, 새로운 스타일의 화장실은 장식장을 없앤 자립형의 하얀 자기이거나, 하얀 타일로 에워싼 용화 자기vitreous china 변기였다. 이런 스타일은 장식장 안에 '숨겨진 일'의 위험을 제거할 뿐만 아니라 화장실 표면을 더 효과적으로 닦을 수 있게 해 주었다. 게다가 데세코 모델과 그 유사품은 강력하게 물을 쏟아 낼 수 있었다. 때문에 어떤 폐기물도 반짝거리는 흰색 변기 안을 더럽힐 수 없었다.[195]

점차 늘어나는 백색 변기와 최신의 세균 방지를 동일시하는 관점은 한 시민 집단이 자발적인 의료 개혁 촉진을 위해 조직한 1887년 필라델피아 위생학회Sanitary Association of Philadelphia의 소책자에도 잘 묘사되어 있다. 여기에서 "비전문가Layman"로만 확인된 저자는 19세기 말 위생문헌에서 흔히 사용되었던 수사적 기교로 독자들에게 다음과 같은 질문을 던졌다. "성홍열, 디프테리아, 장티푸스 혹은 다른 '발효병'으로 아이, 남편 혹은 다른 친척을 잃어 보셨나요? 그렇다면 여러분의 집에 있는 수세식 변기나 다른 배관 시설에 문제가 있는 것은 아닌지 의심해 보십시오."[196]

그 비전문가는 계속해서 수세식 변기를 둘러싼 사회적 풍토를 비난했다. 그러면서 그는 그런 목재 구조 내부에서 어떻게 "대변과 함께 빠져나간 미생물이 가스로 이동해서 변기 표면에 붙는지, 그리고 우리가 차단하기 위해 그토록 엄청난 고통을 받고 비싼 비용을 지불한 치명적인 매개물로 대기를 채우는지"에 대해 언급했다. 이어 이러한 위험을 막기 위해서 도자기로 "이상적인 변기ideal water-closet"를 만드는 데 창의력을 발휘할 것을 "능숙한 기술자들"에게 요구했다. 그 변기는 부드럽고 표면을 쉽게 세척할 수 있어서 "위생기사들이 방어해야만 하는 보이지 않는 위험한 적에게 거처를 제공하지 않을 것이다." 배관 시공업자들이 그런 위생적인 암시를 얼마나 신속하게 포착했는지 증명하는 또 다른 예가 있다. 필라델피아의 쿠퍼 브래스 제작소Cooper Brass Works에서 그 비전문가의 글에 제시된 변기를 설계하자마자, 위생학회는 시민의식에 대한 상업적 보답으로 그 변기를 홍보했다.[197]

그 비전문가에 따르면, 백자 변기는 "장티푸스와 다른 발효병균을 방지하는 필수적 위생설비 중 하나"였다. 1880년대 이후로 신식 변기는 재빨리 최첨단의 위생적인 디자인을 구현했다. 대중적인 권장서와 업계 책자에서도 더 값비싼 자기나 도자기 변기가 하수 가스와 균으로부터 사용자를 보호해 주는 우월한 능력을 승인했다. 이에 쿠퍼 브래스 제작소 같은 배관 시공업자들은 더 값비싸고 새로운 디자인의 제품을 제작, 판매함으로써 위생학자들의 요구에 기꺼이 응했다.[198]

신식 변기는 매우 대중적이어서 신속하게 구식 모델을 대체했다. 그리하여 1890년대에서 1900년대 초 위생도기 산업은 빠르게 성장했다. '트렌턴 토기 회사Trenton Potteries Company(테페코Tepeco)'와 '표준 위생제조사Standard Sanitary Manufacturing' 같은 회사들은 도자기를 고도로 숙련된 기술로 다듬어야 하는 새로운 디자인으로 큰 수익을 냈다. 이러한 사회적 흐름에 편승해 배관 제조업자들은 상대적으로 단명했던 저미사이드사가 발전시켰던 하수 가스와 균에 대한 공포를 이용해 상당한 재정적 이익을 얻었다.[199]

별개의 저미사이드 부속품이든 백자 변기든, 훌륭한 배관을 갖춘다는 특권은 고상한 생활방식에 기본이 되는 위생적인 보호책hygienic protections의 상징이 되었다. 그런 삶을 갈망하는 사람들은 비싼 값을 치러야 했다. 록웰 대령이 백악관을 수리하면서 배웠듯이, "1등급" 하수 트랩, 변기, 배관은 저렴하지 않았다. 위생용품과 서비스는 그것을 살 만큼 충분한 수입이 있는 가족만이 이용할 수 있었다. 노동계급 한 가족을 위한 '생활임금living wage'이 600달러 이하이던 시절에, 저미사이드(15달러), 하얏트 정수기(60달러), 백자 변기(40달러)와 같은 장치의 비용은 당연히 부유한 가정에서만 구입할 수 있었다.[200]

물론 값비싼 위생 조치에도 "손수 제작"할 수 있는 버전이 있었다. 그러므로 단지 비용만이 위생 권장사항을 지키는 데 제약이 되었다고는 할 수 없다. 방을 환기하고 변기를 소독하며 정수기를 설치할 각오가 된 주택 보유자에게는 다양한 가격대의 다양한 대체 수단이 존재했다. 그러나 C. L. 콘과 같은 사업가들이 장담한 것처럼, 저렴한 위생보호 비용으로 "가장 소박한 주택보유자도 감당할 만했다"는 것은 사실이 아니었다.[201]

처음은 위생학에 의해서 그다음은 세균설에 의해서 촉진된 더욱 엄격한 청결 습관이 1920년대에서 1930년대까지 대부분의 미국인에게 큰 영향을 미치지는 못했다. 새로운 위생용품과 서비스가 부유한 가족들에게 탁월한 안전을 제공했음에도 불구하고, 사실 대부분의 위생학자들이 죽음과 관련지었던 구식 배관 장치와 씨름했던 것이다. 옛날 칼뱅주의자의 말대로 19세기 말 위생 "선민elect"은 소수에 불과했다. 세균의 복음은 1900년대 초에 이르러서야 더 광범위한 형태를 띠기 시작했다.

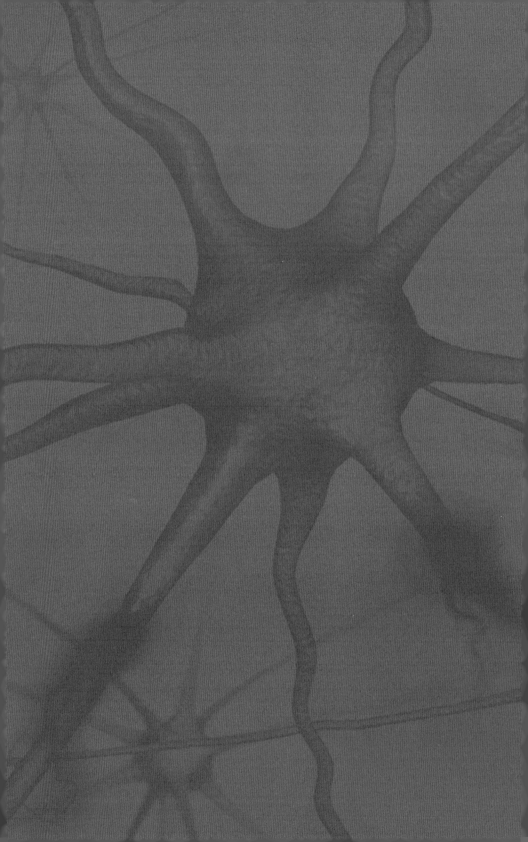

II
복음의 승리,
1890~1920

4. 실험실의 사도들

1895년 관습을 잘 따르지 않던 샌프란시스코 의사 앨버트 에이브람스 Albert Abrams는 자신이 살균클럽Antiseptic Club이라 칭했던 가공의 집단을 풍자적으로 그렸다. 살균클럽 회원이 되려면 오랜 시간의 소독을 견디고 특별한 살균 의류를 착용해야 하며 "악수나 키스 등의 인사를 포기"해야 했다. 그들은 아연과 석면으로 만든 건물에서 만났는데, 건물은 "매달 불을 때서 방균" 처리를 했고, 살균된 거즈를 덮은 젤라틴 접시에 음식을 내놓았다. 그들은 모여서 왜 균이 균이라 불리는지("미생물에 대한 매우 도덕적인 어조를 고조시켰던 독일인들에 대한 존경심에서"), 왜 장티푸스균―여러 날 동안 공기 없이도 살 수 있었던―이 철도 차량이나 대서양을 항해하는 증기선에 그렇게 흔한지 등의 주제를 탐구했다.[202]

에이브람스가 불손하게 살균클럽을 풍자했듯이, 19세기 말 미국에서 균 의식의 확대는 찬사뿐만 아니라 풍자도 야기했다. 많은 신문과 잡지에는 최근 실험실에서의 발견에 대해 탄복하는 이야기가 실렸다. 그러나 다른 사람들(주로 남자들은) 의심스런 눈초리를 내비쳤다. 이들은 균에 대한 새로운 집착이 건강염려증 환자나 광신자에게나 맞는 것이라고 비웃었다. 1892년 뉴욕《인디펜던트》통신원은 〈과학〉이라는 제목의 고정란에서 이렇게 한탄했다. "당시 씌어진 많은 글들을 읽어 보면 인류가 천국을 떠난 뒤 몇 세대 이상 생존했다는 사실에 놀랄 것이다." 그리고 이렇게도 말했다. "시 당국은 세균성 전염병으로부터 공동체를 보호하기 위해 미친 듯 거액을 쓰고 있다. 심지어 아이들조차 '미생물이 덮칠지도 모른다'라는 익살꾼의 말을 두려워하며, 얌전하게 있는 것을 배운다."[203]

그렇지만 20세기 초 교양 있는 부유한 미국인들은 보이지 않는 감염의 위험을 통과하는 안내자로서 실험실의 지식에 점점 더 의존했고, 실험실에서의 높은 자신감은 과학적 학문으로서의 세균학의 지속적 진보를 반영했다. 1885년에서 1900년 사이 실험주의자들은 미생물과 질병의 관계를 이해하는 데 눈부신 발전을 이루었다. 세균학에 대한 높아진 신뢰는 사회의 광범위한 영역에 걸친 전면적 변화도 반영했다. 그 변화는 주로 실험실의 가르침을 모든 일상 행위와 더욱 밀접하게 관련시키려는 것이었다. 미국인들은 산업에서 오락에 이르기까지 다양한 생활공간에서 아주 별개의 사람, 물건, 그리고 사건이 상호의존적으로 관련된다고 점차 생각하게 되었다. 알란 트라첸버그Alan Trachtenberg가 미국의 "합병incorporation"이라 칭했던 이것은 대중소비 사회에서 확장된 관계를 반영하는 새로운 세균 공포 세대의 무대가 되었다.[204]

이러한 상관성interconnectedness의 위험은 과거의 위생 지배적인 균의 복음에서는 특히 인간 배설물의 순환에 집중되었다. 1880년대에서 1890년대 하수 체계는 모든 변기와 세면대를 도시 이방인들이 쏟아 내는 치명적인 폐수와 연결하는 거대한 질병 평등론자leveler 역할을 했다. 새로운 세균학은 대량생산되는 소비재, 대중교통, 상업 서비스와 오락에까지 이러한 상관성을 확대해 나갔다. 1890년대 말부터 외부 세계와의 교류를 잠재적 위험으로 생각한 교양 있는 미국인의 심상지도mental map(공간에 대한 개인의 인지-역자 주)는 전차를 타거나 속옷을 사는 것과 같은 습관까지도 포함했다. 균의 복음은 새로운 세균학의 관점에서 근대의 생활에 추가되는 위생적 위험으로부터의 보호 장치를 수정하며 확대해 나갔다.[205]

새로운 세균학

1800년대 말 유럽, 일본, 미국의 실험주의자들은 세균설을 논쟁적인 가설에서 정당성을 인정받는 과학으로 바꾸었다. 이런 진보는 실험 방법의 획기적 개선과 관련이 있었다. 일례로 1870년대 말부터 세균설 주창자들이 처음 사용했던 순무액 플라스크와 수제 배양기가 상당한 훈련을 요하는 훨씬 정교한 것으로 바뀌었다. 사실 세균학은 1880년대 박테리아에 대한 체계적인 연구를 지칭하기 위해 만들어진 용어였다. 이는 세균설을 더욱 견고한 과학적 토대 위에 놓았으며, 감염병의 확산을 새로운 관점에서 꾸준히 통찰하는 흐름을 낳았다.

독일의 내과의사 로베르트 코흐는 이런 변화의 핵심인물이었다. 탄저에 대한 그의 초기 연구는 세균설의 신뢰를 높이는 데 결정적인 역할을 했다. 또한 그는 실험 기술에서 두 가지 혁신을 가져왔다. 하나는 곰국과 펩톤peptone(펩신으로 단백질을 가수加水 분해한 것—역자 주) 용액에서 박테리아를 배양하는 플라스크 배양법을 평평한 접시나 시험관에 고체 배지를 놓는 방법으로 대체한 것이었다. 이렇게 배양된 박테리아는 확인해서 분리하기 훨씬 쉬운 독특한 색깔과 형태의 군체를 형성했다. 다른 하나는 화학 염료나 아닐린 염료로 박테리아를 염색한 것이었다. 이를 통해 상이한 종이 다른 염료를 흡수한다는 것이 밝혀졌고, 이는 다른 비슷한 생김새의 계통을 구별하는 또 다른 방법을 제공했다. 특히 크리스탈 바이올렛crystal violet은 염색되는 박테리아와 염색되지 않는 박테리아로 분류하는 그램 염색법—이 방법을 선도한 연구자 한스 그램Hans Gram을 기리기 위해 이름 붙인 것—의 표준이 되었다. 또한 염색은 표준현미경에 고도의 명암 렌즈를 추가했을 때, 주변 환경으로부터 박테리아를 한층 두드러지게 만들었다. 현미경 슬라이드에 박테리아를 염색해서 고정시킴으로써, 박테리아의 사진을 찍고 그 이미지를 출판할 수도 있었다. 이는 연구자들이 수천 마일이나 떨어진 실험실에서 확인한 것을 정확하게 비교할 수 있게 했다.[206]

이런 새로운 방법의 위력은 결정적으로 아마도 세균학의 황금시대에 가장 극적인 발견, 바로 로베르트 코흐의 결핵균 분리로 증명되었다. 1865년 프랑스 군의관 장 안투안느 비예맹Jean Antoine Villemin이 처음으로 결핵 결절에서 취한 고름으로 기니피그를 감염시킬 수 있다는 것을 증명한 이래, 실험주의자들은 폐결핵이 전염될 수 있다고 의심했다. 그러나 그 누구도 원인이 되는 미생물을 확인할 수 없었다. 그런데 코흐가 자신의 새로운 배양법과 염색법으로 오늘날 **결핵균**Mycobacterium tuberculosis으로 알려진 그 범인을 밝혀냈다. 1882년 3월 24일, 그는 베를린 생리학회Berlin Physiological Society에서 유명한 논문을 발표했다. 이 논문에서 그는 이후

'코흐의 원칙Koch's postulates'으로 불리게 된 증명법을 이용해서 질병에 있어서 결핵균의 역할을 증명했다. 그가 사용한 원칙은 미생물이 있는 환자 개인의 세포 조직에서 순수한 배양균을 얻어 그것을 건강한 개인에게 주입하면 그 배양균이 동일한 질병을 발생시킨다는 것이었다. 코흐는 이런 원칙에 따라 결핵균이 모든 결핵의 원인이라고 한 치의 의심도 없이 보고했다.[207]

코흐는 동일한 방법을 이용해 콜레라 콤마균뿐만 아니라 상처 감염의 원인이 되는 박테리아도 식별했다. 더욱이 1870년대 말에서 1890년대 초에는 실험실 연구가 엄청나게 증가해서 다른 연구자들도 디프테리아, 장티푸스, 성홍열, 단독erysipelas(피부에 균이 침투해서 생기는 급성 전염병-역자주), 폐렴, 나병, 괴저, 파상풍, 임질의 병원 생물을 확인했다. 1900년대 초에는 그 목록에 선페스트, 이질, 백일해, 매독과 괴저 병원균도 추가되었다. 한때 탄저만 특정 병원균과 관련된 유일한 예로 알려졌지만, 세기 전환기에는 실험주의자들이 당시의 가장 무시무시한 살인자들을 모두 증명했던 것이다.[208]

이를 보도한 의학 저널과 일반 정기간행물은 이러한 발견을 때로는 경이로워하면서 '살인마' 미생물 추적에 사용된 새로운 실험 기술에 대해 상세하게 보도했다. 코흐의 결핵균에 대한 글을 처음 읽었을 때, 에드워드 트루도는 "마치 동화책을 읽는" 것 같은 그 "새로운 방법의 독창성"에 몹시 탄복했다. 페트리 접시, 메틸린 블루와 겐티아나 바이올렛 같은 이국적인 이름의 염료, 접시에 주입할 때 쓰는 은침, 별난 형태와 색상의 세균집락細菌集落bacterial colonies, 이 모든 것이 새로운 실험실의 신비였다. 현대적 기준으로 보면, 1880년대와 1890년대 미국의 세균학 실험실은 규모와 정교함에서 그다지 훌륭하지 않았다. 하지만 당시의 그것은 실험과학의 힘을 인상적으로 증명하는 것 같았다.[209]

새로운 방법으로 도출된 놀라운 증거들은 인간의 몸을 감염 과정의 중심에 놓았다. 다양한 표층, 조직, 체액을 시험한 세균학자는 병원균의 근원이 환자라는 초기 세균론자들의 주장을 입증했다. 현미경을 이용한 인체 정밀조사는 심지어 건강해 보이는 사람조차 병원균을 갖고 있다는 사실을 밝혀냈다. 1890년대 말에는 로베르트 코흐가 '건강보균자healthy carrier'의 존재를 제시했다. 이 건강보균자는 아무런 증상이 없는데 디프테리아나 장티푸스 같은 병을 옮길 수 있는 사람이다. 코흐의 이 가설은 1900년대 초에 증명되었다. 따라서 새로운 세균학은 아픈 사람뿐 아니라 건강한 사람, 즉 **모든** 사람의 몸이 다른 사람들에게 전염력이 있다는 것을 입증했다.[210]

실험주의자는 실험실의 통찰과 임상 관찰을 결합해서 배설물 이외에 질병을 일으키는 '오물'이라는 개념을 확장시킴으로써 위생학자가 물려준 전염성 접촉의 지도를 천천히 수정하기 시작했다. 위생학이 지배하는 균의 복음에서는 코와 입의 배출물이 전염성 있는 것으로 거의 주목받지 못했다. 그러나 결핵균이 폐결핵 환자의 가래로 전염된다는 증거는 공중보건의 실천에 완전히 새로운 시대를 예고했다. 침 뱉기, 기침, 재채기에 대한 높아진 걱정은 새롭고, 더 세균학 지향적인 균의 복음의 주된 지표가 되었다.[211]

인체 배설물과 질병의 확산 사이의 관련성은 이제 확인되었다. 그러나 병원균이 몸에서 더 넓은 주변으로 퍼지는 방법에 대해서는 여전히 알아야 할 것이 많았다. 인체 밖의 어떤 온도와 습도 조건하에서 균이 살아남을 수 있을까? 하수, 우유 혹은 얼음 등 어떤 매개물을 통해 환자로부터 건강한 사람에게로 퍼질 수 있을까? 세균학자들은 그 해답을 구하면서 새롭고 더 정교한 박테리아 추적 방법을 공기, 물, 다른 전염 경로에 대한 연구에 적용했다.

이러한 세균학적 연구로 이전 세대에서 가정했던 공기를 통한 세균 감염이라는 특성은 수정되어야만 했다. 독일인 칼 프랭켈Carl Fraenkel—세균학에 영향력이 있는 그의 글이 1891년 영어로 번역되었다—의 말처럼, 초기 세균설 개종자들은 병균이 매우 가벼워서 습지나 하수구에서 떠올라 "기류가 흩뿌리는 장난감"이 된다고 생각했다. 프랭켈은 틴들의 부유물 혹은 '햇볕 먼지sun dust'를 언급하면서 "그런 모든 입자들이 아마도 세균이거나 세균을 운반하는 것"이라고 말했다. 또한 실질적으로 파괴할 수 없는 탄저 포자에 대한 연구는 감염 입자가 환자의 몸 밖에서 오래도록 강한 생명력을 유지한다는 전통적인 믿음을 강화시켰다.[212]

새로운 세균학은 그런 가정들을 문제 삼았다. 먼저, 세균학자들은 파스퇴르와 틴들의 초기 실험에서와 마찬가지로 공기에서 나오는 균은 대개 해가 없다는 것을 증명했다. 무시무시한 '햇볕 먼지'는 주로 무해한 고초균hay bacillus(공기나 땅에 널리 퍼져 있는 호기성 세균으로 병을 일으키지는 않음—역자 주)으로 드러났다. 요약하면, 일상생활에서 발견되는 세균의 대부분은 위험하지 않았다. 소수의 병원균은 세균설 첫 세대가 상상했던 바람에 날려 온 아주 가벼운 티끌과는 달랐다. 프랭켈은 페트리 접시 위에서 자라는 박테리아 배양균을 관찰하고 "세균은 한 번 굳게 뿌리 내린 서식지에서는 세찬 바람에도 떨어지지 않는다"고 확실히 결론 내렸다.[213]

세균학자들은 또한 전설적인 탄저균 포자와는 달리 대부분의 병원성 박테리아는 인체를 벗어나서는 몇 분 이내, 최대 몇 시간 안에 죽는다는 것을 알아냈다. 게다가, 그것들을 파괴하는 데 그 어떤 조치도 필요하지 않았다. 가령 잠깐만 햇빛에 노출되는 건조, 혹은 높은 온도만으로도 그것을 무해하게 만들 수 있었다. 이런 원칙에도 파상풍, 가스괴저, 그리고 보툴리즘botulism 포자처럼 중요한 예외는 있었다. 그러나 대부분의 병원균은 살아있는 숙주와 같은 피난처나 다음 희생물로 옮길 물과 우유 같은 매개물에 있을 때에만 위협적이었다. 심지어 한때 병원균의 근원이라고 생각되었던 시체도 오직 단기간만 '안식처'가 될 뿐이었다.[214]

치명적인 먼지

새로운 세균학이 이전의 세균 불멸성이라는 개념을 바꾸어 놓았음에도 불구하고, 균이 가혹한 환경에서도 견딜 수 있다고 단정 짓고 행하는 예방 의식을 계속해서 정당화하는 다른 발견도 발표되었다. 그 발견들 중 으뜸은 집 먼지가 박테리아를 발생시키는 원인이라는 '질병 먼지설dust theory of disease'이었다. 19세기 말 실험실의 수많은 이론적 통찰 가운데서 먼지와 질병의 결합은 일상생활의 위생에 가장 뿌리 깊은 영향을 미쳤다.

먼지 감염설dust theory of infection은 코흐의 제자 중 한 명인 게오르그 코르네Georg Cornet의 연구 결과였다. 1880년대 중반에 코르네는 결핵 환자의 방에서 고운 먼지가루를 채취하여 액화시킨 뒤 그 용액을 기니피그의 뱃속에 주입했더니, 몇 주 이내에 거의 모든 기니피그가 결핵에 감염되어 죽었다. 이러한 연구를 통해 코르네는 습한 균보다 건조한 균이 훨씬 더 위험하다고 가정하면서, 결핵 환자에게 가장 감염 위험이 높은 것은 신선한 가래가 아니라 환자의 손수건과 옷, 그리고 가구에 뱉어 말라 버린 가래라고 경고했다. 1891년 프랭켈이 영향력 있는 한 교과서에 요약한 것처럼, "코르네는 (예전에 추정된 것처럼) 결코 결핵균이 무차별적이거나 선택의 여지없이 우리 모두에게 살포되지는 않는다는 것을 밝혀냈다. 그것들은 도처에 퍼져 있는 것이 아니라, 한정적인 좁은 범위, 곧 결핵이나 폐결핵에 걸린 사람이 규칙적으로 있는 곳의 중심에만 존재한다."[215]

1890년대 말 또 다른 독일인 칼 프리거Carl Flügge는 감염의 교차 방식을 제시했다. 그는 무해한 미생물 **바실루스 프로디지오수스**_Bacillus prodigiosus_를 입에 넣은 지원자들이 기침, 노래 혹은 말을 할 때 그 반경 몇 미터 주변으로 박테리아가 뿌려진다는 것을 보여 주었다. 이 관찰로 프리거는 먼지보다는 직접적인 결핵 방울에서 감염되는 것이 아마 더 일반적일 것이라고 추측했다. 이런 관점은 먼지에서 발견되는 유기체는 거의 감염력이 없다는 사실을 보여 주는 추후 연구에서 입증되었다.[216]

20세기에도 결핵의 먼지 감염설은 여전히 꽤 널리 받아들여졌다. 그것은 공기 감염성에 대한 오랜 믿음이 균에 대한 새로운 시각과 조화를 잘 이루었기 때문이었다. 공중의 세균이 먼지의 위협으로 재공식화 된 것은 T. 미첼 프루덴의 연구에서 명백해졌다. 그는 코흐의 실험실에서 훈련받은 최초의 미국인 세균학자 중 한 명이었다. 1890년 프루덴의 영향력 있는 서적《먼지와 그 위험_Dust and Its Dangers_》은 세기 전환기에 가정 위생의 토대가 되었다.[217]

프루덴의 연구는 '집 병' 개념을 세균학적 용어로 고쳐 쓴 것이다. 그는 자신과 다른 연구자들의 실험을 개괄하면서 실외가 아니라 실내 먼지가 가장 위험하다고 주장했다. 그는 매우 더러운 도시에 사는 사람들은 "여기저기에서 진정한 균 샤워germ-showers"를 하는 것과 같다고 지적했다. 그렇지만, 일반적으로 공기의 양과 바람의 흐름이 실외 대기에 있는 미생물의 함량을 줄였다. 반대로 먼지와 균은 집 안에 쌓일 가능성이 훨씬 많았다. 프루덴이 적절한 환기로 실내 공기 중의 미생물을 감소시킬 수 있다 —이전 세대가 신선한 공기에 집착한 것을 뒷받침하는 소견—고 말했음에도 불구하고, 그는 카펫과 천으로 둘러싸인 가구의 박테리아로 가득 찬 먼지는 제거할 수 없을 것이라고 단언했다. 더욱이 그는 마른 청소나 먼지 털기 같은 일상적인 방법들은 사람들이 아무런 의심 없이 숨 쉬는 공간에 세균을 휘저어 버리는 것으로 파악했다.[218]

프루덴은 보통 가정에 존재하는 세균의 일부만이 발병을 일으킨다는 프랭켈의 견해에 동의하면서도, "그러나 그 수는 적지만 엄청나게 중요하다"고 경고했다. 결핵균이 좋은 예가 되었는데, 그는 다음과 같이 강조했다. **"폐결핵을 앓는 모든 사람은 매일 강력하고 독한 결핵균을 무수히 뱉어 내고 있을지도 모른다. 그리고 그 균의 생명력과 독성은 장기간 건조해도 파괴되지 않는다."** 코르네와 마찬가지로, 그도 이렇게 결론 내렸다. "폐결핵이 대단히 널리 퍼진 이유는 폐결핵에 걸린 사람들이 무지하거나 조심성이 없어서 가는 곳뿐만 아니라 먼지가 있는 모든 곳에 그 독을 뿌리고 있기 때문이다. 그곳은 폐에서 배출된 파괴되지 않은 균으로 가득한 물질들로 이루어졌다."[219]

이런 관점에서 프루덴은 미국 남성들이 어디에서든지 침 뱉는 것을 허용하는 '침 뱉기 특권expectoratory prerogative'을 거세게 비난했다. 그리고 균으로 가득한 먼지가 일상의 모든 주변 환경에 퍼지는 무수한 방식에 대해 생동감 있는 이미지를 떠올리게 했다. 예를 들어, 그는 숙녀의 치맛자락에서 배양된 미세한 세균 무리를 언급했다. "그런데 거리를 걸어다니고 차에서 내리며 고가 기차역에서 내려오는 여성들은 다른 사람들이 그들을 보는 것과 마찬가지로 자신과 자신의 주변을 볼 수 있을까? 여성들은 외출복 치마를 더 세심하게 단속해야 할 것이고, 그렇게 할 듯하다."[220]

결핵을 치료하는 것은 매우 어려웠다. 때문에 피해를 줄이는 것이 최선의 예방이었다. 그리고 그 첫 번째 단계는 결핵 환자의 폐에서 나오는 분비물을 더 조심스럽게 버리라고 가르치는 것이었다. 이에 더해서, 프루덴은 특히 기차간, 공공장소, 그리고 가장 중요하게는 집에서 "더 똑똑하게 그리고 더 효율적으로 청소하고, 특히 떠 있거나 가라앉은 먼지를 제거하는 적절한 방법을 적용할 것"을 대중에게 교육하라고 추천했다. 집 먼지가 매우 세심하게 다루어야 할 진정한 감염원이라고 생각한 그는 집 먼지 제거에 뒤따르는 상세한 청소법을 약술했다. 다음 장에서 보겠지만, 프루덴의 먼지와 '집 병' 개념은 세기 전환기에 가정의 질병 통제를 위한 본보기가 되었다.[221]

발 달린 세균

새로운 세균학은 이전에 의심하지 않았던 곤충, 특히 집파리와 같이 감염 물질을 멀리 이동시키는 매개체에 주목했다. 파리가 탄저를 옮길지도 모른다는 생각은 이미 1860년대에도 제시되었다. 세균설이 수용되었을 때, 파리가 일반적인 병원균의 매개 곤충일 거라는 가설도 있었다. 1883년

《월간 대중과학》에 실린 논문에서 워싱턴 D. C.의 토마스 테일러Thomas Taylor 박사는 "집파리의 습성과 서식지를 보았을 때, 그것이 몸에 유해한 매개체라면 다른 곤충들보다 인간의 거주지에 퍼뜨리는 능력이 훨씬 대단할 것"이라고 기록했다. 대중교통의 증가로 인해 파리 한 마리가 "오늘은 워싱턴의 시장에서 내일은 뉴욕의 시장에서 성찬을 즐길 수 있을 것이다. 이와 비슷한 방식으로 전염병 혹은 감염병을 치료하는 병원에서 그 근처의 집이나 혹은 먼 거리에 있는 집으로도 이동할 수도 있다"고 테일러는 언급했다. 그는 이후 30년간 끊임없이 두엄 더미와 우유통 사이를 오가면서 무수한 질환을 퍼뜨리는 파리의 이미지를 반복적으로 묘사했다.[222]

1880년대 말에서 1890년대의 세균학 연구는 보균자로서 파리의 역할을 입증했다. 예컨대, 연구자들은 먼저 콜레라 환자의 배설물에서, 나중에는 멸균 우유에서 파리를 살게 했는데, 배양한 우유에서 상당한 양의 콜레라균을 얻을 수 있었다. 미서美西 전쟁(1898년 미국과 스페인 간의 전쟁—역자 주) 시기에 이루어진 장티푸스 연구도 대소변에서 음식으로 이동하는 파리의 경로를 증명했다. 파리는 결핵의 확산과도 관련되었다. 결핵균을 먹은 파리의 장내 내용물을 기니피그에게 주입하자 결핵이 발병했다. 그리고 결핵 환자가 있었던 병동에서 잡은 파리에서도 결핵균이 배양되었다.[223]

파리가 동물과 인간에게 질병을 퍼뜨린다고 비난받은 유일한 곤충은 아니었다. 1880년대 말, 테오발드 스미스Theobald Smith와 프레드릭 L. 킬본 Frederick L. Kilbourne은 통제 실험을 수행하여 진드기가 서부 지역 소에게 치명적인 텍사스열Texas fever을 퍼트린다는 것을 증명했다. 1900년대 초에는 연구자들이 체체tsetse파리(아프리카의 흡혈성 집파리—역자 주)와 아프리카 수면병, 모기와 말라리아 및 황열병, 벼룩과 발진티푸스, 쥐벼룩과 선페스트를 관련지었다. 평범한 미국인의 가정에서는 소 진드기나 체체파리 때문에 전염병에 걸리지는 않았지만, 그런 색다른 질병 경로의 발견으로 보통의 파리나 모기도 종교적 열정을 가지고 방어해야 할 공중보건의 위험한 적이라는 생각이 한층 심화되었다.[224]

결과적으로, 세기 전환기에 나타난 확장된 버전의 균의 복음은 이전보다 곤충을 훨씬 더 의식했다. 위와 같은 파리의 파괴 행위에 맞서 가정과 특히 식량을 지키는 것이 20세기 초 공중보건 실천의 기본적 경향이 되었다. 또한 파리설과 먼지설은 상호 보완적이었다. 이미 인식되고 있었던 먼지의 감염력이 이제는 파리의 배설물을 포함할 가능성으로 확대되었다. 그리고 파리는 병에 걸린 사람 주변을 넘어서 균이 가득한 먼지를 바람에 실어 이동시키는 또 다른 방법을 제공했다. 이처럼 침 뱉기 반대운동과 더불어 곤충과의 전쟁, 특히 집파리에 맞선 전쟁은 새롭게 개량된 균의 복음을 특징짓게 되었다.

병원성 물과 음식

새로운 세균학은 콜레라나 장티푸스 같은 흔한 대변 매개 질병을 일으키는 원인이 상수도라는 오랜 의심을 풀었다. 19세기 말, 보건 부처에서는 대소변으로 인한 장티푸스 발병과 식수의 대소변 오염의 관계를 밝히기 위해 실험실에서 검증 작업을 시작했다. 연구자들은 매사추세츠의 로렌스 연구소Lawrence Experiment Station와 같이 초기 공중보건 연구소에서 기계식 필터나 염소chlorine 같은 살균제를 이용해 잠재적으로 위험한 박테리아를 물에서 제거하는 최선의 방법을 연구했다. 대대적인 정수의 결과로 장티푸스나 다른 질병으로 인한 사망률이 지속적으로 낮아졌다. 이는 수인병의 보호 장치로서 정수기를 사용하라는 호소를 가정과 시 모두에서 드높이는 계기가 되었다.[225]

세균학적 수질 검사는 식량 공급에 있어서도 새로운 주의를 이끌어 냈다. 1900년대 초 미국인은 많은 식품의 저장을 위해 얼음에 의존하는 경향이 강했다. 그러나 T. 미첼 프루덴이나 다른 초기 세균학자들은 장티푸스균이 차가운 온도에서 그 증식이 지연될 뿐, 해동 후에도 여전히 감염력을 유지한다는 것을 알아냈다. 사실 박테리아는 장시간의 냉동을 견디지는 못했다. 그러나 상업적인 제조업체들은 박테리아가 죽을 시간도 없이 급속으로 얼음을 만들어서 판매했다. 때문에 얼음 공급은 공중보건의 심각한 걱정거리였다. 더욱이 얼음으로 만든 아이스크림에서 장티푸스 유행병이 여러 번 발생한 사실이 알려짐으로써 오염된 얼음의 위험이 재차 강조되었다.[226]

우유도 면밀한 세균학적 조사를 초래했다. 오랫동안 위생학자들은 우유를 질병의 "발효"에 매우 좋은 물질로 간주했다. 그리고 세균학적인 검사로 우유가 사실상 장티푸스, 디프테리아, 성홍열을 일으키는 미생물의 쾌적한 매체라는 것이 확인되었다. 세균학자들은 우유가 세균성 오염 물질에 감염되는 방법, 다시 말해서 소의 젖통과 젖 짜는 사람의 더러운 손에서 시작해 뚜껑을 덮지 않은 우유통과 소독되지 않은 기저귀를 경유하여 비위생적인 유통으로 이어지는 경로를 정확히 지적했다. 게다가 낙농장에서는 때때로 장티푸스나 다른 병원균을 함유한 물로 우유를 희석하기

도 했다.[227]

우유는 결핵의 확산과도 관련되었다. 1880년대에서 1890년대에 인간과 마찬가지로 젖소도 결핵을 앓는다는 사실은 잘 알려져 있었다. 1898년에 이르러서야 테오발드 스미스가 인간과 소의 결핵 유형이 실제로 다른 질병이라는 것을 증명했다. 연구자들은 분비기관이나 뼈에 생긴 결핵을 포함해 비非호흡기 결핵 대부분이 우유 때문에 걸렸다고 가정했다. 그런 병은 성인보다는 아동에게서 더 흔하게 발병했기 때문에, 우유를 마시는 것과의 관련성이 그럴듯하게 들렸다. 미국의 젖소를 검사하자 결핵이 널리 퍼져 있었고, 대도시 시유market milk(원유를 가공처리해 시장에서 판매하는 우유-역자 주) 표본에는 보통 결핵균이 함유되어 있었다. 보건 당국에서는 '저온 살균법pasteurization'을 추천하기 시작했다. 저온 살균법은 장시간 약한 열을 가해 우유의 맛과 농도를 손상시키지 않으면서도 미생물을 죽이는 방법으로, 우유 가공소나 가정에서도 할 수 있는 공정이었다.[228]

새로운 세균학은 물과 우유에 대한 오랜 걱정을 확인해 주었고 아울러 새로운 식품 매개 전염병의 경로도 지적했다. 대개는 곰국과 젤라틴처럼 익숙한 음식으로 실험용 배양액을 만들었다는 것을 생각해 보면, 부엌이 병균의 증식을 돕는 비옥한 장소를 제공한다고 가정하는 것이 논리적이다. 식사 전후에 조리한 음식이 담긴 그릇을 덮개도 없이 식탁에 남겨 두거나 신선한 채소와 과일을 무더기로 펼쳐 놓고 판매하는 것처럼, 일반적인 식품처리 관행은 대부분 박테리아로 가득한 먼지나 파리 배설물에 있는 위험한 침전물을 불러들이는 것 같았다. 더구나, 그 누구도 환자라고 의심하지 않는 '건강보균자' 등이 조리한 음식을 만졌거나 혹은 그 앞에서 기침을 했을 수도 있었다.

식품에 대한 새로운 걱정은 애초에 결핵, 장티푸스, 디프테리아, 그리고 성홍열 같은 질병의 확산에 집중되었다. 그러나 연구자들은 곧이어 특히 음식을 좋아하는 다른 병원균이 있다는 것을 알아냈다. 1884년에 세균학자 조지 스텐버그와 빅터 보간Victor Vaughan은 치즈 탓에 발생한 미시간의 급성 유행병을 연구했다. 연구자들은 그 치즈로 **황색 포도상구균** *Staphylococcus aureus*을 분리해 냈다. 이는 4년 전 루이 파스퇴르가 인간의 고름에서 발견했던 것과 동일한 박테리아였다. 1888년에는 독일 세균학자 어구스트 가트너August Gartner가 상한 소고기와 관련된 병이 급증한 것을 연구하던 와중에 '바실루스 엔테리티디스bacillus enteritidis'라고 이름 지어진 병균을 분리했다. 이는 현재 **살모넬라 엔테리티디스**Salmonella enteritidis(장염균-역자 주)로 알려져 있다. 이후 20년 동안, **장염균**S. aureus과 가트너의 바실루스는 상한 음식과 관련한 수많은 병과 관련되었다.[229]

이런 식품 매개 병은 1880년대 인기 있었던 이른바 프토마인ptomaine 이론에 경의를 표하여 흔히 '프토마인 식중독ptomaine poisoning'이라고 불렸다. 이 이론에 따르면, 동물체의 단백질이 부패할 때 프토마인 혹은 더 소름끼치는 말로 송장cadaveric이나 시체corpse 독이라는 치명적인 물질이 만들어져 공기나 상수도를 통해 퍼질 수 있었다. 특정한 박테리아는 강력한 독성물질을 만들어서 정말로 음식을 오염시킨다는 것이 추후 연구에서 드러났다. 가장 중요한 발견은 1895년에 벨기에 연구자 에밀 피에르 마리 반 에르멘젬Emile-Pierre-Marie Van Ermengem의 보툴리즘botulism 병균의 분리였다. 보툴리즘은 흔하진 않지만 종종 치명적인 식중독의 원인으로 18세기에 상한 소시지에서 처음으로 관찰되었다. 반 에르멘젬은 파상풍과 가스 괴저의 병원균과 직결된 **콜로스트리디움 보툴리눔**Clostridium *botulinum*이 강한 신경독을 방출한다는 것을 밝혀냈다. 더욱이 그것은 산소 없이도 생존할 수 있었고, 저항성이 높은 포자를 만들어 통조림 식품에서도 완벽하게 번식할 수 있었다.[230]

따라서 새로운 세균학은 세기 전환기까지 식품이 병원균의 주요 원천이라는 납득할 만한 증거를 제시했다. 1900년대 초에도 세균으로 인한 식품 오염 혹은 다른 말로 프토마인 식중독에 대한 과학적 인식과 대중적 인식은 꾸준히 높아졌다. 그 결과, 음식을 저장하고 요리할 때 엄격한 주의를 기울이는 것이 확장된 균의 복음에서 주요한 관심사가 되었다. 천천히 그러나 확실하게, 개인의 주방과 그것의 상업적인 공급자들은 위험한 미생물로부터 안전하게 음식을 제공하도록 설계된 실험실의 새로운 규칙을 따르게 되었다.

무균법과 청결한 수술법

19세기 말 수술실에서 얻은 교훈으로 사람들은 일상생활의 세세한 청결 사항에 더 주의를 기울였다. 1880년대에서 1890년대 말, 사소한 것처럼 보이는 일상적인 접촉으로 치명적인 상처 감염이 생길 수 있다는 발견을 근거로 수술법이 급격하게 변했다. 무균 청결이라는 새로운 세균학적 지식에 근거한 기준은 수술의 규범이 되었고 근대인의 폭넓은 청결 실천에 깊은 영향을 미쳤다.[231]

1장에서 보았듯이, 루이 파스퇴르의 초기 발효 연구는 무균 수술법을 낳았다. 이는 공중의 세균이 주요한 감염원이라는 가정을 반영했다. 1880

년대 로베르트 코흐의 상처 감염 연구는 수술 후 감염의 주요 원인이 대기 감염이 아니라 불결한 인체와 수술 도구의 접촉이라는 것을 증명했다. 미국 외과의사 칼 벡Carl Beck은 1895년에 새로운 수술법에 대한 글에서 코흐의 통찰이 "무균Asepsis의 탄생을 가져왔다"고 설명했다. 이는 리스터의 소독 개념에 비하면 대단한 진보였다. 의사들은 이미 수술실에 있는 균을 중화하려고 시도하는 대신, 철저한 세척과 소독 의식을 통해 균을 차단하려고 했다.[232]

환자는 무균이 되는 데 상대적으로 용이했다. 환자의 피부는 털을 밀고 세척할 수 있었고 절개된 부분은 무균시트로 감쌀 수 있었다. 그러나 활동적인 외과의사와 간호사의 몸은 이보다 더 어려웠다. 헌터 롭Hunter Robb이 1894년《무균 수술법Aseptic Surgical Technique》이라는 글에 썼듯이, "아직까지 피부를 완전히 소독할 수 있는 방법은 발견되지 않았다." 외과의사는 완벽한 세척제를 찾아 석탄산carbolic acid을 염화수은mercuric chloride으로 대체했다. 염화 제2수은corrosive sublimate으로도 알려진 이것은 그 이름이 말해 주듯이 피부에 매우 독했다. 일회용 살균 고무장갑은 1890년대 존스 홉킨스 병원Johns Hopkins Hospital에서 처음으로 사용되었는데, 결국 수술실의 맨손을 대신했다.[233]

1890년대 외과의사는 머리카락과 입에서 분비되는 미생물로부터 환자를 보호하기 위해서 두건과 마스크를 착용하기 시작했다. 벡의 말로는 외과의사들이 "무균의 제단에" 콧수염과 턱수염을 바치고 편의와 안전을 위해 수염을 깨끗이 밀었다. 한 의사가 설명했듯이, "우리는 수술을 할 때마다 플란넬flannel 자루에 수염을 밀어 넣는 데 지쳤다." 또한 말을 할 때 균이 배출된다는 것을 프리거나 다른 연구자들이 증명한 이후, 수술 팀들은

수술을 하는 동안 가능한 한 말을 적게 하려고 했다.[234]

수술실에 있는 물건은 또 다른 잠재적 오염원이었다. 천은 '접촉 매개물' 혹은 균의 운반 역할을 한다고 널리 생각되었다. 때문에 최신식 외과 의사는 프록코트frock coats(19세기 남성용 긴 외투–역자 주)를 하얀 살균 수술복으로 대체했다(나중에 하얀 색은 수술실의 환한 빛으로 인한 눈부심을 최소화하기 위해서 초록색으로 바뀌었다). 수술 도구는 사용할 때마다 증기나 약품으로 철저하게 소독했다. 수술을 하는 동안에는 살균한 물건이 살균되지 않은 표면에 닿지 않도록 애를 썼다.[235]

헌터 롭이 언급했듯이, 무균법 때문에 의사는 미생물 오염을 퍼트릴 수 있는 일상의 사소한 버릇에 대해서도 예민하게 반응했다. "세균학 실험실에서 훈련받은 사람은 고상한 **외과적 청결**surgical cleanliness의 사고를 가질 것이고, 다수의 수술에서 일어나는 많은 부적합한 것들을 보지 않을 수 없다"고 그는 말했다. 그는 일례로 살균되지 않은 담요를 만진 외과의사, 그리고 더 심한 경우로는 수술 동안 자신의 코를 훔치는 간호사를 언급했다. 롭에 따르면, 세균학과 마찬가지로 새로운 수술법은 "매우 하찮은 실수가 전체 과정을 무용지물로 만들기" 때문에 "가장 사소한 것에 주의할 필요"를 가르쳐 주었다. 이러한 무균의 추구는 사람들 사이에서뿐만 아니라 사람과 물건 사이의 접촉으로 인한 감염에 대해서도 깊이 인식하게 만들었다. 그렇게 확장된 사고가 흔히 일상생활의 "외과적 청결"이라 불린 관행을 지배하게 되었다.[236]

손, 입, 그리고 접촉 매개물

새로운 무균 수술법으로 생긴 식견은 감염의 확산에 미치는 일상적인 접촉의 역할에 대한 대중의 인식을 높였다. 피부와 입에서 발견되는 균에 대한 세균학자들의 계시는 무해할 것 같은 접촉 또한 의심하게 만들었다. 섹스는 오랫동안 위험한 것으로 여겨졌다. 하지만 이제는 악수나 키스처럼 흔한 사회적 몸짓조차 병원균을 옮길 가능성이 있다고 간주되었다. 한 정열적인 의료 비평가는 악수를 멈추라고 재촉하면서 "현미경과 세균학이 우리의 눈을 뜨게 했다. 이제는 위험이 도사리는 곳에서의 무감각이 범죄가 된다"고 말했다.[237]

사람들이 서로 공유하는 물건을 고려하자 균이 왕래할 가능성은 훨씬 더 커졌다. 실험주의자들은 입이나 손을 통한 접촉으로 컵, 연필, 종이 조각에 균이 남는다는 것을 증명했다. 세심한 사람들도 일상적으로 코와 입에 손을 대고 난 뒤 다른 물건을 만졌기 때문에, 찰스 채핀이 "보편적인 인간 타액의 교환"이라고 불렀던 것을 방어하기가 어려웠다. 이런 위생 의식의 고취로 사람들은 건강 상태를 알지 못하거나 미심쩍은 사람들과의 키스나 악수를 기피했다. 그러나 컵, 문 손잡이, 지폐를 보고 과거에 끔찍한 병을 앓은 사람이 만진 것이 무엇인지 아는 것은 불가능했다.[238]

공용 컵은 특별히 세균학적인 조사와 비난의 대상이 되었다. 조사원들은 도시 식수대에 있는 공용 컵으로 마신 입을 면봉으로 닦거나, 성찬 잔에 남아 있는 와인을 배양해서 모든 종류의 병원균을 분리했다. 구강 매개병이 새로운 관심사로 떠오르자, 매일 무수한 사람들이 입을 대는 공용 식수통도 역겹게 여겨지게 되었다. 채핀은 표준 텍스트에서 감염의 원인과

방식에 대해 "수십만 명의 사람들이 매일 이런 식으로 구강 배설물을 주고받는다"고 언급했다.[239]

비슷한 이유 때문에 직물과 종이도 질병 매개체로서 재조사 받게 되었다. 소독이 안 된 코트나 수건이 수술실을 오염시킬 수 있다면, 환자가 만진 보통의 천이나 수건도 병원균을 옮길 수 있다고 가정하는 것이 타당했다. 잘 알려진 직물의 먼지 흡수성이 병을 옮길 가능성에 더해졌다. 프루덴이 《먼지와 그 위험》에서 말했듯이, 실내 장식품, 카펫, 손수건과 벽지에서 병원균을 배양할 수 있었다. 또한 연구자들은 환자와 건강인 사이에 널리 유통되는 종이 형태인 책과 돈에서도 박테리아를 찾아냈다. 위생사들hygienists은 책장을 넘기려고 손가락에 침을 바르거나 편지를 보내려고 우표를 혀로 핥는 그런 흔한 습관들이 어쩌면 무수한 사람들 사이에 병균을 유포할 수도 있다고 경고했다.[240]

돌이켜 보면, 접촉 매개물의 감염 가능성은 당시의 보건 교리에서 과장했던 것이 분명한 것 같다. 실험주의자들은 곧이어 컵이나 아이들의 장난감에 쌓인 균의 기대수명이 매우 짧고, 실내장식품이나 지폐에서 배양된 박테리아의 감염력은 상대적으로 적다고 평가했다. 그러나 20세기에도 접촉 매개물의 전염에 대한 공포가 엄습했다. 왜냐하면 대부분 달리 설명하기 어려운 질병 사례들을 매우 용이하게 설명해 주었기 때문이었다.[241]

전염의 어두운 면

성병 확산에 대한 우려가 커짐에 따라 일상적인 접촉과 접촉 매개물 감염에 대한 불안감도 심해졌다. 대중은 성적인 문제와 관련된 논의에는 상대적으로 과묵했기 때문에, 결핵과 장티푸스에 대한 공포만큼 임질과 매독의 위험이 공개적으로 솔직하게 인정되지는 않았다. 그러나 성병도 세균성 질환이라는 인식이 19세기 말 질병 예방 담론에 미묘하지만 강하게 영향을 미쳤다. 새로운 실험법으로 확인된 최초의 병원균 중의 하나는 임질의 원인이 되는 박테리아였다. 그것은 1879년 독일의 피부과 의사 알베르트 나이서Albert Neisser가 분리했다. 또한 연구자들은 1905년까지 매독을 일으키는 스피로헤타spirochete(나선 모양의 세균−역자 주)를 분리하지 못했지만, 그것 역시도 세균에 의한 것이라고 추정하고 있었다.[242]

성병을 세균성 질환으로 파악하게 된 것은 대체로 상업적 매춘의 만연 때문에 성병 발병률이 급격하게 증가했던 것과 일치했다. 성적 질환에 붙은 오명 때문에 발병률을 추적하는 것은 어려웠지만 소수의 도시 의사들은 19세기 후반 모든 계급의 남성들에게서 매독과 임질 증상이 꾸준히 늘고 있다고 걱정했다. 이미 1859년 내과의사 윌리엄 생어William Sanger는 뉴욕시 매춘부의 40퍼센트가 매독에 걸렸다고 추정했다. 프린스 모로Prince Morrow는 1904년에 그의 유력한 연구 《사회적 병과 결혼Social Diseases and Marriage》에서 일곱 쌍의 부부 가운데 한 쌍의 부부가 성병 감염으로 자식이 없다고 평가했다.[243]

새로운 세균학이 병균으로 가득 찬 인체에 대한 의식을 높이자, 의사와 보통 사람들은 한결같이 일상적인 접촉을 통해서도 성병이 확산될 수 있다고 더욱 두려워하게 되었다. 따뜻하고 축축한 음경과 질의 성적 접촉은 오랫동안 질병의 위험이 있다고 인식되었었다. 이제는 피부와 구강이라는 더 "순결한innocent" 세포막도 마찬가지로 질병의 전염과 결부되었다.

피부과 의사들도 잘 알았던 것처럼, 매독은 많은 경우 입과 손에 난 상처에도 생겼다. 키스나 악수 혹은 컵이나 수건을 같이 사용하는 것으로도 어쩌면 그 질환을 옮길 수 있었다.

뉴욕시 피부과 전문의 L. 던컨 벌클리L. Duncan Bulkley가 1894년 책《순결한 사람들의 매독Syphilis in the Innocent》에서 자신의 많은 임상실험에 기초해서, 의사들이 실감하는 것보다 비성병 매독의 전염성이 훨씬 더 일반적이라고 주장했다. 그는 키스, 악수, 컵과 수건이 가진 명백한 위험 이외에도 수영복과 연필처럼 다양한 품목을 포함한 수많은 접촉 매개물 감염을 지적했다. 예를 들어, 매독 환자가 만든 담배나 시가를 피우는 것도 위험하다고 경고했다. 시가를 문 입에 매독의 초기 병변이 생긴 청결해 보이는 환자를 치료하는 동안, "거의 동시에" 코네티컷에 있는 시가 공장에서 "얼마 전에 매독에 걸린 한 숙련공이 풍부한 점막반mucous patches인 입으로 시가를 적셔서 말았다"고 벌클리는 전했다. 아니나 다를까, 벌클리의 환자가 자신의 시가 상표를 확인했을 때, 그것이 코네티컷에서 만들어졌다는 것을 알았다.[244]

또 다른 사례로는, "25세의 지성 있고 얌전한 포목점 점원"으로 묘사된 W. K. 양은 혀에 매독성 종기가 났다. 그녀에게 사생활에 대한 질문을 하자, 그녀는 금욕적이었다고 주장했다. 질문 후, 벌클리는 이렇게 썼다. "어디서 그것을 얻었든지 간에 그녀가 입 언저리에 핀을 무는 습관 때문에 핀에 찔려서 혀에 주입되는 방식으로 독이 옮았을 가능성이 있다고 생각되었다. 그렇게 혀에 상처가 났다고 의식하는 것처럼, 그녀 스스로 이런 방식으로 독이 올랐음이 틀림없다고 말했다."[245]

벌클리가 이런 결론을 내렸을 때, 그 여점원의 안도의 한숨이 들리는 것 같다. 백 년이 지난 뒤 비성병 매독 감염이 희박하다는 것을 알고 보면, 벌클리의 사례는 의사와 환자 모두 매우 비도덕적인 질병이라고 생각해서 덜 난처한 설명을 찾으려고 애썼다는 것을 알 수 있다. 이처럼 당시에는 성병 감염을 일상적인 접촉 탓으로 돌리고자 했는데, 이것이 접촉 매개물 감염을 한층 더 강조하게 만들었다. 1894년 매독의 "가정과 사회적 전파"에 대한 벌클리의 도표는 일상적인 물건 교환과 관련해 새로이 발견된 위험 요소들의 목록으로 읽힌다.[246]

일상적인 접촉과 성병 감염의 관계는 세기 전환기에 이미 끔찍한 질병 위험의 상황에 소름끼치는 요소를 추가했다. 수적으로도 심적인 고통에서도, 무언의 성병 유행은 심각한 공중보건 문제였다. 그러나 결핵과는 달리 성적 문제에 대한 공공연한 논의는 제한적이어서 솔직히 그 예방에 대해 말하기가 어려웠다. 따라서 일상적인 접촉과 감염의 위험에 대한 대부분 경고는 전염의 어두운 면을 암묵적으로 상기시키는 것으로서 이중의 역할을 해야 했다. 개혁가들은 공용 컵을 원망하면서 그것이 폐결핵뿐만 아니라 이름 붙일 수 없었던 다른 "역겨운loathsome" 병의 확산에도 책임이 있다고 말했다. 청취자들은 그 이중적인 의미, 즉 성병도 보다 "점잖은respecable" 장티푸스와 결핵과 동일한 감염 방식을 취한다는 것을 매우 분명하게 이해했다.[247]

균의 합병

새로운 세균학의 신봉자는 최초의 세균설 사도보다 병균에 대해 더 정확하고 과학적인 시각을 가졌던 데 자부심을 느꼈다. 찰스 채핀이 1902년 만족스럽게 말했듯이, 근대의 세균학자는 질병에 대해 오래된 '오물설filth theory'과 병균에 대한 막연한 지식을 훨씬 능가하는 지식을 갖추고 있었다. 그러나 그 자리에서 새로운 실험주의는 사실상 이전의 대기 감염 개념만큼이나 광범위하게 먼지 감염설을 보급했다. 그것은 일상생활에 엄청난 영향을 미치는 방식으로 파리·손가락·식품이라는 '감염 트리오infective trio'를 창안했다.[248]

새로운 세균학자의 일상생활에 대한 비판은 그와 동시에 일어난 대규모 사회경제적 발전으로 이전 세대의 오물이나 하수 가스에 대한 집착보다 훨씬 더 대대적인 영향을 미쳤다. 세기 전환기에 심화된 균 의식은 합병과 상관성에 대한 인식의 증가를 반영했다. 경제적인 진보는 통조림에서 속옷에 이르기까지 세균학자들이 잠재적인 병원으로 보았던 대량생산의 소비재 유통을 촉진했다. 뿐만 아니라 도시 사회의 새로운 시설물들—풀먼 Pullman차(침대차나 객차―역자 주), 놀이동산, 레스토랑, 호텔—은 더 많은 사람들을 난잡하게 섞이게 만듦으로써 감염 가능성을 키웠다.

지역의 시장을 전국 더 나아가 국제적 회사들과 연결시키는 경제적인 변화로 새로운 세균학의 문화적인 영향은 증폭되었다. 혁신적인 대량생산과 분배 덕분에, 소비자들은 뉴욕에서 샌프란시스코에 이르는 매장에서, 먼 곳에서 생산된 똑같은 상표의 상품을 더 많이 구매하고 있었다. 이런 상품의 보고寶庫를 가능하게 만든 산업의 변화와 동시에 상품의 위생상태에 대한 우려도 생겨났다. 많은 회사에서는 먼 거리에 있는 구매자가 건강을 위협하는 손쉬운 방법에 대해서는 결코 모를 거라고 생각하면서 더 많은 이윤을 남기기 위해 제품의 청결과 질을 포기했다. 회사 관리자들

또한 직원들의 건강과 안전에는 거의 신경 쓰지 않았다. 임금을 삭감하고 노동시간을 늘리며 비위생적인 작업장을 방치했다. 이 모든 것이 노동자를 다치게 할 뿐만 아니라 질병 위험도 증가시켰다.[249]

중간계급 소비자는 산업노동자들이 만든 제품이 집으로 병을 옮기지 않는 한 그들의 건강 상태에는 그다지 관심이 없었다. 그러나 새로운 대량생산 부문에서 가장 중요한 것 대부분이 이제는 보건 교리에서 잠재적인 전염병의 전달자로 강조한 옷과 음식 등의 **가정용** 제품이었다. 폐결핵에 걸린 여자 재봉사가 아기의 잠옷을 꿰매거나 낙농장에서 결핵에 걸린 소에서 우유를 생산하는 이미지는 불건전한 작업장, 아픈 노동자, 그리고 미국의 가정 사이의 관계를 갑자기 실재하는 끔찍한 것으로 만들었다.

팽창하는 교통 시스템으로 세균의 러시안 룰렛(목숨을 건 게임–역자 주)을 위한 부가적인 기회가 생겼다. 1870년대부터 모든 계급의 미국인이 장거리 여객 열차, 지역의 통근 철도, 시내 전차 회사 그리고 지하철에 더욱 의존하게 되었다. 교통 시스템의 발전은 사람들과 그들에 따라오는 균을 더 쉽게 유동하게 만들었다. 1900년대 초까지, 아픈 사람이 뉴욕에서 시카고로 이틀 걸리는 기차를 타고, 일주일 안에는 서부에 다다를 수 있었다. 1800년대 말 전차 덕분에 통근거리가 긴 교외까지 주거지가 확장되면서 전차는 수백만의 도시 미국인에게 잠재적인 감염의 통로가 되었다. 대부분 가난해서 (부유한 승객의 관점에서는) 병에 걸렸을지도 모르는 사람들은 전차 운임이 상당히 비싸서 이용하지 못할 것이었다. 그럼에도 불구하고, 새로운 교통수단은 여전히 사회적·위생적으로 수평적인 경험을 대변했다.[250]

혁신주의 시대 도시와 읍에서 번영하는 상업 오락시설과 개인 서비스는 그 고유의 위험을 안고 있었다. 모든 감각을 동원해 사치를 소비하도록 재설계된 백화점은 고객을 위생 상태가 불분명한 점원이나 다른 쇼핑객에게 노출시켰다. 시선을 끌기 위해 전시된 상품들도 낯선 사람이 만지거나 파리가 날아들었다. 미국인들의 외식이 잦아질수록, 음식으로 인한 병의 위험도 커졌다. 야외에서 음식을 흥겹게 먹는 노점에는 도시의 거리에 흔히 있는 먼지와 파리의 출몰에 대한 어떤 보호장치도 없었다. 고급 식당에서는 더 깨끗하고 가정적인 환경이 갖추어졌지만, 가장 값비싼 식당에도 음식을 보관하거나 준비할 때 오염의 가능성은 항상 존재했다.[251]

혁신주의 시대 도시에서 놀러 나가는 것은 더 높은 접촉 위험에 노출됨을 의미했다. 빅토리아인의 계급 및 젠더 특유의 활동에 대한 규범이 약해졌기 때문에, 상업적인 오락 형태들은 다양한 배경을 가진 미국인을 새로운 친목 단체로 이끌었다. 특히 젊은 사람들이 연극, 카바레, 놀이동산, 오락실 그리고 댄스홀로 몰려들었다. 영화의 등장으로 그들은 처음에는 5센트 극장nickelodeons에서 머지않아 영화관으로 갔다. 그런 모든 오락물이 보통은 환기나 청소 상태가 나쁜 장소에 수많은 사람들을 밀어 넣었다. 성적인 형태의 관계도 촉진되어 개혁가들은 도덕적인 타락뿐 아니라 성병도 지속적으로 확산될 것이라 걱정했다.[252]

근대인의 생활은 지폐나 우표 같은 물건의 유통에 의존해서 많은 사람들이 더 많이 더 미묘하게 균의 교환에 연결되게 되었다. 가장 흔한 물건을 자신과 낯선 사람 사이의 감염 매개수단으로 의심하게 되었다. 예를 들어, 도서 대출은 매독이나 폐결핵 환자가 이전에 읽었을 위험과 관련지어졌다. 그리고 가게에서 거스름돈을 받거나 우편물을 여는 것은 종이를 좋아하는 병균이 덮칠 위협도 동반했다.

간단히 말해, 혁신주의 시대 새로운 사회경제적 생활의 소란스러움은 새로운 세균학자들이 건강에 위협적일 수 있다고 인식한 바로 그 일상적인 접촉과 접촉 매개물의 교환을 부추겼다. 필라델피아 의사 로렌스 플릭 Lawrence Flick은 1888년에 결핵 감염의 위험에 대한 소논문에서 무시무시한 도시 사회의 모습을 이렇게 설명했다. "폐결핵에 걸렸거나 계속해서 감염 물질을 뱉어 내는 사람들이 불가피하게 다른 사람의 옷, 음식, 음료를 오염시키는 것은 매일 일어나는 문제다." 그는 일반적으로 사용된 근대 생활의 서비스를 질책하면서 이렇게 경고했다. "폐결핵에 걸린 양복장이와 여성복 재봉사, 폐결핵에 걸린 요리사와 웨이터, 폐결핵에 걸린 사탕 제조사, 폐결핵에 걸린 제빵사들이 있다. 폐결핵 환자들은 사실상 모든 직업군에 있다." 플릭이 말했듯이, 근대 도시 거주자의 삶은 불가피하게 다수의 다른 시민들과 엮여 있었다. 그들 대부분은 자신이 아픈지도 몰랐고 따라서 치명적일 수 있는 배설물로부터 남을 지키기 위한 그 어떤 주의조차 기울이지 않았다.[253]

그 여러 해 동안, 도시 인구의 민족이나 인종 구성의 변화는 도시 거주자들의 감염에 대한 우려를 악화시킬 뿐이었다. 1870년에서 1914년 사이 3,000만 명 이상의 이민자들이 주로 남동부 유럽, 아시아, 그리고 중앙아메리카에서 미국으로 왔다. 1920년까지 미국 대도시 주민의 거의 60퍼센트가 1세대 혹은 2세대 이민자였다. 그 수십 년 동안, 수는 적어도 흑인들이 남부와 북부에서 도시로 꾸준히 이주했다. 영국계 미국 백인들에게는 언어, 종교, 민족성이 매우 다양했던 소위 새로운 이민자들new immigrants이 특히 동화될 수 없고 병에 쉽게 걸리는 것처럼 보였다. 대다수 백인은 병에 걸린 통근자, 결핵에 걸린 의류공장 노동자 혹은 아픈 사탕 제조업자

를 외국인이거나 어두운 피부의 얼굴로 인식했다.[254]

그러나 아무리 그들이 원했다 하더라도 부유한 미국 백인이 일상생활에서 균이 가득할지도 모를 일로부터 자신을 완전히 방어할 수는 없었다. 새로운 옷을 사거나 식당에 가서 먹거나 대중소비 사회의 쾌락을 즐기는 일은 어느 정도의 위험을 감수해야 했다. 근대적 생활은 한 사람의 질병 상태가 모든 사람의 건강 상태를 위태롭게 만들 수 있다는 것을 의미하는 새로운 형태의 육체적 상호의존성을 야기했다. 따라서 혁신주의 시대 도시 주민들은 부모들이 하수 트랩과 백자 변기에 의존했던 것을 훨씬 뛰어넘는 방식으로 감염으로부터 자신을 보호할 필요를 느꼈다.

1890년대에 생겨난 두 가지 운동은 균의 위험을 동반한 근대적인 삶을 관통하여 미국인들을 안내했다. 이 두 가지 운동, 즉 반反결핵운동과 가정학운동은 상이한 목표와 청중을 추구했음에도 불구하고, 다양한 집단의 미국인에게 새로운 세균학의 발견으로 인한 확장된 균의 복음을 주입하는 데에 비슷한 역할을 했다. 두 가지 운동은 실험실의 교훈을 받아들였고, 그것을 엄격한 일상 행위의 규범으로 만들었다. 이전 대중에게 영합하는 세대가 그들에게 선전했던 것보다 훨씬 더 효과적이고 광범위하게 올바른 행동에 대한 복음을 퍼뜨림으로써, 반결핵 활동가와 가정학자들은 20세기 초 미국에서 점점 더 세균을 일상용어로 만들었다.

5. 결핵 종교

1893년 9월, 필라델피아 의사 로렌스 플릭은 이니셜 "WMP"로만 서명된 편지 한 통을 받았다. 편지를 쓴 사람은 폐결핵pulmonary tuberculosis으로 죽어 가는 아내의 고통스러운 상황을 토로하고 있었다. 남편 P씨와 의사는 그녀에게 병명을 숨기고, 대신 악성 종양malignant tumor이라고 했다. 당시 폐결핵과 임에 대한 상대적인 공포를 드러내는 속임수였다. 그러나 다른 가족들은 P부인이 진실을 알아야 한다고 고집했다. 왜냐하면 숟가락으로 떠먹이는 것과 같은 애정 어린 행동으로 자신도 모르는 사이 어린 손녀 릴리안Lillian을 감염시킬지도 몰랐기 때문이었다. P씨는 "물론 부인에게 그렇게 말하는 것이 나의 의무이며 평소에도 저는 나쁜 소식을 전하는 사람입니다"고 플릭에게 침울하게 말했다.

 P씨는 아내에게 세균설에 대해 간단히 알려 주었다. 아내의 행동으로 야기되는 손녀의 위험을 이해시키기 위해서였다. "병균mycrobes(원문대로)이나 세균bacilli이 어린아이에게 병을 옮길 수 있다는 것과 우리 모두를 위

해서, 그녀는 아이에게 키스하지 말아야 하며 혹은 그녀의 숨을 들이마실 기회를 주지 말아야 하며, 또한 그녀의 접시에 있는 음식을 주지 말아야 한다는 것"을 설명했다.[255]

이런 슬픈 광경은 세기 전환기에 균 "복음 전도사들gospellers"의 가장 위대한 도전을 반영했다. 다시 말해, 미국인들에게 폐결핵이 전염병이라는 사실을 납득시키고, 전염병을 퍼뜨리는 수많은 흔한 습관들을 버리도록 훈련시키는 것이었다. 새로운 질병 세균설과 관련된 모든 계시들 중에서 1882년 로베르트 코흐의 결핵균 발견이 가장 뜻밖이거나 적응하기 어려운 것이었다. 오랫동안 질병의 전염성에 대한 민간 신앙이 존재했지만, 교육을 받은 사람들은 보편적으로 폐결핵이 유전병이라고 생각했다. 그리하여 존 버니언John Bunyan의 유명한 말처럼 오랜 예방 복음에서 "그 모든 저승사자들의 우두머리"가 병원균이라는 깨달음을 예지하지 못했었다.[256]

이 새로운 신앙으로의 개종은 복음주의 언어로 자주 묘사되었다. M. V. 볼M. V. Ball 박사는 1909년에 한 펜실베니아 단체에서 결핵 예방법에 대해 연설하면서 결핵 전염의 '교리'를 말했다. "마음속에 강한 확신이 들 때……사람은 어떤 새로운 종교적 진리를 가진 가장 독실한 개종자처럼 그가 '광명'이라 부르는 것을 공표하는 데 열정을 다하게 됩니다. 반결핵운동은 대단히 새로운 종교적 열정을 지니고 있습니다." 이런 결핵 '종교'는 4장에서 설명하는 새로운 실험실의 교훈에서 나온 최초의, 그리고 가장 강건한 성과였다. 반결핵운동은 그 어떤 혁신주의 시대의 다른 질병 퇴치운동들보다도 균의 복음을 개조하고 확장하는 데 있어서 실험실에서 파생된 위생적인 진실의 중요성을 잘 드러냈다.[257]

완치된 폐결핵 환자였던 로렌스 플릭은 1892년 펜실베니아 결핵예방협회Pennsylvania Society for the Prevention of Tuberculosis를 만들어서 반결핵운동을 시작했다. 이 협회는 대중들에게 그 질병에 대한 새로운 시각을 양성하는 데 전념했다. 다른 도시나 주에서도 유사한 단체가 만들어졌고, 1904년에는 그들의 활동을 조정하기 위해 전미결핵연구 및 예방협회National Association for the Study and Prevention of Tuberculosis가 조직되었다. 이는 곧 전미결핵협회National Tuberculosis Association로 개칭되었다. 전미결핵협회는 저명한 의사들, 자선가들과 정치인들의 지원을 받았다. 세 명의 미국 대통령—그로버 클리브랜드Grover Cleveland, 시어도어 루스벨트, 워렌 G. 하딩Warren G. Harding—은 명예 임원이었다. 그 지도부는 거의 전체가 백인, 남성, 프로테스탄트, 중간계급이었지만, 반결핵운동은 젠더, 계급, 인종별로 폭넓은 지지를 얻었다. 그 세력이 가장 컸던 1910년 말, 전미결핵협회와 대략 1,300여 개 지부에는 수천 명의 미국 남성, 여성, 그리고 아이들이 결핵 예방 활동에 참여했다. 그들의 교수법은 대성공을 거두어 이후 정신병, 암, 당뇨, 소아마비와 싸우는 단체들의 모범이 되었다.[258]

반결핵협회들은 단일한 질병을 겨냥한 최초의 대중 보건교육 캠페인을 개시했다. 그들은 시나 주의 보건부와 긴밀하게 공조하면서 강연, 전시회, 포스터, 영화, 팸플릿을 수도 없이 제작하여 모든 계층의 미국인에게 똑같은 메시지를 전했다. 결핵은 위생에 유의함으로써 막을 수 있는 치명적인 전염병이라는 것이었다. 그 과정에서 반결핵운동은 개인적인 공중보건의 도덕 개념—즉, 보통 사람들이 감염으로부터 자신과 다른 사람들을 보호하기 위해서 져야 하는 책임감—을 근본적으로 변화시켰다.[259]

아이러니하게도, 위대한 백사병white plague(흑사병에 비유한 폐결핵의 별칭—역자 주) 저항 십자군은 결핵으로 인한 사망률이 19세기 초에 절정이었다가 낮아지고 있을 때 시작되었다. 1800년대 중반 즈음에 결핵이 왜 감소하기 시작했는지는 여전히 열띤 논쟁 중에 있다. 그러나 당시 공중보건 개혁가들은 자기네 예방 활동 때문에 사망률이 아주 크게 감소했다고 확신했다. 실제로 그들은 다른 감염병뿐만 아니라 결핵의 사망률 감소도 위생학자가 시작하여 세균론자가 지속한 대중 교육과 지자체 개혁 프로그램의 효과를 그 증거로 들었다.[260]

이미 쇠퇴하고 있었지만, 그래도 결핵은 엄청난 위협이었다. 1900년에 결핵은 여전히 주요 사망 원인으로, 전체 인구 10명 중 1명, 청소년 4명 중 1명이 결핵으로 사망에 이르렀다. 수많은 사람이 기적의 치료제를 발견했다고 주장했지만, 연구자들은 결핵의 파괴적인 진행 과정을 멈출 수 있는 백신이나 약을 발견하지 못했다. 1890년대 로베르트 코흐가 순수 배양으로 추출한 물질인 투베르쿨린tuberculin을 분리함으로써 효과적인 치료법에 대한 희망이 높아졌다. 그러나 그것은 진단 도구로서만 유용하다는 것이 드러나자 곧 그 희망도 무너졌다. 가장 성공적인 치료는 비싼 값을 치르고 장기간 유럽식 요양시설에 머무는 것이었다. 그 시설은 1884년 에드워드 트루도가 미국에 소개한 것이었는데, 뉴욕주 사라나크 호수Saranac Lake 근처 '오두막 요양원cottage sanatorium'에서 사용된 그 방법들이 이후 몇 십 년 동안 널리 모방되었다. 그러나 장기 요양을 하면서 특별식을 먹고, 지속적으로 신선한 공기를 마셔도 대부분의 환자는 사망했다. 이 때문에 당시 백사병과 싸우는 가장 믿을 만하고 효과적인 방법은 예방이었다.[261]

광고라는 날개를 단 '반결핵 복음'

반결핵협회들은 연구를 지원하고 입법을 후원하며 요양원을 건설하는 등 많은 목표를 세웠다. 그러나 그 무엇도 대중을 교육시키는 것보다 더 중요하지는 않았다. 반결핵 운동가들은 질병의 전염성에 대한 정보를 유포하고, 질병을 피하기 위한 예방조치를 하는 것이 생명을 구하는 가장 효과적인 방법 중의 하나라고 믿었다. 이처럼 대중 교육에 몰두한 것은 사회개혁을 위한 방법으로서 개인의 계몽이라는 미국의 특징적인 믿음에서 유래했다. 게다가 민주주의 사회에서는 강제적인 법안보다 교육을 통해 변화를 이루는 것이 더 용이하다는 실질적인 깨달음도 크게 작용했다.

그러한 균의 복음을 보급하기 위해서 반결핵협회들은 처음에는 팸플릿, 대중 강연, 신문기사 같은 19세기의 전통적인 설득 방식에 의존했다. 그 최초의 활동으로 결핵예방협회는 대중을 위해 짧은 팸플릿이나 소책자tracts─원래 종교 문헌에 적용한 용어─를 발간했다. 그러나 단순한 언어로 작성했음에도 불구하고, 그 난해하고 딱딱한 텍스트는 교육을 제대로 받지 못한 독자들에게 인정받지 못했고 결핵 환자와 그 가족들에게만 읽혔을 뿐이었다.[262]

반결핵 운동가들은 더 이해하기 쉬운 선전 형태를 발전시키는 것이 바람직하다는 것을 빨리 깨달았다. 1910년 한 전미결핵협회 출판물에 언급되었듯이, "많은 사람들이 책이나 팸플릿을 읽지 않는다. 따라서 영향을 미치기가 매우 어렵지만 가르칠 필요는 있다. 그들은 오직 어떤 인상적인 방식에만 이끌린다." 그 전국 조직은 자체 교육 프로그램을 시작했고, 주와 지역 단체들의 획기적인 작업을 선전함으로써 대중의 관심을 끄는 "인

상적인 방식들"을 찾는 데 앞장섰다.[263]

초기 전미결핵협회 직원들은 사회과학, 사회복지, 언론, 광고에 걸친 다방면의 경험을 살려 이 작업을 수행했다. 최초의 사무국장 리빙스톤 페란드Livingston Farrand는 명문 뉴욕의과대학College of Physicians and Surgeons of New York에서 의학박사 학위를 받았다. 그러나 그는 의료 행위 대신 유명한 문화인류학자 프란츠 보애스Franz Boas와 함께 계속해서 콜롬비아대학 Columbia University에서 사회학과 인류학을 연구했다. 전미결핵협회 최초의 홍보이사 필립 제이콥스Philip Jacobs는 신학 학사 학위와 사회학 박사 학위가 있었으며 한때 언론인이었다. 그는 전미결핵협회에 오기 전 뉴욕시 자선조직협회Charity Organization Society of the City of New York에서 일했다. 그 협회는 뉴욕시에서 가장 중요한 사회복지 기관이었고 초창기 결핵 예방 사업을 지지한 단체였다. 처음으로 결핵 순회전시회를 창안한 에바트 G. 루찬Evart G. Routzahn은 이미 그 당시 가장 성공한 종교단체들 중 하나인 YMCA에서 일했다. 크리스마스 씰 캠페인을 운영하기 위해 고용된 찰스 드 포레스트Charles De Forest는 초창기 라디오 선구자이자 발명가인 형 리Lee를 위한 홍보 활동을 했다.[264]

이들 초기 반결핵 운동가들은 더 효과적인 대중 교육 방법을 찾아, 급성장하고 있던 광고 분야에 관심을 두었다. 1800년대 말 훨씬 더 많은 회사들이 전국적인 시장에서 소비자를 두고 경쟁하고 있었을 때, 광고는 비즈니스에서 더욱 중요한 분야로 떠올랐다. 판매업자들이 짧은 광고와 시각적인 "눈요기"의 장점을 알게 되면서, P. T. 바넘P. T. Barnum이나 다른 19세기 사업가들이 사용했던 과감하고 "카니발적인carnivalesque" 방법에 대한 전통적인 멸시는 줄어들기 시작했다. 이스트맨 코닥Eastman Kodak, 내

셔널 비스킷National Biscuit Company과 아메리칸 타바코American Tobacco 등의 회사에서는 시엠송, 상표, 카드광고 및 다른 홍보 전략을 사용해서 제품의 판매량을 늘렸다.[265]

그런 새로운 광고 방식은 보건 교육가들에게 설득을 위한 진정한 금광 이었다. 필립 제이콥스가 1923년 자신의 안내 책자 《결핵의 일꾼The Tuberculosis Worker》에서 말했듯이, "지난 15년간 반결핵운동은 사실상 광고 및 업무대행사가 고안하고 그들 나름의 많은 새로운 아이디어로 무장한 모든 교육 수단을 사용해 왔다." 근대적인 광고의 조작과 왜곡의 관계를 생각해 보면, 제이콥이 "교육적"이라는 말을 사용한 것은 당치 않아 보인 다. 그러나 새로운 광고의 접근법은 여러모로 전통적인 보건 교육의 인쇄 물이 가진 한계를 해결해 주었다.[266]

보건 교육을 위한 광고의 가장 큰 장점은 보이지 않는 것을 구현하는 다 양한 기법이었다. 사실 균의 "복음 전도사"가 부딪힌 가장 당황스러운 일 중의 하나가 보이지 않는 미생물과 그 위협을 실재하는 것처럼 만드는 것 이었다. 결핵균은 육인으로 볼 수 없었을 뿐 아니리 현미경으로 볼 수 있 을 때조차 특별히 인상적인 모습은 아니었다. 개개의 균이나 심지어 세균 집락 전체를 찍은 현미경 사진으로도 균이 위험하다는 느낌을 전할 수는 없었다. 반결핵 운동가들은 예방 지침을 따르게 하기 위해서 질병의 위협 을 묘사하고 그것을 특정한 물건이나 행위와 관련짓는 더 인상적인 방법 을 개발해야만 했다.

광고주들도 비슷한 도전에 맞닥뜨렸다. 그것은 겉보기에 아주 흔한 물 건과 행동에 새로운 의미를 부여하는 것이었다. 1890년대부터 광고 회사 들은 미국 농공업 상품을 매력적으로 만드는 데 다양한 혁신적 방법을 선도했다. 그들은 눈길을 끄는 그림과 짧은 글을 엮어서 물건에 아름다움, 행복, 안녕과 같은 무형의 가치를 전달하는 힘을 결합하려고 했다. 만약 어떤 뚜렷한 미국적 풍요로움의 과실을 가지게 된다면, 그들의 삶도 얼마나 더 나아질 수 있을지를 상상하게 만들었다.[267]

세상을 재구상하는 그런 창조적인 방식은 보건 교육에서 엄청난 잠재력을 가졌다. 광고 방식은 평범한 결핵균 대신 그 균을 시각적으로 만드는 새로운 전략을 제시했다. 반결핵 십자군은 짧은 글과 효과적인 삽화를 결합해서 무서운 균을 가족의 물건과 상황에 연결시키는 완전히 새로운 이야기를 펼칠 수 있었다.

새로운 광고는 가장 단순한 수준에서 정선된 문구 또는 "징글jingle"(짧은 멜로디나 효과음을 반복해서 상품을 각인시키는 광고 기법-역자 주)의 미덕을 가르쳐 주었다. 예를 들어, 슐리츠Schlitz의 문구 "밀워키Milwaukee를 유명하게 만든 맥주"나 코닥Kodak의 슬로건 "버튼만 누르세요. 나머지는 우리가 다 알아서 해드립니다" 등이 그러했다. 결핵 자체는 징글 만들기에 그다지 쉽지는 않았지만, 광고 카피 작성의 기본 원칙—짧고 기억하기 쉽게 메시지 만들기—은 보건 교육에 잘 맞았다. 반결핵 운동가들은 광고를 모방하면서 "침 뱉지 마세요", "신선한 공기가 건강에 좋습니다", "파리가 병을 옮깁니다"와 같은 짧은 슬로건이나 표어로 자신들의 예방 복음을 압축하려 했다. 교육 자료의 지면도 한눈에 보기 쉬운 슬로건을 만드는 것으로 바뀌었다. 슬로건 방식은 신문, 전차, 게시판 광고에 특히 잘 맞았다. 캔자스주 토피카Topeka에서는 벽돌로 보도에 "침 뱉지 마세요"라는 문구를 깔았다.[268]

결핵협회들은 상표의 개념도 이용했다. 19세기 말에 프록터 앤 갬블

Procter and Gamble과 퀘이커 오츠Quaker Oats 같은 회사들은 보통의 값싼 타사 제품보다 더 우수하다고 생각하는 자사 제품을 구분하기 위해서 그런 상표를 개발했다. 1906년 전미결핵협회는 폐결핵 환자를 위해 돈을 모금하려고, 화장실 용품을 팔았던 백십자연맹White Cross League 같은 경쟁자의 활동과 구분하기 위해서 겹세로줄 모양의 로렌Lorraine 십자(╪형─역자 주)를 기호로 사용했다. 로렌 십자는 대형 광고에 잘 맞아서 전미결핵협회의 모든 홍보 캠페인의 중심이 되었다.[269]

반결핵 운동가들은 더 근본적인 방식으로 그들의 예방 복음을 팔기 위해 새로운 시각 광고 문화를 사용했다. 세기 전환기에 많은 회사들이 예술가나 사진사를 고용해서 자사 제품의 가치를 인상적인 이미지로 구현하기 시작했다. 이는 근대적인 광고의 겉모양을 인상적으로 변화시킨 추세였다. 비슷하게 반결핵 운동가들은 곧 위생에 관한 이야기를 더 인상적으로 전하기 위해 예술 작품과 사진 둘 다를 사용하는 방법을 배웠다. 그들은 백문이 불여일견이라는 옛 속담을 자주 인용하면서, 자신의 위생 메시지를 설득력 있는 삽화로 만들 예술가와 사진사를 채용했다.[270]

사실 그들의 최초의 시도 중 일부는 서툴렀다. 예를 들어, 1908년 뉴욕시 자선조직협회의 결핵위원회가 결핵 슬로건으로 에워싼 베네치아(이탈리아 북부의 항구 도시─역자 주) 풍경이 그려진 포스터를 이탈리아 주민용으로 디자인했다. 그림은 메시지와는 아무런 관련이 없었다. 그것은 오로지 공동주택에 사는 사람들이 포스터를 보고 테두리에 표어를 읽을 거라는 희망으로 그려진 것이었다. 나중에 알고 보니, 협회는 대단히 잘못 판단했다. 로어 이스트 사이드Lower East Side(뉴욕 맨해튼 남동부의 빈민가─역자 주)의 이탈리아인 대부분이 남부 이탈리아에서 이민을 와서 북부 이웃을 진심으로 싫어했다. 그래서 그 포스터는 그들에게 거의 호소력이 없었다. 그런 실수를 통해 깨달은 반결핵운동 홍보 전문가들은 삽화와 카피로 서로 보완물을 만들고 자신의 메시지를 다양한 민족과 인종 집단에 맞춰서 각색하는 데 점점 더 노련해졌다.[271]

초창기 반결핵 메시지는 광고사에서 "하는 이유reason why"라는 접근법으로 부른 것에 크게 의존했다. 그것은 특히 교육적인 목적에 적용하기 쉬운 전략이었다. 카피라이터가 소비자들이 플래시맨Fleishman의 효모를 사야 하는 이유를 목록으로 만든 것과 동일한 방식으로, 반결핵 운동가들은 시민들이 반결핵운동을 지지하기 위해서 크리스마스 씰을 사야 하는 이유를 목록으로 제시했다. 보건 교육가들도 "그것이 당신에게 좋기 때문에 이렇게 하세요"와 같은 부모 스타일의 권고를 선호했다. 이는 20세기 초 광고에서도 일반적인 형태였다. 이런 솔직하고, 사실상 가혹한 접근법은 전미결핵협회가 뉴욕에서 그 지역 전단지협회의 도움을 빌려 배포했던 포스터 시리즈에도 분명하게 나타난다. 하나는 술병 든 주정뱅이와 함께 "과음과 무절제는 결핵으로 이끈다"고 굵은 글씨로 쓰여 있었다. 또 다른 포스터에는 집에 아내와 아이와 함께 있는 결핵 환자와 바로 옆에 타구 spittoon(가래나 침을 뱉는 그릇―역자 주)를 보여 주고 "부주의한 결핵 환자는 가족을 위험에 빠트린다"고 경고했다.[272]

흔히 교훈적인 호소는 부주의한 결과에 대한 공포에 기초한 경고와 더 직접적으로 결합되었다. 특히 일리노이결핵협회Illinois Tuberculosis Association는 제1차 세계대전 동안 발행된 포스터에서 극적 효과를 위해 해골의 이미지를 사용했다. 그 포스터에서는 거대한 파리를 타고 있는 해골과 감염병의 이름이 붙은 폭탄이 사람들 아래로 떨어지는 이미지를 만들었다. 거기 첨부된 슬로건 중의 하나는 "파리의 발에 있는 오물에 죽음이 도사립니다"라는 선언이었다. 한 보건 전시회 회사는 동일한 방식으로 "사망률 환영death rate illusion"이라는 것을 팔았다. 그것은 30초마다 해골로 변하는 아주 작은 인형으로 만들어졌다. 이 전시에서는 환영이 일어나는 순간마다 세상 어느 곳에 있는 한 사람이 결핵으로 죽는다는 사실을 보여 주었다.[273]

그러나 반결핵 운동가들은 곧이어 교훈적이고 공포에 기반한 광고가 일부 시민을 쫓아 버린다는 것을 깨달았다. 이에 다른 더 긍정적인 가치에 호소하여 주정뱅이와 거대한 파리에 대한 접근법을 수정하기 시작했다. 예를 들어, 제1차 세계대전 시기에 결핵 포스터는 용감한 미국 병사 이미지를 내세워 질병 예방과 그것을 위한 애국적인 행동을 동일시했다. 같은 방식으로 어머니와 아이의 표상이 더욱더 인기를 끌게 되었다. 1920년 포스터 콘테스트에서 펜실베니아협회는 공원 벤치에 앉아 있는 한 여성과 아이를 사랑스럽게 그린 그림 속에 깨끗한 공기라는 슬로건이 삽입된 포스터에 최우수상을 주었다.[274]

이런 가벼운 터치는 아동을 위한 보건 자료에서 특히 분명했다. 결핵예방협회가 주문한 매력적인 포스터 시리즈는 카드와 책의 형태로 널리 재간행되었고, 거기에는 각각의 예방 표어에 맞게 아이의 그림이 멋지게 그려졌다. 1910년대 반결핵 운동가들은 또한 성인과 아동 독자를 위해 만화를 시험하기 시작했다. 미국 공중보건 운동가들이 프랑스인을 위해 개발한 한 만화에서는 프랑스 사람의 마음을 "공상적 개혁가do-gooder"에 적대적이라고 추정했는데, 이 만화 시리즈가 매우 인기를 끌어서 미국에서 재판되었다. 이 만화는 또한 결핵을 위협적이거나 별난 캐릭터로 그리는 새로

운 가능성도 열었는데, 그것은 아이들에게 매우 유용한 전략이었다.[275]

균의 복음을 시각적으로 만들고 극적으로 표현하는 전략이 혁신적 반결핵운동의 핵심이었다. 대표적으로 영화를 들 수 있다. 광고와 마찬가지로 영화라는 매체는 보건 개혁가들이 자신의 예방 메시지를 이미지와 이야기로 옮기는 데 새로운 방법을 제공했다. 결핵운동가들이 홍보에 관심을 두었기 때문에 재빨리 영화의 교육적 잠재성을 깨닫게 된 것은 당연했다. 1910년 미국 최초의 상업영화가 만들어진 5년 후에, 전미결핵협회는 토머스 엘바 에디슨Thomas Alva Edison에게 영화 시리즈 제작을 의뢰했다. 정보와 오락을 결합한 공중보건 영화는 대단히 인기가 높았다. 그때까지 사진과 포스터로 만들어졌던 교육적인 장면들이 영화를 통해 살아 움직일 수 있었다. 예를 들어, 1914년에 만들어진 《몰록의 사원Temple of Moloch》은 "부주의한 폐결핵 환자careless consumptive" 길들이기를 매우 과장되게 그렸다. 거기에서 예의 바른 기침, 청소, 환기에 대한 지침들이 노동계급 가족을 돕는 젊은 이상주의자 공중보건 의사에 대해 깨닫게 되는 이야기 속에 섞여 들어갔다. 이런 종류의 선전영화는 신속하게 반결핵운동과 미국의 공중보건 교육의 주요 특징이 되었다.[276]

광고와 오락 산업은 공중보건 선전의 내용과 스타일뿐만 아니라, 그 선전을 공표하고 배포하는 방식에도 영향을 미쳤다. 세기 전환기 제조업자와 판매업자들은 소비자가 자신의 상품에 관심을 갖도록 하기 위해, 정교한 선전 캠페인과 홍보 이벤트를 개발하기 시작했다. 결핵운동가들도 비슷한 방식으로 정성들여 편성한 홍보 이벤트로 교육적인 성과를 높이기 시작했다. 전미결핵협회 최초의 전국 미디어 캠페인은 순회전시회와 공동으로 전개되었는데, 그 이동 박물관은 질병과 그 예방에 관련된 도표,

그림, 포스터와 모형으로 구성되었다. 1904년 볼티모어에서 처음으로 사용되어 확장되고 개정된 결핵전시회는 1906년에서 1912년 사이 전국을 순회했다. 1908년 거대한 파리 모형을 완비한 전시회가 뉴욕시 자연사박물관American Museum of Natural History에서 열렸을 때, 수만 명이 그것을 구경하려고 모여들었다.[277]

미디어에 질린 우리 눈에는 따분해 보이는 전시에 그토록 흥분한 것이 일견 이해하기 어렵다. 그러나 당시의 기준으로 본다면 정보를 **시각적으로**—다시 말해, 글로 쓰인 가르침을 더 이해하기 쉬운 사진과 도표로—만드는 데 상당한 진전을 보였던 것이다. 더욱이, 전시회 기획자들은 관광객을 끌어들이기 위해 집약적인 광고 캠페인 방법을 모두 사용했다. 한 반결핵 운동가가 말했듯이, "대형 순회서커스가 동행하는 것과 다소 비슷했다." 전시회가 열리기 몇 주 전부터, 개최 도시에는 개막을 알리는 포스터, 전단, 광고카드가 넘쳐났다. 개막을 알리기 위해 결핵협회들은 코끼리를 포함해 퍼레이드 같은 서커스를 공연함으로써 관심을 고조시켰다.[278]

1908년 미국 적십자사와 공동으로 시작한 크리스마스 씰 캠페인은 또 다른 매우 성공적인 근대적 홍보 방법을 적용한 것이었다. 일 년에 한 번, 결핵협회들이 크리스마스 카드나 다른 휴일 편지에 붙일 멋진 우표를 팔아서 자금을 모았다. 집중교육 프로그램과 모금행사를 결합함으로써 크리스마스 씰 십자군은 매우 성공적이었고 곧 결핵협회 교육사업의 중심이 되었다. 전미결핵협회는 전국 광고 캠페인에 동일한 방법을 사용해서 1915년에는 25만 달러, 1920년에는 거의 400만 달러의 씰 판매 수익을 올렸다.[279]

오늘날의 기준으로도 초기 크리스마스 씰 캠페인의 규모나 독창성은 인상적이다. 판매를 시작하기 몇 달 전에, 결핵협회들이 광고판 회사와 신문에 무료로 광고를 실었기 때문에 지역 공동체는 홍보물로 가득 찼다. 교회에서는 활동에 맞는 적절한 설교나 특별모금으로 "결핵 주일Tuberculosis Sunday"을 축하하라고 권했다. 지역 단체에서는 우표를 판매할 지원단—특히 예쁘고 젊은 여성들—을 모았으며, 매년 멋진 새 디자인의 우표를 내놓았다. 반결핵 운동가들은 매출을 올리기 위해서 "묘기stunts"를 생각해 내는 데 상당한 에너지를 쏟았다. 유명한 작가 새뮤엘 홉킨스 애덤스Samuel Hopkins Adams가 위스콘신 씰 판매에 대해 감탄했듯이, "이 나라에는 완벽하고 설득력 있는 체계를 갖춘 상업 조직들이 있을지 모른다.……하지만 나는 아직 그런 것은 들어보지 못했다." 그는 "위스콘신 시민은 정말 굴 속에 사는 오소리(위스콘신 주민의 별칭-역자 주)이지 않는 한 그 누구라도 씰을 사서 푼돈이나마 그 운동에 기여할 수밖에 없다"고 결론 내렸다.[280]

대개 전미결핵협회가 개발한 가장 광범위한 교육 프로그램은 씰 캠페인의 부속물로 시작되었다. 1915년 씰 판매 책임자 찰스 드 포레스트는 씰 판매운동의 '십자군 전사crusaders'로 어린이들을 선발하는 기발한 생각을 했다. 이는 당시 유행했던 중세주의medievalism에 호소한 것으로서 아동 봉사자들의 씰 판매액에 따라 십자군 계급을 주었다. 아이들이 우표를 더 많이 팔면 종자squire에서 기사knight로, 기사에서 최고의 영예인 '원탁의 보건 기사단round table of health chivalry'으로 승격했다. 포레스트는 그 체계에 더 교육적인 가치를 부여하기 위해서 1917년 계획을 수정했다. 결핵 예방과 일반적인 위생의 필수 사항을 구체화하는 11가지 보건 '잡일chores'을 완수하는 것에 따라 등급을 올리는 것이었다. 이 개정판 근대 보건 십자군Modern Health Crusade은 대단히 인기가 많아서 잡일 카드, 게임, 연극과 노래 같은 특별한 교재를 양산했다. 1922년에는 700만 명 이상의 미국 아동들이 십자군 참가자로 등록했다.[281]

근대 보건 십자군의 인기는 아이들이 부모들보다 훨씬 빠르고 긍정적으로 위생 동향에 반응한다는 교육 개혁가들 사이에 확산되던 인식을 잘 보여 주었다. 동시에 그 십자군은 광고 지향적인 요구에도 더 잘 맞았다. 예를 들어, 반결핵협회들은 매력적인 어린 십자군 전사가 유명한 사람들에게 우표를 파는 사진을 자주 사용했다. 하얀 망토와 화려한 모자 속에서 그들은 인간의 형상을 한 상표가 되었다. 선 메이드 건포도Sun Maid Raisins 나 패커스 타르 비누Packer's Tar Soap와 같은 제조업자들처럼, 반결핵협회 도 "아이들이 아주 좋은 광고 매체"라는 것을 깨달았던 것이다.[282]

반결핵 메시지, 종교가 되다

새로운 소비경제에 잘 맞는 설득 방식을 적용한 반결핵협회는 미국 역사 상 최초의 대중 보건교육 캠페인을 만들었다. 그들의 활동 범위와 세련됨 덕분에, 반결핵 십자군 전사들은 다른 어떤 단체보다 균의 복음에 기초한 새로운 보건 규범을 더 많이 보급했다. 반결핵 운동가들이 홍보한 교훈―포스터, 광고카드, 공중보건 영화를 통해서―은 단순히 건강하게 사는 방법에 대한 규칙 체계보다 훨씬 더 많은 것을 포함했다. 일상생활의 아주 작은 차원에서의 비전과, 개인이나 공동체가 질병의 확산을 막기 위해 서로 무엇을 해야 하는지에 대한 가정 모두가 글과 이미지에 새겨졌다.

과학은 확실하게 미생물과 함께 안전하게 살 수 있는 방법에 대한 반결핵운동의 비전에 시금석이 되었다. 반결핵 운동가들은 운동을 추진함에 있어서 계속해서 실험의 타당성을 가이드로 삼았다. 루이 파스퇴르, 로베르트 코흐, 에드워드 트루도가 새로운 결핵 종교의 '수호 성인patron saints'이었다. 1909년 필라델피아에서 열린 국제결핵박람회International Tuberculosis Exhibition의 홍보엽서는 극적인 전설을 탄생시켰다. 그것은 "두 명의 해방론자들: 링컨은 노예제를 청산했고, 과학은 결핵을 없앴다"라는 것이었다.[283]

그러나 결핵운동은 과학에의 호소와 오래된 프로테스탄트 복음주의 언어를 결합했으나, 주창자들은 계속해서 팸플릿을 '트랙스tracks(종교적 성격을 갖는 소책자—역자 주)'나 '교리문답서catechism'라고 불렀고, 보건 규칙은 '계명commandments'이라고 불렀다. 1908년 일리노이주 보건국Illinois State Board of Health에서 배포한 결핵 환자용 안내장은 이렇게 시작했다. **"이 황금률(성서의 교훈—역자 주)을 따르세요. 무엇이든지 다른 사람들이 당신에게 해야만 하는 그대로 당신도 행동하세요."** 그리고 다음과 같은 더 단조로운 명령도 뒤따랐다. **"절대 바닥에 침을 뱉지 말고, 희망과 활기를 가지세요. 그리고 창문을 열어 두세요."** 똑같은 방식으로, 근대 보건 십자군은 결핵과의 전쟁을 이교도에 맞선 기독교의 십자군에 빗대었다. 한 젊은 십자군 전사가 상을 받은 글에서 말했듯이, "균은 터키인Turks(이슬람교도를 뜻하는 고어—역자 주)이다."[284]

전미결핵협회는 세속적인 기업이라고 자인했기 때문에, 종교적인 이미지에 호소하는 것이 때로는 그 지도자들에게도 편치 않았다. 예를 들어, 겹세로 십자를 채택한 전미결핵협회는 십자의 길이와 디자인을 어설프게 고쳐서 기독교의 상징처럼 보이지 않게 만들려고 애썼다. 그러나 결국 겹세로 십자는 여전히 보건 개혁의 복음주의 기원을 강하게 생각나게 하는 것으로 남았다. 이처럼 새로운 과학적 증거에도 불구하고, 종교적인 개종이 여전히 반결핵운동에서 유도한 믿음과 변화에 제일 근접했다.[285]

새로운 결핵 종교에서 침 뱉기는 가장 나쁜 대죄大罪였다. 에티켓 작가와 보건 개혁가는 오랫동안 "침 뱉기 특혜"라고 불평했지만, 세기 전환기 반결핵운동은 특히 씹는 담배와 관련해 전례 없이 높은 강도로 침 뱉기를 비난했다. 그리고 결핵 소책자에서도 구강 분비물과 관련된 위험에 대해서 지속적이고 강력하게 강조했다. 전미결핵협회의 한 안내장에서 결핵환자의 침 뱉기에 대해서 묘사했던 것처럼, "균은 미세한 막대 모양으로 질병 초기부터 침에서 수백만이 발견된다. 그리고 침 그 하나만으로도 다른 사람들에게 도달한다." 반결핵 활동가들이 유행시킨 슬로건은 "침 뱉기는 위험하고 점잖지 못하며 법에 어긋난다." 혹은 "침 뱉기 금지, 결핵 반대"라고 계속해서 침 뱉기의 잠재적인 위험성을 강조했다.[286]

결핵균은 공기를 통해 꽤 먼 거리를 비행하고, 일상적 사물에 잘 붙으며, 먼지와 오물에 잘 섞이고, 물과 우유 같은 액체를 오염시키는 비상한 능력을 가졌다. 뉴욕시 학교의 8학년(한국 교육과정의 중학교 2학년에 해당-역자 주)을 위한 결핵 '교리문답'에서는 박테리아의 지속성과 기동성을 이런 말로 표현했다. "균은 오랜 시간 어둡고 축축한 곳에서 살아남아 있다가, 방에 먼지를 털고 청소하는 사이 이동하며, 공기 속에서 표류하다가 폐로 들어가거나 음식 조각에 숨어들었다가 사람의 몸 안으로 들어갈 것이다." 균의 감염력은 때때로 거의 초자연적인 것처럼 보였다. 한 저자는 질병을 "항상 존재하는 악령"이자 "탐욕스럽고 미세한 파괴자"—복음주의 기독교인이 사탄을 "파괴자Destroyer"로 묘사한 것을 흉내 낸 말—로

묘사했다.[287]

많은 결핵 환자들은 병이 상당히 진행될 때까지 평범한 일상을 유지할 수 있었다. 바로 그 사실이 병에 대한 특별한 경계를 강조하게 만들었다. 콜레라나 천연두의 희생자와는 달리, 폐결핵 환자들은 수년 동안 병의 씨앗을 유포하면서 사회에서 자유롭게 이동할 수 있다는 점을 반결핵 활동가들은 종종 지적했다. 더구나 악취와 더러운 모습으로 스스로 발현하는 '오물'이라는 오래된 개념과는 달리, 입과 코 분비물의 위험은 항상 그렇게 분명하게 자신을 알리지는 않았다. 실험실의 새로운 교훈은 건강하고 깨끗한 외관이 안전에 대한 기만적인 가이드라는 경고를 강조하는 데 지나지 않았다. 예를 들어, "결핵에 걸린 소Tuberculous Cow"에 대한 위험을 경고하는 소논문에서 독자는 일련의 젖소 사진을 제공받았다. 비전문가들의 눈에는 모두 거의 똑같았지만, "위험한 결핵 소"와 "특히 위험한 소" 등의 제목으로 구별되어 있었다. 이와 유사하게 평범해 보이는 엄마와 아이가 깨끗하고 안락한 침실에 앉아 있는 슬라이드에는 폐결핵에 걸린 부모가 아이들을 엄청난 위험에 빠트린다는 설명을 붙였다.[288]

기만적인 모습의 세계에서 진정한 안전은 한 반결핵 활동가의 말처럼 "일종의 도덕적인 갱생regeneration"에 달려 있었다. 갱생은 결핵 종교의 진리를 "대중의 양심을 괴롭히는 아주 많은 걱정과 고뇌에서 행동으로 바꿀 것"이었다. 익숙한 행동 방식들은 새로운 위생의 중요성을 인식하게 되면서부터 변해야만 했다. 이런 균의 위험에 대한 우주론cosmology을 구체적인 위생 행동 규범으로 바꿈으로써 반결핵 활동가들은 질병 예방의 책무를 일상생활의 모든 측면으로 확장했다.[289]

결핵 예방에 관련된 행동의 범위는 상상을 초월했다. 지켜야 할 규칙은 엄청나게 많은 위생적인 죄의 가능성을 포함했다. 바닥을 닦고 코를 풀고 젖병을 준비하고 식탁을 차리는 데에도 "옳고right", "그른wrong" 방법이 있었다. 보건 전시회에서는 "좋고good", "나쁜bad" 방을 특징적으로 그려 냈다. 특별한 바닥재, 휘장, 가구 스타일의 위생적인 장점을 대조적으로 설명한 것이었다. 그런 전시에 수반된 훈계 어조는 강하고 확고했다. 한 저자는 읊조렸다. "대체로 그렇게 습관처럼 바닥에 아기를 놓거나 어린아이가 거기서 놀지 않도록 하는 절대적인 규칙이 있어야 한다." 그런 구체적인 행동에 대한 상세한 서술은 아주 사소한 위반으로도 죽음에 이를 수 있다는 경고로 이어졌다. 1910년 "결핵에 맞선 일상적인 전투에서 피할 수 있는 작은 위험들"에 대한 논문은 "우리는 모두가 각자 매시간 위험에 직면한다"는 문장으로 시작했다. 거기에는 물컵, 지폐, 연필, 오래된 핀에 찔리는 것이나, 굴 판매대에 놓인 포크에 대해 엄청나게 많은 경고가 뒤따랐다.[290]

결핵 종교의 범위는 무한했지만 개혁가들은 그 실천이 집에서 시작되어야 한다는 점을 의심하지는 않았다. 결핵은 반복해서 엄격한 가정의례―6장에서 상술―로 막아야 하는 '집 병'으로 묘사되었다. 당시 흥미롭게도 백악관이 또다시 위생조사를 받게 되었다. 1892년 거기에서 영부인 캐롤린 해리슨Caroline Harrison이 결핵으로 사망한 후, 결핵예방협회 지도자들은 "사실상 전체 구조물의 주거용 방을 효과적으로 소독하고 수리"하는 것이 "반드시 필요하다"고 주장했다.[291]

그들이 주택을 주요한 감염 장소로 묘사했지만, 반결핵 소책자는 집에서부터 집 밖의 더 넓은 인간 상호작용의 범위로 확산되는 경로를 강조했다. 폐결핵 환자가 이전에 거주했던 공간―기선 객실, 풀먼 침대차나 호텔방—을 사용하는 것이 심각한 건강상의 위험으로 제시되었다. 한 결핵 책자에서는 호텔에서 사용하는 오염된 이불의 위험을 피하기 위해서 이렇게 충고했다. "조심스런 여행객은 위에서 2피트 아래까지 깨끗한 시트로 덮을 수 있는 이불을 요구할 것이다." 7장에서 논의하는 것처럼 당시 많은 호텔에서 이를 실천하고자 노력했다.[292]

반결핵운동은 개종자들에게 과학적 관점에서 익숙한 습관들을 버리라고 요구했다. 예를 들어, 남성에게는 근대적인 외과의사의 지시에 따라, 전통적인 남성의 권위와 기품의 상징이었던 길고 풍성한 수염을 포기하라고 요구했다. 한 의사는 미국 남성에게 사랑하는 사람에게 털투성이에다 균이 득실거리는 키스로 저주를 퍼붓지 말라고 강하게 권고하면서, "수염을 희생해서 아이를 구하라Sacrifice Whiskers and Save Children"라는 슬로건을 만들었다. 또 다른 소책자에서도 이렇게 조언했다. "만약에 친구가 결핵에 걸렸다는 것을 알게 된다면, 악수를 할지 말지 알게 될 것이고, 그 사람과 키스하거나 그가 우리 아이들에게 키스하는 데 대단히 조심하게 될 것이다." 어머니에게는 아이들이 낯선 사람과 키스하지 못하도록 하는 것뿐만 아니라, 심지어 스스로도 그런 관행을 포기하라고 촉구했다.[293]

반결핵 활동가들은 정교하게 균을 기피하는 의례를 강조함과 동시에 예방 방정식의 다른 면, 즉 몸의 "저항력resisting power"을 유지하는 것을 강조하는 데 애를 썼다. 로렌스 플릭이 설명했듯이, "충분히 신선한 공기와 충분한 음식, 충분한 휴식과 수면은 건강의 파수꾼이다. 그리고 결핵이 우려되는 곳에는 결코 들어갈 수 없다." 씨앗과 토양의 비유(마가복음 4장: 길가에 떨어진 씨는 새의 먹이가 되고, 흙이 얕은 돌밭에 떨어진 씨는 싹은 트지만 해가 뜬 후에는 뿌리가 타서 말라버리며, 가시떨기에 떨어진 씨는 가시 때문에 결실을 맺지 못한다. 좋은 땅에 떨어진 씨는 유일하게 열매를 맺는다−역자 주)는 건강한 개인은 결핵균이 번식하기에는 "돌이 많은 토양"을 제공할 뿐이라는 점을 말하는 데 자주 인용되었다. 이러한 이미지는 강한 체질과 깨끗한 환경의 중요성을 강조하는 오래된 위생 전통과 새로운 결핵 세균설을 조화롭게 만들었다.[294]

저항력에 대한 강조는 또한 반결핵 십자군을 금주운동이나 정신보건운동과 같은 당시의 다른 보건 개혁과도 연결시켰다. 결핵 책자에는 일상적으로 8학년을 위한 뉴욕시 교리문답에서 주어진 것과 같은 경고도 포함되었다. "술은 몸을 약하게 만들어서 병원균에 저항할 수 없게 한다." 게다가 안정되고 낙천적인 정신으로 감염을 예방할 수 있다고 제시했다. 한 의사는 일상생활에서 결핵을 예방하는 방법에 대한 팸플릿을 통해 다음과 같이 충고했다. "활동 기능을 쉽게 하고 즐겁고 유쾌한 심신의 힘을 발휘할 수 있도록 충분히 휴식을 취하세요."[295]

병균의 사회주의, 질병 사슬

결핵 종교는 병의 확산을 막기 위한 개인의 도덕적 의무를 분명하게 가르쳤다. 그러나 이러한 개인적인 개혁의 필요성이 결코 예방을 위한 집단적인 책임을 배제하지는 않았다. 이전 세대의 공중보건 개혁가들과 마찬가지로 개인과 공동체 모두에게 위생의 부담이 가해졌다. 결핵균의 이동성과 생명력을 감안한다면, 전염시키는 개인과 사회 사이에 간단한 구분선도 없었다.

1895년 뉴욕시 위생국장 사이러스 에드슨Cyrus Edson은 〈사회 평등주의자로서 미생물〉이라는 도발적 제목의 논문에서 이런 상호의존성의 테마에 대해 꽤 훌륭하게 설명했다. "병균은 사람의 지위에 좌우되지 않는다." 그리고 "그것은 은행에 예금이 아무리 많다고 하더라도 막을 수 없다." 에드슨은 병균의 "사회주의적인 면"이 부자들로 하여금 가난한 사람들을 신경 쓰게 만들었다고 경고했다. "전자는 잘 차려진 식탁에 앉아서 후자의 가난한 방의 식량 부족을 잊어버릴 수가 없다. 왜냐하면 음식이 없다는 것은 언젠가 그 방에 병이 생길 것이라는 뜻이고, 조만간 그 병균이나 포자가 먹잇감을 찾아서 대저택의 창문에 달린 무거운 커튼 안으로 들어올 것이기 때문이다." 그리고 그는 "이것이 병균의 사회주의다. 이것은 공동체의 모든 사람을 묶어 버리는 질병 사슬"이라고 결론지었다.[296]

세기말 보건 통계를 통해, 미국의 가난한 비백인 이주민이 부유한 미국 토박이보다 더욱 병에 많이 걸린다는 것이 증명되었다. 그런 집단이 대체로 개인적인 통제 밖에 있는 낮은 임금과 열악한 주거 등의 조건 때문에 결핵에 걸릴 위험에 더 많이 노출된다는 것을 반결핵 활동가들도 잘 알았다. 뉴욕시 보건국의 '교리문답서'에 설명된 것처럼, "결핵에 더 잘 걸리는 사람은 가난하거나 식량이 충분하지 못하고, 어둡고 비좁으며 환기가 안 되는 방에서 살거나, 과로로 건강을 해친 아픈 사람이다."

많은 반결핵 활동가들은 가난한 사람의 높은 발병률이 안전하지 못한 싸구려 공동주택을 지은 건축업자의 부도덕 때문이라고 보았다. 적절한 상수도나 변기 시설을 제공하지 않은 집주인, 노동자에게 임금을 적게 주는 공장주, 그리고 불결한 음식을 파는 가게 주인. 사회적인 복음운동의 창시자 중 한 명인 월터 라우센부시Walter Rauschenbusch는 결핵 주일에 기도문을 써서 이런 집단적인 도덕적 책임감을 구체적으로 서술했다. "모두 공동으로 병을 일으키는 상태에 대해서 유죄이기 때문에, 우리 공동의 죄를 짊어진 사람의 옆에 서서 인생의 한창 때 젊고 건강한 사람을 죽이는 이런 힘에 맞서서 우리 공동체의 통일된 의지를 보이기 바랍니다."[297]

사회경제적 복지에 관한 오래된 자유방임주의laissez-faire 개념을 비판하면서 반결핵 십자군의 수사는 폭넓은 혁신주의운동과 공통 요소를 공유했다. 많은 공중보건 개혁가에게 균의 합병에 대한 과학적 폭로는 공중보건 문제에 있어서 굳건했던 개인주의의 최후를 요하는 듯했다. 한 관찰자가 말했듯이, "**자유방임주의**는 모든 보건 철학에서—다른 것과 마찬가지로—가장 비열한 것이다." 초창기 개혁가들이 국가의 공중보건 지원을 강화하기 위해서 콜레라의 위협을 이용했던 방식과 유사하게, 혁신주의 시대 개혁가들은 강력한 공동주택법, 공장 시찰, 식품 규제, 그리고 다른 집단적인 위생 조치를 요구하기 위해서 결핵 문제를 들먹였다.[298]

그러나 제이콥 리스Jacob Riis의 말마따나 "다른 절반의 사람들이 어떻게 사는지how the other half lived"에 대한 관심을 촉구함으로써, 반결핵운동은 혁신주의 시대에 팽배하던 민족적·인종적인 편견도 충분히 활용했다. 혁신주의 시대 개혁가들이 대체로 그러했듯이, 반결핵 활동가들도 그 집단의 발병률 정도의 차이를 개인 행동이나 유전적인 결함 탓인지, 아니면 환경 상태를 탓해야 하는지에 대해 의견이 분분했다. 일부는 남동부 유럽에서 새로 온 이주민의 청결 및 금주 상태가 결핵 발병률에 나쁜 영향을 미친 것으로 보기도 했다. 1905년 존스 홉킨스의 권위 있는 의사 윌리엄 오슬러William Osler는 '집과 결핵 문제의 관계'에 대한 강연에서 볼티모어의 한 클리닉에서 치료받은 결핵 환자들의 '개인적·가정적 청결'을 비교한 도표를 보여 주었다. 표에 보이는 대로라면, 러시아 유대인 주택의 70퍼센트, '흑인'의 56퍼센트, 그리고 '백인' 30퍼센트가 청결하지 않았다. 그는 "개인이나 주택에서 전자(러시아 유대인)가 어떤 식으로든 깨끗한 상태는 예외적이죠"라고 언급했다. 이 외에 오슬러의 표에는 "나쁜 위생 장소", "불충분한 빛과 환기", "과밀함" 등과 같이 통제하기 어렵거나 통제가 안 되었던 이민자들에 대한 다른 목록도 함께 제시되었다. 단지 불결함만이 이민자들이 겪는 곤경을 초래한 것 같지는 않았다.[299]

다른 결핵 개혁가들은 덜 비난하긴 했지만, 결핵에 걸리기 쉬운 편차에 대해서는 여전히 틀에 박힌 방식으로 설명했다. 노스캐롤라이나의 한 요양원 관리자 루시어스 모스Lucius Morse는 《야외생활 잡지Journal of the Outdoor Life》에서 자연 상태의 "원시적인 사람들"은 결핵에 걸리지 않았지만, 서양인과의 접촉으로 결핵에 노출되자 이른 시간 내에 쓰러졌다고 언급했다. 그는 미국 인디언과 흑인에게서 결핵이 많이 발생하는 이유는 상대적으로 병에 노출되지 않았기 때문이라고 보았다. 그러나 이와는 반대로, "2,000년 동안 도시에 거주해 온" 유대인은 "잘 알려진 인종적 면역 상황"을 즐겼다.[300]

반결핵 십자군은 분명히 "타자"를 더럽고 위험하다고 보는 일반적인 고정관념을 강화했음에도 불구하고, 공적인 수사에서는 통합적인 보건 교육의 임무를 강조하는 경향이 있었다. 같은 시기에 이민을 제한하고 불임법을 통과시키려는 활동과 비교해, 반결핵운동은 질병의 위험이 높은 집단을 위생 지식계의 보호 영역 안으로 들어오게 하는 더 포괄적인 전략을 선택했다. 반결핵 활동가들은 보건 교육의 "용광로melting pot"라는 측면을 묘사하는 비네트vignettes(상황을 분명히 보여 주는 짧은 글이나 삽화로 소품

문小品文-역자 주)를 좋아했다. 예를 들어, 근대 보건 십자군을 "민주주의 운동Democratic Movement"으로 묘사한 논문에서 콜로라도의 길먼Gilman 광산 공동체의 적십자 간호사는 오스트리아 광부, 멕시코인, 흑인, 인디언, 시청각 장애아, 심지어 샴쌍둥이에게 십자군의 계명이 좋은 영향을 미쳤다고 설득력 있게 말했다.[301]

십자군운동의 그 어떤 측면도 당시 반결핵 퍼레이드나 야외극만큼 재통합 목표를 잘 상징하는 것은 없었다. 이런 공동체 의식은 계급과 직업에 따라 질서정연한 사회 등급을 전시했었던 19세기의 퍼레이드 형태를 질병에 맞서 행진하는 시민군대로 바꾸었다. 반결핵 퍼레이드는 서커스 방식으로 홍보 활동을 했으며 흔히 아이들—보건 개혁의 "복음 전도사"로서의 특별한 역할에 맞는 명예—이 리드했다. 그리고 사업가, 노동조합, 여성 클럽, YMCA, YWCA 등에서 온 대표단과 꽃수레가 그 뒤를 따랐다.[302]

보이지 않는 적, 결핵균에 대한 공동의 투쟁은 사회적 차이에 기반해 뿌리 깊이 균열된 공동체에서 미국인이라는 사실이 의미하는 바를 재규정하는 긍정적인 수단이 되었다. 반결핵운동의 수사에서, "병균의 사회주의"가 더 민주적인 사회로의 길을 제시했던 것이다. 그곳에서 건강, 특히 폐결핵으로부터의 자유는 성, 민족, 계급 혹은 인종에 관계없이 모든 사람들의 생득권birthright이었다. 공중보건 도덕의 척도는 개인적이고 사회적인 모든 면에서 모든 시민의 갱생 방법을 도표로 만드는 데 사용될 수 있었다.

그러나 동시에 반결핵 십자군은 틀림없이 더욱 어둡고 분열을 야기하는 정서도 조장했다. 심지어 자신들의 대상을 "아름답게 꾸미는" 광고 방법을 활용하려고 할 때조차도, 반결핵 활동가들은 여전히 연민보다는 소름

끼치는 질병과 죽음의 이미지를 이용했다. 이러한 조화롭지 못한 모순은 질병으로 인한 일일 사망률을 기재한 신시내티의 "죽음의 달력"과 같은 광고 수법에서도 분명했다. 그 지역의 반결핵협회가 "매력적으로 인쇄"했음에도, 그 누구의 거실이나 부엌에 생기를 주는 달력은 아니었다. 사람들에게 보이지도 않고 피할 수도 없는 미생물 세계에 대한 이미지를 사용하는 것은 불가피한 일상의 인간 상호작용을 두렵게 만들었다. 반결핵 활동가들이 "폐결핵 공포증phthisophobia"을 비판했음에도 불구하고, 그들의 문헌은 결핵 진단을 받자 직장, 집 혹은 연인을 잃은 사람들에 대한 이야기로 채워졌다. 이런 편견은 필연적으로 발병률이 높은 노동계급, 이민자, 그리고 흑인을 특히 힘들게 만들었다.[303]

더욱이 열악한 주거나 저임금같이 어려운 사회 문제에 직면했을 때, 평론가들은 종종 개인과 가족에게 비난을 퍼부었다. 실제로 반결핵 문헌에 보이는 가장 심한 도덕적 비난이 "부주의한 결핵 환자들"로 향했다. 이들은 자신이 아프다는 것을 알았지만 그들의 균이 가득한 분비물로부터 다른 사람들을 보호하는 데 실패한 자들이었다. 반결핵 활동가들은 원칙상 악의적인 집주인과 탐욕스런 공장주를 욕할 수는 있었지만, 결핵의 원인을 개인의 탓으로 돌릴 때에는, 항상 폐결핵 환자의 집과 그들의 습관을 들먹였다. 예를 들어, 전미결핵협회의 표준 슬라이드 강의에서 묘사된 주요한 결핵 "번식지"는 더러운 집과 마당이었다. 즉, 희생자들이 거주하는 가정 공간인 것이었다. 쉽게 비난할 수 있어 보이는 유일한 것이 무고한 아이들을 질병에 노출시킨 무식한 부모들의 얼굴이었다.[304]

요컨대 그 개혁가들은 폐결핵 환자의 상태에 대해서 희생자이자 동시에 위협이라는 이중의 메시지를 전달했다. 한편으로는 한 소책자에서 설명했듯이 "만약 객담sputum을 모두 깨끗하고 주의 깊게 없앤다면, 결핵에 걸린 사람과 살거나 일하는 것이 위험하지는 않다"라고 주장했고, 다른 한편으로는 환자 근처에는 박테리아가 도처에 있다는 끊임없는 경고가 환자의 친구들에게 혐오를 야기했다.[305]

반결핵 활동가들이 아무리 자주 병균의 사회주의를 인식했다고 하더라도, 위생 의식에 대한 교육이나 주의 깊은 관찰 모두에 대한 강조는 미국 사회의 특권층을 선호했다. 따라서 그 질병은 개인의 도덕적 실패일 뿐만 아니라 "하류층 사람들"의 위생적인 결함과도 관련되게 되었다. 따라서 그 "부주의"하거나 "말을 듣지 않는" 폐결핵 환자는 흔히 가난하고 교육받지 못했으며 외국 태생이거나 비백인이라고 생각되었다. 이에 대해 공중보건 간호사 엘렌 라 모트Ellen La Motte가 1909년에 썼듯이, "백만장자, 전문가, 은행원"은 외우기만 한다면 결핵으로부터 다른 사람들을 보호하기 위해서 알아야 할 것들을 배울 수 있었다. 그녀는 이렇게도 썼다. 그에 반해서 "날품팔이, 여점원, 술고래 니그로는 **계급을 구성하는 바로 그 조건 때문에** 배운 것을 활용할 수 없는 계급에 속한다."[306]

공용 성작 논쟁, 교회의 관행을 바꾸다

세기말 프로테스탄트 교회의 공용 성작communion cup에 대한 논쟁보다 새로운 "결핵 종교" 고유의 모순을 더 분명히 알 수 있는 것도 없었다. 공용 성작은 모든 신자의 공동체를 상징하는 것이었다. 그러나 이를 버려야 하는지에 대한 딜레마는 프로테스탄트에게만 있는 문제였다. 왜냐하면

로마 가톨릭 전통에서는 오직 성직자만 제주sacred wine를 마셨기 때문이었다. 이 성작의 문제는 프로테스탄트 종파 사이에서 오랫동안 고통스러운 논쟁을 야기했다. 그것이 신뢰와 통일성이라는 심오한 주제와 관련되기 때문이었다.

1887년, 뉴욕주 유티카Utica에서 의사 M. O. 테리M. O. Terry가 위생상의 이유를 들어 처음 공개적으로 공용 성작의 폐지를 요구했다. 1893년, 로체스터와 필라델피아에서 의사들은 입에 올리기조차 꺼려했던 다른 "역겨운 질환"과 마찬가지로, 결핵 전염은 공용 컵과 관련된다고 언급함으로써, 그들의 지역 교회에서 공용 성작의 문제를 제기했다. 많은 도시에서 만들어진 반결핵 단체의 회원들은 성작 문제를 선동하는 데 핵심적인 역할을 했다.[307]

처음 공용 성작의 폐지는 엄청난 저항에 부닥쳤다. 많은 프로테스탄트들은 예수와 그의 제자들이 최후의 만찬에서 하나의 그릇만을 사용했다는 사실 때문에 그 관행에 어떤 변화도 용납할 수 없었다. 매사추세츠의 의사 W. M. 파커W. M. Parker는 1892년에 "우리는 신성한 잔치를 열었던 예수님이 그런 무서운 위험에 맞서 제자들을 보호할 만큼 충분히 강할 것이라고 안심하고 믿을 수 있습니다"라고 했다. 또한 파커는 "성찬을 받는 사람의 청결에 대한 불신"을 암시하면서 개인 컵을 마련하는 것은 "추악하다"고 주장했다. 1895년 장로교 총회에서 처음 그 문제가 제기되었을 때, "본래의 역사적인 최후의 만찬을 실행하는 방법"을 바꾸는 이유로 위생 문제는 불충분하다는 데 일치했다.[308]

개혁을 지지한 사람들은 실용적이고 과학적인 이유로 그런 주장을 반박했다. 첫째, 많은 대규모 예배에서 이미 하나의 잔을 사용하는 것을 포기했다. 왜냐하면 성찬식이 너무 오래 걸렸기 때문이다. 편의성 때문에 그 관습이 이미 파기되었다면, 개인 컵의 사용은 더 강력한 위생상 이유로 정당화될 수 있었다. 그 관습을 비판한 사람들은 병원성 박테리아가 성작에서 배양되었다는 실험실 증거를 인용했다. 그리고 한 비평가는 신도들에게 말했다. "항상 기독교인이었다고 해서 진정한 기독교인인 것이 아니듯이, 언젠가 그 엄격한 길을 살짝 벗어났다고 해서 진정한 기독교인이 아닌 것도 아닙니다."[309]

의사인 엘렌 월리스Ellen Wallace는 공용 컵에 맞서 열렬한 항변을 하면서 청중들을 매우 불편하게 만드는 방식으로 그 위험을 의인화했다. 그녀는 기독교여성금주연맹Women's Christian Temperance Union의 주 위생감독이었다. 그녀는 동료 의사 이야기를 했다. 그 의사는 성찬대에 무릎을 꿇은 채 두 사람을 보았다. 그는 그들이 병에 걸렸다는 것을 알고 있었다. 한 명은 결핵이었고 다른 사람은 "추악한 병"―아마도 매독―을 앓고 있었다. 그리고 그는 그 둘의 구강 상태가 "그의 이웃에게 위험하다"는 것도 알았다. 마침내 성작이 그에게 도달했을 때 그는 다만 못 본 체했다. 월리스는 주장했다. 성찬을 받는 많은 사람들에게 병든 사람의 컵을 같이 사용한다는 생각은 아주 "불쾌한" 일이 되어 있었다. 따라서 그 의식은 더이상 "예수 그리스도가 표현하고자 했던 통합의 정신을 증명하지 않았다." 그녀는 그 의식의 신성한 의미를 회복하기 위해서 개인 컵 운동이 필요하다고 결론 내렸다.[310]

성작 문제는 종교적인 교리와 위생의 상대적 중요성을 둘러싸고 각각의 신자들 사이에 균열을 일으켰다. 1898년에 필라델피아의 월넛 스트리트 장로교회Walnut Street Presbyterian Church에서 이 문제가 곪아 터졌다. 의사이자 결핵예방협회 회원이었던 신도가 그 문제를 거론했던 것이다. 교회 위원회는 문제를 조사하기 위해 특별위원회를 임명했다. 위원회는 나중에 공용 컵 유지를 찬성한다고 보고했다. 그들은 약 1,300만 프로테스탄트 교도들이 오랫동안 확실한 피해 없이 공용 컵을 사용해 왔다고 주장했다. "만약 기독교인들에게 널리 퍼져 있는 성찬식 관례가……생명과 건강에 나쁘다면, 오랜 경험과 공동의 관찰로 위험을 감지했을 것이다." 그러나 그 보고가 논쟁을 확실히 종결시키지는 못했다. 그래서 교회는 그 문제를 표결에 부치기로 했다. 1898년 투표한 신도 3분의 2가 개인 컵 제도에 찬성했고, 곧바로 그 제도가 도입되었다.[311]

세기말 많은 프로테스탄트 교회에서도 분명히 같은 길을 갔다. 로체스터의 위생 성찬 용품회사Sanitary Communion Outfit Company는 1900년경 소책자를 발행하여 자신들이 특허 받은 성찬식 세트를 구매한 전국 수백 개 교회의 명부를 실었다. 그 세트는 개인용 유리잔과 쟁반을 사용한 후 손쉽게 소독할 수 있게 만들었다. 해당 종파에는 침례교, 회중파Congregationalists, 루터교, 감리교, 장로교, 만인구제파Universalists 등이 포함되었다. 장로교 역사협회Presbyterian Historical Society는 이런 추세를 이용해 그 명단에 있는 장로교회로부터 폐기된 성찬식 세트를 구했다. 그것으로 엄청난 양의 은과 백랍pewter 소장품을 확보했다.[312]

후세대 프로테스탄트들은 위생이 종교적 교리에 승리했다는 것을 알지 못한 채 그 작은 컵으로 성찬식 와인을 마실 것이었다. 결핵 종교의 도래로, 영성공동체는 병든 사람들과 떨어져 확실하게 분리되었다. 개인 컵을 열렬히 지지한 하워드 앤더스Howard Anders가 말했듯이, 심지어 독실한 사람들도 "명백하게 불결하고 비위생적이며 불필요하고 천하며 비기독교적인 것으로부터 자신을 지키고" 싶어 했다. 성찬식 논쟁은 균의 복음이 어떻게 새로운 공동체 의식을 조성했는지 잘 드러낸다. 그것은 심지어 가장 신성한 의식에서조차 병을 퍼트릴 수 있는 일상적인 접촉을 피하는 것이었다.[313]

좋든 나쁘든, 반결핵운동은 미국인들에게 매우 광범위하게 균의 특성에 대한 믿음과 그것을 피해야 할 필요성을 제공했다. 미국인들에게 백사병에 대해 교육하는 과정에서 반결핵 단체들은 '질병 사슬'에 대한 완전히 새로운 전망을 제공했다. 이는 병들었거나 건강하거나 모든 미국인이 공중보건 시민권public health citizenship의 권리와 의무로 연결되었다는 것이었다. 결핵 종교의 걱정과 고뇌는 균에 대한 인식 증대의 토대가 되었고 결국에는 일상생활의 모든 측면을 개조할 것이었다. 그리고 질병을 가진 사람들에게는 바야흐로 가혹한 새로운 존재가 생겨났다.

6. 세균의 가정화

반결핵운동이 절정에 이르렀던 수십 년 동안, 미국 주부들에게 균의 복음을 전하려는 여성 개혁가들의 노력도 동시에 시작되었다. 그들은 가정을 근대화·합리화하려는 임무를 띠고 자신을 "가정학자domestic scientists"라고 칭하면서 새로운 실험실의 교훈을 특히 중요하게 여겼다. 세균학적인 관점은 가장 보잘것없던 주부의 허드렛일을 중요한 것으로 격상시켰던 것이다. 먼지를 털거나 통조림을 만들거나, 혹은 실내장식을 하거나 아픈 아이 돌보는 등, 과학은 끔찍한 질병과의 전쟁에서 여성의 기여도가 크다고 말해 주었다.

가정학운동의 창시자 중 한 명인 엘렌 리처즈는 이렇게 설명했다. "청소나 빨래는 모두 위생을 위한 과정이지, 일부 사람들의 생각처럼 한낱 전통이 강요하는 고역에 불과한 것은 아니다." 이런 이유 때문에, 1887년에 리처즈와 그녀의 동료 매리언 탤벗Marion Talbot은 다음과 같이 선언했다. "위생 원칙에 대한 지식은 모든 여성의 교육에서 본질적인 부분으로 간주되어야 한다. 그리고 위생법을 준수하는 것은 모세의 율법과 마찬가지로 종교적 의무가 되어야 한다."[314]

주부의 '모세의 율법'이라는 이 개념은 고대 히브리인에게 부과된 청결의 법칙을 말한다. 이는 19세기 말 질병 예방 담론에서 여성들의 발언이 점점 더 중요해졌다는 것을 의미한다. 1890년대 이전에 가정 위생 분야는 의사나 위생기사와 같은 남성 전문가가 지배적이었다. 19세기 말 여성이 고등교육을 받을 기회가 증가하자, 대학을 나온 유능한 여성들이 가정이라는 전통적인 여성의 영역에 과학적 원칙을 적용하기 시작했다. 새로운 가정학 학문에 구현된 그들의 가르침은 세기 전환기에 성장한 자발적 여성협회와 클럽을 통해 엄청난 네트워크로 퍼져 나갔다. 여기에는 여대동창회Association of College Alumnae(현재 전미여대협회American Association of University Women), 여성클럽총연합회General federation of Women's Clubs, 기독교여성금주연맹Women's Christian Temperance Union이 포함되었다. 가정학은 또한 사회복지, 방문간호, 가정경제학 분야에서 새로운 여성 전문직의 토대가 되었다.[315]

가정학운동과 반결핵 십자군은 가정이 전염병 확산을 막는 주요한 장소라는 확신을 공유했다. 그러나 비록 상호보완적이었다고 할지라도, 그들은 상이한 방식으로 개혁 작업에 착수했다. 반결핵 활동과 달리 가정학운동은 여성에 의해 시작되었고, 여성이 주도했으며, 여성을 겨냥했다. 지도부에서는 가정이 결핵뿐 아니라 장티푸스나 디프테리아에서부터 식중독에 이르기까지 균에 관한 모든 질환의 원천이라고 보았다. 그 결과, 식품보관이나 음식 장만 등 구체적인 문제들을 예방 교육에서 다루었다. 이는 반결핵 십자군이 언급만 하고 지나쳤던 것이었다.

가정학운동은 다양한 자발적·전문적 계획들을 망라했는데, 그 모두가 어느 정도 균의 복음을 전하는 통로가 되었다. 그러나 미생물 환경으로서의 가정에 대한 이론을 세우고 미국 여성과 소녀들에게 균에 대해 체계적으로 교육하는 데 가장 전념했던 것은 가정경제학이라는 새로운 학문이었다. 가정의 질병 예방을 가르치는 데 가장 깊이 관련되었던 직종인 방문간호는 이론보다는 실천에 더 집중했다(이 분야에 대해서는 8장에서 더 자세히 검토할 것이다). 병균을 다루는 것으로서의 집안일이라는 폭넓은 개념은 세기 전환기에 전체 가정학 철학에 영향을 미쳤다. 이는 초기 가정경제학이 보급했던 "가정세균학"의 가르침에서 가장 분명하게 알 수 있다.[316]

공중보건 교육에서의 '여성 문제'

가정학운동은 공중보건운동에서 장기적인 문제, 다시 말해 위생의 팬층을 넘어서 어떤 과학 교육도 받지 못했던 일반 여성들을 가르치는 방법에 대한 문제에 집중했다. 많은 중간계급 여성들이 분명히 위생 문제에 관심이 있었지만, 그들에게 새로운 세균학의 성과를 쉽게 이해할 수 있는 말로 전달하기는 쉽지 않았다. 1890년 당시, 최고학력의 여성들도 보통은 실험 방법이나 세균학에 대해 거의 들어보지 못했다. 대다수의 공중보건 전문가는 주부에게 균의 신비를 가르치는 데 관심이 없는 남성이었다. 여의사들은 대개 여성들에게 위생 문제를 교육하는 데 대단히 몰두했지만 여전히 의료계에서는 극소수에 불과했다.[317]

해리엇 플렁킷과 엘렌 리처즈는 여성들에게 처음으로 질병 세균설을 설명한 인기 작가에 속했다. 그들은 자신의 일이 어렵다는 것을 잘 알고 있었다. 1893년 로렌스 플릭에게 보낸 편지에서 플렁킷이 말했다. "주 위원회 보고서State Board Reports나 미국공중보건협회에서 입수한 엄선된 논문에는 단점이 있어요. 주로 의사나 위생학자만이 읽을 뿐, 이 땅의 **여성들**에게는 영향을 미치지 못한다는 것이에요." 플렁킷은 플릭에게 새로운 과학적 발견을 자신이 이해할 수 있도록 결핵과 그 위험에 대한 "놀라운 사실"이나 극적인 이야기를 전해 달라고 청하면서 다음과 같이 설명했다. "가능한 한 개인적인 이야기를 가지고 내가 주장하는 사실을 '듣기 좋게 포장'하려고 애씁니다. 왜냐하면 다소 예민한 관찰자들은 여성이 개인적이지 않은 것에 관심을 가져 봤자 쓸데없다고 말하기 때문이에요." 1898년에 엘렌 리처즈도 비슷한 불만을 표출하면서 교육을 충분히 받지 못한 여성들이 대개 무지와 미신에 사로잡혀 있다고 한탄했다. 그녀는 "그들은 천둥소리에는 벌벌 떨었지만, 병균은 무시했어요"라고 했다.[318]

그러나 플렁킷과 리처즈가 그렇게 불만을 표시했던 바로 그때, 대학교육을 받은 젊은 여성들은 실험실의 교훈을 훨씬 더 잘 받아들이는 성인이 되어 있었다. 남북전쟁 이후 수 세기 동안, 백인 여성들은 통칭 '세븐 시스터즈seven sisters'(미국 동부의 7대 명문 여자대학—역자 주)라고 불린 엘리트 여자대학이나 팽창하는 주립대학에서 훨씬 더 많은 고등교육을 받았다. 더 많은 여학생들이 자연과학이나 사회과학 수업을 듣기 시작했을 때, 소수의 의욕적인 여학생들은 대학원에 진학해 연구자나 교수가 되려고 노력했다. 대학원에서 학위를 취득한 사람들 중 몇몇은 여대에서 강의를 하거나 연구를 수행했다. 다른 사람들은 공립대학에서 소수의 불안정한 영역도 개척했다. 이들 선구자 대부분이 자신의 특별 임무로서 가정에 과학적인 원리를 적용했다. 부분적으로는 그들에게 다른 길이 없었기 때문이고, 어느 정도는 그들이 가정과 관련된 주제에 가장 관심을 가졌기 때문이었다.[319]

엘렌 리처즈와 매리언 탤벗은 새로운 과학교육을 활용하고 그 폭넓은 가능성을 이해한 최초의 여성에 속했다. 리처즈는 1870년에 바사Vassar대학에서 1873년에는 매사추세츠 공과대학에서 화학으로 이학사 학위를 받았다. 그 뒤 세균학자 윌리엄 세즈윅William Sedgwick의 실험실에서 일했다. 그녀는 거기서 수질 오염 측정을 위한 새로운 방법론 개발을 도왔다. 결혼하고 가정을 꾸리는 동안에도 위생학과 가정 위생 관련 주제에 대해 계속 가르치고, 연구하고, 저술 활동을 했다. 매리언 탤벗은 1880년에 보스턴대학에서 문학사를, 그리고 1888년에는 매사추세츠 공과대학에서 이학사 학위를 받았다. 1892년에는 시카고대학에서 위생학을 가르쳤고, 나중에 다른 여성들의 학력 증진을 위한 지위인 '여성들의 학장dean of women'이 되었다.[320]

19세기 말 과학계에서 유행한 새로운 실험 및 통계 방법을 훈련받은 이 여성 전문가들은 당시 교육받지 못한 사람을 위한 통역사 겸 가이드였다. 사회과학자이자 개혁가인 플로렌스 켈리Florence Kelley도 플렁킷의 의견을 반복하면서, 주나 지역의 공중보건기관의 출판물은 개별 여성에게 심각한 결과를 초래하는 산업 상태, 불량식품, 그리고 다른 공중보건 문제들로 채워졌다고 말했다. 그러나 그 어떤 것도 그 소비자들에게 새 옷과 함께 "천연두를 구매buying smallpox하지 않도록 하는" 실용적인 방식을 제공하지는 않았다.[321]

가정학자들은 가정과 가족에 타고난natural 관심을 지닌 여성들에게 새로운 과학을 가르쳐 자신의 성sex(여성—역자 주)을 더 생산적이고 만족스런 시민들로 만들려 했다. 그들은 여성들이 더 나은 과학교육 때문에 전통적인 가정생활 영역에서 딴 데로 관심을 돌릴까봐 두려워할 필요가 없다고 남성들에게 반복해서 강조했다. 샬롯 앵스트만Charlotte Angstman은 1898년에《월간 대중과학》에 실린〈여대생과 새로운 과학〉이라는 논문에서 설명했다. 새로운 여성 전문가들도 "가정이 그들의 생각과 활동을 계속해서 끌어당기는 좌석"이기 때문에, 집을 파괴하는 것이 아니라 개조하는 데 관심을 가진다는 것이었다.[322]

가정 개혁가들은 저학력 자매들에게는 청렴한 여성의 자비로운 언어로 실험실 교훈을 보급하려고 노력했다. 그들은 순수하게 자신의 임무가 객관적인 과학 원리에 기초한 계몽이라는 이타적인 포교 활동이라고 생각했다. 그러나 돌이켜 보면, 가정학운동은 주창자들의 개인적·계급적 이득에 더 많은 도움이 되었다. 개혁가들은 자신을 주택 전문가로 자리매김함으로써 새롭고 흥미로운 사회·정치적 힘의 영역을 개척했다. 주거 개선과 계몽이라는 수사는 사회복지·가정경제·간호 같은 전문 분야를 팽창시켰다. 그리고 그것으로 인해 여성들이 경제적으로 독립했고 개인적인 만족도도 높아졌다. 가정 전문가들이 자신의 전문성을 순전히 객관적인 것으로 묘사하긴 했지만, 그들이 강력하게 촉진시켰던 향상이라는 이상은 교육받은 중간계급 백인 여성으로서 그들 자신의 문화적인 우월감을 강화시켰다. 그리하여 미국 가정에 균의 복음을 전하는 임무는 결코 가정학운동의 창시자들이 상상했던 단순한 자선 활동만은 아니었다.[323]

주부 교육

반결핵운동이 개발했던 새로운 선전 형태와 비교하면, 가정경제학자들은 균의 복음을 전파하는 데 비교적 전통적인 방법을 동원했다. 반결핵운동의 특징은 시선을 끄는 예술작품, 기발한 슬로건, 서커스 식 곡예 등이었는데, 이것이 가정경제학의 교육학으로 이어지지는 않았다. 가정경제학은 상대적으로 눈에 덜 띄는 인쇄물에 의존했다. 그러나 결핵 포스터나 퍼레이드보다 훨씬 더 극적이지는 않았다고 하더라도, 그 학문에는 "시연방법demonstration method"으로 알려진 혁신적인 교육 형태가 적용되었다.

실험자가 직접 관중 앞에서 극적인 결과를 보여 주는 공중학의 전통을 모방해, 가정경제학의 시연은 학생이 관찰하고 따라하는 실험 기법을 수행하는 것이었다. 가정세균학 시연은 주로 청소나 요리 등 일상적인 일에서도 엄청나게 많은 균이 발견된다는 것을 보여 주고자 했다. 예를 들어, 페트리 접시에 보통의 집 먼지를 노출시켜 거기서 발생하는 세균집락을 보여 주는 '먼지 정원dust garden' 가꾸기가 있었다. S. 마리아 엘리엇S. Maria Elliott은 먼지 정원이 "그 어떤 글을 읽는 것보다 훨씬 더 생생하게 이 문제 전반을 이해할 수 있게 만들 것"이라고 했다. 또 다른 대중적 시연은 손에 있는 미생물의 수를 보여 주는 것이었다. 엘리엇은 한 학생의 사례를 들려줬다. 그 소녀는 요리 수업에서 자신의 손이 이미 깨끗해서 손을 씻을 필요가 없다고 주장했다. 선생님은 그 소녀에게 손을 씻은 물 한 숟가락을 멸균유에 넣으라고 시켰다. 그것이 "부패를 효과적으로 돕는다는 것을 증명"했던 것이다. 엘리엇은 "그 후로 요리 수업에서 학생들이 손 세척을 잊어 버리는 일은 결코 없었다"고 말했다.[324]

가정경제학자들은 공립학교 시스템에서 자신들의 시연법을 위한 안전한 제도적 틈새를 찾았다. 거기서 가정학이 곧 소녀들의 필수과목이 되었다. 성인 여성들에게는 클럽운동이 가정경제학 교육의 주요한 수단이 되었다. 1900년대 초 많은 여성 클럽들이 문학이나 문화 과목과 더불어 가정학 강좌를 열기 시작했다. 시골에서는 농촌지도사업extension service이 비슷한 역할을 했다(이는 8장에서 더 자세히 다룰 것이다). 가정세균학의 교리는 이런 여러 루트를 통해서 매우 다양한 미국 여성과 소녀들에게 도달했다.[325]

가정경제학자들이 성공적으로 사용한 또 다른 중요한 교육 수단은 새로 선보인 대형 여성잡지였다. 1900년대 초까지 수백만의 여성 독자들이《레이디스 홈 저널*Ladies' Home Journal*》과《굿 하우스키핑*Good Housekeeping*》같은 잡지를 읽었다. 평범한 가정세균학 이야기는 기자들의 훌륭한 솜씨 덕분에 더 주목을 끌게 되었다. 잡지에는 '가정 예술과 병균' 혹은 '두려워해야 할 때: 아동 질병에 대한 상식적인 이야기' 같은 흥미로운 제목의 기사가 실렸다. 칼럼에서는 "당신의 얼음을 지키세요"나 "파리 퇴치" 등 반결핵운동과 같은 슬로건을 주부들에게 제공했다.[326]

《굿 하우스키핑》은 가정학의 철학을 기자의 임무로 만드는 데 특히 효율적이었다. 예를 들어, 이 잡지는 자신의 "연구소", 즉 굿 하우스키핑 연구소Good Housekeeping Institute를 세웠다. 이는 소비재와 가정용품을 실험하기 위한 곳으로, 연구소의 보고서가 정규 기사로 출판되었다.《굿 하우스키핑》은 〈발견들Discoveries〉이라는 제목의 칼럼도 실었다. 칼럼에서는 주부들에게 관찰자이자 실험자로서의 경험을 공유하라고 부추겼다. 거기서 독자들은 벌레 퇴치법이나 아이스박스 세척법과 같이 일상생활을 개선하기 위한 의견들을 주고받았다. 한 대담한 독자는 공중전화를 사용할 때 균이 옮는 것을 막는 방법을 보고했다. 그 방법은 전화기를 입이 아니라 가슴에 대고 크게 말을 하는 것이었다(편집자는 그녀가 이 방법을 시도했는데 말하는 사람이 너무 멀리 있는 것처럼 들리기는 했지만 효과는 있었다고 전했다).[327]

수많은 여성잡지 광고에도 가정세균학의 교훈이 늘어났다. 19세기의 조상들과는 달리, 새로운 대중잡지는 구독료가 아니라 광고 수입에 의존했다. 《레이디스 홈 저널》과 《굿 하우스키핑》의 편집자들은 이러한 의존에 분개하기보다는, 반결핵 운동가와 마찬가지로 광고를 조작이 아닌 교육 매체라고 생각하게 되었다. 이 부분은 7장에서 자세히 설명하겠지만, 세기 전환기에 여성잡지에 실린 광고 대부분이 가정세균학의 인식을 한층 강력하게 만들었다.[328]

과학적 살림실이와 세균

얼핏 보기에 가정세균학의 원리는 이전 세대의 '집 병'이나 '오물병'의 개념과 그리 다르지 않는 것 같다. 가정경제학 창시자 엘렌 리처즈가 "통제 가능한 환경에 대한 과학"이라고 불렀던 것은 인간 노폐물과 다른 유기체 오물을 지능적으로 관리하는 데 달려 있었다. 그러나 엄밀히 살펴보면, 오물이 위험하다는 것과 어떤 과학이 가사노동을 지도해야 하는지에 대한 가정경제학적 이해는 분명히 새로운 세균학의 영향을 받았다.[329]

먼저, 가정경제학자들은 질병 예방의 규칙뿐만 아니라, 왜 그것을 지키는 것이 그렇게 중요한지에 대한 이유를 과학적으로 가르치고자 했다. 그러기 위해서 보통의 가정주부도 세균학의 기초를 배워야 한다고 주장했다. 이는 세기 전환기에는 기발한 사고였다. 코넬대학에서 농촌주부 강독 수업Farmers Wives' Reading—Course을 시작한 가정경제학자 마사 반 렌셀러 Martha Van Rensselaer의 경우가 좋은 예다. 반 렌셀러는 위생학이나 세균학 훈련을 받지는 않았다. 그럼에도 불구하고, 그런 주제가 농촌 여성을 지도하는 농과대학의 필수적인 부분이어야 한다고 생각했다. 그녀는 코넬의 한 세균학자에게 말했다. "저는 행주에 대한 세균학을 배우고 싶습니다. 그래야 농촌 여성에게 청결의 중요성을 설명할 수 있을 겁니다." 세균학자는 이렇게 대답했다. "아, 그들이 박테리아를 배울 필요는 없어요. 행주를 깨끗이 하라고 가르치세요. 그게 더 나을 겁니다."[330]

가정경제학자들은 자신의 초창기 교재나 안내장에서 그런 과학자들의 충고를 단호히 거부했다. 그리고 자신에게 더 협조적인 세균학자들을 찾았다. 웨슬리언대학Wesleyan College의 세균학자 허버트 W. 콘Herbert W. Conn은 가정경제학자들의 든든한 지원군이 되었다. 그는 만약 의대생이 세균학 강좌를 들을 필요가 있다면 가사 담당자도 그래야 한다고 생각했다. 왜냐하면 미생물은 "일반 가정, 따라서 의사보다는 주부와 훨씬 더 밀접한 관계를 갖기" 때문이었다.[331]

초기 가정경제학 강의에 사용된 기본 교재는 콘의 《가정의 박테리아, 이스트, 그리고 곰팡이》(1903)와 S. 마리아 엘리엇의 《가정세균학》(1907) 등 세균학의 기초를 단순한 용어로 설명한 것들이었다. 세균설의 짧은 역사를 제공하고 심지어 코흐의 원칙을 설명함으로써 어떻게 그리고 왜 세균이 질병과 관련되었는지를 요약하는 데 그치지 않고 간단한 실험과 현미경 사용의 중요성도 강조했다. 그리하여 학생들은 균이라는 보이지 않는 세계를 스스로 볼 수 있었다. 엘리엇은 실험적 마음가짐을 고무하면서 말했다. "매일 집에서 일어나는 많은 일들이 의구심을 낳는다. 이것은 우리가 단지 부엌을 실험실로 만들어 어떤 간단한 실험을 하기만 하면 쉽게 해결할 수 있다." 심지어 반 렌셀러가 농촌 여성을 위해 쓴 짧은 회보에서는 '먼지 정원'을 가꾸어서 부주의하게 저장한 식품에서 나타나는 부식이나 부패 과정을 식물학자의 시각으로 보라고 말했다.[332]

인기 있는 가정학 저자인 매리언 할랜드Marion Harland는 한때 존 틴들을 "일상생활의 실용적인 과학 선생의 대가"라고 불렀다. 가정경제학자들은 틴들 식으로 미생물 세계를 묘사하면서 그 이국적인 것을 익숙한 것과 혼합했다. 마리아 엘리엇은 박테리아의 세 가지 기본형—막대형, 원형, 나선형—을 묘사한 뒤, 세균집락의 형성을 "흔히 볼 수 있는 시장 진열장에 매달린 한 줄의 소시지"에 비유했다. 다른 구절에서는 "박테리아는 대체로 인간이 좋아하는 것과 같은 종류의 식품을 좋아한다." 즉 어떤 사람은 우유를 좋아하고, 다른 사람은 육즙이나 달달한 녹말 음식을 선호한다고 하면서 미생물을 인간의 식사 손님과 비교했다.[333]

가정경제학 교재에서는 그림과 사진을 이용해서 여성들에게 이스트, 곰팡이, 박테리아의 차이를 소개했다. 그리고 모든 미생물이 나쁘다는 일반적 견해를 비난했다. 낙농업은 인기 있는 사례였다. 우유를 상하게 하거나 전염 매개체로 변할 수 있는 "나쁜" 미생물 종이 버터와 치즈를 만드는 데 필요한 "좋은" 종과 대조되었다. 그런 친근한 예를 통해 주부들이 다양한 미생물의 종류를 구별하는 방법을 배워서 위험한 것을 막아야 할 필요성을 강조했다. 마리아 엘리엇이 말했듯이, 근대 여성은 세균학을 공부해서

"한없이 작은 것에 대한 과학이 한없이 중요한 것"이라는 것을 이해할 수 있었다.[334]

세균학의 진가를 가르치려는 노력에도 불구하고, 여전히 가정경제학자들의 최우선 목표는 여성에게 병균에 대한 심오한 지식을 가르치는 것이 아니라, 그들에게 과학적인 살림살이의 원칙을 가르치는 것이었다. 엘리엇이 《가정 위생》 서문에서 설명한 것처럼, "세균학이라는 학문의 주요한 기여는 건강 지향적인 예방조치를 정확히 이해하는 것"이었다. 가정경제학자들은 이런 태도로 더 과학적인 가정 위생의 규범을 가르치는 쪽으로 세균학을 해석했다.[335]

주부의 '모세 율법'에 새겨진 대부분의 인식은 결핵 "종교"라는 미명 아래 널리 퍼진 의식들과 같았다. 그러나 그 둘을 비교하면 한 가지 뚜렷한 차이가 있다. 가정학 교재는 훨씬 더 균의 복음 초기의 변기와 하수도에 대한 집착을 유지했다. 세기 전환기에 세균학자들이 하수 가스에 대한 공포를 떨쳐 버리려고 했던 바로 그때, 가정경제학자들은 여전히 변기가 질병의 대문 역할을 한다는 걱정을 지속했다. 1910년대까지 줄곧 가정경제학자들의 텍스트는 언제나 균이 가득한 하수 증기가 집안의 공기를 더럽히지 않게 하는 파이프, 배수구, 트랩에 대해 상세히 설명했다. 위생학 선조들이 그랬던 것처럼, 마리아 엘리엇도 1907년 《가정 위생》에서 배관의 밀폐 상태를 확인하기 위해서 주기적으로 '박하 시험'을 하라고 추천했다. 가정학의 신조에서는 여전히 변기도 가정 과학기술의 중요한 부분으로 생각되었다. 이들은 소독용 가루비누를 적셔서 칠하고 문지르는 등 매일 엄격한 관리를 필요로 하는 것이었다.[336]

1920년 이전에 쓰인 텍스트도 안전한 상수도를 확보하는 방법에 대한 기초 지식을 계속 가르쳤다. 이는 가난한 가정 대부분에서는 정수된 물을 공급받지 못했다는 사실을 반영한다. 가정경제학자들은 계속해서 여성들에게 물의 순도에 관한 한 감각을 믿지 말라고 경고했다. 시내나 우물에서 길은 깨끗하고 반짝이는 물에 결핵균이 가득할 수도 있었다. 가정 위생 매뉴얼에는 일상적으로 가정의 수질 오염 테스트를 포함했고 다양한 필터 시스템의 우열을 따졌다. 심지어 파스퇴르-삼베랑Pasteur-Chamberland 필터처럼 특정 상품을 우수한 항균 작용을 가진 것으로 추천하기도 했다. 주부들은 수질 안전에 의심이 들 때마다 가족의 식수를 보호하기 위해서 끓이기라는 보편적인 균 예방법을 실천했다.[337]

원래 균의 복음에 따라 깨끗한 공기와 물에 대한 걱정을 하면서도 가정학의 가르침은 또한 새로운 세균학에 대한 통찰도 포함했는데, 특히 먼지의 위험을 강조했다. 여성들은 먼지가 있는 곳에는 세균이 있다고 생각하고 그에 맞춰서 행동하라고 배웠다. 가정경제학자들은 T. 미첼 프루덴의 《먼지와 그 위험》을 자주 인용했고, 그 추천 사항에 따라 마른 청소를 조심하고 균이 있을 법한 티끌을 훔치는 데 젖은 걸레나 "먼지가 일지 않는" 빗자루나 기름 먹인 천을 사용하라고 했다. 주부들에게는 집을 청소하고 나서는 먼지가 바닥에 가라앉도록 몇 시간을 보낸 후 음식을 준비하라고 조언했다. 가정경제학자들은 위생에 큰 도움이 되는 것으로 진공청소기에 환호했다. 왜냐하면 전통적인 카펫 청소기보다 훨씬 더 안전하고 완벽하게 위험한 먼지를 빨아들였기 때문이다. 마사 반 렌셀러는 그 장점을 묻는 한 주부에게 답변했다. "우리는 진공청소기를 믿습니다."[338]

빅토리아 장식재로 애용된 푹신한 가구, 두꺼운 카펫, 무늬 있는 벽지, 거추장스런 장식품에 대한 가정경제학자들의 비판에는 먼지와 질병의 관계가 뚜렷했다. 그들은 대신에 표면이 부드럽고, 세척이 용이하고, 먼지·해충·균이 있을 법한 장식이 없는 것을 장려했다. 1902년 반 렌셀러는 "농촌 가정의 실내장식"에 대한 소책자에서 이렇게 설명했다. 벽 사진틀, 조각한 사진액자, 무거운 술이 달린 휘장 등 "근대 위생적인 살림은 '먼지 라인dust-lines'을 기피한다." 왜냐하면, 그녀의 말로는 "먼지는 질병의 친구"이기 때문이었다. 균이 가득한 카펫은 연마한 목재 바닥재나 작은 깔개로 바꾸어야 했다. 그리고 균이 번식하는 벽지는 버리고 세척 가능한 벽지나 살균 페인트로 칠한 석고로 바꿔야 했다.[339]

직물이 균을 함유하는 특성 때문에 세탁실은 특별한 위생 규율이 필요한 또 다른 장소가 되었다. 코넬의 가정경제학자 플로라 로즈Flora Rose는 농촌진흥 회보에서 근대적인 세탁법에 대해 경고했다. "아주 적은 양이라도 유기물이 옷에 쌓일 때마다, 거기에는 박테리아가 존재할 가능성이 있다." 병균이 가득한 피부에 가장 가까운 속옷에 대해서는 10분 동안 삶으라고 추천했다. 이는 "눈에 보이는 때를 제거하기 위해서라기보다는 균을 파괴하는 세척 과정을 완성해서 옷을 정화하기" 위해서였다. 가족이 감기나 다른 전염병에 걸렸을 때는 시트와 손수건을 헹구는 물에 소독약을 넣게 했다. 리디아 레이 발더스턴Lydia Ray Balderston과 엠마 H. 건서Emma H. Gunther는 1912년에 출간된 세탁 매뉴얼에서 화씨 480도(대략 섭씨 250도-역자 주)로 가열하는 "다리미의 소독력"을 칭찬했다. 그들은 버들가지 세탁 바구니를 사용하지 말라고 경고하면서 말했다. "수많은 박테리아가……그 바구니 갈대에 갈라진 틈 사이에 쌓여 있다." 그리고 쉽게 세척할 수 있고 "항상 하얗게 유지"할 수 있는 포대나 에나멜 용기를 사용하라고 추천했다.[340]

가정경제학 텍스트는 또한 곤충 질병 매개체에 대한 새로운 세균학의 가르침도 반영했다. 이것과 관련해 "획기적인 발견" 덕분에 마사 반 렌셀러는 1913년에 이렇게 썼다. "모기나 집파리가 윙윙거리는 소리는 이제 완전히 새로운 의미를 갖게 되었다. 심지어 개나 고양이 벼룩조차 새로운 양상을 띤다." 실험에 입각한 곤충과 균 사이의 관계는 고여 있는 물, 옥외 변소, 음식물 쓰레기, 마구간, 퇴비 더미에 대한 전통적인 위생 편견에다가 세균학적인 비난을 더했다. 이들은 곧 곤충의 온상으로 엄청나게 비난받았다. 가정경제학자들은 주부들에게 집에서 만든 살충제에서 방충망에 이르기까지 그 "날개 달린 균"을 집에 들이지 않기 위해서 필요한 모든 수단을 동원하라고 촉구했다. 병균에 대한 생각이 주입된 보통의 여성들에게 이맘때 '벌레bug'라는 말은 흔히 병균의 구어적 표현이 되었다. 이 말은 보이지 않는 적, 즉 세균을 잘 구현한 것이었다.[341]

병실은 박테리아와 싸우는 또 다른 전쟁터였다. 거기서도 주부는 주도적인 역할을 지속했다. 1900년대 초까지 병원이 널리 보급되고 있었음에도 불구하고, 대부분의 여성들은 여전히 심각한 전염병이 발발한 동안 가족, 특히 아이들을 간호해야 하는 일이 흔했다. 그래서 가정간호 절차에 대한 지식은 주부의 '모세 율법'에 중요한 부분이 되었다. "가정병원"의 기본 원칙은 1880년대에서 1910년대까지 거의 변하지 않았다. 여전히 여성들은 병실에 불필요한 가구를 없애고, 문에 소독약을 적신 시트를 걸고, 환자의 몸에서 나오는 배설물은 즉시 소독하라고 교육받았다. 먼지와 비말 감염에 대한 새로운 이해는 그 전통적인 조치에다가 기침과 침 뱉기에 대한 더 많은 주의를 추가했다. 가정간호 지침에는 이제 결핵에 대한 걱정을 반영하면서, 천 손수건 위에 일회용 "크레이프 냅킨crepe napkins"

이나 종이 티슈로 만든 타구唾具를 위생적으로 손질하는 것과 값싼 종이로 가래 담는 컵을 만드는 것이 포함되었다.[342]

가정경제학자들은 대체로 여성들에게 찰스 채핀이 한때 "보편적인 인간 타액 교환"이라고 칭했던 것을 중단하라고 요청했다. 또 여성들에게 아기와 유아의 보호자로서 입과 손의 청결에 대한 모범적인 습관을 보여 줄 특별한 의무가 지워졌다. 1909년에 마사 반 렌셀러가 인정했듯이, "균에 대한 지식은 주부들 사이에 일반적이다. 그러나 박테리아의 위험과 관련해 주의를 기울여 보면 신속히 없애야만 할 사소한 습관에 대해서 우리는 유죄다." 그녀가 언급한 부주의한 "사소한 죄little sins"에는 우표를 혀로 핥는 것이나 책장을 넘기려고 손가락에 침을 바르는 것과 같이 "우리 자신의 유기체로 가져 가는 보통의 방식들"이 있었다. 가정경제학자들은 그 외에도 입으로 젖병 온도를 확인하거나 아기가 소화시키기 쉽게 비스킷을 씹어 입에 넣어 주는 엄마들을 꾸짖었다. 여성들에게 아무렇게나 아기에게 입을 맞추는 것도 위험하다고 경고하면서, 엄마들은 이런 비위생적인 관습을 멈춰야 한다고 권고했다.[343]

각광받는 식품 세균학

식품 세균학은 가정경제학의 가르침에서 특별한 위치를 차지했다. 허버트 W. 콘이 《박테리아, 이스트, 그리고 곰팡이》에서 "최근 세균학이나 그와 비슷한 주제를 공부하는 것이 필수적인 주부 교육으로 여겨지게 되었다"라고 한 것은 주로 여성이 조리실과 관련되기 때문이었다. 그는 또한 일부 미생물은 조리실에서 긍정적인 역할을 하지만, "식품에 박테리아가 자라는 것은 거의 언제나 바람직하지 못하다. 그리고 주부는 항상 그것을 방지하려고 노력해야 한다"고 경고했다. 세균학은 이제 음식을 안전하고 "썩지 않게" 유지하는 방법에 대한 오래된 상식을 대신해서, 식품 저장과 보관을 통제할 수 있는 정확한 시간과 온도를 제공했다. 차가운 온도가 박테리아에 미치는 영향에 대한 연구에서는 식품에 박테리아가 성장하지 못하게 하려면 상온 화씨 40도(섭씨 5도 정도-역자 주)나 더 낮은 온도가 필요하다고 가르치고 있었다. 이러한 발견으로 가정에서 아이스박스나 냉장고를 가지는 것이 대단히 중요해졌다.[344]

가정경제학자의 관점에서 냉장고는 변기 다음으로 가정 위생의 필수품이 되었다. 그러나 변기와 마찬가지로 관리 부담이 있었다. 냉장고 온도를 꼼꼼하게 관찰할 필요가 있을 뿐만 아니라, 균이 내용물을 오염시키지 않도록 그 표면을 얼룩 한 점 없이 깨끗이 해야 했다. 반 렌슬러는 "냉장고는 그 후미진 곳에 무수한 죄악이 숨어 있기 때문에, 균의 내력에 대해 많은 이야기를 해 줄 것"이라고 경고했다. 그녀의 동료 가정경제학자 마리아 팔로아Maria Parloa도 이에 동의하면서, "오염된 물품 사용으로 건강과 생명을 위험에 빠뜨리는 것보다, 그것이 제공하는 안락함 없이 지내는 편이 훨씬 나을 겁니다"라고 했다. 냉장고의 적절한 위생을 위해서는 끓인 물로 더러운 부분을 꼼꼼하게 세척할 필요가 있었다. 이는 변기를 소독하고 세탁물을 삶는 것만큼이나 중요한 의식이었다.[345]

세균학적 지식에 입각한 요리를 하려면, 위험한 균과 균 포자를 죽이기 위해서 장시간 고열에 가열하는 것이 필수적이었다. 콘은 열이 균에 미치는 영향에 대해 그의 독자들에게 논한 뒤 다음과 같이 충고했다. "그 사실에서 추론한 실용적인 교훈은 **끓을** 정도로 가열한 식품은 어느 정도 부패를 막는다는 것이다. 왜냐하면 박테리아가 거의 모두 죽기 때문이다." 가정경제학자들은 경험에 따른 기본 법칙을 공표했다. 20분에서 30분 팔팔 끓이는 것으로 모든 고기, 과일 혹은 채소를 안전하게 먹을 수 있을 것이었다. 그렇게 늘어난 조리 시간 때문에 덜해진 음식의 맛은 설탕, 식초, 소금 같은 천연 방부제나 짧게 열을 가하는 것으로 충분히 보충할 수 있었다. 이런 지침 때문에 미국 중간계급의 식탁은 너무 익힌 고기, 심하게 달고 짜거나 신 반찬의 향연으로 변했다.[346]

또 다른 새로운 식품위생의 공통 테마는 먼지와 파리가 앉지 않도록 뚜껑을 덮어 둘 필요성이었다. 반 렌셀러는 주의를 주었다. "다음 식사를 위해 남겨진 음식으로 가득 찬 식탁은 진정한 먼지 정원이다. 그리고 그 음식에 무엇이 들어갔을지 누가 알겠는가?" 가정경제학자들은 실험실의 교훈을 일상생활에서 혐오감을 주는 수많은 시나리오로 만들었다. 조심성 없는 제빵사의 마른 가래로 덮인 먼지투성이 빵이나, 두엄 더미에 있다가 나중에 젖병에 앉은 '결핵 파리typhoid fly' 같은 것들이었다.[347]

우유 세균학은 가정경제학 텍스트에서 특별히 신경 쓰는 부분이었다. 가열하면 우유의 맛이 없어진다는 일반적인 견해를 인정하면서도 여성들에게 가정에서 저온 살균을 하라고 격려했다. 저온 살균법은 우유를 비등점沸騰點보다 약간 낮은 온도로 20분 동안 가열한 뒤 재빨리 식히는 것이었다. 할 수만 있다면, 상업적인 낙농장에서 저온 살균되었거나 "보증된" 우유를 사서 그런 수고를 피하라는 권고도 했다. 플로라 로즈는 "그렇다고 하더라도 주부들은 우유 배달에 사용된 유리병을 철저히 세척하고 소독해야 한다. 그렇지 않으면 여러 집에서 모인 병원균이 퍼질 것이다"라

고 주의를 주었다.[348]

가정경제학자들은 주부들에게 엄격한 청결 복음을 모든 부엌 생활에 적용하라고 촉구했다. 실험실이나 수술실과 마찬가지로, 여성이 요리하는 무대는 깨끗해야 했다. 손쉬운 청소와 소독을 위해 가정경제학자들은 세척 가능한 벽, 에나멜 표면, 리놀륨linoleum 바닥 등 욕실보다 더 훌륭한 부엌 설비를 추천했다. 온수나 음식 찌꺼기로 균이 번식할 완벽한 공간인 부엌 싱크대는 매일 소독할 필요가 있었다. 조리 도구, 접시, 은그릇, 행주 등 조리 용품은 매번 사용하기 전에 끓는 물로 소독해야 했다. 요리사는 외과의사와 마찬가지로 앞치마—되도록이면 하얀색에 자주 표백하고 삶고 다림질을 한—를 사용해서 균이 가득한 옷으로부터 음식을 보호하고 소독 비누로 자주 손을 씻어서 청결해야 했다. 여성들은 또 숟가락으로 간을 보고 나서 냄비를 젓는 데 사용하는 것처럼 음식을 오염시킬 수 있는 경솔한 습관을 조심하라는 주의도 받았다.[349]

부엌의 균에 대한 가르침에서 가장 극적이었던 것은 단연 집에서 만든 통조림에 대한 가정경제학자들의 지침이었다. 통조림은 초기에 가정경제학에서 선호하는 주제였다. 농촌지도 요원들은 농촌 소녀나 여성들에게 가족의 식이요법을 개선하는 이상적인 방법으로 통조림에 대해 가르치고 거기서 자신들의 여비를 벌었다. 통조림 교육은 또한 여름 과일이나 채소를 겨울 별미로 사용하기 위해서 통조림 만들기를 좋아하는 도시 여성들에게도 매력적이었다. 그때 가정경제학자들에게 통조림은 가정세균학의 기본 원리를 다양하고 폭넓은 층의 여성들에게 설명하기 위해 더할 나위 없이 좋은 것이었다. 올라 파웰Ola Powell이 1917년 글로 썼듯이, 통조림은 실용과학을 가정에 멋지게 적용했다. "과학적 원칙을 따르고 위생 상태에 조심하는 노동자는 한결같이 만족스러운 결과를 가질 것이다." 파웰은 많은 여성들이 "균에 대한 지식 없이도" 통조림을 성공적으로 만들었다는 것을 알았지만 "그런 미세한 생명체가 모든 곳에 대단히 많이 있다는 것을 아는 것이 그 작업을 더 흥미롭게 만들 것"이라고 주장했다.[350]

식품 보존이라는 여성스러운 예술 교육의 일환으로 가정의 통조림 제조자들은 박테리아, 곰팡이, 이스트의 발달사에 대해 매우 구체적으로 설명했다. 가정경제학 강좌에서 사용된 통조림의 기본 교재에는 과일이나 채소에서 일반적으로 발견되는 미생물의 생활주기가 묘사되었다. 예컨대 **아스페르질루스 푸미가투스***Aspergillus fumigatus*(토마토 소스와 잼을 좋아하는 곰팡이)와 **바실루스 부트리커스***Bacillus butyricus*(옥수수 통조림을 몹시 좋아하는 박테리아) 등이 그것이다. 그런 설명에는 흔히 포자나 편모flagella(원생동물의 운동 혹은 영양 섭취 기관—역자 주)처럼 흥미로운 특징을 가진 유기체 삽화가 덧붙여졌다. 통조림 제조자들에게 특히 중요했던 것은 생존에 산소가 필요한 호기성 박테리아와 그렇지 않은 혐기성 박테리아를 구분하는 것이었다. 보통 반결핵 문헌에서는 거의 언급되지 않았던 이런 기본적인 세균학 원리는 혐기성 박테리아가 번식할 수 있는 완벽한 환경을 제공하는 통조림과 명백한 관련이 있었다.[351]

통조림 만들기에 대한 정교한 관찰 기록은 실험실 세계를 모방했다. 가정 통조림 제조자들은 파스퇴르와 리스터 같은 마음으로 매우 세심한 관리가 필요하다는 것을 이해하게 되었다. 올라 파웰은 설명했다. "박테리아 활동을 방어하는 주요 무기는 절대적인 청결에 의존하는 근대 수술과 마찬가지로 가장 세심하게 청결을 실천하는 것이다." 더욱이 통조림 만들기는 정확한 온도의 중요성도 가르쳤다. 왜냐하면 위험한 미생물의 포자를 죽이는 것은 보통 요리보다 훨씬 높은 온도를 더 오래 요했기 때문이다. 메리 휴스Mary Hughes가 《모든 여성들의 통조림 책》에서 독자들에게 상기시켰듯이, "성공하고 싶다면, 공정표에 주어진 시간을 정확하게 지키는 것이 **절대적으로 필요**하다." 실패에 대한 형벌은 명백했고 치명적일 수 있었다. 그것은 음식이 상해서 버려야할 뿐만 아니라 가족의 건강도 위험에 빠트리는 것이었다.[352]

식중독에 대한 공포는 통조림을 만드는 절차 전반에 따라다녔다. 결함 있는 통조림 제품은 오랫동안 질병과 관련되었고, **클로스트리디움 보툴리눔**에 대한 세균학의 폭로는 그 잠재적인 위험을 강조했다. 가정경제학자들은 통조림 제조자들이 놀라서 달아날 것 같은 보툴리눔 식중독에 대해서는 잘 논의하려고 하지 않았다. 그들은 대신에 가정 통조림 제조의 위험도 꼼꼼한 관리를 통해 안전하게 극복될 수 있을 것이라고 강조했다. 올라 파웰은 "박테리아가 좋은지 나쁜지 사람들이 점점 더 잘 알게 되었다. 그리고 그것이 통조림 제품에 미치는 영향을 논할 때도 더이상 속삭일 필요가 없다"라고 했다. 그러나 종종 통조림 식품과 관련된 보툴리눔 식중독 발병을 선정적으로 보도한 뉴스 기사는 부주의한 방법 때문에 치명적인 결과가 야기될 수 있다는 점을 각인시켰다.[353]

사적 여성, 공적 위생

가정경제학자들이 미국 여성들에게 고무하고자 했던 균에 대한 예민한 감수성은 결코 가정의 경계 안에 국한된 것은 아니었다. 혁신주의 시대 많은 여성 개혁가들처럼 가정경제학자들도 가정학의 원리가 상업과 정치라는 공적 영역에도 적용되어야 한다고 생각했다. 더구나 가사노동에 대한 과학적 지식이 엘리트층에게만 한정된다면 위생 기준을 높이지 못할 것이라는 것도 알았다. 가정경제학자들은 세력 확장을 위해 현명한 구매와 정치적 행동으로 그런 기준을 높일 가사 담당자 집단을 모집하려 했다. 따라서 일반적으로 가정학자 특히 가정경제학자들은 미국 여성들에게 각 가정과 더 넓은 세계의 관계에 대한 비전을 제공하고자 했다. 그들은 진정으로 근대적인 여성이 되기 위해서는 그녀의 "고유한 왕국"인 가정이 어떻게 산업사회와 상호의존적이며 복잡하게 관련되는지를 이해해야 한다고 강조했다. 가정학은 주부들에게 이러한 관계를 잘 이해할 뿐만 아니라, 노사관계부터 식품 규제에 이르기까지 가족의 건강과 안전에 영향을 미치는 근대 생활의 모든 측면에 관심을 가질 것을 촉구했다.[354]

사적 여성의 역할이라는 개념은 공중보건운동에서 이와 같은 비전을 가장 강력하게 구현한 것이었다. 마리아 엘리엇이 강조했듯이, "위생 문제에는 주부housekeeper와 대중 사이의 접점이 많았다." 가정은 위생적으로 고립된 공간이 아니라 오히려 외부 세계와 지속적이고 잠재적으로 교류했다. 따라서 가정경제학자들은 변기 위생, 먼지 털기, 통조림 만들기에 대한 세부 항목을 가르침과 동시에 다른 사람의 위생상의 잘못으로 심각한 결과가 초래될 수 있다는 것을 가사 담당자에게 상기시키고자 했다. 진정한 위생적 경계를 위해서는 그녀 스스로 자신의 집에 존재하는 미생물 환경뿐만 아니라, 집 밖에 도사리는 균의 위협에도 정통할 필요가 있었다.[355]

균이 가정에 위협적이라는 사실이 구체적으로 드러나자, 많은 가정학자들은 반결핵 운동가들이 다루었던 동일한 문제, 즉 신뢰할 수 없는 공공 서비스, 낡은 주택, 작업장 폐단 등을 탓하게 되었다. 가정학운동이 더 폭넓은 위생학 프로젝트에 실질적으로 기여한 바는 여성들의 **소비자**로서의 역할이었다. 여성 개혁가들에게 소비의 보편성—즉, 여성들이 가정 밖에서 생산된 상품에 의존하는 것—은 반결핵운동에서 '질병의 사슬'이라는 개념과 비슷한 역할을 했다. 전미소비자연맹National Consumers' League의 초대 회장 플로렌스 켈리는 1899년에 다음과 같이 설명했다. "제조업이 가정으로부터 퇴거한 뒤, 여성들의 위대한 산업적 기능은 구매자로서의 기능이다." 대다수 소비재—가구, 책, 의류—는 "직접적으로 여성들에게 팔려는 목적으로 마련되었다." 켈리가 언급했듯이, 여성 소비자들은 어마어마한 잠재적 압력단체를 구성했다. 전국 선거에서 여성들의 투표권(미국 여성들은 1920년에 투표권을 획득했다-역자 주)이 없었던 시대에, 소비자로서의 역할은 그들에게 상업과 정치라는 공적 영역을 넘어 강력한 영향력을 행사할 원천을 제공했다.[356]

세기 전환기 소비자 경제가 급속히 증가함에 따라, 구매를 통한 여성의 권력은 위생에 관한 완전히 새로운 영향력을 형성했다. 주부들에게 구매할 때 병균을 의식하도록 하고 제조업자나 서비스 공급자들에게는 높은 위생 기준을 준수하도록 가르침으로써, 가정학운동은 통합된 전국의 모든 공중보건 부서들보다 훨씬 강력한 힘을 발휘하고자 했다. 이를 위해, 가정경제학자들은 계속 주부-제자들을 초대해서 가정과 가정 밖의 질병으로 가득 찬 세계를 주의 깊게 관찰하게 했다. 반결핵 활동가들과 마찬가지로, 가정경제학자들은 아주 흔한 물건과 행동에 대한 균의 위협을 분명하게 드러내고자 했다.

그들은 새 것처럼 깨끗한 백색 변기와 완벽하게 관리한 주방 싱크대가 병원균을 옮길지도 모를 공용 상하수도와 연결되어 있다고 지적했다. 건강에 좋은 햇빛과 공기가 들어오도록 열어 놓은 창문으로 균이 가득한 거리의 먼지가 들어왔다. 꼼꼼하게 먼지를 닦은 응접실 안으로 들어오는 손님은 그들의 드레스 단과 신발에 거리의 위험한 오물을 묻혀 올 수도 있었다. 그녀의 깨끗한 부엌에는 병원균에 오염되었을지도 모를 고기, 채소, 우유가 들어왔다. 그리고 그녀의 아주 깨끗한 세탁물은 노동자의 균을 옮기는 공동주택에서 제작된 의류를 통해 오염될 수도 있었다. 다시 말해, 가사 담당자가 그녀의 사적 영역을 아무리 안전하게 만들려고 하더라도, 외부 세계로부터의 미생물의 위험은 스며들 수 있었던 것이다.

이러한 시나리오를 설명함으로써, 가정경제학자들은 계속해서 주부들이 자신의 감각으로는 알 수 없는 현실에 대해 상상하게 만들었다. 주부들은 그녀의 우유 병이나 빵 덩어리가 어디에서 왔는지 상상함으로써 근대 가정생활의 더 넓은 맥락을 생각하도록 배웠다. 그리고 그녀의 가족이 가정에서 직접적인 접촉 없이도 먼 곳에 있는 다른 사람과 장소에 영향을 받는다는 것과 같이, 느낄 수는 없지만 영향을 미치는 신비로운 방식도 이해하도록 배웠다.

코넬대학의 가정경제학자 마사 반 렌셀러는 특히 그런 종류의 위생 이야기를 꾸며 내는 데 재능이 있었다. 그녀의 팸플릿 〈가정 세균학〉에는 독자들에게 가족이 먹는 우유가 어디서 왔는지에 대한 두 가지 시나리오를 상상하게 했다. **"이 그림을 먼저 보세요"**라고 그녀는 말했다. 좋은 낙농장을 묘사한 그림이었다. 깨끗한 옷을 입고 손을 자주 씻는 우유 장수, 깨끗하게 잘 관리된 젖소에서 우유를 짜 넣은 티끌 하나 없는 우유 병, 그리고 제대로 뚜껑을 덮고 차갑게 유지된 채 소비자에게 배달되는 우유의 이미지였다. 그리고 독자들에게 그 반대를 상상해 보라고 말했다. 흙 묻은 옷과 손에 단정치 못한 우유 장수, "자신의 오물(즉, 거름) 위에 밤새 누워서 젖이 더러워진 젖소", "먼지가 들끓고 파리가 젖소를 괴롭히는" 곳에서의 우유 짜기. 이 이야기가 말해 주는 교훈은 단순했다. 여성 소비자는 자신의 아이들에게 안전한 우유를 먹이기 위해서는 낙농장이 부과하는 추가금을 기꺼이 지불해야 한다는 것이었다.[357]

구체적인 단계를 거쳐 균이 가정에 유입된다는 이런 개념은 쇼핑에 대한 실질적인 제안으로 해석되었다. 예를 들어, 여성들은 구매할 때마다 자신과 다른 사람을 위한 위생 예방의 조치로서 세탁 가능한 장갑을 껴야 했고, '파리, 손가락, 식품'이라는 감염 트리오로부터 상품을 보호하는 상점을 택해야 했다. 반 렌셀러는 여성들에게 "공기에 노출된 상점보다는 덮개로 식량을 씌운 배달차나 식품점을 애용하라"고 충고했다.[358]

위생적인 소비 지침은 더 나아가 가격에 대한 문제도 다루었다. 예컨대 포장되지 않은 것보다 먼지와 파리를 막기 위해 포장된 상품의 가격이 훨씬 비쌌지만, 가정경제학자들은 거기에 지불하는 돈을 아끼려고 가족의 건강을 해쳐서는 안 된다고 강조했다. 〈값싼 식품이냐 깨끗한 식품이냐〉라는 제목의 논설에서 말했듯이, "크래커 상자에 힘껏—그러나 확실히 깨끗하지 않은—손을 밀어 넣는 식료품점 주인이나, 마지막 쥐 사냥에 신나서 잠을 깬 식료품점 고양이를 크래커 통이나 설탕 통 위에서 보고 나면" 몇 푼 아꼈다고 자랑하는 주부의 마음이 바뀔지도 모른다. 이 메시지는 주부다운 알뜰함이라는 구식의 생각은 버리고, 훨씬 근대적인 무균 식품의 중요성을 이해하라는 것이었다.[359]

가정경제학자들은 주부들에게 한 번 높은 위생 기준을 주입하고 나면 과로한 공중보건부의 직원들보다 훨씬 더 효과적인 위생감독관이 될 것이라고 생각했다. 그녀는 가게에 해충이 득실거리게 놔두는 제빵사를 기피하는 단순한 행동—반 렌셀러가 익살스럽게 말했듯이, "우리는 쥐가 방문한 빵을 먹고 싶지 않습니다"라고 그에게 알리는 것—만으로도 엄청난 영향력을 행사할 수 있었다. 이런 방식으로 균과 질병에 대해 가정에서 익힌 교훈은 여성들이 장사꾼, 우유 판매업자, 심지어 지역 정치인을 대하는 모든 것에 적용될 수 있었다.[360]

이 모든 방식으로, 가정경제학자들이 행한 가정 세균학의 기초 교육은 미국 여성들을 더 나은 아내이자 엄마일 뿐만 아니라 근대 산업사회에서 훨씬 쓸모 있는 시민으로 만들었다. 위생개혁가 여성들은 가정의 구매력과 질병 예방의 연계를 통해 의류 제조업자로부터 통조림 식품 제조업자에 이르기까지 미국 가정에 제공되는 많은 산업에 강력한 영향력을 갖게 되었다. 혁신주의 시대 위생적인 관심으로 크게 확장된 공중보건의 사적인 측면은 소비자 선호도로 드러났다. 그리고 위생에 대한 불안감이 몇 곱절 증대될 때 "균의 판매"에 대한 호소는 변혁의 힘을 가졌다.

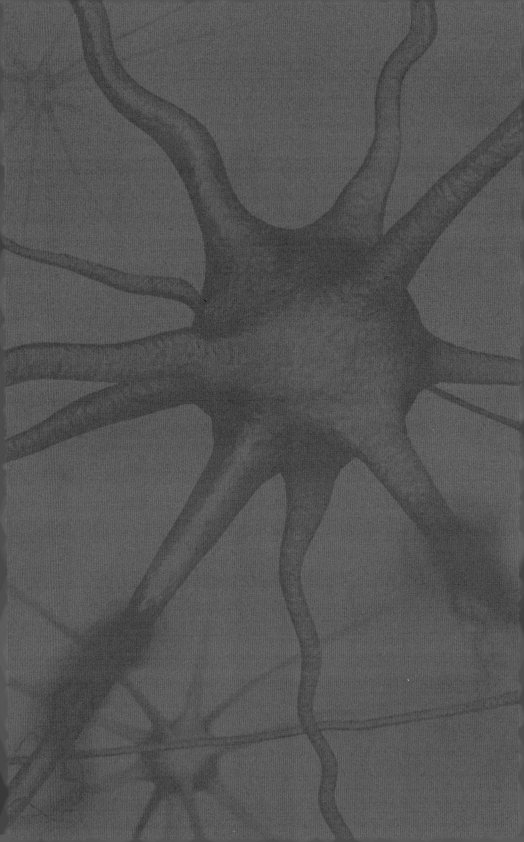

7. 항균 의식적 미국

1890년대 말, 뉴욕시의 한 여성 소모임에서 위생적인 의복 개혁을 홍보했다. 이 협회는 특히 비가 오는 날 짧은 치마를 입을 것을 장려하기 위해 만들어졌다. 이 '비 오는 날 클럽Rainy Day Club'은 협회복이 발목까지 오는 스커트와 긴 부츠였는데, 회원 모두가 공공장소에서 이 협회복을 입을 정도로 대담하지는 않았다. 그러나 그들은 비위생적인 의복 양식으로부터 해방되었다는 데 대단한 만족감을 표했다. 《뉴욕 타임스》에서 매력적인 짧은 스커트를 입은 한 회원이 말했다. "저는 긴 스커트를 질질 끄는 여성들을 볼 때면 '난 당신과 달라'라고 생각하게 됩니다." 이 '비 오는 날 클럽'은 곧 미국의 다른 대도시에도 만들어져서 새로운 여성복 스타일을 장려했다.[361]

당시 일부 사람들에게 짧은 치맛단운동은 거의 공용 성작을 공격하는 것과 마찬가지로 이단적이었다. 1900년 《하퍼스 바자Harper's Bazaar》에 발표된 〈긴 치마를 위한 호소〉에서 한 "구식 여성"은 "근대 과학이 여성들의 패션을 '암울한 위생 증거'로 만들고 있다"고 항의했다. 그러면서 동료 여성들에게 무균의 제단에 "우리 어머니 치마의 은총을 희생하지 말라"고 촉구했다. 아마도 의사들은 "여성의 치맛자락 1제곱 인치에 엄청난 양의 치명적인 세균이 있을 거라고 판단했다." 그러나 그녀는 물었다. "여성이 사랑스러워야 할 임무는 어떻게 됩니까?" 이 사설에서는 여성들이 짧은 치마를 입는 대신 더 조심해서 먼지를 피해야 한다고 간단히 말했다.[362]

그러나 치맛단을 둘러싼 싸움은 1900년 이후에 늘어난 더 폭넓은 위생 기준에 대한 논쟁에 비하면 사소한 것이었다. 반결핵과 가정학운동의 끊임없는 노력 덕분에, 점점 더 많은 미국 남녀가 균의 위협에 훨씬 더 심각한 공포를 느끼고 있었다. "작은 것들은 결코 하찮지 않다"라는 상투적인 문구에 노출된 그들은 익숙한 습관들을 새로운 시각으로 보기 시작했다. 긴 치마, 구약의 수염, 그리고 푹신한 응접실 모두가 과학의 이름으로 단호히 버려야 할 비위생적 생활 방식의 상징이었다. 《하퍼스 바자》의 '구식 여성'과 마찬가지로 일부는 오랜 빅토리아 질서가 사라지는 것을 아쉬워했다. 그러나 20세기 초 위생 개혁의 힘은 확실히 그 싸움에서 승리하고 있었다.

이러한 균 의식의 증가는 새로운 문화적 모더니즘 방식의 출현과도 일치했다. 당시 대량으로 발행된 고급 잡지에서는 부모의 구식 방법을 버리고 더 근대적인 생활 방식을 받아들이라고 촉구했다. 균의 복음은 위생적인 모더니즘의 비전을 제공했는데, 그것은 역사가 윌리엄 리치William Leach나 잭슨 리어스Jackson Lears가 각각 '최신 숭배cult of the new'와 '완벽주의 프로젝트perfectionist project'라고 칭했던 것과 잘 맞았다. 최신식 비전을 가장 잘 보여 주는 방법이 빅토리아 시대의 비과학적이고 치명적일 수 있는 관습을 거부하는 것이었다. 최신 숭배와 균의 복음은 그저 똑같은 열정적 근대성 추구의 양면일 뿐이었다.[363]

최초 세균설 사도의 지도 아래, 빅토리아 세대는 하수 트랩, 저미사이드, 백자 변기에 대한 위생적 정확성을 생각했다. 혁신주의 시대 그 자손들은 새로운 세균학이 강조한 추가적인 위험을 막기 위해서 균 예방에 대한 이해를 넓혔다. '집 병'이라는 개념이 먼지, 접촉 매개물, '파리, 손가락, 식품'을 포괄하는 것으로 확대되자, 가정 위생의 관습은 감염병에 더 주의를 기울이는 방식으로 확장되었다. 이러한 균 의식의 확대는 개인과 가정으로부터 공적이고 상업적인 삶의 측면으로 퍼져나갔다. 소비자가 병균에 대해 더 불안해 하자, 페인트 제조업자나 식료품 가공업자로부터 호텔 경영자나 풀먼차 짐꾼에 이르기까지 "가정적인" 제조업과 서비스 산업이 실험실의 교훈을 기업 운영의 철학과 결합시키기 시작했다. 윌리엄 W. 바우어William W. Bauer가 잡지 《아메리칸 머큐리》에 썼던 말처럼, 20세기 초 미국의 모든 것이 "항균 의식적antisepticonscious"이 되었다.[364]

미니멀리즘의 깃발을 들다

이러한 '최신 숭배'의 가장 두드러진 특징 중 하나가 불필요한 것을 없앤 미학의 애호였다. 빅토리아 스타일은 복잡한 겉치레를 한 의상과 실내장식으로 악명이 높았다. 그런 특징은 혁신주의의 관점에서는 흠결 있는 취향이자, 무모할 정도로 건강을 무시하는 것이었다. 그 속에 들어 있는 균과 먼지 때문이었다. '항균 의식적'인 미국인에게 근대성은 몸치장과 주택 설계에서 미니멀리즘minimalism에 대한 새로운 충동으로 나타났다.

　미국의 중간계급 남성에게는 수염을 말끔히 깎은 얼굴이 모던 룩modern look의 상징이 되었다. 균이 가득한 얼굴 수염에 대한 개혁가들의 경고에 자극받은 미국 남성들은 1850년대 이후 유행한 풍성한 수염과 긴 콧수염을 포기하기 시작했다. 1903년 《하퍼스 위클리Harper's Weekly》의 사설에서는 '수염의 소멸'에 대해 논평했다. "폐결핵은 더이상 폐결핵consumption이 아니라 결핵tuberculosis이며, 그것은 유전이 아니라 감염으로 생긴다고 하니,……수염도 결핵균에 감염된다는 것이 과학 이론이다." 그 결과, 깨끗하게 면도한 얼굴은 남성들이 균의 복음에 충성한다는 가시적 상징이었다.[365]

　이런 경향은 전미결핵협회 지도부의 용모에서도 두드러지게 나타났다. 1922년 남자 임원 48명을 찍은 사진에서, 다섯 명만 풍성한 수염을 하고 있고, 나머지는 수염을 말끔히 깎은 깨끗한 얼굴이거나 기껏해야 가는 콧수염을 하고 있다. 어릴수록 더 말끔하게 수염을 깎을 가능성이 컸다. 수염 없는 얼굴을 선호한 것은 결핵 십자군뿐만 아니라, 일반 미국 남성들 사이에서도 분명했다. 1907년 《하퍼스 위클리》에서 윌리엄 잉글리스 William Inglis는 "수염에 대한 반란이 전국에 들불처럼 번진다"고 평했다. 1900년대 초부터 사진과 광고는 특히 젊은 남성들에게 새로운 유행 스타일이 점점 더 인기를 얻게 되었다는 사실을 확인해 준다. 이런 추세에 편승해 대단히 큰 성공을 구가한 킹 질레트King Gillette는 안전면도기를 발명하여 부자가 되었다. 광고 카피의 주장처럼 그것은 남성들에게 "면도 감염으로부터 자신을 방어하게" 해 주었다.[366]

　불필요한 것을 없앤 새로운 신체 미학은 중상류계급 여성에게서 폭이

좁은 짧은 치맛단으로 나타났다. 1800년대 중반 이후 드레스 개혁가들은 정숙함으로 인정받는 바닥에 끌리는 넓은 폭의 치마를 관리하는 것이 불편하다고 불평했다. 1890년대 새로 대학교육을 받은 여성들이 스포츠, 오락, 그리고 가정 밖에서 활동하기 시작하면서, 그런 불편한 치마는 더 큰 문제가 되었다. 바로 그때, 세균학자들이 소위 '썩은septic 치마'와 그 치마에 가득한 병원균을 고발함으로써 드레스 개혁가들에게 강력한 무기를 건네주었다. 1894년 한 여의사가 썼듯이, 치렁치렁한 치맛단은 위생상 혐오스러웠다. 그것은 "거리나 다른 곳에서 사악한 것을 묻혀 모르는 사이에 집으로 옮겨 와 가족 모두에게 퍼진다." 비슷하게, 1900년 뉴욕 잡지 《퍽Puck》은 숙녀의 망토에 옮겨온 병원균을 보여 주는 극적인 삽화를 실었다. 동반된 사설에서는 "인플루엔자, 폐결핵, 그리고 장티푸스의 균은 엄마들이 치마에 묻혀 무방비 상태의 아이들이 있는 집으로 가져 가는 최소의 해악"이라고 말하면서 치렁치렁한 치마라는 '더러운 패션'을 비난했다. 건강보다 아름다움이 중요하다고 주장하는 사람들에게 그 저자는 새로운 모더니즘에 대한 고전적인 선언으로 결론 내렸다. "비위생적인 것은 아름다울 수 없다."[367]

이 위생론은 의심할 여지없이 1900년대 초 치맛단이 꾸준히 짧아지는 데 기여했다. 처음에는 스포츠와 보행용 의복에서, 그다음에는 낮에 입는 드레스에 변화가 생겼다. 형식적인 이브닝드레스는 계속해서 긴 치맛단을 유지했다. 짐작컨대 파티에 갈 때는 균에 대한 걱정을 멈출 수밖에 없었을 것이다. 그러나 다른 여성 의류는 짧아지는 경향이 지배적이었다. 1910년대 초 여성의 치마는 발목 위까지 안전하고 위생적인 길이로 짧아지면서 더 좁아졌다. 그래서 먼지가 닿는 면을 줄였다. '플래퍼 세대flapper generation'(20세기 초 미국 호황기, 단발머리에 무릎까지 오는 치마를 즐겨 입고 전통적인 여성상에 위배되는 사회 활동에 활발히 참여했던 젊은 여성들−역자 주)가 짧은 치마를 새로운 성적 해방의 상징으로 만들기 전까지, 짧아지는 치맛단은 미국 여성의 '썩은 치마'에 대한 혐오를 드러냈다.[368]

동일한 간소화 충동은 세기 전환기 가정에서 훨씬 더 극적으로 드러났다. 드레스 개혁과 마찬가지로 실내장식과 병에 대한 경고는 1890년대 말 이전에는 거의 효과가 없었다. 복잡한 외관, 무거운 장식품, 이국적인 터키식Turkish 모퉁이가 있는 "예술적인 집"은 19세기 말까지도 많은 사랑을 받았다. 그러나 엘렌 리처즈처럼 일부 열성적인 사람들은 1880년대 거실에서 불필요한 것을 제거하기 시작했다. 세기 전환기에는 미국 가정에 대한 비판이 마침내 결실을 맺기 시작했다. 건축가와 주택 설계사들은 먼지를 없애고 세균학적으로 더 청결하게 만드는 새로운 유행 스타일—식민지 부흥, 모더니스트, 공예 양식을 포함−을 홍보했다.[369]

20세기 초 홈패션은 지나치게 두툼한 구식 모양 대신 가볍고, 더 쉽게 세척되는 재료가 특징적이었다. 이는 빅토리아 가정에서는 너무 차고 개성이 없다고 거부했을 버들가지, 금속, 유리 등이었다. 마찬가지로, 방갈로식 주택(보통 단층으로 정면에 베란다가 있는 형태−역자 주)처럼 대중적인 주택 형태는 점점 더 매끄러운 표면과 깨끗한 선을 좋아하게 되었다.

빅토리아 시대와 혁신주의 시대를 비교하면, 1890년에서 1920년 중간 계급 미국인 주택의 인테리어가 뚜렷하게 '방균적'으로 되었다는 것을 알 수 있다. 욕실에는 하얀 타일을 깔고 부엌에는 에나멜을 칠했으며, 거실에는 조각 나무로 마루를 세공하고, 작은 융단을 깔고, 커튼은 줄이고, 벽에는 페인트를 칠해서 곰팡이가 생기지 않게 만들었다. 그리고 가구를 줄이

고 장식품도 거의 쓰지 않았다. 이 모두가 새로운 위생 기준에 경의를 표한 것이었다.[370]

물론 주택 건축과 인테리어 장식에서의 두드러진 변화는 위생에 대한 관심 때문만은 아니었다. 혁신주의 시대 유행한 스타일은 영국계 미국인 취향, 즉 "새로운 이민"에 대응하여 수용된 일종의 문화적 우생학에 대한 의식적 재천명이기도 했다. 미국 사회가 민족적·인종적으로 훨씬 다양해졌기 때문에, 이국적인 것에 대한 빅토리아 식의 애호는 매력이 없어진 것 같았다. 그러나 새로운 장식의 유행은 위생적인 정확성과도 직결되었다. 중간계급 가정의 "더 깨끗한" 외관은 미적 기준과 위생적 기준 모두에서 구닥다리 미국인들을 새로운 미국인들로부터 떼어놓았다.[371]

세균 광고

미니멀리즘 미학을 선호하는 폭넓은 변화 중에서 증기한 균 의식은 당시 광고 이미지에서 분명하게 드러났다. 경쟁이 치열한 광고계에서 제조업자들과 광고 대행업체들은 제품 판매를 위한 최선의 전략을 열심히 찾았다. 소비자를 설득하기 위해 그들이 보통 새롭게 개선된 균의 복음에 호소했다는 것은 20세기 초 결핵 종교의 가르침과 주부의 모세 율법이 부유한 계급에 얼마나 깊숙이 파고들었는지 입증한다.[372]

1880년에서 1920년까지 균의 판매는 중요한 방식으로 변화했다. 1880년대에서 1890년대 저미사이드 마케팅에서 분명히 보여 주듯이 최초의 위생학 지배적인 균의 복음에 기반한 위생 광고는 주로 중간계급 남성을 겨냥했다. 병균에 대한 상업적인 호소는 주로 소독제, 위생 변기, 하수 가스 예방제의 장점에 초점을 두었다. 1900년대 초까지 제조업자들은 자신의 상품을 홍보하기 위해서 세균학적으로 정통한 균의 복음에 크게 의존하고 있었다. 그들은 병균에 대한 여성의 관심에도 훨씬 더 주의를 기울였다. 이러한 변화는 가정학운동이 여성들이 더 위생적인 쇼핑 의식을 가질 수 있도록 하는 데 성공했음을 보여 주는 것이었다.

이런 상업적인 메시지는 부유한 미국인들에게만 한정되지는 않았다. '최신 숭배'가 영국계 미국인 중간계급에게서 기인했음에도 불구하고, 그 집단만의 배타적인 영역으로 남지는 않았다. 예컨대, 전국 제조업자들이 새로운 시장을 찾으면서 이민자의 신문에도 브랜드 제품을 광고하기 시작했다. 결과적으로 미국에 갓 이민 온 사람들도 토박이 미국인들에게 보급된 것과 똑같은 균을 예방하는 특정 상품과 서비스에 신속하게 노출되었다. 따라서 균의 복음을 따르는 것은 그런 대중문화에 노출됨으로써 촉진된 "미국화Americanization" 과정의 필수적인 부분이 되었다.[373]

기업들이 "남녀 소비자에게," 특히 여성 소비자에게 위생 안전을 판매하려고 몰려든 것은 공중보건 십자군이 균 의식을 성공적으로 각성시켰음을 증명한다. 결국 광고나 상업에서 공중보건의 요구가 재생산되면서 균의 복음을 대단히 유효하게 만들었다. 진공청소기나 가정 소독제 광고마다, 미묘하게 '결핵 종교'와 주부의 '모세 율법'을 재확인하면서 의료 전문가들의 먼지 위험에 대한 주장을 되풀이했다.

따라서 세기 전환기에 광고는 보이지 않는 병균의 세계에 대한 이미지를 보급하고 예방하는 일상적인 실천, 그리고 제품을 홍보하는 강력한 매체가 되었다. 민간 기업이 재량껏 활용할 수 있는 상당한 자원을 가졌던 점을 고려할 때, 그런 상업적인 병균에 대한 묘사는 위생 개혁가들의 사심 없는 활동만큼이나 소비자의 인식 형성에 많은 영향을 미쳤다. 《굿 하우스키핑》에 실린 〈과학적인 쇼핑 강좌A Course in Scientific Shopping〉라는 제목의 시리즈에서 광고 개척자 어니스트 엘모 칼킨스Earnest Elmo Calkins는 이렇게 말했다. 바람직한 가정 위생에 대한 글이 산발적으로 지면에 게재된 데 반해, 광고는 "끊임없이 흐르는 물처럼" 계속해서 위생 교육 활동을 한다는 것이었다. 그는 광고의 위생 메시지가 "잘 전달된 설교의 지속성과 효과를 가진다"고 결론지었다. [374]

그러나 제조업자와 광고주들은 과학 그 자체가 아니라 제품을 팔기 위해서 실험실의 교훈을 홍보했다. 두 가지 목적이 충돌할 때는 수익이 확실히 승리했다. 하수 가스의 공포에 호소한 광고의 집요함이 좋은 예다. 1900년대 초 공중보건 전문가들은 더이상 하수구나 변기에서 나오는 공기를 통해서 퍼지는 박테리아가 정말 위협적이라고 생각하지 않았다. 그러나 아주 많은 미국 소비자들은 그런 박테리아가 위험하다고 계속 믿었기 때문에, 공중보건 전문가들이 그 오래된 균의 복음의 유물을 버린 이후에도 수세기 동안 제조업자들은 변기에 대한 불안을 이용하고 조장했다.

예를 들어, 1915년 뉴저지 변기 제조업자 19명이 '시클로Sy-Clo'라는 새로운 변기 상표를 보급하기 위해서 '도기 판매사Potteries Selling Company'를 설립했다. 그리고 변기와 질병의 직접적인 관계를 강조했다. '시클로' 모델 홍보 책자에는 "장티푸스균을 1,000배로 확대한" 선화line drawing를 실었다. 그리고 독자에게는 "그런 미생물이 결함 있는 파이프를 통해 집 안으로 들어온다"고 알렸다. 그 회사는 고객들에게 오랜 하수 트랩에 대한 주장을 상기시키면서 이렇게 단언했다. "(균이) 시클로 변기의 수밀봉water seal을 통과하는 것은 전적으로 불가능합니다."[375]

동시에 배관 제조업자들은 감염에 대한 새로운 시각을 가지고 자신의 광고 문구를 갱신할 용의도 있었다. 1906년 시클로의 한 광고는 가정에서 변기의 역할을 "의사에게 소독이 의미하는 바, 즉 공중보건에 백신이 뜻하는 바"와 동일시했다. 무균과 관련해서 대중이 매끄럽고 쉽게 세척 가능한 외관을 선호한 것은 제조업자들이 자기로 만든 욕실 기구를 홍보하는 것과 잘 맞았다. 1905년 광고에는 "'표준' 제품을 갖춘 욕실이 없다면, 당신의 집은 근대적이라고 말할 수 없습니다"라고 씌어져 있었다. "눈처럼 하얀 표면은 먼지가 쌓일 갈라진 틈이 없어 공기가 통하지 않기 때문에 위생적입니다."[376]

가정용 정수기 제조업자들은 새로운 세균학에 맞추어 마케팅 전략을 수정할 필요가 없었다. 과학이 더러운 물과 질병의 관계를 입증해 주었기 때문이었다. 그러나 반드시 이전 광고업자들보다 균을 더 정확하게 재현한 것은 아니었다. 예컨대, 매코널 필터회사McConnell Filter Company는 물방울을 확대해서 콜레라, "디프테리아diptheria"(원본 오자), 그리고 장티푸스균을 가공의 곤충과 갑각류로 묘사했다. 수인성waterborne 병원균에 대한 믿음은 1890년대까지 여전히 널리 수용되었다. 그래서 필터 제조업자들은 근대적인 홈데코에 맞는 다양한 디자인과 같이 다른 판촉 단계로 넘어갈 수 있었다. 필터를 설계한 유명 세균학자 두 명의 이름을 딴 파스퇴르–챔버랜드 필터 회사Pasteur–Chamberland Filter Company는 친절하게도 가장 인기 있는 모델로 활용할 수 있는 장식대 스케치를 제공했다.[377]

새로운 세균학의 무균 청결에 대한 강조는 가정용 소독제 제조업자들에게 엄청난 이익이 되었다. 특히 가정에 흔히 존재하는 먼지와 집파리를 균과 동일시한 것이 큰 영향을 미쳤다. 한 휴대용 훈증소독기 제조업자는 "세균학자의 견해는 언제나 참으로 과학적이고 중요하다"고 설명했다. 그 관점은 최선의 전략이 여전히 모든 곳을 자주 소독하는 것이라고 말하는 것 같았다. 세기 전환기에 상업적인 소독의 복음이 정화를 요한다고 말한 상품의 범위는 매우 다양했다. 새니타스Sanitas(방부 소독약의 일종-역자 주) 제조업자들은 전통적인 병실용뿐만 아니라 구강 세정제, 비듬 예방약, 그리고 나방 제거제도 권했다. 또한 벽과 바닥, 가구, 재떨이, 쓰레기통, 심지어 택시와 여객기에 쓰는 다용도 소독제도 과대 광고했다. 이와 유사하게 프래트Pratt의 '저머솔Germ-a-thol'(소독약-역자 주) 제조업자들은 개인용 및 가정용 소독제의 효능을 역설하면서 전통적으로 위생상 위험하다고 여겨졌던 지하 저장실, 배수구, 변기뿐만 아니라, 새롭게 위험하다고 여겨진 아이스박스, 세탁실, 그리고 카펫에도 효과적이라 주장했다. 저머솔은 심지어 말이나 개를 씻길 때에도 좋다고 추천되었다. 이는 균을 옮기는 가축의 특성에 대한 관심이 증가했음을 보여 주는 것이었다.[378]

광고주들은 종종 결핵 '교리문답서'와 같이 교훈적인 어조로 "단순한" 청결로는 충분치 않다는 위생사들의 경고를 반복했다. 한편 가정용 비누를 선택하는 것은 가족의 건강을 위해 엄청나게 중요한 일로 여겨졌다. C. N. 웨스트사C. N. West Company는 주택이 깨끗해 보일지 모르지만 "단순히 외관만 가지고 판단할 수 있다고 생각하면 안 된다"는 경고와 함께 "좋은 주부"들에게 메시지를 남기기 시작했다. 그 회사는 일반 비누로 세척하면 더러운 찌꺼기가 남고, "더러운 곳 어디에나 균이 자라며, 파리와 해충이 생길 것"이라고 주장했다.[379]

피부, 털, 그리고 몸의 구멍에 수백만의 균이 산다는 사실은 신체적 위생에 대한 불안감을 증가시키기 위한 풍부한 재료를 제공했다. 의사들이 수술의 청결을 위해 사용했던 염화 제2수은과 같은 물질은 너무 지독하고 중독성이 있어서 일반 대중에게는 판매할 수가 없었다. 그러므로 제약회사들은 불쾌감을 주지 않으면서도 강력한 소독약을 홍보했다. 여전히 의사들이 소독약을 처방해 주던 시대에 제조업자들은 의사들의 용도에 충분하면서도 매우 안전해서 심지어 주부들도 자신감을 가지고 사용할 수 있는 상품을 판매하고자 했다.

그런 물질이 과산화수소peroxide로 더 잘 알려진 이산화수소hydrogen dioxide였다. 1897년 오클랜드 화학회사Oakland Chemical Company의 팸플릿에서는 루이 파스퇴르와 조지프 리스터 같은 영웅을 언급하면서, 과산화수소를 "개인 예방법의 동의어"로 과대 포장했다. 비록 강아지나 여객선에 사용할 것을 권하지는 않았지만, 가정용 과산화수소는 아기 목욕물, 혹은 우유 소독 등 여전히 매우 광범위하게 쓰였다. 이와 유사하게 붕산 용액인 리스테린 제조업자들도 구강 및 피부 세정제로서의 효능을 홍보했다. 1899년에 리스테린 팸플릿에서는 구매자들에게 그 세정제가 충분히 강력하지만 독하지 않아서 주사나 로션 혹은 스프레이 형태로 몸에 난 구멍에도 사용할 수 있다고 장담했다.[380]

여드름이나 비듬의 원인이 되는 미생물의 식별은 항균 비누에 특히 풍부한 호소력을 발휘했다. "그 제품이 어디에서 왔는지를 상상하라"라는 가정경제학자들이 애호했던 동일한 전략을 이용해서, 1899년 효메이 항균 비누Hyomei Antiseptic Skin Soap 광고에서는 "보통의 비누는 거리의 청소부에게서 모은 지방과 기름으로 만든다"고 설명했다. 또 실험실의 교훈을 상기시키면서 말했다. "열이 모든 병원균을 파괴한다고 주장하지만,

의학계는 강하게 반대한다." 광고에서는 "그런 제품을 사용한다는 생각은 불쾌하기" 때문에, 독자들에게 방균 효메이 브랜드를 애용하고, 그 약효에 대한 그 이상의 증거는 약국에서 알 수 있다고 설득했다.[381]

가정의 방진 처리

제조업자들에게 먼지 감염설은 또 다른 가정 맞춤형 위협이 되었다. 가정의 먼지가 편재遍在하는 문제였다. 이 문제의 해결책은 새로운 "과학적인" 세척 도구를 현명하게 구매함으로써 근대를 멋지게 받아들일 필요성을 보여 주었다. 밀드레드 매독스Mildred Maddocks는 1917년《굿 하우스키핑》에 실린 글에서 말했다. "빗자루와 쓰레받기를 가지고 하는 옛날 방식의 '집안 청소'는 엄청난 먼지를 일으킬 뿐만 아니라, 거기에 균이 수반되기 때문에 더더욱 청소가 제대로 되지 않는다." 그러나 휴대용 진공청소기는 카펫과 실내 장식품의 먼지와 때를 흡입해서 세서기 때문에, 근대적인 집 청소를 유일하게 대체할 수 있었다. 1919년 다양한 신모델을 테스트한 후, 굿 하우스키핑 연구소의 찰스 J. 클라크Charles J. Clarke는 이렇게 선언했다. "비교해서 말하자면, 빗자루와 진공청소기의 차이는 달구지와 근대적인 고성능 자동차의 차이와 같다."[382]

진공청소기는 당시의 그 어떤 다른 새로운 기구보다도 실험실의 교훈으로부터 위생적인 정당성을 얻었다. 예컨대, '던틀리 공기 청소기Duntley pneumatic cleaner' 제조업자들은 현미경 아래 놓인 먼지 입자의 이미지를 광고로 사용했다. 그것은 "끝이 딱딱하고 날카로운 덩어리 혹은 부드럽고 산산조각 난―둘 다 필시 균으로 가득 찬―물질로" 보였다. 이 광고는 진공청소기만이 유일하게 "진정한 때―다른 방법으로는 결코 손댈 수 없을 정도로 굳어서 오래된 위험한 균 투성이의 때―를 제거"할 수 있을 것이라고 강조했다. 또 다른 "회칠한 무덤"이라는 변형된 테마에서, 진정한 안전을 위해서는 이상적 진공청소기Ideal Vacuum Cleaner로 "숨어 있는 때"를 제거할 필요가 있다고 강조했다. "**눈에 보이는** 때의 표시가 없기 때문에 집이 깨끗하다고 생각하는 것은 마치 어떤 사람에게 가시적인 더러움의 흔적이 없어서 **그가** 깨끗하다고 생각하는 것과 마찬가지로 어리석습니다."[383]

조각 융단이나 마루 광택제 제조업자들도 마찬가지로 카펫과 균의 연관성을 이용해 돈을 벌려고 했다. 1902년 위생 제조회사Sanitary Manufacturing Company는 〈카펫의 소멸〉이라는 제목의 팸플릿에서 주부들에게 "거기에는 병원균도 없고 균이 쌓이지도 않습니다"라고 장담함으로써 브루셀레트 아트Brusellete Art 깔개의 장점을 돋보이게 하려 했다. 목재와 바닥 광택제도 나무 표면을 부드럽게 만들고 균이 옮거나 벌레가 서식할 틈을 없앨 수 있다고 했다. 글리든 회사Glidden Company는 유색 나무 광택제 잽퍼락Jap-A-Lac을 홍보하는 데 민주주의적인 어조를 취했다. "최근까지 부유한 계급만이 **위생적인 바닥**을 깔 수 있다고 여겨졌습니다." 그러나 이제는 "그것이 위생 예방에 대한 지식의 증대로 필수적인 보호장치가 되었습니다. 그리고 **잽퍼락**의 효과는 모든 가정에서도 가능하게 되었습니다."[384]

벽에도 똑같이 매끈하고 단단한 표면이 선호되었다. 세척 가능한 벽지인 새니타스 광고에서는 다음과 같이 공언했다. "**새니타스**의 표면은 반들반들하고 구멍이 없습니다. 거기에는 균이 살 장소가 없어요. 그래서 구닥

다리 벽지에 숨어 있는 그 어떤 위험도 없습니다." 처음에 욕실이나 부엌용으로 홍보했던 새니타스 제조업자들은 곧 주택의 모든 방으로 그 용도를 늘렸다. 페인트 제조업자들도 균에 기반한 판매 포인트를 개발했다. 예를 들어, 뉴욕의 카볼라 화학회사Carbola Chemical Company는 백색 살균 도료나 '소독 페인트'라는 아이디어를 생각해 냈다. 듀폰사Du Pont Company는 살균제가 들어간 유성페인트 '새니플레이트Saniflat'를 개발했다. 페인트 제조업자협회Paint Manufacturers' Association는 《새터데이 이브닝 포스트Saturday Evening Post》에 벽을 소독하는 수단으로 매년 페인트 칠하기를 홍보했다. 협회는 이렇게 선언했다. "건강에는 동지가 거의 없습니다. 페인트 붓보다 강력한 질병의 적도 거의 없습니다."[385]

매끄럽고 불투과성 표면이 균이나 곤충의 침입을 방해한다는 가정은 에나멜을 칠한 자기, 타일, 리놀륨의 매력을 강하게 만들었다. 이들은 주택에서 균과 가장 밀접한 곳—화장실, 부엌, 세탁실—에 사용되었다. 1906년 표준 위생 제조회사Standard Sanitary Manufacturing Company의 광고에서는 이렇게 말했다. "주택의 모든 방이 '표준' 자기 에나멜 제품Porcelain Enameled Ware의 위생적인 영향을 받습니다." 부엌과 화장실 세간을 위한 카탈로그나 광고에도 하얀 병원 스타일이 유행했다.[386]

새로운 위생적인 부엌의 중심에는 냉장고가 있었다. 냉장고는 근대 가정의 중요한 위생 품목들 중 진공청소기에 버금가는 기계였다. 본 시폰 냉장고 회사Bohn Syphon Refrigerator Company는 대담하게 발표했다. 이 제품을 사용함으로써 "**유아 사망률**이 크게 줄어들 것입니다." 그리고 "백색 에나멜을 칠한 내벽"은 쉽게 닦여서 깨끗할 뿐만 아니라 "장티푸스균이 없음을 보장한다"고 설명했다. 악취에 대한 소비자들의 지속적인 걱정에 수

긍한 회사에서는 자신의 아이스박스에는 불쾌한 냄새가 나지 않는다고도 강조했다.[387]

제조업자들은 '파리, 손, 식품'의 위험을 강조하면서 구이용 팬에서부터 식기 건조기에 이르기까지 생각할 수 있는 모든 주방용품에 '위생sanitary' 이라는 단어를 썼다. 예컨대, 위생적인 제빵기는 "반죽에 손을 대지 않게" 만들었고, 위생적인 쓰레기통에는 파리잡이 통을 넣었다. 위생적인 크리스탈 유리 아이스크림 제조기Sanitary Crystal Glass Ice Cream Freezer에 대해서는 "절대적으로 안전하고 프토마인이 없다고" 언급했다. 윌모트 캐슬사 Wilmot Castle Company는 "아기의 건강과 아기의 안락함이 아놀드 멸균기 Arnold Pasteurizer의 사용에 달려 있다"고 주장했다. 파라곤 제조사Paragon Manufacturing Company의 '위생 세탁기Sanitary Washer'는 "수축되거나 냄새가 나지 않으며, 균도 없고 위생적이며, 청결하고, 그리고 안전하다"고 했다.[388]

방충망과 방충제 제조업자들은 특히 질병에 효과적이라는 데 초점을 맞추었다. 영리하게 '탱글풋Tanglefoot'이라고 이름붙인 파리잡이 끈끈이 광고는 아이를 안고 있는 한 엄마를 그렸다. 그리고 "아마도 오물과 병균으로 가득한 병원, 쓰레기통, 마구간에서 끔찍한 해충을 당신이 직접 데려왔을 것이다"고 마사 반 렌셀러를 기쁘게 할 저주를 전했다. 그 광고는 거의 가학적으로 파리가 끈끈이에 붙는 장면을 그려냈다. 끈끈이는 "니스 varnish로 칠해져 있어서 **살았건 죽었건** 다시는 나를 괴롭히지 못하도록 너[파리]와 네가 옮기는 균이나 더러운 것을 붙잡아서 온통 뒤덮을 것이다."[389]

위생적 포장

1890년에서 1920년 사이 식품 포장에서도 극적인 변화가 있었다. 이 역시 위생 개혁가들이 식품 공급을 위협하는 균에 대한 불안감을 전국적으로 함양하는 데 성공했음을 보여 준다. 이로써 더욱 많은 미국 소비자들, 특히 여성들이 실제로 식품류를 통해 가정에 질병과 죽음을 불러들일 수도 있다고 믿었다. 이 때문에 소비자들은 특별한 위생 포장에 기꺼이 높은 값을 지불했다. 식품 제조업자들은 경쟁이 매우 치열한 시장에서 추가적으로 상품의 '깨끗함'을 보증할 가치는 충분하다고 생각했다.

세기 전환기 회사 이름, 상표, 위생 포장지 사용의 증가는 모두 주부들에게 식품이 화학 내지 세균 오염으로부터 안전하다고 확신시키려는 노력의 일환이었다. 전국의 제조업자들은 포장을 하지 않는 경쟁사들보다 공장에서 훨씬 높은 위생 기준에 따라 작업을 한다고 주장하면서 다양한 포장재를 사용했다. 거기에는 상품이 공장을 떠난 뒤에도 청결을 보증하는 제품들, 즉 판지 상자("위생 상자"로도 불렸다), 방수지, 유리병, 글라신지, 양철통, 호일 등이 포함되었다. "순수한", "위생적인", "밀폐된", "먼지를 막는" 등의 형용사를 사용한 그 광고는 약간의 돈만 더 지불하면, 주부들이 확실히 먼지나 파리, 혹은 인간의 손에 오염되지 않은 상품을 구매할 수 있다고 제안했다.[390]

위생 포장된 상품의 가치를 강조함에 있어서 제조업자들은 종종 식품가공과 운송이 좋지 못했던 옛날을 상기시켰다. 한 평론가가 말했듯이, 근대 과학은 비위생적인 방식으로 "판매하는 '크래커-배럴cracker-barrel(시골 잡화점-역자 주)의 시대'를 끝냈다." 제조 과정의 시작부터 끝까지 인간의 접촉으로 더럽혀지지 않은 상품이 새로운 이상이었다. 금메달 밀가루Gold Medal Flour 제조자들은 소비자에게 자신의 상품은 "완전히 순수하고 깨끗합니다.……제조의 전 과정에서 제분업자의 손이 식품에 닿지 않습니다"라고 보증했다.[391]

빵과 사탕 제조업자들은 "폐결핵에 걸린 제빵사와 사탕 제조사"의 이미지를 통해 그런 확신을 제공한 가장 초창기 식품 제조업자들에 속했다. 제빵사들은 개봉한 냄비에 빵이나 케이크를 파는 대신 기름종이나 납지蠟紙로 싸기 시작했다. 그것은 제품의 습도를 유지하는 이점도 있었다. 그런 포장지는 상당한 비용이 들었지만, 비용을 상쇄할 만큼의 판매고를 올렸다. 사탕 제조업자들도 위생 포장이 판매, 특히 더 비싼 사탕의 판매 수익에 도움이 된다는 것을 알았다. 힐드리스 벨벳 캔디Hildreth's Velvet Candy가 자랑했듯이, 그것은 "이제 삼중으로 밀봉한 포장지에 담겨서, 습기·균·먼지로부터 안전하다." 사탕 제조업자들의 조사에서 노동자들이 종종 손가락을 초콜릿에 담그곤 한다는 사실이 드러난 뒤, 회사에서는 인간의 손을 넣지 않고 "포크를 이용해" 만든 사탕도 홍보하기 시작했다.[392]

우유와 질병의 오랜 관계에서 벗어나기 위해 상업적인 낙농장에서는 1880년대 말 소개된 유리병 등 새로운 형태의 위생 포장을 실험했다. 거의 같은 시기 펫 밀크Pet Milk사는 "살균해서 과학적으로 깨끗하게 만든" 연유 통조림을 판매하기 시작했다. 그러나 무균 우유는 가공과 배급 가격 모두 너무 비싸서 균 의식이 강한 주부의 쇼핑 목록에서도 가장 값비싼 품목 중의 하나였다. 미국 대부분의 지역에서 우유 병이 마침내 우유 캔이나 통을 대신한 것은 제1차 세계대전에 이르러서였다.[393]

통조림 산업은 제품이 병원균을 은닉할 수 있다는 공포를 없애기 위해서 다양한 방법을 찾았다. 1910년 전국 통조림 제조업자협회National Canners Association는 인기 작가 매리언 할랜드에게 의뢰하여 여성들에게 통조림 제품이 집에서 만든 식품만큼 안전하고 맛있다는 것을 납득시키는 '통조림 이야기Story of Canning'를 쓰게 했다. 할랜드는 자신도 수년 전에 저렴한 것과 질병을 동의어로 생각해 '통조림 식품'에 반대했었다고 인정했다. 그러나 할랜드는 근대적인 시설을 방문해서 "양심적인 통조림 제조업자들의 방법"을 배운 후에 자신의 이전 견해를 철회했다. 할랜드는 제조업자들이 제품을 안전하게 만들려는 정도가 "우리에게는 마치 동화나 과장된 이야기처럼 들릴 정도로 대단하다"고 말했다. 그녀는 어떻게 완두콩만큼 작은 품목도 세 번 이상 세척하고 나서 인간의 손에 닿지 않고 가공되는지 보았다. "끝없이 하얀 고무벨트에서 청결한 젊은 여성들이 깨진 꼬투리나 변색된 콩을 골라낼 때만" 예외였다.[394]

　주부들은 가정용 통조림 제조가 너무 복잡했기 때문에 이를 다른 사람에게 맡기고 싶어 했다. 이를 간파한 통조림 제조업자들은 자신의 공장을 거대한 실험실로 표현했다. 거기서는 깨끗한 일꾼들이 티끌 없이 새하얀 유니폼을 입고 세균학자들처럼 꼼꼼하게 일했다. 리비 회사Libby Company는 통조림 고기를 홍보하면서 "철저한 조리와 포장법은 당신의 부엌처럼 깨끗합니다"라고 강조했다. 식품 제조업자들은 자신들이 실험실의 교훈을 엄수한다고 강조하면서, 주부들에게 그곳의 콩에는 프토마인이 없을 것이라며, 통조림에 대한 걱정은 자신들에게 맡기라고 안심시켰다.[395]

　서서히 그러나 확실하게 식품 가공과 판매에서 모두 청결에 대한 표식은 당연한 것으로 정착되어 갔다. 하얀 코트와 무균법 전통은 "근대" 슈퍼마켓과 정육점에서도 특징이 되었다. 더 많은 여성 쇼핑객들이 그런 청결의 상징을 찾자, 식품업자와 정육업자는 가정세균학의 신조를 알아야 한다는 압박을 느꼈다. **"판매 수익을 올리고 싶으세요?"** C. V. 힐사C. V. Hill and Company는 정육업계지에 등장한 냉장고 진열장 광고에서 물었다. 그 광고에서는 그렇다면, 가게 주인들은 "파리나 먼지를 피하고 대중이 만질 수 없는 근대적인 위생 진열장"에 제품을 전시할 필요가 있다고 경고했다. 위생 저울 회사Sanitary Scale Company도 비슷하게 고기 저울에 보이는 균을 스케치한 것으로 제품을 광고했다. 그것은 한 여성 고객이 정육점 주인에게 "저는 자기磁器 제품이 좋아요. 그게 아주 깨끗해 보이거든요"라고 말하는 그림과 짝을 이뤘다.[396]

집 밖의 집

위생 개혁가들이 계속 주장했듯이, 선진적인 질병 의식은 사람들의 집 현관에서 멈추지 않았다. 타액이 죽음을 야기하고 먼지가 파멸을 가져온다는 위생 '교리문답'을 배우자마자, 균의 복음에 물든 사람들은 바깥세상 어디를 여행하든지 주의를 기울였다. 결국 '결핵 종교'와 주부의 '모세 율법'에 매우 핵심적인 가정 규율이 여행과 오락이라는 공적 세계로 퍼져나갔다. 그런 곳에서 부유한 미국인들은 자신들의 가정에서 벗어나 "집처럼" 편안함을 누리게 되었다.

중간계급 여성들이 점점 더 가정 밖의 활동에 참여하게 된 것은 이 과정의 핵심적인 요소였다. 1800년대 말부터 더욱 많은 여성들이 실내오락이나 사적인 저녁 모임이라는 틀에 박힌 빅토리아 세계에서 벗어나 혁신주의 시대 도시의 새로운 재미와 즐거움을 찾아 밖으로 나갔다. 가정학자들이 "집에서 세계로home-to-world"라는 테마를 강조한 것은 분명히 그 여성들에게 그들의 섬세하게 조절된 청결에 대한 민감성을 공적 영역으로 가져가도록 납득시키려는 의도였다. 병균을 의식하는 가사 담당자가 거실이나 부엌에서 용납하지 않는 위생적인 죄악을 호텔 경영자나 식당 주인에게도 마찬가지로 피하라고 강요할 것이었다.

여성들이 흔히 위생에 대해 더 많이 의식하는 성性으로 묘사되었지만, 균의 복음으로 개종한 남성들도 혁신주의 시대 위생 향상을 위한 중요한 압력 단체가 되었다. 1800년대 말부터 대기업은 더 많은 수의 중견 간부와 세일즈맨을 고용하기 시작했다. 그들 대부분이 자의적으로 근대적인 관점을 발전시켰다. 새로운 스타일의 기업 세일즈맨들은 자신을 점잖지 못하게 담배를 뱉는tobacco-spitting 선배들과 구별하고 싶어 했다. 반결핵 협회는 균 의식을 남성적이면서 동시에 진보적인 것으로 묘사함으로써, 이 새로운 화이트칼라 노동자 남성들을 열심히 그리고 확실하게 설득하는 데 성공했다. 따라서 근대 회사원은 업무 중 점심 외식이나 사업차 여행을 할 때 높은 청결 기준을 위한 강력한 힘이 되었다.[397]

병균을 생각하는 신사 숙녀는 어디를 가든 위생적인 편견이 있었다. 그들의 고객도 제빵사, 정육점이나 식료품점 주인과 마찬가지로, 위생 기준을 향상시키기를 바랐다. 병원균을 끌어들일 수 있는 공공장소로 고객들을 불러들이기 위해서, 모든 종류의 서비스 제공업자는 가정에서와 마찬가지로 꼼꼼하게 위생 안전을 보살핀다는 점을 소비자들에게 확신시켜야만 했다. 그래서 모든 가정 안전의 상징이 널리 수용되자마자, 사업주는 백자 변기든 개인용 유리컵이든, 그런 "집 밖의 집"이라는 개념을 신속하게 따랐다.

그 파급효과는 가정에서 공공장소에 이르기까지 도시의 중상류계급 거주자들이 애용하는 서비스에서 처음으로 강렬하게 드러났다. 그러나 그것은 하향적 영향력도 컸다. 대중교통, 숙박, 외식업은 대단히 많은 노동계급 남녀를 고용했다. 이들도 새로운 위생 규율을 습득해야만 했다. 항균을 의식하는 고객에 봉사하기 위해서 아일랜드인 하녀, 이탈리아인 웨이터, 풀먼차 흑인 인부는 엄격하게 균의 복음을 따라야 했고, 그렇지 않으면 해고당했다.[398]

세 가지 시설―호텔, 풀먼차, 식당―의 변화는 세기 전환기 많은 서비스 산업에 영향을 미친 새로운 위생 의식을 잘 설명해 준다. 당연하게도, 호텔은 감염병에 대한 관심의 증가를 드러낸 첫 번째 상업시설이었다. 호텔은 가정의 질병 예방 문제 모두를 심화시켰다. 매일 밤 끊임없는 여행객이 호텔방에서 잠을 자고, 목욕을 하고, 배변을 보고, 심지어 사통私通을 했다. 이 모두 폐기물 처리나 정화에 만만찮은 문제를 야기했다. 위생 개혁가들의 노력 덕분에 여행객들도 점점 더 앞선 숙박객이 결핵이나 매독에 걸렸을 위험이 매우 높다는 것을 알았다. 따라서 호텔에서는 방을 사용한 후에 엄격한 청소 규정을 준수한다는 점을 고객에게 설득하는 데 엄청난 공을 들였다. 비즈니스 여행객을 응대하는 호텔뿐만 아니라 많은 결핵 환자들이 건강 회복차 가는 휴양지에서도 그런 우려가 생겼다.[399]

처음에 호텔리어들은 가정의 배관이나 하수 가스 "위협"에 대한 끈질긴 불안감에 대비해야 했다. 1870년대부터 좋은 호텔에서는 배관을 계속 개조해서 위생 개혁가들이 요구한 높은 기준에 맞추었다. 대부분은 하수 가스의 공포를 가라앉히기 위해서 이전에 투숙객의 편의를 위해서 방 안에 설치했던 세면기를 제거하고 변기에 부착할 저미사이드 같은 소독장치를 구매했다. 호텔은 또한 초창기 강력한 정수기 시장이 되었다. 반결핵 십자군 전사들이 호텔을 폐결핵의 온상으로 묘사한 1890년대에서 1900년대 초에는 위생 개선에 대한 압력이 더 늘어났다. 펜실베니아 결핵예방협회는 첫 번째 소책자들 중 하나를 특별히 호텔 경영자들에게 보냈다. 1900년대 초 호텔은 진공청소기, 위생 식기세척기, 세탁기, 냉장고와 같은 위생적인 기술 혁신을 위한 중요한 시장이 되었다.[400]

높은 등급의 호텔에서는 여행객에게 균을 예방한다고 안심시키기 위해서 수많은 청결 의식을 개발했다. 그 대부분은 오늘날에도 잔존한다. 그들은 먼저 빈틈없이 그러나 미묘한 공기 청결을 보여주고자 노력했다. 《월간 호텔Hotel Monthly》에 실린 〈실용적인 호텔 관리인Practical Hotel Housekeeper〉이라는 제목의 정기 칼럼에서 저자들은 언급했다. "비누와 사폴리오 sapolio(세기 전환기 비누 상표 중 하나–역자 주)는 음식과 램프 다음으로 호텔에서 계속 사용해야 하는 가장 중요한 필수 품목들이다." 동시에 그것들을 주의 깊게 소독해야 한다고 주의를 주었다. 고객은 철저한 세척으로 그 어떤 전염 자국도 제거했다는 확신을 원했음에도 불구하고, 심한 화학 냄새처럼 호텔방이 최근에 훈증 소독되었다는 단순한 암시는 특히 여성 여행자를 놀라게 할 수 있었다. 이로 인해 그 저자들은 호텔 관리인에게 "사람이 머무는 곳에 있는 위생 용기나 개별 방에 냄새가 심한 표백분chloride of lime과 같은 소독제를 사용하지 말라"는 매우 각별한 주의를 주었다. 대신 방이 비워질 때까지 기다린 뒤, 비누와 세제로 완전히 세척을 한 다음 소독제를 쓰라고 추천했다.[401]

호텔리어들은 다른 미묘한 방식을 통해 위생적으로 단정하다는 점을 전달하려고 했다. 1900년《월간 호텔》에서 많은 "일류 호텔들"이 새로운 손님마다 새로 포장한 비누를 제공하기 시작했다. "그것은 사소한 것 같지만, 비누도 칫솔이나 빗처럼 사람들이 자기 것을 쓰고자 하는 그런 품목 중 하나다"라고 했다. 호텔 관리인들은 로비 화장실에 구식의 공용 비누갑과 수건 대신 개인용 액체비누와 위생적인 두루마리 수건을 설치했다. 두루마리 수건, 액체비누, 실내 세정제에 대한 수요는 호텔이나 유사 공공시설만을 위해 개발된 전문 위생용품을 낳았다.[402]

매트리스와 이부자리 손질은 위생적인 호텔에서 또 다른 중요한 영역이었다. 호텔은 전염 매체로서 베개나 매트리스에 대한 뿌리 깊은 의심과 싸워야 했다. 침대에 많은 낯선 사람들의 몸이 머물렀기 때문이었다.《월간 호텔》광고란에는 "살균된 순수한 백색 면 펠트(모직물이나 털을 압축해 만든 부드럽고 두꺼운 천-역자 주)"를 씌워서 "스스로 통풍이 되도록" 만들어진 매트리스 광고가 실렸다. 방을 사용하기 전후에 청소부는 매트리스를 환기시키고 멸균되도록 세척한 시트, 베개 커버, 그리고 리넨으로 교체하라고 교육받았다.[403]

결핵 책자에서는 호텔 침대에 사용하는 무거운 양모 이불이 특히 문제라고 경고했다. 그것은 쉽게 세척할 수 없기 때문이었다. 많은 호텔에서는 고객을 안심시키기 위해서 이불에 덧대는 여분의 긴 천을 사용하기 시작했다. 이는 많은 폐결핵 환자들이 휴양을 떠났던 서부의 주에서 생겨난 관행이었다. 1910년《뉴욕 타임스》통신원은 동부의 신문 기자들이 위생 근거를 잘 알지도 못하면서 서부의 '긴 천운동long sheet movement'을 엄청 놀린다고 말했다. 그러면서 그는 다음과 같이 부연했다. "그것은 차가운 발을 따뜻하게 하거나 겁쟁이가 머리를 숨길 수 있게 하려는 것이 아닙니다.

특별히 긴 천은 침대보를 덮으라고 제공된 겁니다. 그래야 그 시트를 세척할 때 결핵에 걸린 사람에게서 방출될 수 있는 균이 파괴될 것입니다. 그렇지 않으면 균이 이불에 무한정 남아서 건강에 위협이 될 것입니다."[404]

그런 관습은 대부분 사업가협회의 압력 때문에 동부로 향했다. 1912년 뉴욕 외판원협회Commercial Travelers Association of New York는 로체스터 출신 의원에게 '9피트(약 274센티미터-역자 주) 시트 법the nine foot sheet law'을 주 의회에 제출하라고 설득했다. 《뉴욕 타임스》에 보도된 것처럼, 그 법안은 "호텔 침대 위의 시트를 머리 앞쪽으로 접어 넣는 방법에 대한 세부 사항을 제공합니다. 그래서 박테리아 등의 흡입을 막거나 최소화할 수 있을 것입니다." 1913년 의회는 8피트(243센티미터-역자 주)만으로도 충분히 균의 위협을 막을 수 있다고 결정했지만 그 법안을 통과시켰다.[405]

1880년대에서 1910년대 호텔 산업을 변화시킨 위생에 대한 관심은 철도에도 영향을 미쳤는데, 특히 풀먼 침대차Pullman sleeper car의 디자인과 정비에 영향을 주었다. 1860년대 말 철도 여행의 터줏대감인 풀먼Pullman은 1910년대 중반에는 사실상 침대칸 생산을 독점하고 있었다. 1916년에만 2,200만 명의 여행객이 그 회사의 침대칸에서 밤을 보냈다. 유명한 풀먼의 "호화로운 특별 열차palace cars"는 위생 개혁가들을 노하게 했다. 지나치게 안락한 것, 즉 두꺼운 카펫, 플러시 천 덮개, 화려한 휘장 때문이었다. 스모키Smoky, 애디론댁Adirondacks, 그리고 로키Rockies 산맥처럼 결핵 환자들에게 잘 알려진 휴양지 노선의 침대차가 특히 의심을 받았다.[406]

1905년 풀먼 회사에서는 위생과 관련된 이미지 문제를 해결하기 위해 시카고 위생전문가 토마스 크로더Thomas Crowder를 고용해서 차 디자인을 개선하도록 했다. 목제 차대車臺와 바닥재를 균이 살기에 쾌적하지 않은 철근과 콘크리트로 대체했다. 1917년 조지프 허즈번드Joseph Husband는 그의 책《풀먼 차 이야기The Story of the Pullman Car》에 "비위생적인 목재 대신 차 내부의 매끄러운 철로 된 표면에는 균이 있을 만한 장소가 없다. 그리고 정기적으로 빈번하게 비누와 물로 세척해서 높은 청결 정도를 유지한다"고 썼다. 풀먼사는 또한 전염병 발병 뒤에 공중보건부를 본받아 엄격한 청결 및 훈증 소독 의식을 적용했다. 침대차는 매 운행 후 세척을 했고, 침구류는 "모든 정화제 중에서도 가장 효과가 높은 햇볕에 널었다"고 허즈번드는 설명했다. 그는 독자에게 "풀먼 차 운행 초기에 이따금 맡을 수 있는 매캐한 냄새는 소독제를 풍부하게 사용해서 그렇습니다"라고 알려 주었다.[407]

풀먼사는 승무원이나 짐꾼도 꼼꼼한 위생 기준을 준수하도록 훈련시킨다고 대중에게 알렸다. 1914년 '침대차와 병균'에 대한 논문에서 에드워드 헝거포드Edward Hungerford는 다음과 같이 보고했다. "모든 풀먼 차 승무원은 폐결핵 환자가 잠시라도 머물렀던 침대를 결코 재사용하지 말라는 엄격한 지시를 받는다." 이어 회사에서는 전염병에 걸린 승객을 실었던 차는 모두 즉시 폐차했고 지역 보건국에서 훈증 소독을 한다고 했다. 헝거포드는 마지막으로 "풀먼사는 니그로 짐꾼들을 엄격하게 훈련시킨다"라고 강조했다. 각각의 짐꾼은 휴대용 진공청소기와 비상용 소독약 주전자를 기본 장비로 받았다. 그들은 "깃털로 만든 먼지털이나 운행 중에 마른 청소를 엄격하게 금지하고" 침대차 냉수기에 얼음을 넣기 위해서 손을 쓰지 말라고 훈련받았다.[408]

세균성 식중독에 대한 이해도 증가했을 뿐 아니라 '파리, 손가락, 식품'에 대한 위생적인 강조도는 외식업에 변화를 불러왔다. 남북전쟁이 종결된 1865년 후부터 금주법이 제정된 1920년대까지 외식은 남성 고객뿐만 아니라 많은 여성을 끌어들여 더욱 대중적으로 변모했다. 혁신주의 시대 식당 손님들이 더욱 균을 의식하게 되자, 식당에서도 안전한 식사를 보증하는 데 더 많은 압력을 느끼기 시작했다. 하나의 식중독이 심각한 재앙을 초래할 수도 있기 때문이었다. 청결에 대한 고객의 불안감을 완화하기 위해서 많은 식당에서는 위생적인 식사 장비에 많은 투자를 했다. 매 손님마다 식탁보와 냅킨을 가는 데 충분할 정도의 리넨과 자기, 유리 및 은식기를 살균할 위생 식기세척기 등이 그것이다.[409]

가장 해가 없는 실수조차 손님을 불안하게 만들 수 있기 때문에, 웨이터와 웨이트리스는 위생에 대한 엄격한 훈련을 받았다. 이는 개인적인 청결에 세심하게 신경 쓰는 것으로 시작되었다. 남성 웨이터에게는 얼굴의 수염을 제거할 것을 요구했다. 1901년 《월간 호텔》에서는 5번가의 한 호텔에서 남성 웨이터 모두에게 면도를 지시했다고 만족스러운 듯이 말했다. 1906년 《북미 리뷰*North American Review*》에서는 한 편집자가 수염을 기른 웨이터가 사라진 것을 환영하면서 말했다. "근대 세균설민으로도 그 특권을 박탈하는 데 충분할 것이다."[410]

동일한 이유 때문에, 식기류도 위생적인 식사를 위해 특별히 관리되어야만 했다. 〈실용적인 호텔 관리인〉이라는 칼럼의 저자들은 컵은 항상 깨끗한 마른 수건으로 말려야 한다고 경고했다. 왜냐하면 젖은 것은 지저분하고, 더럽고, 뿌옇게 남을 것이고, "그 어떤 손님도 그 컵을 사용하기 싫어할 것이며 남성이나 여성 모두 그렇게 할 완벽한 권리를 가지기" 때문이었다. 흑인 웨이터 학교를 운영했던 존 B. 고인즈John B. Goins는 컵에 물을 따르는 법에 대한 엄격한 지침을 제공했다. 그는 "웨이터 한 명이 테이블에서 여러 잔을 동시에 치우면, 돌려놓을 때 섞일 가능성이 매우 높다. 그런 기색만으로도 고객은 매우 불쾌하다"고 설명했다. 시카고 호텔과 레스토랑의 주인이었던 앨버트 픽Albert Pick은 그릇에 손자국을 남긴 웨이터 생각에 역겨워했다. 그래서 그는 그런 불결함을 없애도록 특별히 고안된 '은 손잡이Handle-Rite Silver'를 고안했다.[411]

건강보균자에 대한 인식의 확산은 외식업에 특별한 문제를 제기했다. 미국에서 처음으로 확인된 건강보균자는 메리 맬런이라는 이름의 요리사였다. 1907년 보건 당국에서 그녀가 일했던 일곱 가구의 사람들이 감염되었다는 것을 알아 낸 뒤 그녀를 체포했다. 그녀는 "장티푸스 메리"로 불리게 되었고, 요리사로 일자리를 찾지 않기로 동의한 이후 풀려났다. 그러나 1915년 그녀가 소규모 장티푸스 유행병이 발발한 산부인과에서 요리했다는 사실이 드러났다. 이 위반 사실 때문에 맬런은 감금된 채 여생을 보냈다.[412]

맬런의 사례에 대한 언론의 관심으로 모든 식품 취급자에 대한 철저한 조사도 늘어났다. 1910년 뉴욕의 한 호텔에서는 자발적으로 직원에 대한 신체검사를 실시했다고 발표했다. 그것은 "어떤 종류의 감염이라도 퍼뜨린다고 생각될 것 같은 사람은 격리될 것"이라고 공표했다. 1916년 뉴욕 시에서는 모든 식품취급자에 대한 세균학적 검사를 요구하는 위생법을 개정했다. 그리고 그 누구도 양호한 건강 상태를 보여 주는 증명서 없이는 레스토랑에서 일할 수 없을 것이라고 명시했다. 다른 도시에서도 이와 유사하게 식품업에서 건강보균자에 대한 관심이 증대한 결과로 1910년대와 1920년대에 비슷한 법을 적용했다.[413]

새로운 공중보건을 위하여

가정에서나 "제 집 같은" 상업 서비스에서의 변화가 보여 주듯이, 소비자의 청결 선호는 20세기 초 시장에서 위생 개혁의 힘을 강화시켰다. 모든 제조업자와 서비스 제공업자는 위생을 의식하는 미국인에게 그들이 기꺼이 돈을 지불하려고 하는 것, 즉 균으로부터의 보호를 장담했다. 그 과정은 결코 간단하지도, 정직하지도 않았다. 회사에서는 자신의 상품을 홍보하기 위해서 거리낌 없이 건강과 관련된 의심스러운 주장을 펼쳤고, 필연적으로 기존의 위생 기준과 다른 항균 청결 모델이라는 점을 내세웠다. 게다가 호텔과 식당의 경영자들은 마치 실제로 그런 것처럼 깨끗함을 **과시**하는 데 열을 올렸다. 비록 그들이 호텔방과 식당의 겉치레에 신경을 쓰긴 했으나, 대부분은 그 종업원들에게 과도하게 위생적인 상태에서 일할 것을 강요했다. 간단히 말하면, 대단히 교묘한 속임수와 겉치레에는 소비자에게 균을 예방해 준다는 미국 기업들의 주장이 수반되었다.[414]

아무리 그 성과가 불균등하고 불성실했다 하더라도, 여전히 부유한 소비자의 건강에 대한 염려와 위생에 대한 기대치는 1890년에서 1920년 사이 미국 시장을 규율했다. 그런 위생상의 변화는 더 높은 예방의 대가를 치를 마음이 있고 그럴 능력이 있는 고객을 접대하는 고급 시장에서 처음으로 그리고 가장 완벽하게 나타났다. 청결의 대가는 소비자에게 직접 전달되었다. 예를 들어 패키지 상품에 비싼 값을 지불하거나, 호텔 퇴실 시 혹은 식후 식당에서 비싼 고지서를 받았던 것이다.

이 과정은 하급 시장에서는 훨씬 더 불균등했다. 거기서는 소수의 소비자만 청결을 요구했고 공급자도 그런 요구를 충족해서 이윤을 낼 동기를 얻지 못했다. 소규모 식품점이나 식품 생산자는 상품의 무균 상태를 보증하기 위해서 필수적인 변화를 꾀할 형편이 못 되었다. 노동계급 미국인이 주 고객인 값싼 하숙집, 주점이나 식당 주인은 매 손님마다 시트나 식탁보를 갈 재원이 부족했다. 당연히 그런 소규모 소매상은 위생 개혁가들이 새롭고 값비싼 위생법을 자신의 사업에 강요하는 것에 분개해 저항했다.[415]

공중보건부나 다른 정부 기관에서는 그런 시장의 한계를 알고 더욱더 단속법과 점검을 강화해 최소한의 위생을 확립하고자 했다. 예컨대, 도시와 주에서는 대중에게 음식이나 잠자리를 제공하는 시설의 위생 기준에 대한 규제법을 통과시키기 시작했다. 보건부는 식품 취급에 대한 법규를 통과시키고 모든 레스토랑에서 이를 따르도록 조사관을 고용했다. 호텔에서도 공중보건의 미명 아래 객실 고객마다 시트를 교체하라는 요구를 서서히 받았다. 그런 법규를 실행하는 것은 (지금과 마찬가지로) 어려웠다. 그러나 그런 법규는 아무리 가난할지라도 소비자의 건강을 보호하기 위해서 제공되어야 하는 최소한의 위생 서비스로 자리 잡았다.[416]

영리 목적의 사적인 위생 개혁과 국가 주도의 강제적인 상호작용은 혁신주의 시대 공중보건운동의 주요한 원동력이었다. 중간계급 유권자와 납세자에게서 대중적인 균 의식의 절정이 '황금시대'와 일치하는 것도 우연이 아니었다. 상업적인 세균설 호소가 가장 격렬했던 바로 그 시대에 보건 당국의 강제도 급격하게 확대되었다. 질병 예방에 대한 사적·공적 관심이 모여서 상당수의 혁신주의 시대 시설들을 규율했다.

그러나 사적·공적 위생의 경계를 뛰어넘는 것은 접근성, 이행 능력, 가격 문제 등 어려움이 따르는 일이었다. 공용 컵을 없앤 것이 대표적인 실례다. 식당이나 개인 사무실 같은 상업시설에서는 불만 없이 여분의 컵이나 종이컵을 제공했다. 그러나 철도 등 다른 곳에서는 추가 비용의 지출을 꺼렸다. 특히 대도시에서 컵 문제를 해결하기가 더 어려웠다. 읍이나 시에서는 전통적으로 식수대나 우물 형태의 식수를 무료로 제공했고, 거기에 공용 컵이나 싸구려 국자를 비치했다. 그러나 그런 컵이 위험한 전염 전달자라고 생각했던 위생 개혁가들은 공용 컵을 없애라고 요구했다. 개혁가들의 요구는 그 비용을 지불해야 하는 사람들에게는 골치 아픈 문제였다.

가장 손쉬운 해결 방법은 사용자가 개인 컵 비용을 대게 하는 것이었다. 실제로 많은 도시의 거주민은 자녀나 자신을 위해 조립식 금속 컵을 가지고 다니기 시작했다. 그래서 그들은 물 한 잔 마시지 않고 견딜 필요가 없었다. 회사와 정부기관에서도 대기실, 시영 건물이나 다른 공용 공간에 1페니짜리 종이컵 판매기를 설치하기 시작했다. 그러나 위생 개혁가들도 잘 알았던 것처럼, 대부분의 사람은 심지어 1페니도 지불할 능력이 없었기 때문에 공용 컵을 계속 사용했다.[417]

역겨운 위생 이미지에도 불구하고 공용 컵 사용을 지속적으로 옹호하는 사람들도 있었다. 1912년 《철도와 기관차 공학 *Railway and Locomotive Engineering*》의 한 사설에서는 인간적이고 민주적인 관습이 사라지는 것에 대해 애석해하면서 다음과 같이 불평했다. "몰상식한 선동으로 심지어 풀먼 차에서조차 공용 컵을 없애는 괴짜들은 보통 사람들에게 엄청난 불쾌감을 초래하지만 술집 주인의 장사는 번창한다." 그 저자는 "덥고 먼지 투성인 차로 먼 길을 가야 하는 가난한 이민자 아이들이 가장 불쌍한 희생양"이라고 하면서 다음과 같이 글을 마쳤다. "무료 식수에 해악을 끼치는 이런 운동이 사라지면, 사람들은 괴짜나 술집 주인들이 정직한 사람들에게 그런 끔찍한 불쾌감을 퍼뜨릴 수 있었던 무모함에 놀랄 것이다."[418]

술집 주인saloon keepers이라는 말이 보여 주듯이, 공용 컵에 맞선 십자군은 금주운동으로 인해서 곤란해졌다. 당시 금주운동의 영향력은 반결핵협회의 세력에 버금갔다. 금주 주창자들은 공용 컵이 사라지면 더 많은 남자들이 술집을 이용할 것이라고 걱정했다. 그런 이유 때문에 기독교 여성 금주협회Women's Christian Temperance Union, YMCA, YWCA, 지역의 자선단체에서는 공용 식수대를 설치하기 시작했다. 그러나 그 컵 논쟁에 대해서는 《조사Survey》의 한 논문에서 빈정대며 말했듯이, 그런 '자애의 샘charity fountains'은 종이컵 이용자가 1페니를 지불하게 했다.[419]

이러한 컵 문제를 해결할 매력적이고 경제적인 방법이 등장했다. 바로 위생적인 식수대가 그것이다. 1908년에 도입된 이른바 음용 분수대bubble fountains에서는 어떤 컵도 사용하지 않고 물을 마실 수 있었다. 때문에 공적인 장소에 안전하게 식수를 공급하는 이상적인 방법으로 즉시 환영받았다. 대체물로 활용할 수 있는 위생적인 식수대가 있는 많은 도시나 주에서는 공용 컵을 금지하는 법안을 통과시키기 시작했다. 1909년 캔자스에서 처음으로 그런 법안을 통과시켰다. 그리고 1912년까지 26개 주와 하와이 준주에서 공용 컵 사용을 제한하거나 금지하는 유사한 법안을 통과시켰다. 연방 차원에서는 보건청Public Health Service의 주간 검역 규정Interstate Quarantine Regulations과 표준 철도 위생법Standard Railway Sanitary Code에서도 공용 컵을 없애라고 명령했다.[420]

시 당국에서 위생적인 식수대 공급이 의무라는 생각을 받아들였을지라도, 많은 사람들이 이를 받아들이는 것은 더뎠다. 공중보건 문제가 제기되었을 때 가장 진보적인 도시 중 하나로 알려진 뉴욕에서도 1912년 당시 "식수대bubblers"가 35개뿐이었고, 그마저도 15개는 고장이었다. 그리고

200개의 구식 식수대는 계속 사용되었으나 공용 컵을 없애 버렸기 때문에 목이 마른 사람들은 오로지 자신의 손을 쓰거나 《조사》에 보고된 것처럼 "물 꼭지를 거꾸로 뒤집어서 물을 마실" 수밖에 없었다. 같은 논문에서는 1센트짜리 컵Cent-a-Cup 판매기가 있는 식수대 사업이 번창하고 있다고 언급했다. 이유는 시청이나 배터리 공원Battery Park 같은 장소에는 무료 식수대가 없거나 고장이기 때문이었다.[421]

도시 거주민 대부분은 예전에 무료였던 것에 돈을 써야 하는 데 분노했다. 그래서 때로는 컵 판매기를 부숴 자신들의 적개심을 표현하곤 했다. 뉴욕 《인디펜던트》는 1912년에 우드로 윌슨Woodrow Wilson(1913년부터 1921년까지 재임한 제28대 미국 대통령-역자 주)의 취임식 동안 생긴 사고에 대해 보도했다. 유니언 역Union Station에서 대기하던 군인들이 "자동판매기에서 개인용 컵이 나오지 않자 참지 못하고, 또 1페니를 내야 하는 데 분노해, 총의 개머리판으로 기계를 부숴 컵을 나눠 가졌다." 그 기사는 대중이 자유롭게 물을 마실 권리가 줄어들면 이런 식의 무법 상태가 벌어질 것이라는 의미를 내포했다.[422]

설상가상으로 1914년과 1915년에 실행된 연구에서는 위생적이라는 음용 분수대가 건강을 위협한다는 새로운 사실을 보여 주었다. 거품 효과 때문에 사용자의 구강에 있는 박테리아가 식수대로 도로 들어가고 다음에 물 마시는 사람에게로 순환되었다. 더구나 많은 고객이 식수대 사용법을 잘 이해하지 못해서 물이 나오는 구멍에 손가락이나 입을 대서 더 오염시키기도 했다. 결과적으로 '분수대'는 연쇄상구균으로 인한 편도염 유행과도 관련이 있었다. 도시에서는 예상대로 그런 위험을 제거하는 각도의 분사 모델로 천천히 대체되었다. 1920년대까지 줄곧 사용가능한 공용 식수대 대다수는 위생적인 **듯이 보였다.** 그러나 한 조사관이 그것에 대해 다음과 같이 말했다. "위생적으로 공용 컵을 대체한 대용품이 예방은커녕 그 컵만큼이나 공중보건에 대단히 위협적이라는 것을 우리도 안다."[423]

위대한 컵 십자군의 주요 수혜자는 종이컵 제조업자들이었다. 위생적인 식수대가 실제로 위생적이지 않다면, 유일한 진짜 예방책은 깨끗한 종이컵을 사용하는 것이었다. 1910년대 철도 회사에서는 탑승객에게 컵에 돈을 지불하라고 하면, 누가 쓴 컵을 쓰레기통에서 꺼내 쓴다는 것을 알게 된 뒤 컵을 무료로 제공하기 시작했다. 1920년대 혁신주의 사고를 가진 경영자들은 일터에 무료 종이컵 비치를 당연한 일로 여겼다. 1919년 로얄컵 회사Royal Cup Company의 광고에서는 "비난받는 컵"이라고 하면서 다음과 같이 말했다. "형사법과 도덕법 모두 당신에게 사무실이나 공장에서 **일 년 내내** 깨끗하고 위생적인 **개인 컵**을 사용할 것을 요구합니다."[424]

공용 컵을 둘러싼 논쟁은 소비자의 압력에 약했다. 따라서 공중보건 개념에 따르라는 기업이나 정부의 호소보다는 훨씬 더 빠르고 효과적으로 균의 복음이 요구하는 변화를 강요했다. 다시 말해 돈이 있는 사람은 돈이 없는 사람보다 깨끗한 물 컵뿐만 아니라 다른 모든 위생 생활 장비를 가질 가능성이 훨씬 컸던 것이다. 더 느리고 더 불균등한 국가의 개입에 계속 의존하는 것보다 개인적인 예방이 더 안전했기 때문이었다.

많은 미국 노동자에게 균의 복음과 관련된 혁명은 고용주나 공중보건 관리자들이 강요하는 권위주의적인 통치 형태가 되었다. 공장이나 가게에서 일하는 대다수의 가난한 비백인 이민자들은 호텔 욕실을 청소하거나 풀먼 차를 소독하는 동안 자신들보다 "더 나은 상류계급"을 위해서 일하면서 부지불식간에 위생 교리를 배웠다. 더구나 기업주들이 상업적인 통조림 공장이나 엘리트 호텔처럼 엄선된 산업에서 위생에 특히 민감했음에도 불구하고 세기 전환기 고용주 대부분은 노동자의 건강에는 거의 신경을 쓰지 않았다. 그저 가장 긴 시간 동안 가장 낮은 임금을 지불하려고 했기 때문이었다. 또한 노동자는 퇴근하면 공동주택의 비참한 위생 상태를 경험했다. 집주인이 최소한의 서비스 제공으로 최대의 임대료를 받으려 했기 때문이었다.

그러니 실제로는 오직 풍요로운 미국만이 20세기의 첫 20년 동안 새로운 '항균 의식'의 영향을 받았다. 그러나 대중은 빈민의 오두막집에서 부자의 대저택으로 균이 전염된다는 사실을 믿었다. 이러한 믿음 때문에 불균등하게 보급된 위생적 깨달음은 중요한 문제로 대두되었다. 또한 '결핵 종교'의 훈계와 주부의 '모세 율법'은 놀라운 방식으로 빈민 가정과 노동 상태를 개선하기 위해 필요한 것으로 확장되었다. 일부 개혁가는 진공청소기에 대한 요구나 소독제 광고를 넘어서, '질병의 사슬'이라는 개념을 통해 균 예방이 더 광범위하게 위생 향상 십자군의 무기가 되도록 애썼다. 그 과정에서 개혁가들은 공중보건에 특히 위험하다고 지목된 사람들을 대신해서 발언할 뜻밖의 공통 기반을 만들어 냈다.

8. 더러움의 대가는 죽음이었다

1912년 인기 작가 매리언 할랜드는 《굿 하우스키핑》에서 "글을 거의 모르는 보모도 균에 대해 들어본 적이 있다"고 주장했다. 그 증거로 자신의 '훌륭한 하녀excellent chambermaid'를 언급했다. 이 하녀는 여주인이 독감을 피하려고 피부자극제camphor를 바르는 것을 보고 "그게 병균을 죽이겠지요?"라고 말했다.

할랜드가 목격한 것처럼, 1910년대 대부분의 미국인에게 균은 일상용어가 되어 있었다. 그러나 이러한 대중적인 인식은 주로 부유한 토박이 가족이나 그들을 열심히 보살피는 사람들로 한정되었다. 도시나 농촌의 가난한 지역에 사는 수많은 가족들에게 균은 여전히 알 수 없는 것이었다. '항균 의식적인' 중간계급이 시클로 변기나 진공청소기를 구매할 때, 대부분의 미국인은 여전히 수돗물도 수세식 변소도 없는 주택에 살았다. 제1차 세계대전 전야에는 균의 위험을 아느냐와 항균적인 청결을 실천하느냐에 따라 부자와 빈자, 배운 사람과 문맹인, 토박이와 외국 태생, 도시 거

주자와 농촌 주민이 뚜렷하게 구별되었다.[425]

발병률의 변화, 그중에서도 결핵 발병률의 변화는 이런 위생적인 예방의 차이를 특히 심하게 만들었다. 1890년대 반결핵 십자군이 시작되었을 때, 결핵은 여전히 해리엇 플링킷의 말처럼 "석유 부자뿐만 아니라 백만장자"도 시달릴 것 같은 질병이었다. 로렌스 플릭이나 에드워드 트루도 등 초기 반결핵운동 지도자 대부분도 결핵 환자였다. 결핵의 참상을 직접 경험한 중상류계급 가족은 반결핵운동의 명분을 상당히 지지했다.[426]

그러나 1910년대 결핵이나 다른 전염병에 의한 피해는 특정 계급이나 인종에게 훨씬 편중되었다. 1800년대 말부터 균의 복음이 예방하려고 했던 질환은 가난하고 위생적으로 혜택 받지 못한 사람들과 동일시되었다. 결핵은 점차 모든 주부들이 맞서 싸웠던 '집 병'으로서의 정체성을 상실하고 **공동주택**병*tenement* house disease'으로 탈바꿈하고 있었던 것이다. 장티푸스로 인한 사망률이 감소하자, 그 질병은 주로 가난한 이웃이나 '장티푸스 메리' 같은 노동계급 요리사와 하인이 쓰는 칸막이 없는 옥외변소 등과 더 밀접하게 관련되었다.[427]

질병 위험의 범위가 좁아졌다고 해서 균의 복음을 전파하려는 개혁가들의 열정이 약해진 것은 아니었다. 반대로 개혁가들은 도시 상류계급에게 적용되었던 위생 조치가 건강을 개선하는 데에 도움이 된다고 인식하게 되면서, 위생상 '이교도heathen'에게 똑같은 복음을 전해야 한다는 절박함이 더 강해졌다. 가난한 미국인들에게 가장 격렬하게 보건 교육을 했던 것도 1910년대에서 1920년대였다. 이때 위생 개혁의 가치는 당시 부유한 사람들의 경험에 의해 증명되었다. 그 몇 십 년 동안 이미 도시의 중간계급 미국인의 가정을 변화시켰던 위생 교육을 민주화하기 위해 사적·공적 조

치가 폭넓게 진행되고 있었다.[428]

이러한 활동은 남성적인 공중보건기관으로부터 많은 지지를 받았음에도 불구하고, 균의 복음은 주로 여성 전문가들에 의해 설파되었다. 20세기 초 30년간 수많은 방문간호사, 사회복지사, 그리고 가정경제학자들이 위생 선교사로 노동계급이나 농촌 가정을 방문했다. 그들에게 균의 복음의 민주화는 분명히 좋은 것이었다. 왜냐하면 그것이 생명을 구할 뿐만 아니라 자신들의 직업을 위해서도 새로운 영향력과 독립의 전망을 열어 주었기 때문이었다.[429]

그러나 그들의 도움을 받는 여성들에게 '더러움, 병, 죽음' 등을 예방하기 위한 가르침은 항상 그렇게 평탄하지만은 않았다. '집 병'을 예방하라는 권고는 그들이 함께할 수 없는 민족이나 인종과 뒤섞이는 것이었고, 또한 지독하게 가난한 집에서 지키기에는 대단히 어려운 것들이었다. 사망률, 특히 아동과 소아 사망률이 가난한 주민들에게서 대단히 높았던 때, '남을 돕는helping' 직업들은 병원균의 확산을 막는 데 정작 필요한 자원은 공급하지도 않으면서도 여성들에게 엄청난 부담을 주었다.[430]

청결 모델들

1900년대 초 미국의 대도시는 계급과 인종에 따라 매우 분명하게 분리되어 있었다. 그리고 이웃 간의 사망률이나 위생 상태도 극명하게 차이가 났다. 그래서 중간계급이나 노동계급 개혁가들은 정수된 물, 충분한 하수관, 쓰레기 수거 같은 혜택을 가난한 주민들에게로 확장할 방법을 찾았다. 그러나 대체로 가난한 주민들은 세금을 적게 냈고 부유한 주민들보다 정치력도 약했기 때문에 그 과정은 느릴 수밖에 없었다. 보건부에서는 주거법이나 배관법 등을 통해 통제력을 늘리면서 도시의 임대주나 주택보유자들에게 압박을 가했다. 그러나 이러한 새롭고 더 엄격한 위생법은 오래된 건물은 제외했고, 도시에는 새로운 건축물을 감독할 조사관이 충분하지 않았다.[431]

그래서 시 당국이 가난한 주민들에게 위생적인 재건축을 강요하기 시작했지만, 그 결과는 느리고 불균등했다. 1918년에 실시한 미국 도시 주택에 관한 조사에 따르면, 모든 아파트의 거의 5분의 1과 모든 주택의 5분의 2에 옥외변소가 있었다. 전국에서 가장 계급적으로 분리된 도시들 중 하나인 피츠버그에서는 1909년까지도 여과된 상수도가 모든 주민들에게 미치지 못했다. 그리고 도시의 하수 체계가 1914년까지 가난하고 인구밀도가 높은 사우스 사이드South Side에 보급되지 않았다. 대부분 흑인이 살았던 도시의 최빈곤층은 1950년대에도 여전히 옥외변소를 사용했다.[432]

그렇게 오랫동안 지속된 위생상의 불평등에 비추어 볼 때, 공중보건의 사적인 측면은 도시 빈민을 중요한 대상으로 생각하게 만들었다. 위생 개혁가들은, 존재하지 않거나 믿을 수 없는 공공 서비스에도 불구하고, 이 주민 어머니들이나 그들의 미국화 된 딸들에게 가정의 질병 예방 원칙을 가르침으로써 질병과 사망률을 줄일 수 있을 것이라 믿었다. 그리고 그들이 예방의 메시지를 가정에 전할 기회는 그들의 선배보다 훨씬 더 많았다.

1900년대 초 시 보건부는 장티푸스, 천연두, 성홍열 증상이 보고된 가정에서 격리나 훈증 소독 같은 조치에 대한 상당한 권한을 가졌다. 많은 빈민 가족들은 아마도 가족 중 누군가 전염병에 걸려 보건부가 문에다가

'격리quarantine'라고 쓰인 노란색 현수막을 붙였을 때 처음으로 균에 대한 교훈을 배웠을 것이다. 혁신주의 시대 도시에서 자란 자발적인 개혁단체들은 이보다는 덜 위협적인 상황에서 이와 같은 동일한 교훈을 제공하기도 했다. 이에 조직적인 자선단체, 사회복지관, YMCA와 YWCA, 보육단체, 방문간호사협회, 이민자 구제단체, 공립학교 모두가 가난한 여성과 소녀들, 특히 최근 이민 온 사람들에게 균의 복음을 가르치는 것을 중요한 목표로 삼게 되었다. 많은 노동계급이 가입했던 메트로폴리탄 생명 Metropolitan Life과 같은 보험회사들도 위생 안내책자를 배포하고 피보험자에게 질병 예방을 가르칠 방문간호사를 고용했다.[433]

이런 봉사 활동은 중요한 측면에서 백인 중간계급 청중을 겨냥한 교육적인 기획과는 달랐다. 기본 규칙은 집이 누추할수록 균에 대처하는 메시지는 더 단순해야 한다는 것이었다. 중간계급 가정주부를 위한 대중적인 위생 책자에는 루이 파스퇴르나 로베르트 코흐의 참고문헌이 갖추어지고 세균설에 대한 간단한 설명이 포함되었던 반면, 이민자 여성을 위해 쓰인 책자는 거의 위생 규칙들로만 채워졌고, '먼지 정원'의 증가나 현미경을 보는 것에 대한 내용은 없었다. 근대성에 대한 욕망을 당연하게 여겼던 중간계급 여성들과는 달리, 이민자 여성들에게는 전통의 지혜를 직업 전문가들의 지혜로 대체할 필요성이 컸기 때문이었다.

뉴욕시의 아동보건부가 배포한 《아기 잘 기르기 십계명*Ten Commandments for Keeping Baby Well*》이라는 팸플릿은 교육받지 못한 청중을 위해 균의 복음이 단순화되는 방법을 잘 보여 준다. 이 팸플릿은 청결과 질병 예방의 관계를 설명하기보다는, 그 어떤 부연설명도 없이 주장을 내세우는 슬로건만으로 이루어졌다. 일례로, "당신은 치명적인 3D―더러움Dirt, 질병

Disease, 죽음Death—에 대해 들어보았을 것입니다. 우리는 당신에게 건강한 3C—청결Cleanliness, 안심Comfort, 평온Contentmen—를 가르쳐 주려고 합니다"와 같은 내용이 그것이다. 《아기 잘 기르기 십계명》은 엄마들에게 친지나 친구들보다 의사나 간호사들에게 귀를 기울여야 한다고 경고했다. "이웃과 마찬가지로 만약 당신이 다른 사람들에게 조언을 하고 싶다면, 당신의 가정과 주변을 청결하게 유지하는 실질적인 예를 보여 주세요"라고 팸플릿에서는 결론짓고 있다.[434]

전문 위생사들은 더 가난하고 교육받지 못한 여성들을 가르치기 위해 위생 습관에 대한 예증에도 많이 의존했다. 여성들이 실천의 **방법**만큼 위생 예방의 **이유**를 알 필요는 없다고 가정했기 때문이었다. 그들은 또한 위생 교육을 위해서는 교사나 간호사처럼 권위자가 직접 가르치는 것이 최고라 믿었다. 이런 시연 방법은 영어를 읽을 수도 말할 수도 없는 이민자들에게 접근하는 부가적인 장점도 있었다.

여기에는 가정경제학자보다는 방문간호사가 가난한 도시 가정에 균의 복음을 전파하는 데 더 핵심적인 역할을 했다. 때문에 세기 전환기에 병원 클리닉, 자선단체, 보험회사 등 다양한 조직에서 빈민을 보살피기 위해 간호사를 고용하기 시작했다. 많은 도시에서는 가정의료 종사자에 대한 수요가 증가한 것에 부응하기 위해 방문간호사협회도 세워졌다. 방문간호사는 환자를 보살피는 것 이외에도 기초적인 위생 원칙도 가르쳤다. 돌보는 환자 대부분이 감염성 질환을 앓았기 때문에 그 가르침은 감염의 확산을 막는 데 치중되었다. 뉴욕시 헨리 가의 간호사 복지관Henry Street Nurses' Settlement 책자에서는 가정에 위험한 질병의 존재는 "비교적 쉽게……학교를 병실로 만들게 된다"고 엄마들이나 학구열이 높은 학생들

에게 설명했다.[435]

    가정을 방문한 방문간호사는 시작부터 끝까지 위생 규율을 가르쳤다. 1910년대 말 보스턴의 간호사를 위한 지침에는 청결을 수행하기 위해 주의해야 할 항목을 다음과 같이 열거했다. 간호사는 집에 들어가자마자 "코트를 벗어서 똑바로 접어 벽에서 멀리 있는 의자에 놓고, 가방은 의자나 신문이 있는 테이블 밑에 놓아라." 이러한 지침은 가정에 균이 가득할 만한 표면으로부터의 오염을 최소화하려는 노력이었다. 또한 환자를 만지기 전에 자신이 먼저 정성들여 씻었다. 가족에게 물을 끓이라고 한 뒤 수술 방식과 마찬가지로 손톱 솔과 살균비누로 손을 세척했다. 깨끗한 앞치마를 입고서 깨끗한 하얀 수건 위에 반짝이는 도구들을 놓았다. 그녀는 이러한 꼼꼼한 청결 의식을 수행한 뒤에야 마침내 환자를 돌보기 시작했다. 이런 식으로 간호사는 가족의 다른 사람에게 병이 옮는 것을 막는 데 필요한 모범적인 간호 방식을 보여 주었다.[436]

위생의 미국화

아무리 방문간호사나 다른 사회복지사의 시범이 분명했다 하더라도, 모든 지시를 고분고분 따를 사람은 거의 없었다. 이민자 주부들은 수동적인 자세로 그들의 지시를 잘 따르지 않았고, 오히려 가정의 '전문가'로부터 받은 충고를 따랐다. 대체로 미국의 청결 방식을 받아들이는 데 관심을 가졌음에도 불구하고, 그 여성들은 자신들의 문화에서 가치 있는 측면들을 보존하려고 했다. 그들의 저항 혹은 순응 방식은 이민자 주부가 균의 복음

을 어떻게 자신의 현실에 맞게 해석했는지에 대해 더 깊이 이해할 수 있게 해 준다.[437]

우리가 사건 기록이나 회고적인 구술사를 통해 알 수 있듯이, 공동주택 생활에 대한 설명들은 가난한 여성들이 청결 실천에서 직면했던 엄청난 구조적 어려움을 잘 보여 준다. 사실상 주택 자체는 모든 균의 복음의 원리를 무력하게 만들었다. 예컨대, 공동주택은 너무 붐벼서 박테리아를 죽이고 저항력을 유지하는 데 필요한 햇빛과 신선한 공기가 차단되었다. 무신경한 집주인은 지붕에 구멍이 나고 벽에 금이 가고 바닥이 뒤틀리고 옥외변소가 넘치고 복도나 골목에 쓰레기가 쌓여도 그대로 내버려두었다. 이런 환경에서 균의 복음을 실행하는 것은 사실 벅찬 일이었다.[438]

이런 문제를 명확히 하기 위해 헨리 가의 간호사복지관의 안내책자에는 한 방문간호사의 경험을 자세히 실었다. 그녀는 성홍열에 걸린 여섯 살 난 앤젤리나Angelina를 보살피기 위해 로어 이스트 사이드 공동주택에 파견되었다. 앤젤리나의 할머니는 적절한 분리나 간호 기술을 터득할 의지가 있어 보였다. 하지만 소녀에게 맑은 공기를 마시게 해야 한다는 지시에도 불구하고 간호사가 방문할 때마다 병실 창문은 늘 닫혀 있었다. 한참 뒤에 앤젤리나는 창밖의 쥐가 무섭다고 털어놓았다. 할머니는 간호사의 충고에 따라 잠시나마 창문을 열어 놓기 위해 창밖으로 뜨거운 물을 부어서 쥐를 쫓았다. 그러나 그 쥐들이 곧 되돌아왔기 때문에 할 수 없이 다시 창문을 닫아야만 했다.[439]

빈민 주택의 상태와 관련은 없지만, 위생 개혁가들이 맑은 공기에 대한 복음을 이민자들에게 납득시키기 어려운 다른 이유도 있었다. 1914년에 이탈리아의 이민자 여성이 공중보건 감독관에게 설명했듯이, 많은 이민자들은 닫힌 창문이 질병을 **막는** 보호책이라고 생각했다. 어머니와 아이 둘 다 장티푸스에 걸린 그 여성은 아주 작은 방에 살았고, 유일한 창문은 악취 나는 옥외변소 맞은편에 있었다. 방이 찜통처럼 더울 때조차 창문을 꽉 닫아 놓는 이유를 묻자, 그녀는 "병을 막기 위해서 창문을 닫아 놓았어요"라고 설명했다. 그런 그녀에게 공기 순환이 방 안에 있는 병균을 없애는 데 도움이 된다는 정반대의 의견을 전하는 것은 매우 어려웠다. 피츠버그의 자선단체에서 일하는 한 사람은 이탈리아계 어머니가 딸에게 체력을 기르라고 보낸 '맑은 공기 캠프fresh−air camp'를 방문해 결핵균에 대한 연극을 본 뒤에야 그 개념을 이해했다고 보고했다. 그녀는 더듬거리는 영어로 "창을 자주 여는 이유를 이제야 알겠어요. 집에 가면 창문에서 못을 빼고 맑은 공기를 쐬야겠네요"라고 말했다.[440]

빈민 가족들은 이해하기 어려웠지만, 위생 개혁가들은 독립된 침대에도 특권을 부여했다. 방문간호사들은 가장 먼저 전염병을 앓는 사람을 일인용 침대로 분리시키려 했다. 그러나 가난한 사람들은 주로 잠자리가 제한되어 있었기 때문에, 방문간호사의 노력은 계속해서 난관에 봉착했다. 한 방문간호사는 남편은 장티푸스에 걸렸고 아내는 독감에 걸린 어느 가족에 대해 말했다. "둘이 같은 침대를 쓰는 것은 매우 잘못되었지만 당시 그들에게는 침대 하나가 전부였다." 더구나 어떤 가족은 함께 잠을 자곤 했던 아이들에게 일인용 침대를 쓰게 하는 것을 잔인한 일처럼 여겼다. 한 사회복지사는 "그것이 그들이 가진 전부라면 혼자 자는 것은 이상하고 쓸쓸한 일일 듯하다"고 평했다.[441]

더러운 식수의 위험에 대한 가르침도 장티푸스가 흔치 않은 시골에서 최근에 도착한 사람들은 이해하기 어려웠다. "당신은 외국인에게 피츠버그의 물이 건강에 나쁘다는 것을 믿게 할 수가 없다"고 한 의사가 말했다. 어떤 남성은 그런 경고를 들으면, "일부러 갈증을 해소하기 위해 앨러게니Allegheny(뉴욕에서 피츠버그를 거쳐 오하이오로 흐르는 강—역자 주)로 가는 허세를 부린다"고 말했다. 따라서 그 의사는 모든 외국 태생 남성의 절반 정도가 도시에 도착한 2년 내에 장티푸스에 걸린다고 보고했다. 이민자 여성들은 오염된 상수도를 피하라고 장황하게 설명한 자선단체 덕분에 더 빨리 이해했다. 피츠버그의 한 사회복지사가 보고한 바대로, 가난한 지역에 사는 여성들은 편리하지만 오염된 수원을 피해 가파른 계단을 오르내리며 멀리 있는 펌프에서 식수를 얻었다. 그 도시에서 장티푸스 발병률이 높았다고 기억하는 한 유대인 이민자 여성은 돈 많은 친척이 안전한 물을 마시기 위해 커다란 정수기를 집에 설치한 것에 감탄했다.[442]

실내 변기는 또 다른 특권으로 여겨졌다. 피츠버그 근처의 황폐한 빈민가 스컹크 할로Skunk Hollow의 한 복지사는 "극소수만 위생적인 화장실을 가지고 있었고 흑백의 임대 간판에 그 사실을 크게 알렸다"고 말했다. 이민 1세대와 2세대 여성들은 구술사 인터뷰에서 실내용 변기를 구입한 것이 가족의 삶에 있어서 이정표였다고 언급했다. 옥외변소도 없는 집에서 자란 한 이민자 여성은 제대로 된 옥외 화장실을 갖는 것조차 "우리에겐 마치 사치와 같았다"고 말했다.[443]

그러나 근대적인 변기는 이러한 매력에도 불구하고, 최근 이민 온 사람들 대부분에게는 어려운 문제였다. 특히 공동주택 가정에 대해 연구한 가정경제학자 메이블 키트리지Mabel Kittredge는 많은 빈민 여성들이 화장실을 쓴 뒤에는 변기에 물을 내려야 한다는 것을 이해하지 못했고 쓰레기를 처리하는 데에도 익숙하지 않았다고 말했다. 키티리지는 대부분이 시골 출신이었다는 점을 감안해서 "왜 밀레스키 부인Mrs. Milewsky이 근대적인 배관에 대해 알아야 됩니까?"라고 하면서, 그녀는 자선단체 활동가들이 "우리가 그들에게 제공하는 편의시설을 사용하는 방법을 그 어리벙벙한 사람들은 모른다"는 사실을 간과하고 있다고 비판했다.[444]

새로운 위생 원칙은 특히 집을 꾸미는 데 있어서 이민자 주부들에게 호소력이 떨어졌다. 영국계 중간계급 미국인들에게 검소한 스타일은 인기가 있었다. 하지만 이는 이민자들의 안락함과 아름다움에 대한 정의와는 어긋났다. 이민자 가족은 먼지나 균에 대한 가정 전문가의 불만을 무시하고 플러시 천으로 만든 덮개, 조각된 가구, 화려한 이부자리에 적게나마 가진 돈을 계속 소비했다. 그들은 혁신주의 시대 항균 의식적인 미학보다는 구식의 빅토리아 스타일을 훨씬 더 매력적으로 여겼던 것이었다.[445]

그러나 이민자 여성들은 위생적인 가사노동의 일부는 거부했지만, 대부분은 깨끗한 집을 만드는 데 엄청난 열의를 보였다. 꼼꼼한 살림살이는 자존심을 지키는 한 방법이자, 더럽고 비미국적이라는 혐의를 벗는 방식이기도 했다. 또한 꼼꼼한 세척은 질병으로부터 가족을 지키는 데 분명히 도움이 된다고 방문간호사와 복지사가 북돋운 신념이 강력한 동기로 작용했다. 일반적으로 예측하기 어려운 공동주택 지역에서 집안일은 여성의 통제 아래 있었지만, 집 밖의 일은 여성의 소관이 아니었다. 이렇게 젠더가 분리된 공간에서 가사노동에 대한 높은 기준은 위험한 질병의 유령을 물리치는 방법으로 기능했다.[446]

많은 이민자 가정에서 청결을 최우선 순위로 여긴 것은 명백하다. 어머니나 딸들의 분담금을 포함해 동전 한 푼까지 생존에 필요했던 때, 그들은 여전히 집을 청소하는 무보수 노동에 오랜 시간을 소비했다. 집이 형편없었고 뜨거운 물도 부족했던 것을 고려해 보면 그들이 쏟은 노고는 막대했다. 구술사에서 여성들은 끓는 물이나 잿물로 바닥을 닦고, 가구의 먼지를 털고, 벽을 씻고, 옷과 이부자리를 삶았다고 설명했다. 딸들은 곧이어 집 청소가 금방 해치우는 허드렛일이 아니라 "세심하게" 해야 하는 일이라는 것을 배웠다. 한 폴란드 여성의 말처럼, "모든 것이 반짝거려야 했다." 또 다른 폴란드계 미국인 딸은 그녀의 어머니가 만족할 정도로 깨끗하게 청소하지 못해서 바닥을 네 번씩이나 닦아야 했다. 한 이탈리아 여성은 매주 냉장고와 난로를 속속들이 닦았다고 하면서, 그녀는 이를 "마치 의식과 같았다"고 기억했다. 이민자 주부가 친척이나 이웃에게 받을 수 있는 가장 큰 찬사가 티끌 없이 깨끗하게 집을 유지한다는 평가였다. 한 유대인 여성은 그녀의 이민자 어머니를 자랑했다. "어머니는 너무 깨끗해서 뚜껑에도 커버를 씌웠어요."[447]

이렇게 실내 표면을 자주 닦고 먼지를 터는 의식은 이민자 여성들이 구세계Old World(신세계 아메리카 대륙과 비교해서 유럽 대륙을 지칭하는 용어-역자 주)에서 가져온 관습은 아니었다. 새로운 대부분의 이민지는 남동부 유럽 출신이었고, 그곳의 바닥은 흙이나 돌이었기 때문에 닦기보다는 쓸어서 청소했다. 사회복지사 소피니스바 브레킨리즈Sophinisba Breckinridge는 많은 이민자 여성들이 미국에 오기 전에는 세탁솔을 본 적이 없었다고 보고했다. 그래서 깨끗한 집과 잘 닦인 바닥, 그리고 먼지가 없는 가구는 대체로 미국 태생의 강박 관념이었다. 왜냐하면 개혁가들이 계속해서 '더러움, 질병, 사망'이라는 등식을 반복했을 뿐만 아니라, 20세기 초 도시 또한 엄청나게 더러웠기 때문이었다.[448]

게다가 이민자 여성들은 대체로 궁핍한 상황에도 불구하고, 특정 상품이 질병으로부터 안전하다고 하는 광고 문화에 노출되었다. 미국의 회사들은 이민자들이 수지맞는 시장이 될 것이라 생각하고 이민자 신문과 라디오 쇼에 펠스-나프타Fels-Naptha나 퀘이커 오츠Quaker Oats와 같은 상품을 외국어로 광고하기 시작했다. 그런 광고를 읽거나 들은 여성들은 구매할 형편은 되지 못했지만, 그런 상업적인 메시지가 주는 소독, 먼지 털기 등에 대한 교훈을 들을 수 있었다. 이는 매우 중요한 것으로, 2세대 딸들은 그들의 이민자 어머니들에게 어떤 문명의 이기가 부족했냐는 질문에 대해 위생을 의식했던 미국 주부들이 구매한 세척 가능한 바닥 깔개인 리놀륨을 주로 언급했다.[449]

이런 소비문화에 노출된 이민자 여성들은 재빨리 하얀색에 대한 미국인들의 집착을 익히게 되었다. 1924년에 태어난 슬라브계 미국인 K부인은 그녀의 어머니와 할머니가 나무 마루를 문질러 닦았을 뿐만 아니라, 강한 세탁비누로 하얗게 표백하라고 강조했다고 말했다. 심지어 지하실 서랍장의 나무도 하얗게 표백해야 했다. "그때는 사람들이 하얀색 나무를 믿었어요. 하얗게 만들지 않으면, 할머니가 엄마에게 소리를 질렀어요"라고 그녀는 회상했다. 이탈리아 가족의 V부인도 똑같이 하얀색에 대한 집착을 떠올렸다. 그녀는 나무 바닥을 닦을 때, "만약 하얗게 되지 않으면 다시 해야 했어요"라고 말했다. '항균 의식적인' 중간계급 가정에서 유행한 하얀 타일, 에나멜, 그리고 리놀륨을 살 수 있는 혜택 받지 못한 주부들도 그 색깔을 모방하려고 애썼다.[450]

유아나 아동 사망률이 여전히 엄청 높았던 때, 이민자 여성들이 질병의 서슬 퍼런 눈을 피하려고 한 또 다른 방법은 자신의 아이들을 "세심하게" 지키는 것이었다. 어떤 엄마들은 부유하고 성공한 미국인들에게서 나온 일종의 고급 지식인 방문간호사나 지역 의사들의 보육에 대한 권고를 숭배했다. 의사의 충고를 주의 깊게 따른 한 러시아 정교회 여성은 이에 대한 자부심을 가졌다. "사람들과 이웃에서는 '아 당신의 아이들, 부자들처럼 그들을 보살피세요'라고 말하곤 했어요." 딸 한 명은 이민자 어머니로부터 가정 위생 문서에서 바로 가져왔을 것 같은 '금지 사항don't list'을 받았던 것을 기억했다. 거기에는 "어떤 것도 입에 넣지 마라. 아기의 음식을 한 입 먹거나⋯⋯젖병을 입에 넣어서 검사하지 마라"고 적혀 있었다. 그러나 위생적인 육아 의식은 때로는 세대 갈등의 원인이 되었다. 젊은 엄마들이 미국의 신식 육아 기준을 따르면, 그녀들은 "너무 까다롭다"라는 비난을 들어야 했다. 한 여성은 이탈리아 출신의 어머니가 손주를 돌보러 오는 것이 '악몽'이었다고 기억하면서, "어머니는 젖병을 소독하거나 유아식에 까다로울 필요가 없다고 생각했어요"라고 했다.[451]

공동주택에 사는 주부들은 자신의 집과 아이들을 깨끗하게 할 수 있다는 것에 자부심을 느꼈다. 그리고 그 기준을 이웃이나 친척들에게도 적용했다 가정의 청결은 사회적인 친밀함에서도 중요한 척도가 되었다. 한 슬라브계 미국인 여성은 어린 시절 인종적인 편견이 일반적이었음에도 그녀의 어머니는 흑인colored학교에 다니는 친구와의 왕래를 허락했다고 회상했다. 그 친구의 어머니가 "우리처럼 정말 깨끗했기" 때문이었다. 거꾸로 가정의 더러움은 매우 불쾌하고 사실상 위험한 것으로 인식되어 어떤 이민자 여성들은 형편없는 집에는 문지방도 넘지 않았다. 한 2세대의 딸은 이렇게 기억했다. 엄청 깔끔했던 그녀의 어머니는 근처에 사는 동생이 미국에 있는 유일한 친척이었다. 그러나 어머니는 동생의 아내가 집을 관리하는 데 경악해서 "그녀는 거기에 절대 가지 않았어요. 그 집이 얼마나

더러웠는지를 말해 주는 것이죠"라고 했다. 결국 두 가족은 좀체 서로 만나지 않았다.[452]

아이들도 곧이어 다른 사람들이 호불호를 표현하는 데 사용한 청결의 언어를 배웠다. 사람이 할 수 있는 가장 나쁜 말 중에 하나가 "더럽다dirty"라는 것이었다. 러시아 태생의 유대인 여성은 비유대인 지역에 살면서 끊임없이 들었던 욕설 때문에 괴로워했다. 그녀는 가족과 다른 지역으로 이사를 간 후에야 "어떤 사람이 그녀를 더러운 유대인이라고 부를까봐" 불안해하지 않게 되었다. 펜실베니아주 휴스턴Houston에서 유일한 유대인으로 자란 여성도 똑같은 조롱을 당했다. "그들이 나를 유대인이라고 불러서가 아니라 내가 더럽다고 말해서 상처를 받았다"고 그녀는 기억했다.[453]

보통은 어머니가 아이들에게 위생 원칙을 가르치는 데 많이 신경을 썼지만, 때로는 아버지도 거기에 관여했다. 구술사 인터뷰에서 부모들이 체벌을 한 적이 있었는지를 묻자, 한 여성은 척추지압사였던 이탈리아 태생 아버지가 자신이 열 살이나 열한 살쯤 되었을 때 딱 한 번 뺨을 때렸다고 말했다. 그녀는 "그때 난 담배에 흥미를 갖고 있었는데 바닥에 한 개비가 떨어져 있는 걸 본 거예요"라고 기억했다. 그 아버지는 그녀가 바닥에 떨어진 담배를 입에 무는 것을 보고야 말았다. 그리고 "아버지는 세균설 때문에 몹시 화가 났어요. 확실해요. 누군가 먼저 거기에 입을 대었다는 것에 화가 나서 나를 때린 거였어요"라고 했다. 그녀의 주의를 확실히 끌고 나서 그는 결핵의 위험에 대해 가르쳤다. 그 여성은 죽을 때까지 뺨 맞았던 것을 잊지 못할 것이라고 하면서 다시는 흡연을 하지 않게 되었을 뿐만 아니라, 자신의 아이를 기르는 동안에도 "극도로 균 의식적이게 되었다"

고 말했다.[454]

반결핵 십자군이 조장한 감염에 대한 공포는 이웃을 향한 적대감도 야기했다. 가난한 사람들 사이에서 폐결핵에 대한 두려움이 흔했기 때문에, 이웃 사람들은 결핵 환자를 쫓아 버리려고 집주인이나 보건 당국에 고발하기 시작했다. 뉴욕시 자선조직협회Charity Organization Society of the City of New York의 회장은 1916년의 한 사건을 이야기했다. 폐결핵에 걸린 서른 살의 A씨 가족은 도움을 청하라는 강요를 받았다. 그의 아내는 아파트 청소부로 일하면서 가족을 부양했다. 그러나 A씨는 엄청 "조심성이 없는" 사람이었기 때문에 다른 세입자들이 그에게서 감염의 공포를 느낀다고 하면서 그 가족을 내쫓아야 한다고 우겼던 것이다.[455]

침 뱉기가 전염병의 원인이라는 계시와 함께 그 일반적인 습관은 새롭게 악의적인 의미를 가졌다. 한 여성은 그녀의 신혼생활을 이야기하면서 여주인을 얼마나 싫어했는지 말했다. 그 여주인이 암에 걸렸는데, 당시 많은 사람들은 결핵과 마찬가지로 암도 전염된다고 생각했기 때문에 그 여성은 매우 두려웠다. 더욱이 그 여주인은 주택 계단에 일상적으로 침을 뱉었다. "애기가 아플까봐 계단을 박박 문질러 청소하곤 했어요"라고 그녀는 당시를 회상했다. 침 뱉기는 남성이 위생을 의식하는 숙녀를 괴롭히는 유용한 방법이기도 했다. 1920년대 인디애나주 먼시Muncie 주민에게 실시한 사회학 연구에서는 모든 결핵 교육에도 불구하고 여성들은 "끊임없는 침 뱉기 때문에 늘 보도의 안쪽으로 걷는다"고 기록했다.[456]

더욱이 공용 컵 사용에 맞선 십자군은 컵이나 그릇의 공동 사용을 가족과 집단의 강력한 충성 표시로 만들었다. 일례로 A씨의 어머니는 그에게 골칫거리였던 질병 전염설을 무시하는 표현으로 아들의 용품을 같이 사용했다. 뉴욕 자선조직협회New York Charity Organization Society의 직원은 이렇게 보고했다. 그녀는 손주들이 감염될지도 모른다는 경고에도 불구하고, "의도적으로 그녀의 아들이 사용한 컵으로 물을 마시고 그릇도 구분하지 않았다." 다른 경우로 금주 원칙에 충실하고자 한 방문간호사는 이탈리아계 남자가 건넨 와인 잔을 거부했을 때 직면했던 딜레마를 회상했다. 그는 그녀가 그 잔을 깨끗하게 여기지 않는다고 여겨 엄청나게 기분 나빠했다.[457]

유리잔의 상징적 의미에 대한 훨씬 더 극적인 증거로 한 이탈리아 여성은 피츠버그에서의 유년 시절을 기억했다. 그녀의 부모는 인종 통합 지역에서 식당과 바를 운영하면서 흑인과 백인 모두와 스스럼없이 지내려 했다. 흑인 손님들은 보통 음식을 사러 식당 뒷문으로 들어왔다. 그 여성은 한 흑인 손님이 "바에서 음료를 주문하면, 우리 엄마는 그 남자가 마시고 나간 뒤 바의 앞에서 그 잔을 깨트려 버렸죠. 다른 사람들에게 당신들은 그 잔으로 마시지 않을 것이라는 걸 보여 주기 위해서였어요"라고 회상했다.[458]

물론, 그런 몸짓으로 표현되는 것보다 질병에 대한 공포가 훨씬 더 컸다. 아울러 이민자 가족들이 일상생활에 수용했던 청결과 분리 의식에서 더 "미국적"이고자 했던 데에는 이유가 있었다. 그런 행동들은 신분 상승의 표지이자 흑인 미국인들의 희생으로 형성된 백인이라는 인종적 우월감의 표시였다.[459] 그러나 이보다는 이민자 여성들의 티끌 없는 집과 깨끗한 이웃에 대한 선입견은 전염에 대한 공포와 확실히 관련되어 있었다. 이는 보통 빈민의 높은 발병률과 사망률로 인해 생생하게 유지되는 공포였다. 죽음을 위생에 대한 궁극의 형벌로 묘사하려는 위생 개혁가들의 지속적인 노력은 열심히 집을 청소하는 것이나 외부 세계에 대해 경계하는 태도가 병을 피하는 데 유용하다는 이민자 여성들의 신념을 확인하는 것이었다. 거기서 초래되는 불안과 좌절에도 불구하고 균의 복음은 그런 여성들에게 적어도 위험한 신세계에서 그들의 운명을 어느 정도는 통제할 수 있다고 약속했다.[460]

농장 '청소'

이 같은 수십 년 동안, 균의 복음은 새로운 활력을 불어 넣으려는 혁신주의 시대의 폭넓은 활동의 일환으로 미국의 시골 농장으로도 보급되었다. 세기 전환기에 개혁가들은 젊은이들이 도시로 빠져나가서 미국 민주주의의 핵심인 농업의 가치를 약화시키고 있다고 걱정했다. 그래서 근대적인 진보의 성과를 농장으로 가져 와서 농촌생활을 더 매력적으로 만들고자 했다. 1800년대 말 시작된 주립대학의 농촌지도 프로그램은 이런 변화를 꾀하는 주요 수단이었다. 1916년에서 1917년 농촌지도운동은 미국 의회가 성인 프로그램이나 공립학교의 농학과 가정경제학 강좌에 연방기금을 할당하는 스미스-레버와 스미스-휴즈Smith-Lever and Smith-Hughes 법안을 통과시켰을 때 큰 힘을 얻었다.[461]

농촌 가족에게 주요한 위생 선교사 역할을 한 사람은 농촌지도 혹은 시연을 한 직원들이었다. 그들의 교육사업은 성별에 따라 분명하게 나뉘었다. 보통 농학 학위를 가진 남성은 농장주에게 작물 선택, 거름 주기, 새로운 농사 기술뿐만 아니라 낙농 위생이나 옥외변소 건설과 같은 일을 가르쳤다. 가정경제학 교육을 받은 여성은 농장의 주부에게 위생 설비, 취사, 통조림 제조, 육아 등 가정세균학의 원칙을 가르쳤다. 농촌의 소년소녀를 겨냥한 4-H 클럽(Head, Hands, Heart, Health의 네 가지 H를 모토로 한 농촌 청년 교육기관—역자 주)이나 다른 청년 프로그램에서도 대략 똑같은 성별 분업을 따랐다.[462]

리버티 하이드 베일리Liberty Hyde Bailey(미국 최초로 대학에 원예학 연구소 설립—역자 주)의 지도 아래 코넬대학에서 개발한 농촌지도 프로그램이 미국에서 가장 성공적이었고 영향력도 컸다. 베일리는 뉴욕 주립 농과대학 New York State College of Agriculture의 원예학 교수였는데, 나중에는 학장이 되었다. 베일리는 초창기 가정경제학운동의 지지자로 여성들을 농촌개혁 운동에 참여시키는 것이 이상적인 방법이라고 생각했다. 그는 1900년 예전에 뉴욕주 카타라우구스 카운티Cattaraugus County의 장학사였던 마사 반 렌셀러Martha Van Rensselaer를 고용했다. 그가 농촌 남편들에게 했던 것과 유사한 독서 프로그램을 농촌 주부들을 위해 개발하기 위해서였다.[463]

당시 인기 있었던 셔토콰Chautauqua 강습회처럼, 코넬의 농촌주부 강독 수업에서는 농장의 아내들이 관심 가질 만한 주제에 대해 무료로 회보를 보냈다. 각각의 회보 마지막에는 독자가 문의하거나 의견을 보낼 수 있도록 설문지를 실었다. 프로그램을 신청한 여성들에게도 회보를 통해 함께 할 스터디 클럽을 만들라고 권했다. 1914년 코넬 농촌지도 프로그램에는 3만 6,200명의 여성이 가입했고 82개의 스터디 클럽이 활동했다. 반 렌셀러와 1907년 농촌지도 사업을 돕기 위해 고용된 플로라 로즈Flora Rose는 클럽 회원들과 자주 편지를 주고받으면서 강의 내용에 대해 문의하고 조언을 구할 수 있게 했다. 그들은 뉴욕주 곳곳에 살고 있는 농촌 여성들로부터 1914년 한 해에만 약 3,200통의 편지를 받았다.[464]

코넬의 경제학자들은 방문간호사들처럼 위생 청결의 원칙을 보여 주기 위해서 가정을 방문해 시연했다. 처음 반 렌셀러와 로즈는 자원이 빈약해 가끔씩 지역 클럽에서 강연하는 것 외에는 아무것도 할 수 없었다. 그래서 그들은 매년 코넬의 '농부 대학farmers' institutes'에서 행한 시연 프로그램에 에너지를 쏟아 보통 수천 명의 농장주와 그 아내들을 모았다. 거기에서 '농장 주간Farm Week' 동안 여성들에게 통조림 제조법을 가르쳐 위생적으로 정확한 취사 단계를 모두 보여 주었다. 또 1913년 문을 연 그 대학의 '구내식당 실험실cafeteria laboratory'을 농촌 주부들에게 견학시키기도 했다. 그 매끈하고 균에 강한 표면, 근대적 기구들, 그리고 전반적인 청결을 보여 주기 위해서였다. 1920년대 중반 농촌지도학과가 확장되었을 때, 직원들은 이른바 '부엌학회kitchen conferences'를 운영하면서 현장에서 더 많은 일을 하기 시작했다. 그 가정경제학자들은 가정 상태를 개선하는 데 대한 간단한 시범을 보이고 실질적인 조언을 하기 위해서 농촌 여성들의 집을 방문했다.[465]

보통은 문화적 배경이 매우 상이했던 방문간호사와 이민자 환자들과는 달리, 시연 요원들은 주로 농촌 주부들이 겪는 문제를 쉽게 파악할 수 있는 시골 출신의 양키Yankee(미국 북동부 주의 주민-역자 주) 여성들이었다. 뉴욕 서부에서 자란 마사 반 렌셀러는 일찍이 "우리 주에는 농업 인구가 매우 높게 추산된다"고 썼다. 그들이 "주로 좋은 시민이자 그들이 하는 일에서도" 돋보이기 때문이었다. 가정경제학자들은 농촌 여성들이 교과서적인 배움은 부족하더라도 상식이 있고 명민하다고 가정했다. 반 렌슬러에게 보낸 편지에서 뉴욕주 오번Auburn의 한 가정학 교사는 자신의 학생들에 대해 "그 여성들은 자신의 방식을 개선하고자 희망하는 총명한 주부들이다"라고 썼다. 이에 대해 보답하듯이 농촌 주부들은 농촌지도 요원들에게 흔히 시골 사람들이 선생님을 대하듯, 특히 주립대학에서 온 선생님을 대할 때처럼 복종했다. 뉴욕주 캔턴Canton의 한 주부는 이렇게 말했다. 그녀가 친구들이나 친지들에게 어떤 새로운 방법을 말하려고 시도하면, "그들은 나를 비웃으면서 내가 몹시 '까다롭다finicky'고 생각할 거예요. 그러나 바로 그 여성들은 인쇄물 특히 대학에서 출간한 것은 대부분 믿을 겁니다."[466]

그럼에도 불구하고, 농촌 여성들을 가르치는 것은 쉽지 않았다. 어떤 사람은 더 나은 살림꾼이 되고 싶어 했지만, 다른 사람들은 1923년 한 요원이 말했듯이 "새롭고 더 좋은 방법을 배울 의지가 없었고" 기껏해야 식단 짜기나 통조림 제조에 관한 약간의 정보만 농촌지도 프로그램에서 구했다. 당연하게도 젊은 여성들이 가정경제학자들의 활동을 더 잘 받아들였다. E. P. 엘린우드E. P. Ellinwood 부인은 1909년 자신의 스터디 클럽의 발전을 서술하면서 젊은 회원들에 대해 다음과 같이 말했다. "그들은 일을 손쉽게 만드는 것이라면 무엇이든지 더 열심히 받아들이고 삶을 즐기는 데 더 많은 시간을 할애해요. 나이든 여성들은 주로 판에 박힌 삶을 살고 그 어떤 새로운 방식도 자신의 어머니나 할머니들이 이전에 해 왔던 오래된 방식보다 더 좋다고는 생각하지 않습니다."[467]

한 선생님의 말처럼 농촌 여성 대부분이 "가정에 적용된 과학을 거의 알지 못한다"는 사실이 가정경제학자들의 일을 어렵게 만들었다. 어떤 사람은 심지어 강독회 회보의 단순한 언어조차 이해하기 어려웠다. 이웃의

'숙녀들'에게 코넬 프로그램에 관심 갖게 하려던 한 여성은 1910년 다음과 같이 보고했다. "어제 교회에서 그들 중 한 명이 말했어요. 그녀가 회보를 읽긴 했지만 이해할 수가 없었고, 그렇게 한다고 해서 무슨 도움이 될지 모르겠답니다."[468]

가정의 위생 설비와 가정세균학은 농촌지도 요원들이 다룬 가장 어려운 주제였다. 우선 그들은 전통적으로 시골은 본래 살기 좋은 곳이라는 전제를 깨야만 했다. 도시 주민과 비교해서 농촌의 가족들은 비교적 분리된 채 살았고, 정체불명의 낯선 사람의 기침이나 재채기로부터 안전했다. 그리고 질병 예방에 필수적이라는 햇볕과 맑은 공기를 누리며 실외에서 일했다. 그 결과 반 렌셀러에게 편지를 쓴 사람들은 "시골 사람들은 위생에 대해 매우 무관심하다"고 말했다. 더구나 그들 중 질병 세균설을 들어본 적이 있는 사람도 드물었다. 뉴욕주 브룩필드Brookfield의 한 농장주 아내는 코넬 직원에게 "균이나 그 위험에 대해 아는 농촌 주부가 적기 때문에 작업 단계마다 깨끗이 하는 방법을 더 많이 가르쳐 달라"고 요청했다. 그녀는 많은 가정에 병이 퍼지는 비위생적인 낙농업에서 특히 변화가 필요하다고 주장했다.[469]

심지어 위생 설비를 개선할 필요가 있다는 것을 납득하게 된 뒤에도 농촌 주부들은 균의 복음을 따르는 데 여전히 많은 난관에 부딪혔다. 1920년대 중반까지도 코넬 농촌지도학과에서 조사한 가정의 절반가량에는 수돗물이나 실내 변기가 없었다. 1909년 한 클럽 회원은 "우리 지역 대부분의 집이 오래되어서 당연히 근대적인 편의시설이 많이 부족해요"라고 말했다. 따라서 "우리 집을 편리하게 만들고 덜 힘들게 일하도록 만드는 방법은 대부분 상당히 비쌉니다"라고 했다. 또 다른 통신원은 수돗물이나 부엌 가까이에 아이스박스가 없다고 슬퍼하면서, 그것들은 "농촌 주부의 부담에 당신이 언급한 다른 두 가지(결핍)를 더한다"고 말했다.[470]

농촌지도 요원들은 농촌 주부가 잘 관리한 옥외변소나 방충망을 생사의 문제로 묘사함으로써 그런 난관을 극복하고자 결심하게 만들려고 노력했다. 반 렌셀러의 1904년 책자 《가정 위생에 대한 제안》은 그런 긴급한 문제를 강조하기 위해 "회칠한 무덤"이라는 테마를 사용했다. 그리고 그 교훈은 부모를 보기 위해 학교에서 집으로 돌아온 거의 성인이 다 된 아들에 대한 이야기로 소개되었다. 멀리 떠나 있는 사이에 "깨끗한 땅, 깨끗한 공기, 깨끗한 물의 중요성을 배운" 아들은 부모에게 그들을 둘러싼 위험, 즉 대단히 사랑하는 사람들이 상류에서 배설물 찌꺼기가 쌓이고 파리가 두엄 더미에서 우유 통을 날아다니는 것 등을 참고 있는 것에 대해 경계하도록 했다. **"그들은 위생의 필요성에 눈을 떴다."** 그리고 다음에 아들이 집에 돌아왔을 때에는 모든 것이 질서정연했다.[471]

농촌지도 요원들이 인지했듯이, 농촌 가족은 공동주택 거주자보다는 가정의 위생 개선에 유리했다. 농장주 대부분은 집을 임대하기보다는 소유했기 때문에, 훨씬 쉽게 위생적인 결함을 고칠 수 있었다. 예컨대, 파리를 막을 수 있는 위생적인 옥외변소는 농촌지도 서비스에서 제공한 간단한 지침을 사용해서 비교적 적은 비용으로 지을 수 있었다. 더 돈이 많은 가족은 정화조를 파서 도시나 교외의 중간계급 주택에 있는 것과 같은 종류의 수세식 실내 변기를 설치할 수 있었다. 그러나 이런 낙관적인 시나리오를 실현하기 위해서는 농장주의 협력이 필요했다. 농가의 성별 분업에서 위생적인 옥외변소나 정화조처럼 집 바깥의 개선 사항은 남성의 영역이었다. 그러니 1904년 반 렌셀러가 가정 위생에 대한 교훈극에서 남자들에게 주인공 역할을 맡겼던 것은 우연이 아니었다. 그녀의 표현대로 "눅눅한 지하실이 위쪽 침실을 위한 수의를 짠다"라는 말에 "사로잡힌" 사람도, 낡은 농장을 청소해서 가족을 괴롭히는 원인 불명의 열병을 끝장내는 데 앞장선 사람도 아버지였다.[472]

반 렌셀러도 잘 알았던 것처럼, 남자들은 때때로 농장을 개선하는 데는 즉시 돈을 쓰면서 집은 방치했다. 코넬에 보관된 가장 적절한 편지 중의 하나는 한 여성이 가정 청결에 대한 남편의 무관심에 좌절한 내용이었다. 그녀는 "우리 농장은 깔끔하고 깨끗해요. 그런데 남편은 집, 마당, 지하실에 있는 쓰레기는 내버려둬요." "내가 궁궐처럼 깨끗하게 할 수 있었지만, 난 너무 바빠요"라고 하면서 그녀는 "남자, 남자, 진흙, 진흙, 그리고 내 지하실. 우리가 살아있는 것이 기이하게 여겨집니다. 가엾은 나, 모든 게 잘 되었다면 내 아이들도 살아남았을 테죠"라고 슬프게 말했다.[473]

반 렌셀러는 이런 편지 속의 '남자 문제'를 다루는 데 어려움에 봉착했다. "남자들에게 너무 엄하다"고 그녀를 비난했던 한 남성 통신원에게 답했다. "실제로 비참한 상태를 계속 아는 것이 저로 하여금 이런 문제의 어두운 면을 생각할 수 있게 만들었어요." 그러나 반 렌셀러는 위생적인 개선을 재촉하면서 남편을 배제하지 않으려고 조심해야 했다. 그런 개선은 남편의 협조에 달려 있기 때문이었다. 일부 남성 농장주들이 가정경제학자들에게 느꼈던 공통된 적대감이나 위생 및 식이요법에 관한 문제는 "여성 특유의 어리석음" 때문에 심화되었다. 1909년 농장 주간에 반 렌셀러의 통신원은 한 남성이 내년에는 자기 아내를 데려오지 않을 것이라고 말하는 것을 우연히 들었다. 그의 생각에는 그 가정경제학 프로그램이 "오트밀 따위의 온갖 허튼소리를 늘어놓는 바보 여자들을 위한 여흥"에 불과했다. 반 렌셀러는 "**남자들**에게도 위생적인 삶에 관심을 **갖게** 할 필요가 있습니다"라는 통신원의 제안에 동의했다. 그녀는 남성 요원들을 더 확보해서 내년에는 그 주제로 프로그램을 만들라고 제안했다.[474]

많은 농촌 주부들은 원시적인 집, 엄청난 노동량, 때로는 냉담한 남편에도 불구하고 초라한 공동주택에 사는 이민자들 못지않게 가정 청결에 열의를 보였다. 그들은 편지에서 대체로 가정경제학자들의 충고를 따른 데 대한 자부심과 성취감을 표현했다. 한 사람은 반 렌셀러에게 성서에 비유해서 말했다. "제가《농촌 가정을 위한 독본*Reading for the Farm Home*》에서 알게 된 것, 다시 말해서 '그 더미에 숨겨진 누룩leaven hidden in the measure'(마태복음 13장 33절의 천국과 누룩 비유–역자 주)이 우리 집에도 매우 성공적으로 작동하고 있어요." 클럽에 가입한 그해부터 그녀가 이룬 업적에 대해서도 자랑스럽게 말했다. "근대적인 시설을 갖춘 크고 따뜻한 욕실, 하얗게 칠한 벽면과 천정, 나무랄 데 없는 환기 장치……또한 위생적인 욕조 등등……그 훌륭한 일은 계속됩니다. 당신도 보듯이 당신의 노고가 헛되지 않아요." 또 다른 여성도 농가를 더 위생적으로 만드는 데 그 회보에서 좋은 영감을 얻었다고 말했다. 그녀는 부엌을 먼저 손볼 것이라고 맹세했다. 거기에 수돗물과 "좋은 배수구"를 설치하려고 계획했다. 그러고 나서 그녀는 "카펫을 없애고 집의 나머지 바닥은 깔개로 마무리해서 더 위생적으로 만들어 유지하는 데 훨씬 쉽게 하려 했다."[475]

농장의 동물은 인간의 거주지와 가까이 살고 다양한 곤충이 들끓었기 때문에, 위생에 신경을 쓰는 농촌 주부에게는 특히 부담이 되었다. 한 여성은 "방에 묻혀 들어온 닭의 배설물로 병이 옮을 수도 있나요?"라고 걱정스럽게 반 렌셀러에게 물었다. 1909년에는 반 렌셀러가 곤충이 들끓는 데 대해 불만을 쏟은 또 다른 통신원을 진정시키면서 말했다. "당신은 여성이 그 방면에서 할 수밖에 없는 가장 어려운 싸움을 하고 있어요. 당신이 말했듯이, 어떤 것을 성취하는 것은 부단히 조심하는 것인데, 당신은 결국 해 낼 거예요." 반 렌셀러는 농촌 여성들에게 나무 바닥의 틈을 메우고 휘발유로 깔개 가장자리를 처리하라고 충고를 하는 것 외에도, 벌레에 맞선 싸움은 가족의 건강에 중요한 일이라고 독려했다. 게다가 그녀는 "최고의 살림꾼에게도 벌레가 있기" 때문에 벌레가 있다고 해서 부끄러워할 일이 아니라고 전했다.[476]

집파리는 벌레들 중 단연코 최악이었다. 심지어 반 렌셀러에게 "위생적인" 집이라고 다소 자랑스럽게 말했던 농촌 여성조차 자신의 집에 집파리가 있다고 인정했다. 그녀는 방충망이 쳐진 창과 문 덕분에 "우리는 당신이 말하는 가정 해충의 긴 목록에 대해서는 아무것도 몰라요"라고 말하면서도, 파리에 대해서는 "누가 들어오고 나면 손으로 내쫓아야 하는 가장 골칫거리"라고 토로했다. 1920년대 부엌 투어kitchen tour를 하는 동안, 엘라 쿠시먼Ella Cushman이라는 이름의 농촌지도 요원은 파리와 관련된 딜레마를 전했다. 한 여성이 수리된 부엌을 자신 있게 보여 준 뒤에 파리가 자유롭게 내려앉았던 사과를 건넸던 것이다. 예전에 와인 잔을 권해 받았던 방문간호사처럼 쿠시먼도 그 사과를 거절하기가 어려웠다. 그리고 그 여성의 "개량 공사는 고무적이지만, 한 번에 너무 많은 것을 기대할 수는 없다"고 말했다.[477]

'파리 없이 햇볕과 공기를 갖는 방법'이나 '끊임없이 청소하지 않고도 청결을 유지하는 방법'과 같은 농촌 주부들의 문의는 균의 복음을 따르기가 어렵다는 사실을 분명하게 드러낸 것이었다. 농촌 주부들은 새니타스나 살균 페인트를 살 돈이 없었기 때문에 대부분의 농가에 흔했던 낡은 벽지나 가구를 힘들게 세척했다. 그러므로 가정경제학 요원들은 표면에 있는 유해 먼지나 때를 제거하는 방법에 대한 질문을 그런 가정에서 종종 받았다.[478] 끓는 물의 유용성은 농촌 여성들에게 특히 인기 있었던 가정세균학의 가르침이었다. 따라 하기가 쉬웠기 때문이었다. 1930년대 초에 실시한 농촌 가정에 대한 조사를 살펴보면, 대부분의 여성이 식기나 은그릇을 열로 소독했고 정기적으로 행주를 삶았다. 거의 같은 시기 셔냉고 카운티 Chenango County의 '부엌 투어'에서 나이가 지긋한 메이어Meyer 부인은 자랑스럽게 그녀가 발명한 독특한 식기건조대를 설명하면서 이웃 사람들에게 끓여서 공기에 건조시킨 접시에는 박테리아가 없다는 것을 나타낸 도표를 보여 주었다.[479]

위생을 의식하는 소비자가 되는 것에 대한 가정경제학자들의 가르침은 대부분 식량을 자급자족했던 농촌의 가족들과는 관련이 없었다. 요원들에게 보낸 작업 서류에서 롱아일랜드Long Island의 한 농장주 아내는 신중한 쇼핑에 대한 문제는 자신에게는 해당 사항이 없다고 하면서 그것을 그녀가 한 번 가 본 적이 있는 뉴욕의 로어 이스트 사이드와 관련지었다. 거기에서 그녀는 한 과일장수가 손수건에 침을 뱉어서 판매할 사과를 닦는 것을 보았다. 하지만 도시에서는 매우 흔했던 침 뱉기에 대한 강박 관념이 시골에서는 거의 언급되지 않았다. 아마도 결핵의 위험이 더 멀리 있었기 때문으로 보인다. 다른 한편 반 렌셀러가 말했듯이, 농촌 여성은 의사와 간호사로부터 멀리 떨어져 살았고, "아마도……도시 여성들과 달리 집에서 환자를 더 많이 돌보았다"는 점을 감안하면 가정 간호에 대한 지침은 주로 도시 여성보다 농촌 여성에게 더 유용했다.[480]

당대의 이민자들보다는 농가에서 새로운 청결 소비문화를 홍보한 신문, 잡지, 우편 주문 카탈로그를 훨씬 더 많이 접했다. 지면에 나온 새로운 것들 중 농촌 여성에게 가장 인기 있었던 것은 진공청소기였던 것 같다. 1909년 뉴욕주 바버스 코너Barbers Corner의 한 스터디 클럽에서는 코넬 요원에게 전기가 없는 집에도 수동식 진공청소기가 바람직하거나 유용할지를 묻는 편지를 썼다. 거의 동시에 전기가 들어오는 집에 사는 운 좋은 여성은 반 렌셀러에게 "저는 막 전투—집안 청소—직전에 시범 삼아 진공청소기를 하루 임대했어요"라고 하면서, 그녀는 익살맞게 "제가 이걸 굳이 먹으려 한 것은 아니지만, 푸딩의 맛은 먹어 봐야 알 수 있잖아요. 그런데 이건 너무 심하게 박테리아 맛이 나요"라고 결론지었다.[481]

위생적인 특권을 얻는 것은 때때로 새로운 불안을 야기했다. 일례로 하수 가스에 대한 계속된 공포 때문에 한 여성이 플로라 로즈에게 걱정스럽게 말했다. "제 정화조는 뭔가 잘못 되었나 봐요. 그래서 전 괴롭고 무서워요." 개수대에서 정화조로 물이 빠질 때, 그녀가 위험하다고 두려워한 "지독한 냄새"가 났다. 그녀는 "가끔은 내가 몇 마일이나 떨어져 있을 때에도 그 냄새가 나는 것 같아요"라고 털어놓았다. 더구나 위생적인 살림살이에 대한 요구가 늘어나면서 불안감과 경쟁심을 일으킬 수 있었다. 한 부엌학회 동안 엘라 쿠시먼은 "여러 사람들이 검사를 위해 자기네 부엌을 보여 주어야 할 것만 같은 두려움에" 늦게까지 청소를 하기 때문에, 그녀의 아침 강연 출석률이 낮다는 것을 알게 되었다. 또한 엘라 쿠시먼이 한 가정을 방문했을 때, 그 가정의 여성이 이웃에게 부엌에 물건을 놓아 두는 편리한 방법을 보여 주고 있었다. 그러던 중 찬장 선반에 묻은 먼지를 발견하고 이웃 중 한 명이 그것에 대해 뭐라고 말했다. 그러자 전체 분위기가

침울해졌다고 쿠시먼은 애석한 듯이 말했다.[482]

가정경제학자들은 새로운 가정학이 여성의 짐을 덜어 줄 것이라고 약속했다. 그러나 많은 여성들이 여전히 집안 청소를 여성이 해야 할 가장 고된 일로 여긴다고 한 스터디 클럽의 회원이 쿠시먼에게 알려 주었다. 먼지와 질병에 대한 새로운 강조는 분명히 가사 담당자의 일을 덜어 주지는 못했지만, 대단한 목표의식을 가지게 했다. 1904년 반 렌셀러는 한 통신원에게 "집에서 할 일이 아주 많아요. 먼지나 때도 다 벗겨 내야죠"라고 썼다. 그리고 "그건 힘든 일이죠. 그러나 그런 수고를 하는 데에는 보답이 있을 거예요"라고 말했다. 또 다른 편지에서 반 렌셀러는 자신을 돌볼 시간도 없을 만큼 지친 여성에게 이렇게 조언했다. "당신은 매일 전투를 벌이고 있어요. 어떤 여성이 이렇게 잘 한다면 병사가 전쟁터에서 영웅인 것과 마찬가지로 그녀도 대단한 여걸인 겁니다."[483]

이렇게 농촌 주부들의 높아진 위생 요구가 초기 균 이론가들이 매우 애용했던 씨 뿌리는 사람의 비유를 사용하기에 항상 비옥한 토양만은 아니었다. 어떤 농촌 여성들은 결코 가정 개혁에 많은 관심을 두지는 않았다. 또 다른 사람들은 잠시 동안 새로운 방법을 시도하다가 너무 힘들어서 포기했다. 그러나 가정경제학자들의 통신원 대부분에게는 그들이 새로 발견한 위생적인 유용성은 분명히 대단히 의미가 있었다. A. C. 아불A. C. Abbuhl 부인은 1920년에 반 렌셀러를 "우리의 일이 중요하다는 것을 깨닫게 해 준 농촌 여성들의 축복이자 구원자"라고 부르면서 "당신은 우리에게 새로운 낙원이자 새로운 땅을 만들어 주었어요"라고 했다. 우리는 이런 편지를 통해 주부들이 어떻게 가정의 불결에 맞선 자신들의 싸움을 영웅적인 것으로 여기게 되었는지, 그리고 가장 힘든 환경에서조차 위생적인

가정학의 이상에 부응하도록 만들었는지를 이해할 수 있다.[484]

아무리 그런 지식을 얻어서 운이 좋다고 생각했을지라도, 균의 복음은 이민자 주부나 농촌 여성 모두에게 분명히 은총이자 저주였다. 상수도에 배설물 오염을 막거나 감염병 확산을 최소화하는 데 주부들의 협조를 구한 것은 개인이 위험한 환경을 통제할 수 있다는 인식을 되살렸다. 게다가 적어도 20세기 초에 홍보한 몇몇 살림 규칙은 비말 감염이나 식중독 같은 건강상의 위험을 막는 데 실제로 유용했다. 1880년에서 1940년까지 그런 캠페인이 감염병에 의한 사망률을 지속적으로 감소시키는 데 얼마나 많은 도움이 되었는지는 우리가 정확하게 측정할 수 없다. 그러나 당대 일부 비평가들이 말한 것처럼 의미 없는 불필요한 작업만은 아니었다.[485]

공교롭게도 질병 예방에 대한 높은 책임감은 매우 가난한 여성들이 그들에게 촉구된 세균학적인 청결을 수행할 능력이 여전히 제약되었던 때에 찾아왔다. 수돗물이나 위생 변기도 없이 외관상의 청결조차 고된 노동으로만 획득할 수 있었다. 공중보건의 사적인 측면을 홍보하려는 열정으로 전문직 종사자들은 틀림없이 개인적인 위생법의 효험을 지나치게 강조했다. 그리하여 최선을 다했음에도 불구하고 가족, 특히 아이들이 아프거나 죽을 때 가난한 여성들은 수치심을 느끼고 깊은 슬픔에 빠지기 쉬웠다. 이전의 중간계급 여성들처럼 그들도 균의 복음을 믿는 것이 그 자체로 무거운 짐을 떠맡는다는 것을 깨닫게 되었다.

9. 양날의 검

1898년 뉴욕시 소비자 연맹Consumers' League of New York City의 연례 보고서에서 모드 나단Maud Nathan 회장은 스웨트샵sweatshop(특히 의류 산업에서 형편없는 작업 환경과 저임금으로 장시간 노동을 시키는 작업장이나 공장-역자 주)의 노동 위험성을 강조하기 위해 흥미로운 이야기를 했다.

로버트 필Robert Peel 영국 총리의 딸이 리젠트 가Regent Street의 재봉사에게 값비싼 승마복을 주문했다고 한다. 그러나 그녀가 미처 알지 못했던 것은 그 옷이 지독하게 가난한 노동자의 집에서 완성되었고, 거기에서 열병을 앓는 아이들이 추위를 견디기 위해 그 옷자락을 사용한 것이었다. 그녀의 멋진 새 옷이 그 우아한 가게를 떠난 적이 있었다는 것을 모른 채, "균에 감염된" 적이 없었던 그 사랑스런 젊은 숙녀는 자랑스럽게 그 옷을 입었다. 그리고 곧 가난한 아이들과 같은 열병에 걸려 사망했다. 나단은 사람들에게 "알려지지 않은 비슷한 비극이 뉴욕시에서는 흔히 일어난다"고 단언했다. 그리고 스웨트샵의 위험은 "양날의 검, 즉 노동자만큼이나

소비자의 삶에 깊은 상처를 남긴다"고 말하면서 끝맺었다.[486]

나단의 '양날의 검'이라는 이미지가 증명하듯이, 혁신주의 시대 개혁가들은 시장의 합병이 새로운 방식으로 노동자와 소비자 모두의 건강을 얽맨다고 굳게 믿었다. 많은 산업에서 일부 생산단계는 공동주택 작업장이나 노동자의 집에서 이루어졌다. 이러한 때에, 새로운 세균학에서 강조한 먼지나 접촉 매개물에 의한 감염은 제품의 전염성에 대한 걱정을 악화시켰다. 소비자나 노동운동가 모두에게 더럽혀진 의류는 위험을 초래했다. 그리고 이는 '질병의 사슬'과 '병균의 사회주의'가 어떻게 부유한 사람과 가난한 사람을 운명 공동체로 만드는지를 보여 주는 구체적인 사례였다.[487]

이와 같은 가정과 작업장의 관계는 혁신주의 시대 계급과 인종을 교차하는 다양한 협력의 장이 되었다. 앞 장에서 서술한 개인적인 보호 투쟁 이외에, 질병 예방운동은 자본과 노동, 토박이와 이민자, 그리고 백인과 흑인 같은 적대적인 집단이 공통의 목표를 향해 일할 수 있는 중립지대라는 중요성도 갖는다. 계급과 인종 간의 갈등에 대한 공포 속에서, 전염병 특히 결핵에 맞선 십자군은 다양한 공동체의 관심사를 위한 '빅 텐트big tent'(폭넓은 정치적 견해를 허용하는 방식-역자 주)를 제공했다. 혁신주의 시대 정치적 담론에서 균의 복음은 공중보건과 사회정의의 관계를 논하기 위한 공통의 언어였다.

이 장에서는 질병의 사슬 개념이 어떻게 20세기 초의 정치적 상황에서 나타났는지를 추적하기 위해 혁신주의 시대 두 가지 개혁 활동—뉴욕시 의류업 위생관리 공동위원회Joint Board of Sanitary Control와 애틀랜타 니그로 반결핵협회Negro Anti-Tuberculosis Association of Atlanta—의 역사를 살필 것이다.

두 그룹은 국가가 사회적 분열의 위기에 처해 있다는 심각한 갈등 속에서 출현했다. 공동위원회는 일련의 폭력적인 파업 이후에 조직되었고, 니그로 협회는 끔찍한 인종폭동 이후에 만들어졌다. 그리고 이 두 그룹은 모두 의류의 전염성에 대한 특별한 공포 때문에 생겨났는데, 하나는 의류공장 노동자가 퍼뜨린 것이었고, 다른 하나는 흑인 세탁부에 의한 전염이었다. 이 두 그룹은 병에 걸린 의류에서 발생한 공중보건의 위협을 제거한다는 것을 구실로 삼아, 전면적인 사회경제적 개혁 프로그램을 밀어붙이면서 병균의 사회주의에 호소했다.

애초에 배외주의나 인종주의가 그들에게 많은 에너지를 제공했음에도 불구하고, 개혁 활동은 계급과 인종 경계를 따라 분리된 집단들 사이에 새롭고 지속적인 대화를 시작했다. 그것은 편파적인 논의로 남았다. 거기에서 영국계 중간계급 미국인 개혁가들이 대단한 권력을 유지했고, 그 업적은 경제적인 부정행위나 인종적 편견에 깊이 새겨진 방식에 의해 제한되었다. 그럼에도 불구하고 공동위원회와 니그로 반결핵협회의 역사는 우리에게 균의 복음이 그 어떤 그룹에게도 배타적인 소유물이 아니며 공중보건에 위험하다고 지목된 사람들도 그들 자신의 양날의 검을 만드는 데 이용했다는 사실을 상기시킨다.

스웨트샵의 위협

설립자들이 종종 지적했듯이, 위생관리 공동위원회는 미국 노동사에서 고용주와 노동자가 근무 중의 질병이나 상해를 줄이려는 진지한 노력이 성공적으로 이루어진 첫 사례였다. 그 기원과 초기 활동은 혁신주의 시대 노사 양측의 질병 예방, 특히 결핵을 통제하는 공통의 기반에 대해 흥미로운 통찰력을 제공한다. 1910년에 생긴 그 공통 기반은 대체로 20년 전 균으로 가득 찬 제품에 대한 공포를 증대시켰던 대중적인 위생 선동 덕분에 형성되었다. 1890년에서 1910년 사이 소비자연맹, 반결핵협회, 노조는 각자의 방식으로 의류에서 생기는 질병의 위협을 미국 소비자들 특히 주부들의 걱정거리 중의 하나로 만들었다. 공동위원회는 애초에 남성복이 아니라 숙녀복 산업의 위생 상태를 감독하기 위해 설립되었다. 이는 개혁가들의 특별 활동이 여성 소비자들에게 질병의 위험을 알리려 한 것이었음을 보여 준다.

1903년 소설가 어니스트 폴Ernest Poole이 명명한 폐결핵의 "요새"로서 의류업에 대한 인식은 특이한 경제발전의 형태를 반영했다. 1800년대 말 경쟁력을 높이기 위해 합병했던 제철이나 식품가공업과는 달리, 의류업은 팽창할수록 더 분산되고 다양해졌다. "인사이드 샵inside shops"(전체 공정을 자가 완성하는 공장—역자 주)으로 알려진 대규모 공장은 더 효율적으로 옷을 만들기 위해 신기술과 관리 기법을 적용했다. 하지만 마감이나 장식 등의 특정 생산단계는 소규모 하청업자나 원시적인 스웨트샵을 계속 이용했다. 광범위한 하도급 의존도를 고려해 보면, 심지어 거대 제조사가 판매하는 의류조차 생산의 어느 지점에서는 노동자의 생활공간인 공동주택에서 처리되었을 가능성이 있었다.[488]

세기 전환기 뉴욕시에 이민자들이 쇄도하면서 공동주택 작업장에는 장시간 저임금으로 기꺼이 일하려는 노동자들이 넘쳐났다. 따라서 노동자들이 아프거나 노동조건에 대해 항의하면 쉽게 대체 가능했다. 이에 대응하여 더 숙련된 의류 노동자들은 자신의 이익을 보호하기 위해 노조를 조직했다. 1900년에 설립된 국제여성복노조International Ladies Garment Workers' Union는 가장 강력한 노조 중 하나였다. 그러나 대규모 제조사들은 스웨트샵 생산자들과 경쟁하기 어렵다고 주장하면서 고임금과 노동시간 단축이라는 노조의 요구를 거부했다. 혹사당하는 뉴욕주 공장감독관들도 의류업의 노동조건을 규제하는 데 크게 도움이 되지는 않았다. 의류 제조와 관련된 공동주택 작업장 수천 개를 방문하기에는 그 수가 너무 적었기 때문이다.[489]

19세기 말 전염병이 어떻게 퍼졌는지 추정해 보면, 그런 스웨트샵의 비위생적인 상태가 심각한 공중보건 문제를 야기했다는 사실을 잘 알 수 있다. 1891년 여점원들의 노동 상태를 개선하기 위해 만들어진 뉴욕시 소비자연맹은 처음으로 1898년 의류 노동자 파업 동안에 그 위험의 정도를 인식했다. 모드 나단이 말했다. "거의 모든 최신식 여성 재단사들이 고객에게 진열실이나 탈의실을 정성스럽게 제공하지만, 그 옷 대부분은 공동주택 노동자들이 만들었다는 것을 우리도 안다." 소비자연맹 회원들은 만약 중간계급 여성들이 가족이 입을 옷이 만들어지는 위생 상태의 심각성을 안다면, 안전한 상태에서 만들어진 제품에 더 많은 돈을 지불할 것이라고 확신했다.[490]

1900년 발행된 팸플릿《스웨트샵과 공동주택 제작 의류로 인한 가정의 위협The Menace to the Home from Sweatshop and Tenement-Made Clothing》은 소비자 활동가들이 질병의 사슬 개념을 어떻게 적용했는지 잘 보여 준다. 그 팸플릿에서는 1899년에만 뉴욕 이민 노동자들이 1억 6,000만 달러어치의 의류를 만들었고, 오염된 상품을 가능하게 만든 대량생산과 분배의 도래로 하나의 비위생적인 장소가 전국의 집을 오염시킨다고 강조했다. 소비자들은 팸플릿에서 "뉴햄프셔주 콩코드Concord에서 쇼핑하는 여성은 뉴욕시 백화점에서 물건을 사는 것과 마찬가지로 공동주택에서 제작된 의류를 살 가능성이 있다"는 경고의 의미를 거의 이해하지 못했다. 더구나 여성 소비자들은 자신의 옷이 감염되었는지도 알 수 없었다. 연맹에서 알렸듯이, 가장 비싼 맞춤복의 90퍼센트가 공동주택 작업장에서 마무리되었기 때문에, 가격은 위생에 대한 분명한 지표가 되지 못했다.

감염된 의류의 위험은 "회칠한 무덤"이라는 테마의 전형적인 예를 보여주었다. 앙증맞은 아기 잠옷이나 멋스러운 망토에도 불결의 증거는 눈에 띄지 않았다. 연맹의 글들은 계속해서 집 먼지, 접촉 매개물, 일상적인 접촉에 대한 새로운 세균학의 발견을 환기시켰다. 그리고 여성 소비자들에게 균이 가득한 세간살이가 지금 아이들의 몸을 두르고 있는 바로 그 옷에 닿았다는 상상을 하게 했다.[491]

소비자연맹은 1898년 파업에 이어서 노조 라벨운동의 본보기가 된 '화이트 라벨 캠페인White Label campaign'을 조직해서 그런 공포에 맞서 소비자들을 보호할 계획이었다. 연맹은 작업장의 위생 상태가 좋은 제조사 의류에 그 라벨을 붙이게 하려 했다. 그리고 여성들에게 가격이 조금 비싸다 하더라도 라벨이 붙은 상품만을 구매하도록 교육하려 했다. "좋은" 제조사들이 이런 식으로 규정을 준수한 데 대한 보상을 받게 하려 했던 것이다.

일군의 의류회사는 상품 홍보에 위생의 가치를 넣기 시작했다. 이 때문에 연맹의 계획은 더 힘을 얻게 되었다. 예를 들어 1898년의 파업 이후, 한 유명 제조사는 자발적으로 "스웨트샵이 아닌 곳에서 위생적으로 만든"이라는 의류 라벨을 붙이기 시작했다. 비슷하게 한 아동복 제조업자는 그들이 "밝고, 깨끗한 작업실에서" 만들었기 때문에 "안전하게 입을 수 있다"고 광고했다. 그리고 "낮은 가격에 판매되는 의류나, 때로는 높은 등급의 의류 대부분도 입기에 위험하다. 특히 유아나 소아들을 위험에 빠트리는 공동주택과 같은 비위생적인 곳에서 만들어진다"는 경고도 했다.[492]

연맹은 이런 긍정적인 징후를 발판으로 여성과 아동 속옷 제조사들에게 처음으로 화이트 라벨 제도를 시도했다. 속옷은 직접 피부에 닿기 때문에 전염의 공포를 가장 염려해야 했던 품목이다. 1898년 연맹에서 고용한 직원의 조사에 따르면, 22개 중 17개 속옷 제조사에서 연맹이 수요를 확실하게만 해 준다면 그 라벨을 채택할 것이라고 답했다. 일 년 후, 뉴욕 연맹은 통합된 전미소비자연맹을 만드는 것을 도왔다. 전국적으로 화이트 라벨 운동을 지지하게 만들기 위해서였다.[493]

그러나 화이트 라벨 아이디어는 노조의 강한 저항에 부딪혔다. 미국노동총동맹American Federation of Labor의 회장 새뮤얼 곰퍼스Samuel Gompers는 1903년의 총회 연설에서 노조의 반대의사를 분명히 표명했다. 그는 운동을 이끄는 "좋은 의미에서 박애주의적인 숙녀들이 임금, 노동시간, 다른 고용 상태는 전혀 고려하지 않고" 위생 상태의 개선에만 기초해서 그 라벨을 발행하거나, "경우에 따라서는 노조 라벨에 대항해서" 그 라벨을 발행할 것을 염려했다. 그의 관점에서 화이트 라벨이라는 개념은 다른 무엇보다 중간계급 소비자들의 이익, 즉 노동자들의 희생으로 촉진되는 이익을 대변했다.[494]

문제는 노조원들이 질병 예방에 관심이 없거나 병균에 대한 소비자들의 불안을 몰라서가 아니었다. 그들은 거꾸로 오랫동안 장시간의 저임금 노동이 남녀 노동자의 건강을 해치고 있다고 주장했다. 이처럼 그들은 가능한 한 자신들의 입장을 내세우기 위한 전술로 병을 이용했다. 곰퍼스도 뉴욕 시가(담배) 제조사의 노조위원장으로 일하는 동안 전염론을 이용했다. 그는 의사들의 성병 위험에 대한 경고를 반복했다. 이 과정에서 그는 비노조원 공동주택 노동자들이 침을 묻혀 시가를 말기 때문에 치명적인 병균이 들어갔다고 남성 흡연자들에게 경고했다. 실제로 "화이트 라벨"이라는 말은 샌프란시스코의 시가 제조 노조원들이 자신의 상품과 병에 걸린 중국 노동자들이 생산한 상품을 구분하려 한 데서 기인했다. 더욱 급진적인 노조 간부들도 공중보건 문제에 호소함으로써 자신의 명분을 내세웠다. 예컨대 사회주의자 업튼 싱클레어Upton Sinclair는 소설 《정글The Jungle》에서 불미스러운 정육업의 실태를 강조했고, 급진적인 국제노동자동맹 International Workers of the World의 조직원들은 미국 노동자들의 "하나의 큰 노조"를 건설하려는 노력의 일환으로 호텔과 식당의 비위생적인 상태에 호소했다.[495]

게다가 노조 지도자들은 화이트 라벨 운동에 대해서는 분명히 주저했으나, 반결핵운동의 제안에는 긍정적으로 응답했다. 뉴욕, 시카고, 필라델피아 같은 대도시에서 1900년대 초에 시작된 반결핵협회들이 성공적으로 노조의 환심을 사기 시작했다. 노조 지도자들은 노동자가 폐결핵에 취약한 것을 걱정했을 뿐만 아니라, 더 나은 노동 환경에 대한 노조의 요구를 지지하기 위해서라도 결핵 문제를 이용할 수 있다고 생각했다. 그러나 반결핵운동 주류의 권고나 지원을 수용했음에도 불구하고, 노조는 '결핵 종교'의 가르침을 매우 다르게 해석했다. 이 점이 화이트 라벨 아이디어에 대한 그들의 의구심을 설명해 준다.[496]

심지어 가장 보수적인 차원에서도 노조의 균의 복음은 공중보건운동의 주류가 홍보한 교리들과는 중요한 방식에서 차이가 있었다. 이는 1906년 미국노동총동맹이 준비해서 배포한 반결핵 팸플릿에서도 잘 드러난다. 여기에는 분명히 "너무 작아서 보이지 않는 살아있는 균"에 의해 발병하고 침 뱉기나 무절제한 생활로 퍼지는 질병에 대한 메시지를 전했다. 그러나 개인의 예방법은 노동자들의 연대 형태로 고쳐졌다. 팸플릿에서는 개별 노동자들이 동료들에게 해를 끼치지 않기 위해서 서로 조심해야 한다고 강조했다. 노동자판 '결핵 종교'에서는 또한 노조에 가입하는 것을 처음이자 가장 중요한 질병 예방의 단계로 제시했다. 큰 활자로 쓰인 **"노조에 가입해서 폐결핵을 근절하자"**는 표어가 팸플릿 표지를 장식했다. "**노조운동**이 강력해지면 **폐결핵**으로 인한 피해를 줄이거나 근절하는 그런 **호전된 상태**도 자리를 잡을 것이다"라고 강조하면서 계속해서 설명했다.

결핵에 맞서는 문제는 **노동시간 단축**과 **최저임금** 인상으로 시작했다. 그리고 공원, 운동장, 토요일 한 나절의 오락, 값싼 전차요금, 교외 노동자의 거주지 등 긴 요구사항이 적힌 목록이 이어졌다. 그 목록에서 분명히 드러나듯이, 미국노동총동맹은 가장 열렬한 중간계급의 반결핵 운동가보다 훨씬 더 포괄적인 면에서 질병과 경제적 정의의 관련성을 알아챘다.[497]

당연히 노조의 결핵 문제에 대한 설명은 사장들에게 가장 큰 책임을 부여하는 경향이 있었다. 1910년 필라델피아 중앙노조Central Labor Union of Philadelphia의 회람에서는 모든 지부에 반결핵 활동을 위한 기금을 약속하면서 공표했다. "우리 노조원들이 이런 파괴적인 질병에 걸린 원인은 주로 노동을 강요하는 힘든 상태와 쾌적한 삶의 기회가 없어서이다." 실제로 폐결핵의 번식을 약화시킬 힘을 가진 것은 작업장, 공장, 백화점 주인들,

건설업자, 그리고 제조업자들이라는 것은 의심의 여지가 없었다.[498]

이론상 결핵 예방이 노동운동의 더 큰 목표와 잘 맞았음에도, 실질적으로 노조 지도자들은 그 문제를 일반 노동자들에게 밀어붙이기 어려웠다. 예컨대 필라델피아 중앙노조는 지부에서 예방책을 위해 "결핵세"를 지불하기보다는 질병 수당이나 요양원 관리에 훨씬 더 많은 돈을 쓰고 싶어 한다는 것을 알았다. 작업장의 문제로서 질병의 통제는 단순히 고임금 노동시간 단축보다 긴급해 보이지는 않았다. 많은 지부에서 가장 기본적인 권리를 얻기 위해서 파업을 해야만 했던 때, 침 뱉기 반대 십자군은 긴급한 일이라기보다는 사치로 보였다. 1907년 미국노동총동맹의 연설에서 뉴욕의 결핵예방위원회 폴 케너데이Paul Kennaday는 이런 어려움에 대해 "우리는 노조에서 때로는 결핵보다 그들에게 훨씬 더 중요하게 고려해야 하는 일이 있다는 것을 안다"고 인정했다.[499]

똑같은 이유 때문에 화이트 라벨 운동도 처음에는 노조 지도자들에게 설득력이 없었다. 그들은 중간계급 소비자 활동가들이 위생 개선을 위해 임금이나 노동시간 같은 생계 문제를 간과할까봐 두려워했다. 그러나 노조 지도자들이나 사회개혁가들이 동의했듯이, 질병 예방이라는 더 큰 문제는 잠재적으로 매력적인 협력의 지대를 제공했다. 케너데이가 말했듯이, "노조의 신사인 당신과 결핵 예방을 위한 조직운동의 우리는 공통된 목표를 가지고 있습니다. 그것은 우리 모두 상황이 개선되기를 바란다는 것입니다." 그는 남아 있는 문제는 "우리가 얼마나 잘 협력할 수 있느냐"라고 결론 내렸다.[500]

위생관리 공동위원회

노조 지도자들이 공중보건에 대한 관심에 호소하고자 하는 경향이 증가한 때는 미국 노동사에서 보기 드문 활력과 투지의 시기였다. '병균의 사회주의'라는 노조의 수사는 정치적으로 약하거나 투지가 없다는 징조가 아니라, 오히려 제1차 세계대전 이전 노조의 힘이 절정이었을 때 나왔다. 뉴욕시의 의류산업과 위생관리 공동위원회의 기원 및 초기 작동은 투쟁 의지 증가와 보건 의식의 수렴을 가장 잘 보여 준다.

1910년 위생관리 공동위원회의 설립은 어떻게 소비자들의 전염에 대한 불안과 노동자들의 스웨트샵 노동에 대한 관심이 불안정하긴 하지만 더 실행 가능한 동맹으로 합치되었는지를 말해 준다. 이런 동맹은 장기간 지속된 뉴욕시 의류산업의 파업 이후에 나타났다. 파업은 미국 역사에서 최대 규모의 여성 노동자 파업이었던 1909년 가을의 전설적인 "2만 명의 폭동"과 함께 폭력이 절정에 이르렀다. 비록 국제여성복노조가 이끈 이 여성 파업은 성공하지 못했지만, 다음해 망토 제작자 지부의 남성 노동자들이 더 성공적으로 활동하는 데 토대를 마련했다.[501]

망토 제조공들은 원래 노조의 인정을 받기 위해 파업을 시작했다. 그러나 갈등이 계속되면서 의류산업의 모든 국면에서 보이는 비참한 위생 상태에도 주의를 환기시켰다. 파업 막바지 장기간의 협상 동안, 의류제조업 협회의 변호사 줄리어스 코헨Julius Cohen은 제조사와 노조 지부에서 각각 사원 2명과 국민을 대표하는 3명으로 구성된 위생관리 공동위원회를 만드는 데 돈을 기부하라고 제안했다. 공동위원회는 곧바로 직원을 임명해, 의류 공장을 감독하고 노사 양쪽에서 상호 합의한 위생 규범을 지키도록

강제했다.[502]

노사 양측에서 그렇게 위생 개혁을 지지하게 만든 것은 그들의 협상에 제3자의 영향력이 증대했기 때문이었다. 바로 스웨트샵 상품의 위험으로부터 위생 보호를 요구한 '대중'이었다. 소규모 경쟁업체들에 비해 대규모 제조사들은 위생시설을 쉽게 개선할 수 있었다. 그로 인해 깨끗하고 전염되지 않은 상품에 대한 소비자의 선호로 이윤을 얻을 수도 있었다. 국제여성복노조는 더 나은 임금과 노동시간뿐만 아니라 노동조건의 개선에 대한 공적을 내세웠다. 이를 통해 노조에 가입하지 않은 가게의 매력을 약화시킬 수 있었다. 따라서 1910년 적대적이었던 단체들이 마침내 '화이트 의정서White Protocol'라고 알려진 유명한 '평화 의정서Protocol of Peace'에 합의했다. 이때, 공동위원회의 설립은 그 핵심적인 조항 가운데 하나였다. 그들은 곧이어 의정서의 다른 측면들을 둘러싸고 논쟁을 벌였다. 노사 양측은 지속적으로 공동위원회의 견해를 지지했고, 점차 그 권한을 여성복 산업 전체로 확장했다.[503]

공동위원회는 의류제조협회와 국제여성복노조가 균등한 몫으로 기부한 7,000달러의 예산으로 일을 시작했다. 첫 번째 활동은 의류산업의 위생 상태에 대한 조사 의뢰였다. 이는 나중에 위원회의 초대 회장이 된 조지 프라이스George Price가 1911년에 완료했다. 위원회의 조사 결과에 기초해서 위원회 회원들은 곧이어 모든 의류 제조사에 '위생 표준법Code of Sanitary Standards'을 요구하는 데 동의했다. 유급 조사관을 고용해서 직원 한 명이 매년 두 번씩 각 회사를 방문해서 최고 A에서 최저 C등급을 매긴 위생증명서를 발행했다. 최소 기준에 도달하지 못한 작업장은 잘못된 것을 시정할 때까지 그 어떤 증명서도 발급받지 못했다.[504]

공동위원회의 위생법은 적절한 햇빛, 기계의 안전장치, 비상구—1911년 트라이앵글 셔츠웨이스트Triangle Shirtwaist 화재사건 이후에 생긴 각별한 관심사—등 광범위한 산업 분야의 위생 문제를 다루었다. 그러나 전염병 특히 결핵의 통제가 그들의 주요 목표였다. 위원회의 표준에는 적절한 환기와 침 뱉기 금지 등 결핵 예방의 기본 원리가 포함되었다. 또한 세심하게 화장실 문제를 규정함으로써 오랜 하수 가스의 위생 문제도 다루었다.[505]

위원회의 감독관들은 국영 공장감독관의 시찰을 모델로 했지만, 중요한 차이가 있었다. 국영 공장의 감독관과 달리, 위원회 감독관은 사측과 노조의 자문단일 뿐이었다. 연차 보고서에도 표현되었듯이, 그 산업에 존재하는 "위생에 대한 심각한 무지와 건강 문제"를 바로잡기 위해서 "위협, 벌금, 혹은 처벌이 아니라 상담, 설득, 그리고 교육에 의존해야 했다." 통상적인 공장감독관에 비해 공동위원회의 감독관은 훨씬 더 배타적으로 위생 습관에 집중했다. 한 감독관이 보았듯이, 그녀가 화장실로 향하는 순간 작업장의 모든 사람들은 그녀가 공동위원회에서 왔음을 알았다.[506]

공동위원회의 초기 회원들은 교육과 전문 지식 덕분에 그 일에 적합했다. "일반인" 중에서 뉴욕시 혁신주의 공동체의 정선된 세 명의 회원이 선발되었다. 의장은 주요 도매 제약회사 사장으로 반反태머니 홀 시민 연맹anti-Tammany Hall Citizens' Union(태머니 홀은 19세기에서 20세기 초까지 뉴욕에서 영향력이 컸던 부정한 정치 조직-역자 주)에서 활동한 윌리엄 제이 쉐플린William Jay Schieffelin이었다. 또 다른 대표는 유명한 개혁가이며 헨리가의 간호사복지관 창립자인 릴리안 월드Lillian Wald였다. 위원회의 간사는 독일에서 철학박사 학위를 취득했고 공동주택 개선에 상당한 경험이 있었던 헨리 모스코비츠Henry Moskowitz였는데, 그는 월드의 후배였다. 첫 번째 노조 대표 중 한 명이자 나중에 위원회의 회장이 된 사람은 뉴욕 의대에서 의학박사 학위를 딴 조지 프라이스였다.[507]

그와 동시에 위원회의 회원들과 직원들의 개인적인 배경은 영국계 미국인 동료보다는 의류 노동자의 생각과 더 잘 부합했다. 월드는 독일계 유대인이었고, 모스코비츠와 프라이스는 어린 시절 미국으로 이주한 동유럽 유대인이었다. 특히 프라이스는 이민자 공동체에 깊은 뿌리를 두고 있어서 노동자들의 신뢰가 깊었다. 그는 신문기자와 공동주택 감독관으로 일한 뒤 1895년 의학박사 학위를 받고 로어 이스트 사이드에서 개업했다. 최초의 위생감독관들과 마찬가지로 그도 의류 노동자들과 강한 유대관계가 있었다. 감독관으로 일하면서 수년간 프라이스를 도왔던 폴린 뉴먼Pauline Newman은 이디시어(독일어에 히브리어와 슬라브어가 혼합된 것으로, 중부와 동부 유럽 및 미국의 유대인이 사용—역자 주)가 유창한 러시아 태생 유대인이었다. 그녀는 국제여성복노조의 지도부 대부분과 마찬가지로 열렬한 사회주의자였다. 그녀와 가까운 친구 로즈 슈나이더맨Rose Schneiderman은 유력한 사회주의 노조의 조직책이자 공동위원회의 감독관으로도 일했다.[508]

공동위원회의 철학은 과학의 진보에 대한 존경과 급진적인 개혁의 약속을 결합한 것이었다. 사실 조지 프라이스와 그의 동료들이 했던 것은 '병균 사회주의'의 노동 지향적인 버전이었다. 1911년 《조사》의 한 논문에서 프라이스는 "공통점은 저마다의 명분에 대한 배반이라고 비판받지 않으면서 노사가 협력하도록 만드는 것이다"라고 말했다. 프라이스와 다른 노동 개혁가들에게 공동위원회의 일은 노사 상호 간의 권리와 의무에 기반한 산업 철학을 멋지게 보여 주는 것이었다. 1912년 위원회의 《회보Bulletin》에

서 프라이스가 설명했다. "우리의 산업 문명을 위한 캠페인에서 위생관리
공동위원회의 슬로건은 '안전하고 위생적인 작업장이 노동자의 생득권이
다'였다." 그러나 그가 지적했듯이, "마찌니Mazzini의 말처럼 상응하는 의
무 없이는 권리도 없다." 그리고 공동위원회의 원칙은 "모든 작업장에서
위원회가 공식화한 위생 기준을 달성하도록 양측 모두 강제한다"였다.[509]

위원회의 접근법은 노동자들이 위생 위반에 있어서 죄인보다 더 큰 죄
를 짓는다고 가정하는 경향이 있었다. 그럼에도 불구하고 노동자들의 협
력이 노동조건을 개선하는 데 얼마나 중요한지 계속 강조했다. 프라이스
는 국제여성복노조 지부의 지원을 칭찬했다. "임금인상과 노동시간 단축
에 대한 공통적인 요구가 우위에 있지만 않는다면, 처음으로 '안전하고 위
생적인 작업장'에 대한 요구는 똑같이 중요하다고 노조가 인정했다." 오직
노동자들만이 위생 문제에 대해 "위생 파업"에 들어갈 의지가 있다면, 그
들이 기꺼이 할 의지를 보여 주었기 때문에 안전은 확보될 것이었다.[510]

1915년 공동위원회가 의류 노동자들에게 배포하기 위해 출간한《노동
자의 보건 회보Workers' Health Bulletin》에서는 공중보건 문제에 관한 상호
책임과 의무라는 생각을 강화시켰다. 미국노동총동맹의 결핵 팸플릿과
마찬가지로, 공동위원회의 이 '교리문답서'는 질병 예방을 노조 원칙으로
고안했다. 노동자들은 서로 질병을 예방해야만 했다. 결핵 예방책에 대한
부분에는 **"다른 사람들에게 결핵을 옮기지 않는 법"**이라는 표제가 붙어
있었다. 노동자들도 고용주에게 깨끗하고 위생적인 작업장을 요구할 권
리가 있었다. 대신에 고용주도 작업장을 깨끗하게 하도록 노동자에게 요
구할 권리가 있었다. 공동위원회는 "위생적인 자기 관리"라고 불린 실질
적인 매일의 노동을 분할함으로써, "안전하고 위생적인 작업장"을 위한

책임을 분담했다. 고용주는 화장실 환기와 파리 막이용 방충망 설치를 하지 않고, 공용 컵이나 두루마리 휴지를 사용하게 하며, 가게 벽이나 바닥을 세척하지 않은 데 대한 책임이 있었다. 고용주와 노동자는 떨어진 음식 부스러기, 천으로 어질러진 화장실과 바닥에 대한 공동의 책임이 있었다.[511]

프라이스도 말했듯이, 공동위원회가 "자신들의 위생적인 운명을 통제하려는" 노동자들의 노력을 계속 칭찬했음에도 불구하고, 공장 노동자들의 보고서를 살펴보면 노동자의 협조에 대한 그의 이상이 그리 쉽사리 성취되지는 않았다. 이론상 노동자들은 양심적으로 결핵이나 다른 전염병으로부터 자신과 동료를 보호하는 데 모든 자질을 갖추었다. 그러나 실질적으로는 위원회의 질병 예방에 대한 절박한 생각을 반드시 공유한 것은 아니었다. 1912년 로즈 슈나이더맨은 그 문제를 간단명료하게 설명했다. "내 강연에서 '위생은 신경 쓰지 마라. 우리가 원하는 것은 빵이다'라는 말을 자주 듣는다. 그리고 음식뿐만이 아니라 신선한 공기, 청결, 햇볕이 몸에 영양분을 준다는 것을 납득시키려면 많은 논의가 필요하다."[512]

마치 이민자 주부들이 안팎을 구별했던 것처럼, 의류 노동자들도 작업장을 주인의 영역, 즉 청결을 유지할 가치가 없는 강등된 공간으로 보는 경향이 있었다. 로즈 슈나이더맨은 "노동자들, 특히 우리 유대계 노동자들은 작업장을 더럽고 공기가 통하지 않아 위험할 수밖에 없는 공간으로 보게 되었다"라고 했다. 폴린 뉴먼도 작업장을 청결히 해야 할 구실을 노동자들이 무시했다고 기억했다. 점심시간에 그녀가 위원회의 활동을 논의하기 위해 절단기 테이블에 올라갔을 때, 남자들은 그녀에게 "뭐 하러 그래요. 그냥 작업장일 뿐인데요"라고 말했다. 그녀는 이에 답하여 그들에게 집과 마찬가지로 작업장에서 많은 시간을 보낸다고 알려 주었다. "여러분은 여기서 많은 시간을 보내고 있어요. 변기에 내려가지 않는 것들을 넣으면 여러 분들에게도 전혀 이롭지 않아요. 여러 사람이 사용하니까 냄새도 날 거예요. 집에 일찍 가지도 못 할거고요." 변기는 공동주택에서처럼 위생상의 책임에 대한 논쟁점이 되었다. 변기가 막히면 업주가 고치고 노동자들이 다시 막히게 만들었다. 그 상황은 키트리지가 공동주택 주부들에게서 보았던 것과 유사하게, 수세식 변기에서 무엇이 내려갈 수 있는지 정말 이해하지 못했거나, 사장이나 아마도 위원회 감독관을 골탕 먹이려는 위생적인 사보타주였다.[513]

그 위생 논의에서 가장 노골적인 저항은 노조원들이 계속해서 화이트 라벨제도를 불신한 것이었다. 공동위원회는 설립 직후에 자체적인 위생 라벨 캠페인을 시작했다. 1912년《회보》의 한 논문은 의정서 라벨에 대해 "공동위원회의 존재는 노조가 승인한 결과이므로 사실상 노조 라벨"이지만, 동시에 "고용주와 대중이 대표하는 위원회에서 발행했기 때문에 노조 라벨보다 더 광범위하다"고 공표했다.[514]

1913년 융커스Yonkers에서 열린 임시협의회에서 국제여성복노조의 대표들이 화이트 라벨 제도를 논의하기 위해 위원회와 만났다. 자본가들에게 너무 많이 협조한다고 생각했던 더 전투적인 회원들은 그 생각에 반대했지만, 의정서 라벨을 찬성한 발의는 72표 대 34표로 채택되었다. 하지만 어떤 지부도 그 제도를 이행하지는 않았다. 회원들의 정서가 그것에 찬성하는 데 여전히 미온적이었기 때문이었다. 의류 노동자들은 여전히 위생 라벨보다는 **노조** 라벨을 선호했다. 노조 라벨은 적정한 임금과 노동시간, 그리고 비노조 작업장과의 경쟁을 끝낸다는 의미였고, 위생 라벨은

여전히 자기들과는 맞지 않다고 보았던 소비자의 관심을 대변했다.[515]

공동위원회는 10년이 지나서야 위생 라벨을 사용했지만, 그때도 국제여성복노조의 항의로 끝났다. 1924년 의류 산업에서 또 다른 장기적인 파업이 벌어졌을 때, 알 스미스Al Smith 주지사는 협상으로 해결하기 위해 자문위원회를 임명했다. 국제여성복노조 지도자들은 노조에 위생 라벨이 아니라, 노조 라벨을 요구했다. 그러나 위원회는 그들의 요구를 무시하고 공동위원회가 감독하는 화이트 라벨 아이디어를 승인했다. 위원회의 새로운 "프로세니스Prosanis" 라벨 분과의 대표로 선출된 헨리 모스코비츠는 위원회의 선택을 옹호했다. "책임감 있는 고용주들과 비노조 작업장의 과다경쟁을 통제하는 문제에 직면해서" 최선의 해결책을 선택했다고 그는 설명했다. 제조업자들이 여전히 "불결하고 안전하지 못한 작업장에" 일을 내보내기 때문에 "라벨 이외의 다른 장치들은 소용이 없다." 오직 위생에 대한 소비자의 양심에 호소함으로써, 이런 관행을 멈출 수 있을 것이라고 그는 주장했다.[516]

국제여성복노조의 미온적인 반응과 달리, 여성단체들의 연합은 프로세니스 라벨을 "불결하고 안전하지 못한 작업장에서 만들어진 병이 번식하는 의류의 위험으로부터 노동자뿐만 아니라 의류 구매자를 보호"하는 활동으로 환영했다. 라벨 캠페인은 노동자 집회가 아니라 도시 패션디자이너들과 구매자들을 위한 '프로세니스 패션쇼Prosanis fashion show'로 시작되었다. 1925년 4월 첫 번째 라벨이 발행되었을 때, 그 라벨은 의례적으로 여자청년연맹Junior League(상류층 젊은 여성들로 구성된 문화단체-역자 주)의 전국회장이자 스미스 주지사 딸의 옷에 박혀 있었다. 1926년까지 2,176개의 의류 제조업 작업장에서 1,000만 개의 라벨이 발행되었다.[517]

조지 프라이스와 헨리 모스코비츠는 위생 라벨의 "폭넓은" 매력에 반해서 노조 라벨 아이디어는 "한정된" 것으로 묘사했다. 그러나 제1차 세계대전 수년 전 노조가 요구했던 더 좋은 공원, 휴양, 대중교통 등과 같은 사항들을 고려해 본다면, 위에서 주장된 노조의 개혁 목표가 편협했다는 점은 그다지 명백하지는 않다. 편협**했던** 것은 노조 라벨에 대한 지원 기반이었다. 중간계급 소비자와 유권자들은 노조운동에 대해 양면적이었을 뿐만 아니라, 운동 자체도 1920년 약 400만 명의 노동자들을 대변했을 뿐이었다. 게다가 노조는 여성들의 관심사를 노동자도 소비자도 아닌 것으로 이해하는 남성들에 의해 통제되었다. 폴린 뉴먼은 노조 라벨을 위해 일한 수년간을 회상하면서 남자들이 지배하는 노조 회의보다, "협회 여자들이나 여성들의 단체"에게 말한 데서 더 좋은 성과를 얻었다고 말했다. 위생 개혁을 소비자인 중간계급 여성들의 이익과 연결한 것은 작업장에서의 질병에 주목하는 가장 실용적인 방법이었다.[518]

프로세니스 라벨이든 그와 유사한 다른 것이든, 그것이 실제로 중간계급 여성 소비자들의 습관에 어떤 영향을 미쳤는지는 측정하기가 어렵다. 그들이 프로세니스 라벨이 있는 옷을 구매한 이유는 감염병의 위험을 피하기 위해서였을까? 아니면 스타일이나 가격 등의 다른 이유 때문이었을까? 1926년 헨리 모스코비츠는 말했다. "회의론자들은 여성들이 사회적인 매력이 있는 라벨보다 스타일에 더 민감하게 반응한다고 선언합니다." 그리고 그들은 어떤 면에서는 매우 옳다. 소비자의 생각이 실제에서보다 이론상에서 더 힘이 있었다. 즉, 현실적으로 여성들이 위생적인 의류를 사려는 의지는 개혁가들이 주장했던 것보다 훨씬 약했던 것이다.[519]

그러나 수사적인 면에서는 균이 가득한 스웨트샵 상품을 단호하게 기피하는 일군의 불안에 떠는 엄마들의 망령은 20세기 초 노동 정치에서 유용했다. 균의 전염에 대한 먼지설과 접촉 매개물설에 대한 대중의 이해에 기반해 소비자 대변자와 노조 지도자들은 모두 대중이 균이 없는 옷을 원하며 그런 옷을 제공하기 위해서는 공동주택의 착취 노동을 끝내야 한다고 주장할 수 있게 되었다. 그 주장은 불완전했음에도 불구하고, 의류 제조업자와 노조 지도자 모두의 필요성에 부응했다.

그러나 노동자들 스스로는 어찌 되는가? 공동위원회의 활동이 실제로 전반적인 근로조건을 개선하고 의료 서비스의 접근성을 강화했다고 말할 수는 있다. 1910년부터 1930년까지 뉴욕시의 의류 산업 노동자들의 결핵 발병률이 지속적으로 감소했다. 이러한 추세에 대해 위원회가 그 공을 인정받았다. 공동위원회는 작업장의 위생 습관에 대해 노동자들에게 열변을 토했다. 아울러 그들에게 좋고 값싼 의료 서비스를 제공하기 시작했다. 1914년 조지 프라이스는 의류 노동자들에게 무료로 건강 진단을 해주었다. 이 작업으로부터 마침내 노조 의료센터Union Health Center, 즉 미국 최초로 노조가 후원하는 의료시설이 등장했다. 센터는 회원들이 지부에 참여함으로써 일인 당 1달러의 '결핵세'를 지불하는 것으로 자금을 조달했고, 치과나 내과 진료뿐 아니라 매년 건강검진도 제공했다. 또한 1910년대 공동위원회에서 시작했던 보건 교육 프로그램을 확대했다. 1920년대 말에는 노조 의료센터가 전체 로어 이스트 사이드의 주요 의료 제공자가 되었다.[520]

여기서 아이러니한 상황은 전체 반결핵운동과 마찬가지로, 노동자 연대의 명목으로 발전한 감염에 대한 의식의 증가가 아픈 노동자들에 대한 배척의 증가로 이어졌다는 것이다. 예컨대 일단 노동자들이 결핵 진단을 받으면 곧바로 작업장을 떠나야 했다. 폐결핵은 노조 클리닉과 요양원에서 치료를 받을 수 있었지만 그들은 노동 인력에서 제외되었다. 폴린 뉴먼은 이런 아이러니에 대해 의식하지 못하는 것처럼 "국제여성복노조 회원들에게 건강에 대한 메시지를 전하려는 수년간 각고의 노력이" 어떻게 의류 노동자들을 질병에 대해 보다 더 의식적인 존재로 만들었는지 자랑스럽게 묘사했다. "지난 수년 동안 기침을 하거나 피부 질환이 있는 동료에게 관심을 가지는 노동자들이 거의 없었던 곳에서, 이제는 노조 의료센터에서 그 질환이 전염되지 않는다고 증명하지 않는 한 함께 일하려 하지 않는다." 균의 복음에서처럼 전염병에 걸린 사람을 고립시키고 피하려는 것이 건강한 사회 구성원 사이의 새로운 연대감으로 발전했다.[521]

애틀랜타 니그로 반결핵협회

'위생적인 자기 관리'라는 원칙이 의류 산업에서 노사勞使 지도자들을 결속시켰던 것처럼, 반결핵운동은 특히 남부에서 흑백의 개혁가들에게 공통의 기반을 열었다. 거기서 '질병의 사슬'이라는 개념은 '니그로 문제 negro problem'라는 민감한 사안을 드러냈다. 흑인이 백인보다 결핵 사망률이 세 배 내지 네 배 더 높았다. 이 통계는 당시 유행한 표어 "균은 흑백을 차별하지 않는다"를 생각해 보면 무시될 수 없는 문제였다. 미국 보건청의 백인 의사 찰스 P. 월텐베이커Charles P. Wertenbaker가 1909년 설명했던 것처럼, "니그로는 남부의 질병 저장소이다. 거기로부터 우리에게 질병이 지속적으로 증대하고 있다."[522]

애틀랜타의 반결핵 십자군은 인종 간의 관계가 엄청나게 암울한 시기에 생겨났다. 당시 애틀랜타는 조지아주 중에서도 인종차별이 가장 심한 도시였다. 그 도시 전체 인구의 40퍼센트를 차지한 흑인은 인구가 밀집된 비위생적인 지역에 거주했다. 1900년 초부터 애틀랜타의 백인 정치인은 흑인의 투표권을 제한하기 위한 악의적인 캠페인을 벌였다. 이렇게 흑인의 선거권 박탈을 위한 노력이 한창일 때, 애틀랜타에서는 남부 역사상 최악의 인종폭동이 벌어졌다. 1906년 9월 여러 날 동안 백인 폭도들이 흑인을 구타하고 그들의 집과 재산을 파괴하면서 거리를 활보했다. 결국 도시에 계엄령이 내려졌지만, 폭동 이후 흑인 유권자의 법적 권리의 박탈은 사실상 완료되었다.[523]

1907년 폭동 일 년 만에 애틀랜타의 주요 백인단체에서 애틀랜타 반결핵 및 방문간호사협회Atlanta Anti-Tuberculosis and Visiting Nurse Association를 세웠다. 이 협회는 자선단체운동의 파생물로 흑인 사이의 높은 발병률을 대단히 우려했다. 무엇보다도 자신들이 대표하는 백인 주민에게 위협이 되었기 때문이었다. 협회가 클리닉을 연 바로 그해 백인과 흑인 환자는 다른 날 치료를 받았다. 많은 사람들이 치료를 받고 싶어 했기 때문에 1909년에는 흑인을 위한 별개의 클리닉을 열었고, 특별한 '니그로 인종위원회Negro Race Committee'가 이를 감독했다. 지역의 흑인 지도자들이 클리닉을 운영하는 데 관심을 표명하자, 니그로 인종위원회는 현존하는 클리닉의 자금을 모으기 위해 니그로 보조단체를 꾸리라고 제안했다. 서류상으로는 그런 보조단체가 설립되었으나 성취한 것은 거의 없었다.[524]

그러는 사이, 그 도시에서 백인의 결핵에 대한 불안감은 이른바 흑인 세탁부로 상징되는 질병의 위협에 집중되었다. 남부 전체에서와 마찬가지로 애틀랜타의 백인 가족들은 대부분 세탁물을 흑인 여성들에게 보냈고 그들이 집에서 빨래하고 다림질했던 것이다. 1909년 반결핵협회의 방문 간호사들이 환자의 병력을 수집해 한 권의 책으로 엮었는데, 그 대부분은 어떻게 흑인 폐결핵 환자가 백인 손님들의 세탁물 더미 옆에서 생사를 같이하는지를 사진으로 보여 주었다. 예컨대 한 사례에서는 아내가 세탁을 하는 단칸방에서 폐결핵이 악화된 33세의 남성에 대해 자세히 설명했다. 그리고 "거기서 다림질하고—옷은 침대에 쌓아 두는 등—그런 다음 백인의 집으로 가져갔어요"라는 설명이 있었다. 그리고 "이 남자는……우리에게 위험인물입니다"라고 결론지었다. 또 다른 사례에서 방문간호사들은 폐결핵에 걸린 스물두 살 난 딸을 보살피는 세탁부를 언급했다. 그녀는 **"딸을 보살피면서 백인 고객들을 위해 규칙적으로 세탁하는 그 통에다 딸의 침구나 환부에 사용했던 천도 같이 넣어서 세탁했습니다."**[525]

이런 폭로에 충격 받은 애틀랜타 여성클럽Atlanta Women's Club은 시 의회에 모든 세탁부에 대한 건강검진을 요구했다. 그리고 폐결핵에 걸린 모든 사람을 강제로 격리시키는 조례를 제정하라고 압박했다. 아이러니하게도, 애틀랜타 반결핵협회Atlanta Anti-Tuberculosis Association는 그 제안을 지지하지 않았다. 반결핵협회의 방문간호사들이 클럽 여성들의 개혁운동을 시작하는 데에 너무 많은 일을 해 왔다고 생각해서였다. 그들은 국가에서 흑인 폐결핵 환자를 위한 요양원을 제공할 때까지 "그 가족들의 고생이 클 것"이라고 지적했다. 시의 조례는 그때도 그리고 1912년 시장 선거 기간에 다시 제안되었을 때도 통과되지 않았다.[526]

그 이전 10년간 인종 간의 관계가 암울한 분위기였다는 것을 고려하면, 미국에서 가장 성공적인 흑인 반결핵운동 중의 하나가 애틀랜타에서 시작되리라는 것은 1910년에는 예측하기 어려운 일이었다. 그러나 1906년의 인종폭동과 1909년의 세탁부 논쟁으로 흑백의 공동체 지도자들은 결핵에 대한 불안감을 인종 간 협력 작업으로 바뀌게 만들었다. 공식적으로 애틀랜타의 니그로 반결핵협회Negro Anti-Tuberculosis Association of Atlanta라고 불린 이 협회는 저명한 흑인공동체의 지도자 루제니아 번즈 호프Lugenia Burns Hope에게서 자극을 받았다.

호프는 그녀의 남편 존John이 나중에 모어하우스대학Morehouse College으로 개칭한 애틀랜타 침례신학대학Atlanta Baptist College의 교수로 부임한 1898년에 애틀랜타로 왔다. 그녀는 어린 시절 시카고에서 다양한 개혁단체에서 활동했다. 1906년의 폭동 동안에는 백인 폭도들이 학교를 불태우지 못하게 막으려고 미친 듯이 총기를 찾아다니는 모어하우스 교수들을 보고 난 뒤, 호프는 백인의 부당한 행위를 막을 유일한 안전책이 인종 간의 연대라고 확신했다. 결국 1908년 그녀는 자신이 주민연합Neighborhood Union이라고 불렀던 그룹을 조직했다. 그 그룹은 흑인의 도덕적·사회적·교육적 진보에 전념했다.[527]

호프는 주민연합에서의 활동을 통해 곧 결핵이 애틀랜타 흑인공동체의 끔찍한 질병이라는 것을 알게 되었다. 또한 워싱턴 D. C.와 조지아주의 사바나Savannah를 비롯해 다른 지역에서도 아프리카계 지도자들이 '백사병'이라 불리던 것과 싸우기 위해 협회를 조직했다는 사실도 알았다. 마치 노조 지도자들이 결핵 문제에 대해 독특한 분석을 내놓았던 것처럼, 흑인이 이끄는 반결핵협회에서도 '니그로 문제'를 주류 반결핵운동과는 다른 말로 해석했다.[528]

인종 지도자들에게 흑인 사이에 유행한 결핵은 가난과 인종주의라는 이

중의 짐을 보여 주는 것이었다. 1896년 애틀랜타대학Atlanta University에서 열린 애틀랜타의 흑인 사망률에 대한 학회에서 애틀랜타의 헨리 러더포드 버틀러Henry Rutherford Butler 박사는 애틀랜타의 흑인들은 공원 출입이 금지되고 도시에서 가장 더러운 지역에 살 수밖에 없으며 너무 가난해서 의사를 찾을 형편도 안 된다고 예리하게 지적했다. "우리가 모든 면에서 방치되어 있는 동안, 최우선적으로 최고의 배려를 받는 백인 형제들보다 더 빨리 죽는다는 데 의문이 들지 않습니까?"라고 말하면서 그는 연설을 마쳤다.[529]

루제니아 번즈 호프는 세탁부 대논쟁이 벌어지기 일 년 전의 한 연설에서 이와 유사하게 "질병과 범죄의 책임을 집주인에게 귀속시키는" 위생검사를 요구했다. 그녀는 "그들은 그들이 임대하는 주택 상태에 책임이 있습니다. 그들이 더럽고, 고장이 나서 환기가 되지 않는 집으로 흑인들이 연이어 이사 오게 했을 때, 그들은 수많은 가족들에게 질병을 퍼뜨리고 있는 것입니다. 그러니 사망률이 그렇게 높은 것, 수백 명의 결핵 환자들이 매년 죽어 나가는 것도 놀랍지 않죠. 그런데 이 사람들은 '피 묻은 돈'을 받으면서도 다른 사람들이나 공동체에는 아무런 관심조차 없어요"라면서 이렇게 결론지었다. "니그로는 수년간 모든 비열한 것의 원인—모든 공동체에 위협—이라고 비난받아 왔지만, 진실은 우리가 방치되었다는 것입니다."[530]

1912년 호프는 애틀랜타 반결핵 및 방문간호사협회에 가서 반결핵 캠페인에 협력할 가능성을 타진해 보기로 결심했다. 그녀가 방문했을 때, 협회 총무인 로사 로Rosa Lowe를 만났다. 로는 그녀의 제안에 관심을 가지고 귀를 기울였다. 감리교 목사의 딸로 조지아에서 태어난 로는 호프와는 출신 배경이 달랐다. 그녀는 사회적으로 개방적인 견해로 유명했던 스캐릿 신학 직업대학Scarritt Bible and Training College을 졸업하고 나서 간호사로 자립했다. 그리고 1903년 웨슬리 사회복지관Wesley Settlement House 관장으로 애틀랜타에 와서 풀턴 가방 방적 공장Fulton Bag and Cotton Mill에 고용된 노동자들을 위해 일했다. 1907년에는 반결핵협회에서 정규직으로 일하기 위해서 로는 그 일을 그만두었다.[531]

로가 호프의 제안을 받아들이는 데는 몇 달이 걸렸지만, 그녀의 접근법은 이전의 지역 흑인 지도자들과 교섭한 애틀랜타 협회들과는 상당히 달랐다. 로는 호프에게 우정 어린 편지를 보내 그들이 "서로 손을 잡고"—당시 손에 의한 전염에 대한 불안감이 널리 퍼져 있었다는 것을 감안하면 의미심장한 언어 선택—공동으로 반결핵 프로그램을 개발하자고 제안했다. 그리고 두 여성은 어떻게 협력할 것인지 논의하기 위해 총회를 여는 데 동의했다.[532]

로는 1914년 새로운 계획을 약술하는 선언서에서 이전의 니그로 문제에 대한 논의와는 상당히 다른 어조를 취했다. 그녀는 이렇게 시작했다. "모든 건강한 노동자들은 공동체의 모든 단체나 개인의 흥미를 끄는 것이 질병 예방을 위해 중요하다는 것을 안다." 그리고 흑인들이 남부 대부분의 도시 인구에서 적어도 3분의 1을 구성하기 때문에 "그들을 무시하는 프로그램은 불완전하다." 그녀는 또 노예해방 이후 남부의 자유민들은 더 잘 살기 위해 열심히 일했고 애틀랜타에서도 그때 "많은 사람들이 공동체뿐만 아니라 개인에게 도움이 되는 단체를 꽤 조직했다"고 말했다. 로는 목사, 의사, 보험 회사, 교사, 유치원 협회와 간호사를 포함해 그 일에 기꺼이 도움을 준 많은 흑인 주도의 단체들을 열거했다. 그리고 "흑인에게 있어서 그 일을 하는 데 가장 큰 장애물은 신뢰의 확립이다. 왜냐하면 전체적으로 흑인은 백인에 대한 신뢰감을 잃었고, 백인도 흑인에 대한 신뢰를 잃었다. 여기저기서 이런 믿음을 가진 사람은 오로지 개인들뿐이다"라면서, 로는 "정치나 교육 혹은 종교도 흑인을 공정하게 취급하지 않기 때문에" 인종 차별을 믿음을 깨는 행위로 비난했다.[533]

조지 프라이스가 공중보건을 노사의 중립 지대로 인정했던 것과 같이, 로도 "한 공동체에 사는 두 인종 간의 우호적인 관계를 확립하는 것은 위생사에게 달렸고, 이 둘에게 건강한 도시를 위한 책임이 있다"고 썼다. 이를 위해서 그녀는 휴양시설, 요양원, 가로등, 주택, 학교, 병원 그리고 의료 서비스를 개선하는 전면적인 개혁 프로그램의 개요를 설명했다. "이 모든 것이 보건 프로그램과 관련된다. 다른 사람들이 신경 쓰지 않고 실질적인 활동이 이루어지지 않으면 우리 시민들 중에 흑인을 보호하기 위해서 결핵 투사들을 투입해야 한다."[534]

로의 선언에서도 분명히 알 수 있듯이, 그녀는 호프와 마찬가지로 니그로 문제는 타고난 인종적 결함이 아니라 무관심의 결과라는 신념을 공유했다. 두 여성은 반결핵 이슈를 애틀랜타 흑인에게 정치사회적 권리가 엄격히 제한되어 있던 시기에조차 정당하게 주장할 수 있는 보건 서비스라고 생각했다. 아울러 호프와 로는 애틀랜타 백인이 흑인의 집에 "질병 저장소"가 존재한다고 걱정을 한다면, 균의 복음을 따르고자 하는 흑인 주민들의 노력을 방해하지 말고 도우라고 주장했다. 그들은 조지 프라이스의 산업적인 권리와 의무라는 개념과 유사한 말로, 개별 가정, 이웃, 그리고 도시 사이의 상호 의무와 책임에 기초한 일종의 공중보건 시민권이라는 개념을 부각시켰다. 애틀랜타 흑인은 질병의 위험을 줄이기 위해 가정과 이웃에 필요한 변화의 의지를 보일 준비가 되어 있었다. 그리고 그에 대한 보답으로 이미 백인 이웃이 누리는 것과 동일한 공공 서비스를 기대했다.

오랫동안 백인 지배적이었던 니그로 인종위원회는 이런 공유된 시각을 염두에 두고 로사 로를 총무로 해서 흑인이 운영하는 니그로 반결핵협회 Negro Anti-Tuberculosis Association로 대체되었다. 이후 10년에 걸쳐서 "흑인 지부Colored Branch"라고도 불린 니그로 협회와 백인의 애틀랜타 협회 사이에 생산적인 협력 방식이 개발되었다. 주민연합에서 그 도시의 흑인 주민을 16개의 구역으로 나누었던 것과 동일한 지구 시스템을 이용해서 반결핵 활동을 조직하기 위한 지역위원회도 새로 만들어졌다.[535]

호프는 지역위원회를 세우면서 중간계급 동료들을 많이 끌어들였다. 모어하우스의 '퍼스트 레이디'였기 때문에, 그녀는 모어하우스, 스펠만대학, 그리고 애틀랜타대학의 직원과 동창을 포함해 애틀랜타 흑인 교육의 엘리트들과의 관계가 좋았다. 니그로협회는 또한 주요한 아프리카계 목사들을 이사회에 임명하고 지역의 신도들과 협의하여 유력한 교회들도 끌어들였다. 북부의 보험회사에서 피보험자의 유효 기간을 연장하여 강력한 이윤을 추구했던 것처럼, 흑인 생명보험회사들도 중요한 재정 지원의 원천이 되었다.[536]

다시 말해서 니그로협회는 W. E. B. 드보이스W. E. B. Du Bois가 "재능 있는 십분의 일"—흑인공동체 중의 교육받은 중간계급 엘리트—이라고 불렀던 사람들에 의해 지배되었다. 혁신주의 시대 대부분의 협회와 마찬가지로 니그로협회의 접근법은 개인의 자기계발과 도덕성을 강조했다. '결핵 종교'라는 복음주의적 열정과 중간계급적인 미덕은 반결핵운동의 백인 못지않게 흑인들에게도 매력이 있었다. 니그로협회의 직원들은 위생 개혁을 도덕적 향상과 결합시켰기 때문에, 애틀랜타 댄스홀이나 술집 주인들은 그들의 방문을 두려워할 수밖에 없었다. 동시에 인종 간의 연대나 사회정의에 참여함으로써 도덕주의가 고취되었다. 이는 백인 빈민과의 상호작용에 미진했던 백인 반결핵 십자군과는 다른 부분이었다. 이 단체는 위생관리 공동위원회가 의류 노동자들과 활동했던 것보다 그 자선의 수혜자와 훨씬 더 동질감을 느꼈다.[537]

니그로협회는 차별에 저항하려고 결정하자, 그 즉시 백인 지배적인 반결핵협회들이 추구했던 의제와는 매우 다른 방향으로 나아갔다. 먼저 루제니아 번즈 호프는 결핵을 '집 병'으로 개념화하는 데 새로운 변화를 꾀했다. 1909년의 백인 방문간호사들과 마찬가지로, '가정 조사'는 폐결핵을 백인 가족에 대한 질병의 위협으로 낙인찍기 위해서만 유용했다. 반대로 호프는 가정 조사를 주민에게 질병 예방에 대해 교육하는 기회로 활용했다. 애틀랜타에 있는 모든 아프리카계 주부가 침 뱉기, 먼지, 더러운 우유, 파리 등으로부터의 전염 위험성에 대해 숙지한다면, 가족의 질환을 예방하는 데 엄청난 효과가 있을 것이라고 그녀는 추정했다.[538]

동시에, 호프는 집주인과 보건 당국에 흑인 가정에 대한 법적이고 도덕적인 책무를 다하라고 강요하기 위해서도 가정 조사를 이용했다. 그녀의 지구위원회는 주택이나 공동체의 골칫거리에 대한 목록을 모아서, "비위생적인 장소들"의 사진을 찍었다. 그녀가 말했듯이 "보건국Board of Health이 관심을 갖게 하기 위한" 노력의 일환이었다. 그 자료는 정치적으로 힘이 있는 백인 반결핵협회에 보내졌고, 그런 다음 보건국에 압력을 가해서 그 결함을 고치도록 했다. 가정을 검사하던 관행이 결국 가정에서 세계로 영향을 미쳐, 질병이 퍼질 만한 식료품 가게, 아이스크림 매장, 로지 홀 lodge halls 등 다른 장소로 확대되었다.[539]

1917년부터 주민 위생 감시neighborhood sanitary watch라는 호프의 개념은 전미 니그로 비즈니스연맹National Negro Business League에서 후원하는 봄맞이 대청소 십자군으로 통합되었다. 1910년대 초에는 지역의 상공회의소에서 도시 개량의 한 형태로 청소주간을 후원하기 시작했다. 흑인 기업과 공동체 지도자들은 재빨리 자신의 지역을 포함시키기 위해 아이디어를 냈다. 애틀랜타에서 청소주간은 가정 조사, 특정 쓰레기 모으기, 그리고 교회와 여관의 교육 프로그램이 통합된 형태로 발전했다. 전미 니그로 비즈니스연맹에서 최고의 전 도시적인 프로그램을 위한 상을 후원한 바로 그 첫 해에 애틀랜타가 그 상을 받았다. 캠페인이 정말 인상적이었던 기간에 이루어진 활동은 다음과 같다. 니그로협회는 1917년 어림잡아 1만 3,000명의 주민이 있는 3,786개 가구를 직원들이 방문했다고 보고했다. 1919년 그들은 5,406개 가구를 조사했고 거주민은 2만 3,771명에 이르렀다. 그들의 통계가 정확하다고 가정하면, 반결핵 십자군은 2년 만에 애틀랜타의 흑인 전체 인구의 거의 5분의 1에 도달했던 것이다.[540]

불행하게도 니그로협회가 성공적으로 흑인 시민에게 쓰레기를 모으게 한 것에 반해, 그 쓰레기를 수거하려는 애틀랜타시의 의지는 그에 훨씬 못 미쳤다. 로사 로는 1917년 캠페인이 시작되기도 전에 이 문제를 예상했고, 협력 약조를 받기 위해서 애틀랜타 보건 당국을 찾아갔다. 그러나 1919년에도 루제니아 호프는 여전히 "이 협회가 오랫동안 시의 위생국 City Sanitary Department이 의무를 다하도록 충실히 노력해 왔으나 6년간 우리가 함께 한 일은 거의 없다"고 불평했다.[541]

니그로협회는 위생적인 변소나 깨끗한 정원을 홍보하는 데 더하여 공중 보건을 강화하기 위한 훨씬 더 폭넓은 운동에도 가담했다. 그들에 의한 결핵 예방운동은 인종적인 정의와 자기계발을 위한 폭넓은 논리적 정당성을 제공하기에 이르렀다. 예를 들어, 1916년 호프와 로는 애틀랜타에서 해마다 인종차별적인 학교 시스템을 조사하고 흑인 학교의 개선을 요구하기 위해 애틀랜타 교육부의 대표들과 만나기 시작했다. 니그로협회에서는 과밀하고 비위생적인 학교가 질병의 온상이 될 뿐만 아니라, 흑인 아이들이 근대 보건 시민권의 기초를 닦기 위한 적절한 교육도 필요하다고 주장함으로써 그런 요구 사항을 정당화했다. 니그로협회는 교육위원회를 귀찮게 닦달하는 것 외에도, 근대 위생 십자군Modern Health Crusade이 애틀랜타의 인종분리적인 교실에 반드시 도입되도록 조처했다. 그 결과 결핵 클리닉에서 치료를 받는 아이들의 수가 꾸준히 증가했다.[542]

니그로협회가 제기한 다른 문제들은 전통적인 보건 개념과는 관계가 거의 없었다. 좋은 예가 공공 도서관 논쟁에 연루된 것이었다. 1904년 카네기재단Carnegie Foundation은 '니그로 도서관'을 설립하기 위한 자금을 기부했다. 그러나 지역의 도서관위원회가 새로운 시설이 놓일 수 있는 곳에 너무 많은 제약을 가함으로써 그 프로젝트를 사실상 봉쇄했다. 1910년대 중반에 니그로협회는 도서관위원회가 그 프로젝트를 허용할 수 있도록 압력을 가하는 캠페인을 시작했다. 헨리 H. 페이스Henry H. Pace 회장은 루이스빌Louisville이나 사바나 등 다른 도시에서 온 편지를 모았다. 그에 따르면, "니그로를 위한 도서관을 설립하는 것이 좋은 시민을 만드는 데 큰 도움이 된다"고 추천하는 편지들이었다. 페이스는 애틀랜타협회의 회원인 줄리안 V. 보엠Julian V. Boehm의 제안으로 《애틀랜타 헌법Atlanta

Constitution》(지역 신문–역자 주)에 편지를 보냈다. 이어서 보엠은 그 신문의 편집자인 클라크 호웰Clark Howell에게 그것을 전달했다. 그리고 호웰은 그 편지를 게재했을 뿐 아니라 도서관을 지지하는 사설도 썼다. 도서관위원회의 대표는 그런 부정적인 평판에 당황한 나머지 그 즉시 페이스와 보엠을 만나기로 했고, 마침내 1921년에 도서관이 개관되었다.[543]

니그로협회는 애틀랜타에 흑인 주민을 위한 휴양지나 공원이 부족하다는 불만도 제기했다. 반결핵운동에서는 햇볕과 신선한 공기에 대한 복음을 찬양했다. 하지만 애틀랜타에서 늘어난 공원은 오로지 백인만을 위한 것이었다. 니그로협회의 로링 B. 팔머Loring B. Palmer 박사가 도시 공원 관리자에게 그 문제를 제기했다. 그는 "반결핵협회가 도덕적으로 그 운동을 지지해서 도울 경우, (시) 위원회에 그 목적에 맞는 적당한 부지를 구매하라고 기꺼이 추천을 할 것"이라는 말을 도시 공원관리자로부터 들었다. 백인협회에서도 그렇게 하겠다고 동의하면서 계획을 실행에 옮기기 위해 로터리클럽Rotary Club(기업가들의 봉사 단체–역자 주)에 협조를 부탁했다.[544]

백인 결핵협회의 회원들이 그 도시의 백인 정치가들과 사회 저명인사들 사이의 중개자로서 중요한 역할을 했다는 사실은 도서관과 공원 캠페인에서 분명히 드러난다. 이 백인 반결핵 조직은 인종차별적인 시설들, 즉 흑인 공공 도서관과 흑인 공원에 필요한 것을 후원할 의사가 있는 듯했다. 그러나 니그로협회가 결핵 예방의 의미를 확대하려고 하자, 백인 협회들과의 대화는 훨씬 더 불편하게 되었다. 두 그룹 간의 긴장은 1917년 7월 27일, 제1차 세계대전 동안 북부 공장에서 일하기 위해 남부에서 대규모로 이주한 흑인에 대해 논의하는 임시 공동회의에서 드러났다. 남부에서 두 인종의 지도자들은 '흑인 대이동Great Migration'이 그 지역의 사회적·

경제적 진보를 약화시킬 것이라고 걱정했다. 그렇지만 흑인은 왜 그렇게 많은 동포들이 떠나려고 하는지 너무 잘 알고 있었다.[545]

이 공동회의에서 니그로협회의 회원들은 조지아주의 흑인을 북부로 내모는 많은 문제점에 대해 자유롭게 이야기했다. 피터 제임스 브라이언트 Peter James Bryant 목사는 "흑인들을 때려잡고, 죽이고, 교회를 불 태우는 알바니Albany 근처에서 이주가 시작되었다"고 말했다. 다른 회원들은 낮은 임금, 대중교통이나 휴양지에서의 짐 크로우Jim Crow(남북전쟁 이후 남부 주에서 실시된 인종차별적인 법안들의 통칭–역자 주) 규제, 다 허물어져 가는 학교, 경찰의 괴롭힘, 정치적 대표 없는 과세 등을 언급했다. 로렌조 H. 킹 Lorenzo H. King 목사는 "니그로들은 백인이 니그로를 대하는 태도에서 증명되는 것처럼 백인의 종교에 대한 신뢰를 잃고 있다"고 경고했다. 그는 사회적인 친밀감과 시민권을 조심스럽게 구분하면서 설명했다. "흑인들은 백인 가정과 백인의 품에 맡겨지길 원치 않는다. 그것은 백인들과 마찬가지로 그들에게도 동의할 수 없는 생각이다." 오히려 그들이 백인과 같은 기회를 제공받기를 원하는 것은 정치적·경제적 향상을 위해서였다.[546]

참석한 백인들의 반응은 차분했으나 동정적이었다. 단지 틴돌Tindall 판사로만 확인된 한 강연자는 "급진적인 변화를 방해하는 사람들 속에는 무지한 백인들이 대단히 많아서 백인들이 어려운 문제에 봉착했다고 참석한 흑인들에게 환기시켜 주었다"고 의사록은 기록했다. 틴돌은 흑인공동체의 자기계발 윤리를 칭찬했다. 그리고 "현존하는 상태를 짧은 시간 내에 크게 변화시키겠다는 강한 희망을 주었다." 켄들 웨이시거Kendall Weisiger는 그 회의가 "그를 놀라게 했고, 완전히 다른 시각으로 바라보게 만들었으며, 참석한 모든 백인들은 흑인들의 선언을 듣고 더 좋은 친구가 될 것이며 다른 사람들에게도 상황을 같은 시각으로 볼 수 있게끔 영향력을 행사할 것"이라고 덧붙였다. 그 회의에서는 "두 인종이 더 긴밀히 협력하고" 지도자들은 "오늘의 중요한 문제에 대해 더 긴밀한 관계를 유지하여 더 좋은 분위기와 상황을 만든다"는 협정을 맺었다.[547]

그러나 백인 반결핵협회의 지원이 분명히 니그로 협회에 도움이 되었음에도 불구하고, 그들의 업적은 다른 그 무엇보다도 흑인공동체의 지지에 달려 있었다. 실제로 니그로 협회가 그렇게 폭넓은 의제를 추구할 수 있었던 이유도 백인 반결핵협회로부터의 재정 독립 덕분이었다. 여기에는 흑인 보험회사들이 특히 중요한 역할을 했다. 스탠더드 생명보험회사 Standard Life Insurance Company를 이끈 헨리 H. 페이스의 지도 아래 '흑인 보험위원회'는 1919년 처음으로 협회에서 봉급을 받는 흑인을 고용하기 위한 돈을 모았다. 이는 명시적으로 루제니아 번즈 호프를 위해 마련한 자리였다. 그리고 청소주간과 크리스마스 씰 캠페인을 할 때 배포할 교육 인쇄물이나 다른 자료를 구매하기 위한 모금도 했다.[548]

제1차 세계대전 이후에 니그로협회는 흑인 교회에서 결핵연맹들을 조직함으로써 재정적인 토대를 넓히려고 했다. 그 첫 번째는 1921년 그 도시에서 가장 큰 교회 중 하나인 빅 베델 침례교회Big Bethel Baptist에서 만들어졌다. 교회의 신도들은 여기에 가입하기 위해 1달러를 지불했다. 그 금액의 절반은 교회에서 구제기금으로 사용했고, 나머지 절반은 니그로협회의 교육 활동 재원이 되었다. 1922년 연례 보고서에서 니그로협회 위원회는 "니그로 주민의 주거 상태에서 특정 정도 위생적인 향상을 촉진할 수 있는 곳에" 새로운 재원이 사용될 것이라고 말했다. 그리고 그것은 "이 끔찍한 질병의 확산을 막는 데 확실한 기반이 마련될 수 있는 근본적인 필수조건"이라는 희망을 나타냈다. 기획회의에서 어떤 사람이 니그로협회가 1,000달러를 모을 수 있을지 물었을 때, 빅 베델의 목사와 루제니아 번즈 호프는 "흑인들이 다른 어떤 조직보다도 반결핵협회를 더 좋게 생각하고 있고, 자신들의 활동에도 대단히 큰 도움이 되었다는 것을 알게 된 사실로 보아, 그것도 가능할 수 있다"라는 믿음을 표현했다.[549]

니그로협회는 1920년대에도 계속 활발하게 활동했으며, 전국에서 가장 활발한 협회들 중의 하나가 되었다. 반결핵 활동가들을 훈련시키기 위한 사회복지 단체들은 미국에서 최초의 흑인 사회복지 프로그램의 핵심이 되었다. 이것은 나중에 애틀랜타 사회복지 학교Atlanta School of Social Work로 성장했다. 1926년 애틀랜타 협회의 켄들 웨이시거 회장은 애틀랜타의 흑인이 결핵으로 인한 사망률이 전국에서 가장 낮은 곳 중의 하나라는 점을 들면서 "그 수치는 우연이 아니다. 니그로협회의 활동을 감안하면 전 세계에서 다시 없이 좋은 수치다"라고 말했다.[550]

위생관리 공동위원회와 마찬가지로 애틀랜타 니그로 반결핵협회는 흔치 않은 성공을 이루었다. 호의적인 백인들의 협력과 함께 강력한 지역 지도부가 결핵 예방 문제에 관해 활발한 풀뿌리운동을 만들어 냈다. 그러나 애틀랜타 그룹이 크게 성공했음에도 불구하고 그것이 사용한 전략이나 테마는 결코 독특하지 않았다. 1900년에서 1930년 사이에 유사한 흑인 결핵 협회들이 북부와 남부에서 조직되었다. 그들은 터스키기 학원Tuskegee Institute—현재 터스키기대학—에서 운영한 전미 니그로 보건 주간National Negro Health Week 프로그램에서 일하면서 공중보건 교육과 개혁에 대한 야심찬 프로그램을 개발했다.[551]

흑인의 반결핵운동은 감염병에 대한 백인의 불안을 건설적인 목적에 사용했다. '질병 저장소'라는 개념은 소비의 전염성에 대한 새로운 믿음으로 만들어진 '양날의 검'의 고전적인 예가 되었다. 백인이 "균은 인종을 차별하지 않는다"라고 믿는 한, 그들의 세탁부, 요리사, 하인들이 병에 걸리게 내버려둘 수가 없었다. 심지어 자신들의 요구를 드러낼 약간의 틈만 있어도, 흑인 개혁가들은 균의 복음이라는 명령으로 훨씬 폭넓은 사회적 향상 프로그램을 만들어 냈다.

그럼에도 불구하고, 애틀랜타 반결핵 십자군의 성공은 고통스러운 아이러니를 가져 왔다. 애틀랜타의 백인과 흑인 개혁가들 사이의 협력 정신은 대규모 반결핵운동에서 인종주의의 참모습을 표출했다. 전미결핵협회는 포용적인 수사를 사용했음에도, 애틀랜타 협회는 계속해서 전국적인 운동 내부에 존재하는 인종차별에 맞섰다. 1915년 로사 로는 전미결핵협회 교육 책임자 필립 제이콥스에게 다가오는 지역회의에 대해 "니그로나 백인이 같은 회의장에 모이도록 허가를 받았는지 아닌지, 그리고 니그로 대표단이 일반적인 주제가 논의되는 회의에 참석하는 것이 백인의 논제에 이로울 것인지를 확인해 주기 위해서" 편지를 썼다. 1924년 다시 전미결핵협회가 애틀랜타에서 전국대회를 열었을 때, 니그로협회는 "흑인 집단의 활동에 대한 논의는 다른 발전의 국면을 홍보하는 백인에게도 매우 유익할 것이다"라는 이유로 흑인 대표들의 회의를 분리해서 열지 말 것을 요청했다.[552]

엄청난 폐결핵 유행은 훨씬 미묘한 방식으로 인종적인 고정관념과 질병 위험 사이의 관계를 강화시켰다. 북부의 반결핵협회들에서는 베니스의 도시 이미지를 자신의 포스터에 넣고 다국어로 "카드를 하지 마라"고 써서 새로운 이민자들에 대한 문화적인 과민 반응을 보이기 시작했을 때, 애틀랜타의 인종차별적인 학교에서는 아이들에게 어린 금발의 십자군운동 가들이 하얗게 차려입은 이미지와 함께 여전히 근대 위생 십자군 문헌으로 위생 교육을 하고 있었다. 1920년 전미아동복지협회National Child Welfare Association의 '니그로 활동' 책임자인 리트 마이어스Leet Myers는 루제니아 번즈 호프에게 보낸 편지에서 다음과 같이 시인했다. "니그로 아이가 백인의 말로 제시된 가르침과 이상주의 전부를 가진다는 것은 공평하지 않은 것 같다." 아동보건 조직들도 점차 흑인의 사진을 사용한 교육자료를 개발하기 시작했다. 그러나 1920년대와 1930년대 대다수 흑인 아이들은 여전히 백인성과 청결이 동일한 것임을 암시하는 위생 교리문답식 수업을 받았다. 그 얼굴을 자신과 비슷하게 건강한 모습으로 만드는 유일한 방법은 손으로 색을 입히는 것이었다. 그것은 전미 니그로 보건 주간의 일환으로 제출한 어린이들의 그림에서 종종 보이는 것과 같았다.[553]

흑인공동체를 위한 가장 기본적인 공공 서비스를 확보하기 위해서 개혁가들은 흑인을 위험한 질병 보유자로 보는 백인의 인식에 호소할 것을 강요받았다. 이주민 개혁가 메리 앤틴Mary Antin은 1922년 루제니아 호프에게 보낸 편지에서 "그럴 필요가 있다는 것이 한심하다"라고 직설적으로 말했다. 그녀는 자유와 민주주의의 땅이라는 곳에서 "그 사람들을 위한 빛을 애원하기 위해 과격한 조직이 있어야 한다!"는 것이 믿어지지 않는다고 한탄했다.[554]

이런 점에서 애틀랜타 흑인들이 이루어 낸 성공은 짐 크로우 법률하에서 계속된 부당함과 모욕에 가려졌다. 애틀랜타에서 결핵 발병률이 감소했다는 사실은 일상생활의 모든 측면에 파고든 인종분리의 방식을 역전시키는 데 아무런 도움도 되지 않았다. 흑인들에게 위생적인 개선점이 제공되었을 때, 그것은 흑인 도서관, 흑인 공원과 같이 인종분리라는 가증스런 모습으로 시행되었다. 마찬가지로 공용 식수대나 위생적인 화장실이 마침내 남부에 도달했을 때에도, 그것은 인종분리적인 쌍으로 들어와서 인종차별적인 사회의 가장 가시적이고 혐오스런 상징이 되었다. 남부에 뿌리박힌 다른 많은 차별 형태와 함께 위생상의 인종차별 관습이 폐지되기 시작한 것은 1960년대 민권운동에 이르러서였다.

질병 의식이라는 '양날의 검'은 확연한 약점에도 불구하고 여전히 노조 지도자와 인종 지도자 모두에게 변화를 위한 몇몇의 작은 지렛대 효과를 제공했다. 지금 보이는 결과가 아무리 빈약하다 해도, '병균의 사회주의'라는 주장은 20세기 초 합의를 이끌어 내는 전략으로는 상당히 강력했고 설득력이 있었다. 남동부 유럽에서 온 이주민과 흑인 등 가난한 미국인들에게 주거와 노동 환경이 절망적으로 열악했던 때, 계급과 인종을 넘나드는 전염성 세균이라는 공포는 그들의 처지를 주목하게 하는 데 유용한 계책이었다. 질병 예방의 문제는 혜택받지 못한 집단이 정치적 영향력이나 경제적 동등함보다는 훨씬 쉽게 권리를 요구할 수 있는 공중보건 시민권이라는 비전을 제공했다. 1921년 "위생 혹은 보건 개선"을 위한 납세자 기금에 균등한 할당을 요구했을 때, 조지아 흑인 여성클럽연합Georgia Federation of Colored Women's Clubs에서 주장했듯이, "흑인들도 역시 나머지 시민들과 똑같은 요구와 똑같은 권리를 갖는 시민들이다."[555]

분명히 말해서 균은 인종차별이나 계급차별이 없는 것으로 보였기 때문에, 전염의 결점을 지닌 집단도 그들이 제공받을 공중보건에 대한 요구를 강화할 수 있었다. 균의 보편적인 측면들—즉 남성이든 여성이든, 백인이든 흑인이든, 부자든 빈자든 모든 몸에 똑같은 악의를 가지고 희생물로 삼는 것—은 잠재적으로 파괴적인 느낌을 주었다. 여기에 20세기 초 미국에 만연했던 불평등과 불법의 증대를 보여 줄 수 있는 변화의 동인이 있었다. 조지 프라이스, 폴린 뉴먼, 루제니아 번즈 호프, 그리고 로사 로 같은 사람들의 손에서 균의 복음은 공중보건 도덕이라는 폭넓은 개념, 즉 근대 산업 사회의 일원이라면 누구나 전염의 확산을 막기 위해서 서로 신세를 지고 있다는 기본적인 의무로 바뀌었다.

　세균 없는 물이나 공설 하수관과 같은 위생에 가장 기초적인 필수품조차 없는 집단에게 공중보건 시민권이라는 개념은 더 넓은 사회에서 기초 생필품을 공급하는 데 실패했다는 것을 강조할 수 있는 강력한 수단이었다. '균의 복음'을 견지하는 것이 근대 시민의 필수 조건이 되었기 때문에, 필수 요소들—깨끗한 공기와 물 그리고 영양가 있는 음식—을 제공하지 못하는 것은 국가적 위기 상황에서만 무시될 수 있는 사회적인 문제였다. 가난한 사람들을 '질병의 저장소'라고 두려워하면서도 그들을 결핵에 걸릴 수밖에 없게 하는 물적 조건에는 관대한 모순은 혜택받지 못한 사람들에게 평온한 만족감에 빠져 있는 중간계급 미국인들을 칠 수 있는 몽둥이를 제공했다. 설령 그 몽둥이가 너무 약해서 당시의 경제적·인종적 부정을 때려 부수지는 못했다 할지라도 적어도 그 흔적은 남겼다.

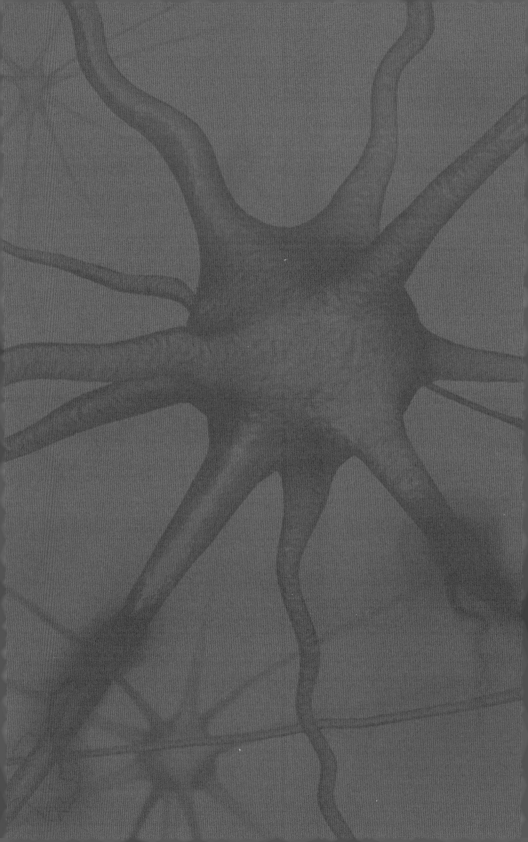

IV
복음의 후퇴

10. 열정의 쇠퇴

10. 열정의 쇠퇴

1914년 세균학자 찰스-에드워드 에이모리 윈슬로Charles-Edward Amory Winslow는 《월간 대중과학》에 〈인간과 병균〉이라는 제목의 글을 써서 균의 복음에 대한 현황을 요약했다. 그는 지난 20년간의 실험 연구에서 보여주었던 것은 "우리가 경계해야 하는 것이 사물이 아니라 본질적으로 사람이다"라고 썼다. 윈슬로는 전염병이 먼지나 접촉 매개물에 노출되어서가 아니라, 다른 사람과의 친밀한 접촉으로 대부분 야기된다고 주장했다.

이런 접촉이 항상 직접적이지는 않았다. 균은 물이나 식품, 곤충 매개체, 그리고 최근 환자가 만진 물 컵처럼 공유된 물건을 매개로 유포될 수도 있었다. 그러나 "그런 모든 전염 물질의 배후에는……인간이 있다. 그리고 그 근원에 더 가까워질수록—전이가 더 직접적이고 더 빠르고—위험은 더 크다"라고 윈슬로는 썼다. 환자와의 접촉을 손쉽게 설명할 수 없는 소수의 질병 사례는 '건강보균자'의 행위일 가능성이 컸다. 윈슬로는 그 발견을 "지난 10년간 위생학에 대한 위대한 공헌"이라고 말했다.[556] 가끔 발생하는 불가사의한 장티푸스나 디프테리아의 발병을 설명하기 위해서 근대 과학은 이제 결함 있는 하수관이나 전염성이 있는 망토보다는 '장티푸스 메리'를 찾으라고 제안했다.[557]

윈슬로는 접촉 감염과 건강보균자를 강조하면서, 하수 가스, 먼지, 접촉 매개물의 위험을 축소했다. 이는 '새로운 공중보건new public health'으로 알려지게 된 운동을 대변하는 것이었다. 이런 이데올로기 변화의 첫 번째 신호는 여러 지도적인 보건 권위자들이 예방 복음의 특정 측면에 대한 의심을 드러낸 1900년대 초에 나타났다.

찰스 채핀은 근대 보건의 관행에 '질병 오물설filth theory of disease'이 오래 잔존하는 것과 그것에 수반되는 '소독에 대한 집착'을 비판하는 일련의 논문을 썼다. 거의 동시에 윈슬로는 방에서 가장 더러운 것과 하수관의 가장 축축한 곳에서 나온 공기에 발병 가능한 바실루스는 없다는 것을 증명하는 연쇄적인 실험 결과를 보고했다. 쿠바에서는 군의관 월터 리드Walter Reed가 이끄는 미국위원회가 황열병 환자의 침구와 옷은 그 섬유에 분비물이 있다고 해도 건강한 사람에게 병을 옮길 수 없다는 것을 증명했다. 그는 모기만이 희생자에게 황열균을 옮긴다고 결론지었다.[558]

처음에는 그런 반대의 목소리가 거의 영향을 미치지 못했다. 자선가 앨버트 G. 밀뱅크Albert G. Milbank는 자신의 재단이 자금을 제공했던 환기구 실험 연구에 대해 이렇게 불평했다. "나쁜 공기가 해롭지 않다는 것을 증명하는 데 그렇게 많은 돈을 쓰는 것은 너무 어이가 없다." 왜냐하면 "그들이 그것을 증명했다고 하더라도 우리는 그것을 믿지 않을 것"이기 때문이다. 그러나 유망한 실험주의자 세대는 그렇게 쉽사리 낙담하지 않았다. 그들은 천천히 그러나 확실하게 새로운 실험실 교훈의 관점으로, 특히 먼

지와 접촉 매개물에 의한 감염 빈도와 관련해 균의 복음을 수정하기 위해 논쟁했다.[559]

베일리 버릿Bailey Burritt이라는 복지사는 1916년 덕망 있는 주택 개혁가 로렌스 베일러Lawrence Veiller에게 보낸 편지에서 과학적 회의주의의 새로운 분위기를 포착했다. 편지에서 버릿은 뉴욕 자선조직협회가 배포한 위생 책자의 개정을 권했다. "균이 어두운 방에서 '잘 자라고 번성한다'는 표현은 거의 사실이 아닙니다"라고 그는 시작했다. 더 나아가 '발병시키는 것들'이라는 부분에서는 더러운 개수대, 쓰레기 더미, 찌꺼기, 더러운 바닥 등을 열거하면서, "이들과 병의 관계는 매우 모호합니다"라고 했다. 그는 그런 항목들을 지우고 침 뱉기, 파리, 먼지(그는 여전히 먼지설 신봉자였다), 손 세척하지 않기, 그리고 공용 컵과 수건의 위험 같은 것을 그 자리에 넣는 것이 나을 것이라고 결론 내렸다. 버릿은 베일러에게 그 책자를 고치는 것이 중요하다고 재촉했다. 그런 종류의 서술이 "위생적인 오류를 남겨서 당신의 독자들로 하여금 질병에 대한 접촉 매개물설로 후퇴하고, 근대적인 접촉 감염 개념과 개인 위생의 필요성에서 멀어지게 만들기 때문"이었다.[560]

버릿의 편지에서 알 수 있듯이, 새로운 공중보건의 주창자들이 균의 복음 전체를 불신한 것은 아니었다. 오히려 그것에 붙어 있는 위생적인 통념의 흔적을 지우려는 것이었다. 그들의 임무는 초점을 맞추어 정교하게 만드는 것이었다. 그들은 하수 가스 가설을 대신해서 배설물 수질 오염을 강조했다. 결핵 감염의 먼지설을 완전히 거부하는 대신 우인偶因occasional cause(필연적인 인과관계가 없이 우연히 원인이 되는 부수적인 것을 의미−역자 주)으로 강등시켰다. 이는 비말 감염의 위험보다 훨씬 덜 중요한 것이었다. 또한 오랫동안 접촉 매개물의 감염성에 대한 믿음은 최근에 만진 문손잡이나 유리컵을 통해 더 직접적으로 균이 옮는다는 것으로 재구성되었다.[561]

이런 세밀한 구별은 완곡했음에도 불구하고 보건 활동에 있어서 중요한 전환이었다. 1913년 히버트 윈슬로 힐Hibbert Winslow Hill의 유명한 《신공중보건The New Public Health》에서 요약했듯이, 최신의 실험 연구가 미칠 예방 효과는 분명했다. 질병 통제는 주변에 균이 있을 만한 먼지나 오물을 제거하는 것보다 환자를 격리하는 데 더 초점을 맞추어야 했다. 힐은 엄격한 청결이 도덕적이고 미적인 근거가 될지도 모르지만, 전염된 사람들을 확인해서 격리하는 것과 공용 식수나 식품 공급을 감독하는 데 더 많은 보건기금과 에너지를 사용해야 할 것이라고 했다.[562]

격리와 사례의 발견에 대한 강조는 실험실에서 유래한 진단, 치료, 예방법에 점점 더 자신감이 생겼다는 의미였다. 1890년대 말에서 1910년대 초, 연구자들은 장티푸스를 위한 비달Widal 검사법, 매독에 대한 바세르만Wassermann 검사법, 그리고 디프테리아 면역성을 측정하는 시크Schick 검사법을 개발했다. 이윽고 1890년대 말에 발명된 엑스레이는 질병 초기에 결핵의 병변을 찾는 종래의 가래 검사보다 더 훌륭한 도구가 되었다. 진단법이 개선되고 보건부가 법적 권력을 더 갖게 되자, 조기 진단이나 환자와 건강보균자의 격리도 크게 확대되었다. 특정 질병에 효과가 있는 예방접종이나 치료의 개발은 진단력의 확장을 보충했다. 디프테리아 항독소의 성공, 매독 치료제 살바르산의 발견 그리고 장티푸스 백신의 개발 등은 모두 실험실에서의 발견이 조직적인 보건 활동을 계속 강화하고 세련되게 만들 것이라는 확신을 강하게 만들었다.[563]

새로운 공중보건 주창자들도 이런 경향을 받아들여서 자신을 혁신주의 시대 '질병 십자군'이 수용한 복음주의적 어조나 사회적인 대의명분과는 거리를 두고자 했다. 그들은 보건운동이 더 과학적인 방향으로 발전하기 위해서는 충분히 실험법을 훈련받고, 밀에서 겨를 가려 낼 수 있는 자신들과 같은 사람의 지시 아래에서 훨씬 더 견고하게 통제되어야 한다고 생각했다. 새로운 공중보건 지지자들은 여전히 대중적인 위생 교육, 특히 여성들과 아이들에 대한 교육이 절실하다고 생각했다. 힐이 썼듯이, "감염병은 주로 여자들에게서 퍼져서 여자들에 의해 유지된다." 따라서 "여자, 소녀, 미래의 엄마들을 가르치는 것, 즉 그들이 가정에서 실천해서 결국 그 아이들이 보이지 않는 균—적과 싸우도록 가르치는 것은 보건 세균학의 기능 중 하나이다." 그러나 윈슬로가 명명한 '위생의식'의 함양은 공중보건 전문가의 엄격한 감독 아래에서 가장 잘 행해졌고, 실험적인 진실보다는 사회적인 명분에 더 많은 관심을 가진 위생 아마추어들에게는 맡겨지지는 않았다.[564]

보건운동 지도자들은 자신의 직업적 신뢰를 높이기 위해서 실험실에 기반을 둔 지식 기준을 더욱 엄격하게 고수하는 것이 중요하다고 생각했다. 이전 개혁가 세대의 한계, 특히 엉성한 과학적 사고와 그들의 자애로운 인간주의는 안쓰러울 정도로 그 한계가 명백해 보였다. 뉴욕시 보건의 이아고 글래드스턴Iago Gladston이 말했듯이, "열정과 과도한 집착은 종종 중요한 오류에 빠지게 한다." 이러한 정서는 1920년대 두 가지의 대중적인 활동, 즉 《애로스미스》에서 싱클레어 루이스의 젊은 연구원에 대한 초상과 《미생물 사냥꾼》에서 폴 드 크루이프의 세균설의 갖가지 고난의 역사로 나타났다.[565]

1924년 출간된 《애로스미스》는 루이스의 초기 작품 《메인스트리트 *Mainstreet*》나 《배빗*Babbitt*》과 마찬가지로 폭로를 위해 쓰였다. 루이스는 드 크루이프의 도움을 받아 그 소설을 근대 의학의 교훈극으로 만들었다. 거기에는 악착같이 돈을 모으는 외과의사, 근면한 시골의사, 그리고 이상주의적인 과학자와 같은 전형적인 유형의 사람들이 있었다. 그 소설에서 가장 어리석은 캐릭터는 알무스 피커바우Almus Pickerbaugh 박사였다. 그는 젊은 애로스미스가 잠시 일한 보건국의 국장이었다. 시어도어 루스벨트와 매우 유사하게 그려진 피커바우는 보건국을 그의 바보 같은 보건에 대한 열렬한 지지를 위해 영향력을 행사할 수 있는 곳으로 이용했다. 그것은 주로 주부들에게나 상공회의소에 배달된—"우유 병을 끓여라. 아니면 천국으로 가는 티켓을 사는 게 좋을 거다"와 같은—우스꽝스런 시엠송으로 구성되었다. 그가 희망했듯이, 보건국의 실험실에서 과학적인 연구를 하는 대신 애로스미스는 하수 가스에 대한 시민들의 불만사항을 조사하고 공공연히 침 뱉는 사람들을 성가시게 하도록 강요받았다. 과학을 알지는 못했지만 방문간호사(루이스가 상상할 수 있는 가장 예리한 비교)를 안 피커바우는 도시의 우유를 저온살균하거나 결핵에 걸린 공동주택을 허무는 것과 같은 정말 유용한 조치를 취하려는 시도를 가로막았다. 자신을 "다윈과 파스퇴르의 조수"라고 자처한 그는 결국 의회 선거에서 승리했다. 그리고 애로스미스는 진정한 과학 정신은 "매우 의심하는 신념"과 "아우성치지 않는 복음"으로 구성된다는 현명한 결말을 남기도록 했다.[566]

일 년 뒤, 폴 드 크루이프는 《미생물 사냥꾼》에서 구식의 위생적 신념을 계속 공격했다. 그것은 안톤 판 레이우엔훅의 현미경 발명부터 파울 에를리히Paul Erhlich의 살바르산 발견에 이르기까지 세균설의 갖가지 고난을 멋지게 설명해 주는 것이었다. 드 크루이프의 이야기는 "어리석은 위생사"의 신념에 관한 새로운 세대의 연구자와 그들의 불가지론을 숭배하는 것이었다. 예컨대, 월터 리드처럼 "진정한" 과학자 덕분에 "의류가 황열병을 옮길 수 있다고 믿는 망상이 인간 실험의 첫 시도로 무산되었다"고 썼다. 루이스와 마찬가지로 드 크루이프는 근대 '미생물 사냥꾼'의 영웅담을 혼란한 세상과 그 고난과의 교전이 아니라 의심과 무관심으로 묘사했다. "과학은 잔인하다. 미생물 사냥은 무자비할 수 있다"고 그는 결론지었다. 그리고 "그 실험자였던 무자비한 악마는" 다른 모든 사람들이 당연시하는 믿음에 대해 계속 의문을 제기할 것이었다.[567]

'새로운 공중보건'은 더 남성스러운 실험 과학을 위해 여성화된 '정서적 위생주의'를 거부했을 뿐만 아니라, 점차 의학에서 당파정치를 제거하려는 열망으로 드러났다. 균의 복음은 혁신주의운동과 밀접하게 연관되어 있었다. 제1차 세계대전 이후 혁신주의 시대의 개혁 정신이 약해졌을 때, 광범위한 사회적 개입도 약해졌다. 1919년의 적색 공포 이후, '병균의 사회주의'는 수사적인 매력을 갖지 못했다. 금주법의 실패뿐만 아니라 제1차 세계대전 이후 폭력적인 파업과 인종폭동은 혁신주의 시대의 정치적·사회적 혼란으로부터 많은 의사를 도망치게 만들었다. 그리고 1920년대의 보수적인 분위기 속에서는 사회변화를 지지하기보다는 보건 감시의 측면에서 사고하는 것이 훨씬 더 알맞았다. 질병과 보건 이슈가 결코 정치적인 의제에서 사라지지는 않았지만, 공식적인 보건의 명목으로 제공된 개혁의 범위는 상당히 제한되었다. 공중보건 시민권의 의미에 대한 논쟁은 의료 시설의 이용을 더 용이하게 만들고 모자母子보건 서비스를 확대하는 등 다른 논제로 바뀌었다.[568]

전간기戰間期(제1차 세계대전 종결부터 제2차 세계대전 발발까지의 시기–역자 주) 수십 년간 대중적인 보건 교육은 계속해서 최우선 순위였지만, 그 방법과 목표는 변화되었다. 공중보건과 조직적인 의학 지도자들은 보건 선전 활동의 가치, 특히 영화나 라디오가 갖는 힘을 예리하게 파악해서 면밀한 의학적 감독 아래 대중보건 교육을 통제하려 했다. 예를 들어 1920년대 초 미국의사협회American Medical Association는 별개의 보건 및 대중 교육부Bureau of Health and Public Instruction를 창설했다. 그리고 1923년에는 《오늘의 건강Today's Health》의 전신이며 자체 제작한 보건 잡지 《히게이아Hygeia》를 발행하기 시작했다. 이런 종류의 활동을 통해, 미국의사협회는 대중이 정확한 정보를 얻음으로써 의학계에서 자신들의 신념을 지지할 수 있게 하려 했다. 하지만 대중적인 봉사 활동은 '보건 교육'이라고 알려진 새로운 전공을 포함해 대체로 여성들이 지배하는 직업 분야였다. 극소수 여성들은 세균학자로 일자리를 얻었지만, 대부분의 여성들은 남성 엘리트에 의해 생겨난 과학 지식을 해설하는 사람으로 일했다. 그리하여 의료나 공중보건 분야 내에서 젠더화된 노동 분업은 전간기에 훨씬 더 고착되고 분명해졌다.[569]

감염병 예방이 대중적인 보건 교육에 있어서 중요한 목표였지만, 그 의제는 다른 많은 보건 문제를 포괄하기 위해서 확대되었다. 이런 변화에는 질병 환경 그 자체의 극적인 변화가 크게 영향을 주었다. 1920년대 말까지 결핵, 인플루엔자, 폐렴 등 주요한 사망 원인이었던 전염성 질병을 심장병과 암이 대신하게 되었다. 또한 대부분 가난한 소수의 사람들이 결핵, 장티푸스 혹은 천연두로 죽었기 때문에, 감염된 사람을 찾아 격리함으로써 감염병을 통제하는 일이 훨씬 수월해졌다. 이것은 광범위한 십자군이 감염병 확산에 맞서 싸울 필요성을 줄이는 현상이었다. 보건 교육자들은 일제히 종합적인 건강과 정신 건강의 높은 수준을 위해서 전염병의 부재를 초월하는 '긍정적인positive 건강'이라는 새로운 이상을 찬양했다. 영양 특히 비타민을 발견하고 그것이 건강에 중요하다는 사실을 새로 이해한 뒤에는 감염에 저항력을 기르는 요소로서 식이요법에 대한 관심이 대단히 커졌다. 이런 모든 이유들로 인해 대중적인 보건지침들은 규칙적인 운동, 좋은 식습관, 정신적인 균형 상태에 대해 더 중점을 두기 시작했다.[570]

보건운동이 "단순한" 감염병의 부재를 넘어서 긍정적인 건강이라는 이상을 상상할 수 있었던 것은 균 예방제도의 증가를 의미하는 것이었다. 도시의 위생 서비스나 전염된 개인을 격리하는 것이 훨씬 효율적이었기 때문에, 균을 피하는 것은 점점 더 불필요하게 되었다. 시영 위생 서비스는 계속해서 불균등하게 활용되면서 대공황 시기를 거쳤다가 결국에는 가장 주변부에 있는 도시나 농촌 주민들에게만 영향을 미쳤다. 또한 식품가공에 대한 규제나 근대화를 통해 대부분의 미국인이 살균 우유나 무균 식료품점을 점차 이용할 수 있었다. 해가 갈수록 무균 생활에 대한 걱정은 개별 가정으로부터 보건부와 사기업으로 천천히 옮겨졌다. 1932년 저명한 세균학자 스태노프 베인-존스Stanhope Bayne-Jones는 이런 제도적인 보호책에 대해 과학자들이 뜻밖의 오염으로부터 배양 조직을 보호하려고 사용한 살균 마개에 비유하여 이렇게 말했다. "인간이 그것을 제자리에 놓는 한, 병균으로부터 그의 조직을 지키는 '솜 마개' 아래에서 그는 안전할 것이고 좋은 신체를 유지할 것이다."[571]

이 모든 변화를 생각해 보면, 반결핵협회들은 자신의 우선 사항에 대해 철저히 재정의해야 했다. 1920년대에서 1930년대 그들은 신체검사, 엑스레이 검사, 진료소 및 병원 시설을 통해 질병의 조기 발견을 장려하면서 기본적인 질병 연구를 위한 자금 지원에 더 집중하기 시작했다. 결핵으로 인한 사망률이 지속적으로 감소하면서 협회에서는 머지않아 다른 폐 질환이나 암 예방 등으로 그들의 임무를 확장했다. 1954년 전미결핵협회는 미국 폐협회American Lung Association로 개명했고, 이후 폐암 사망률이 증가하자, 미국인들에게 금연을 설득하는 완전히 새로운 십자군운동을 개시했다.[572]

'박테리아와의 전투'는 전간기 미국 여성 교육의 중요한 주제였다. 그러나 가정세균학의 가르침은 중요한 방식으로 바뀌었다. 보건학이 더 성숙하여 가정세균학, 혹은 "실용Practical"세균학이라고 불리게 된 이 전공은 점점 더 선진적인 과학 학위를 주는 분야가 되었다. 실용세균학은 많은 여성들이 과학으로 대학원 학위를 받는 각별히 매력적인 분야였다. 1915년 이후 쓰여진 가정학 관련 서적에는 상급 남성 세균학자들과 공동으로 작업을 한 과학 석사 학위를 가진 여성들의 글이 더욱 많아졌다.[573]

가정세균학은 가정경제학자들의 교과의 터줏대감으로 남았다. 그러나 1920년대에는 점차 공중보건 정보를 대중화하고자 하는 보건 교육자들과의 경쟁에 직면했다. 전간기 가정경제학자들이 대학에서 입지를 다지고 있을 때, 의류나 식품영양학은 독자적인 연구나 보수가 좋은 근무처를 찾기에 훨씬 유망한 분야였다. '긍정적 건강'이라는 새로운 기치 아래에서 그들은 그들이 가진 전문 기술이 가정 위생보다 식품영양에서 훨씬 수요가 많을 것이라는 것을 알았다.[574]

가정세균학의 내용도 중요한 방식으로 변했다. 이에 대하여 S. 마리아 엘리엇의 책을 전간기의 교본과 비교해 보면, 두드러진 변화를 곧 바로 알 수 있다. 가정 배관과 하수 트랩에 대한 장황한 내용이, 하수 가스 이론의 최종적인 소멸을 반영하는 1920년대 즈음에 사라졌다. 하지만 균의 복음의 다른 측면들은 여전히 강하게 남아 있었다. 보건 전문가들은 결핵이 먼지로는 감염되지 않는다고 했지만, 예방 위생과 관련한 많은 책에서는 1940년대까지 계속해서 먼지설을 강조했다. 전간기의 위생 도서에서는 접촉 감염과 위생적인 취사에 할애된 분량도 상당히 증가했다.[575]

이렇게 다소 수정된 형태로 '실용세균학'의 원리는 계속해서 미국 소녀와 여성들 사이에서 널리 퍼져나갔다. 1922년 걸스카우트 안내서에서는 "요즘 청결을 유지하는 것은 가시적인 더러움뿐만 아니라 골치 아픈 균에 대한 걱정이 없다는 것을 뜻한다"라고 단언했다. 그리고 가정경제학, 응급 처치, 보육에 관한 수많은 수업을 통해서, 미래 미국의 가사 담당자들은 꼼꼼한 먼지 털기, 음식 준비, 개인 위생을 통해 균을 막는 것이 근대적인 아내와 어머니의 중요한 의무라고 배웠다.[576] 그러나 시간이 흐르면서 균으로부터의 보호와 관련된 제도화에서는 점차 그런 예방조치의 절박함이 감소되었다. 시에서의 서비스와 식품 생산의 개선으로, 쇼핑이나 요리 도중에 끊임없이 조심할 필요가 줄어들었다. 또 병원과 의료보험도 훨씬 많아지고 더 좋아져서, 생명을 위협하는 질병 때문에 친지를 보살펴야 하는 부담도 감소했다. 점차 아이들의 면역력을 키우고 접촉 감염을 피하라고 가르치는 것이 주부들에게 가장 중요한 보건의 의무가 되어 갔다.[577]

복음의 생존

감염병에 맞선 공중보건 십자군은 전간기에 동력을 잃었다. 하지만 전염에 대한 불안이 완전히 사라진 것은 아니었다. 대중이 바이러스로 알려진 새로운 골칫거리를 의식하면서부터, 균의 복음이 여전히 중요한 의미를 띠었기 때문이었다. 1890년대 말 처음으로 연구자들은 너무 작아서 재래식 현미경으로는 보이지 않는 병균의 존재를 의심하기 시작했다. 그것은 크기가 더 큰 세균을 거르는 최상급의 필터도 통과할 수 있었기 때문에 보통 '여과성 바이러스filterable viruses'라고 불렸다. 1930년대에서 1940년대에는 원생동물과 곰팡이류처럼 다른 비세균성 매개체뿐만 아니라, 바이러스의 중요성에 대한 인식도 증가했다. 그리하여 미세한 질병원에 대한 과학 연구를 지칭하기 위해 "세균학"이라는 좁은 용어 대신 "의학미생물학medical microbiology"이라는 용어를 선택하게 되었다.[578]

1930년대 말 전자현미경이 발명될 때까지 그 누구도 실제로 바이러스를 볼 수는 없었다. 그러나 특정 질병과 바이러스 사이의 인과관계는 1900년대 초 동물 실험으로 입증되었다. 과학자들은 천연두나 인플루엔자처럼 전염성이 높은 질병도 바이러스로 인해 발병된다고 정확하게 추정했다. 바이러스는 크기는 작았지만 더 큰 세균류만큼이나 치명적이었다. 미생물의 적자생존에서 이제 또 다른 잔인하고 불가사의한 투사가 확인된 것이었다.[579]

'새로운 공중보건'에 대한 자신감이 생기고 있었던 바로 그때, 1918년에서 1919년의 전 세계적인 스페인 독감의 유행은 치명적인 전염병이 과거의 유물이라는 환상을 버리게 만드는 듯했다. 2,100만 명 이상이 사망한 전 세계적인 유행병 시기 동안 연구자들은 바이러스를 의심하긴 했지만 원인이 되는 미생물이 바이러스라는 것을 증명할 수는 없었다. 그것은 현재 보통의 독감 바이러스가 악성 돌연변이로 바뀐 것이라고 추정된다. 미국에서는 어림잡아 67만 5,000명의 젊고 건강한 성인이 사망했는데, 마치 선페스트를 연상시키는 장면 속에서 죽어 갔다. 아픈 친척이나 이웃은 혼자 숨을 거두도록 내버려졌고, 어린 아이들은 죽은 부모의 몸으로 감싸 웅크린 채 누워 있는 모습으로 발견되었다. 질병이 퍼질 수 있는 대규모 공공 집회는 취소되었고, 대중교통을 이용해야 할 때면 사람들은 얼굴에 마스크를 썼다. 생존자를 제외하고는 독감의 대유행에 대한 집단적인 기억 상실이 고착되었던 전쟁 이후에, 이런 경험은 전염에 대한 불안과 그것을 피하기 위해서 개인적으로 조심해야 할 필요성을 강화시켰다.[580]

또 다른 끔찍한 바이러스성 질환—폴리오polio로도 알려진 소아마비—이 재발하자, 그런 불안감은 여전히 사라지지 않았다. 폴리오 유행병은 1800년대 말 유럽과 미국에서 나타나기 시작했다. 1909년까지 연구자들은 그 병의 원인이 바이러스라고 확신했다. 1916년의 폴리오의 유행으로 그 질병이 미국 전역에서 유명해졌고, 다음 40년간에는 주로 여름 몇 달간 예측 불가능하게 폴리오가 출현했다. 이 때문에 부모들은 균의 복음을 실천하는 데 더욱 전념하게 되었다.[581]

아이러니하게도, 폴리오는 복음의 성공 때문에 훨씬 위협적이게 된 질병이었다. 오늘날의 전염병 학자들은 20세기 이전 대부분의 사람들이 그 영향력이 순하고 영구적인 면역력을 주는 유아기에 그 바이러스에 노출되었다고 생각한다(엄마들은 또한 수유를 통해서도 아이들에게 자연적인 항체를 줄 수 있다). 하지만 우유나 물 공급이 개선되면서 부유한 사람들은 젊을 때 자연면역력이 생길 가능성이 점점 줄어들게 되었다. 1921년 프랭클린 델라노 루스벨트Franklin Delano Roosevelt에게 생긴 것처럼, 사춘기나 청년기에 그 바이러스에 걸리면, 사망하거나 영구적으로 마비가 될 가능성이 훨씬 더 컸다.[582]

널리 퍼진 보건상의 여러 가정을 고려하면, 높은 청결 기준이 소아마비에 걸릴 위험을 더 높인다는 개념은 받아들이기가 어려웠다. 대신에 개연성 있는 파리 감염원이나 간접적인 접촉 형태에 대해서만 강한 예방 권고를 했다. 부자들 사이에서 심각한 아동 질병이 사라지기 시작했을 때, 폴리오 감염이라는 와일드카드는 지속적인 균 위협의 돌출에 기여했다. 1930년대에서 1940년대 폴리오에 대한 예방지침은 제1차 세계대전 이전의 균의 복음을 존속시켰고, 거기에다 공공 수영장 등으로부터의 전염이라는 새로운 걱정도 추가했다.[583]

폴리오 발병은 질병 발현의 요소로서 유아기 노출의 중요성을 지적했던 새로운 결핵 연구와 마찬가지로 전간기 아동 보건 교육의 핵심으로 자리 잡았고, 이는 균의 복음을 지속하는 데에도 도움이 되었다. 보건 교육가들은 성인기의 나쁜 습관을 없애는 것보다 아동기에 좋은 습관을 만드는 것이 훨씬 쉽다는 것을 오랫동안 실감했다. 그러므로 그들은 이제 자신의 활동을 젊은 청중들에게 집중하게 되었다. 1910년대 근대 보건 십자군의 성공은 1920년대 활발해진 아동 보건 교육운동을 낳았다. 그것은 예방위생을 공립학교 교과과정의 기본 요소로 만들었다. 8학년까지 의무교육이었기 때문에, 교사들은 균의 복음을 아이들에게 심어 줄 시간이 넉넉했다. 따라서 전쟁 이전의 반결핵 집단이나 보육단체들이 시작했던 그 활동은 점차 공립학교 교실로 옮겨 갔다.[584]

부유한 백인의 미국 사회에서 균의 복음은 더욱더 아동의 영역이 되어 갔지만, 흑인들에게는 더 광범위한 지역 사회의 질병 교육법이 여전히 절실했다. 가난과 인종주의 때문에 새로운 보건이 우세하게 된 1920년대까지도 흑인들이 벌일 박테리아와의 싸움은 거의 시작조차 되지 않았다. 높은 질병률과 사망률의 지속 때문에 전간기 흑인공동체는 최우선 순위를 감염병의 통제로 삼았다. 남부 시골에서는 흑인 농촌 지도요원들이 운영하는 이동식 학교에서 가족들에게 위생 변소를 짓고, 파리를 막는 방충망을 설치하고, 신문지로 가래 컵을 만드는 등의 기본적인 생존 기술을 가르쳤다. 1921년 터스키기 학교의 교장인 로버트 R. 모튼Robert R. Moton은 보건청에 전미 니그로 보건 주간을 후원하라고 설득했다. 그리고 향후 십 년간 그 건강 캠페인은 더욱 대대적으로 성장했다. 전국의 읍이나 시에서는 인종 지도자들과 지역의 보건부에서 파리 퇴치 캠페인, 유원지, 육아 상담소에 협력했다. '니그로 보건운동'은 공동체의 참여 규모나 논의된 위생 문제의 범위에 있어서 혁신주의 시대 반결핵 십자군의 열정과 같거나 심지어 그것을 초월했다.[585]

전간기 균의 판매

전간기 '항균 의식'을 존속시킨 또 다른 강력한 힘은 광고였다. 19세기 말 이래로 균의 공포는 많은 상품에 대한 홍보 활동을 부채질했다. 제조업자들은 그런 돈 벌이가 되는 상품화 전략을 포기할 생각이 없었다. 실제로 미국 광고는 전간기에 훨씬 심리적으로 세련되게 만들어졌다. 때문에 병균은 상업계에서 훨씬 도드라졌다. 그러나 장티푸스나 결핵으로 인한 죽음의 위협이 약해지자 '항균 의식'에 호소하는 광고는 미묘하게 바뀌었다.[586]

리스테린의 마케팅은 전간기에 특히 성공적이었던, 균의 위협을 익숙하게 만드는 전략을 보여 준다. 1920년대 초에 리스테린 광고는 예쁜 어린 여자들이나 멋진 젊은 남자들에 대한 이야기를 집중해서 다루기 시작했다. 그들은 구강 박테리아 때문에 생긴다고 추정되는 입 냄새, 즉 의사擬似 과학적 용어인 구취halitosis 때문에 행복하려던 희망이 좌절되었다. 이런 사회극sociodrama 광고에서 균은 진정한 질병의 원인이 아니라 사회적인 질병의 원인으로서 중요했다. 즉 "언제나 신부의 들러리지만 결코 신부는 아닌" 증상이었다. 램버트 제약회사Lambert Pharmacal Company는 이런 접근법을 이용해서 1920년 10만 달러에서 1927년 400만 달러까지로 연간 판매수익을 늘렸다.[587]

그러나 그들이 사회적인 추방을 포함해 균의 위협에 대한 대응을 확대했음에도 불구하고 광고주들은 결코 치명적인 질병의 위험을 포기하지는 않았다. 유명한 구취 시리즈와 함께 램버트 제약사는 리스테린이 "병균을 즉사시킬 수 있다"고 과장하면서 기존과는 다른 그리고 훨씬 보건 지향적인 광고를 냈다. 이런 광고에서는 보통 용혈연쇄구균streptococcus hemolyticus, 황색포도구균staphylococcus aureus, 장티푸스균bacillus typhosus과 같이 무시무시한 명칭을 사용해서 특정 균을 언급했다. 또한 현미경과 페트리 접시 스케치와 같이 실험실의 상징물을 특징적으로 다루었다. 그것으로 미국 청중들이 수십 년 동안 교육을 받은 뒤에 세균학의 경이로움에 대해 깨닫고 존중하리라 기대했다. 1934년 한 광고에서는 여과할 수 있는 바이러스에 대한 짧은 가르침을 포함했고, 그 바이러스가 의심스런 보통 감기의 원인이라는 설명까지 했다. 리스테린이 장티푸스균을 죽일 정도로 강력하다는 사실은 시내 전차에서 걸리는 감기나 독감처럼 일상생활 속에서 덜 무서운 전염성 질병을 예방하는 것으로도 신뢰하게 만들었다.[588]

리스테린 광고는 사물이 아니라 사람이 건강에 가장 큰 위협이라는 새로운 공중보건의 역설을 훌륭하게 나타냈다. '회칠한 무덤'이라는 테마는 이제 인간의 신체에서 그 효력을 다했다. 한 광고는 매력적인 여자의 사진을 보여 주고 이렇게 질문했다. "이 입술 너머에 무엇이 있나요?……그리고 당신의 입술 너머에는?" 그러고 나서 인간의 입 안에서 생존하는 네 가지 종류의 균을 확대한 그림을 첨부했다.

리스테린 광고는 인간의 손으로 옮겨지는 위험에도 집중했다. 한 광고에서는 독자들에게 "17개의 질병이 손으로 전달되고……대부분 위험합니다"고 알렸다. 또 다른 광고에서는 엄마들을 겨냥해서 "현미경 아래에 있는 당신의 손을 볼 수 있다면, 당신은 물에 타지 않은 리스테린으로 손을 씻어 내지 않고는 이유식을 주거나, 아이를 씻기는 것을 주저할 것이다"고 설명했다.

듀폰사는 1908년 스위스 화학자가 발명한 휘어지는 섬유소 필름 셀로판을 홍보하기 위해 이와 비슷한 전략을 사용했다. 1923년 셀로판 제작권과 판매권을 산 이후, 그 회사는 새로운 상품을 개발하기 위해서 자회사 듀폰 셀로판Du Pont Cellophane을 설립했다. 오랫동안 균으로부터의 보호와 관련된 산업, 즉 사탕, 베이킹, 육류 가공업에서 처음 대규모로 셀로판을 이용했다. 듀폰의 화학자들이 더 방습이 잘 되고 값이 싼 상품을 만드는 데 성공하자 담배, 껌, 옷감에도 셀로판 사용이 급속하게 늘어났다.[589]

셀로판의 성공은 다른 위생 포장 형태보다 뛰어났기 때문이라기보다는, 오히려 듀폰의 적극적이고 세련된 마케팅 덕분이었다. 한 역사가가 그 캠페인에 대해서 말했듯이, "셀로판의 증가는 제조 업적이 아니라 판매 업적이다." 듀폰은 제조업자와 소비자 둘 다에게 상품을 홍보하는 데 많은 돈을 현명하게 투자했다. 듀폰의 광고비 지출액은 1926년 6만 5,000달러에서 1933년 38만 5,000달러로 증가했다. 이 많은 광고 캠페인의 초점은 균으로부터의 보호였고, 더 구체적으로는 균의 복음에 매우 핵심적이었던 '파리, 손가락, 식품' 세 가지였다. 듀폰 셀로판 판매부서는 제조업자들에게 여성 소비자들이 사람의 손에 닿지 않은 상품을 원한다는 것을 홍보했다. 예를 들어 제과업을 위해 개발된 영업자료에서는 "왜 여자들이 새로운 빵을 그렇게 좋아하는지"를 여성 쇼핑객들로부터 모은 인용 문구로 설명했다. 한 사람의 말에 따르면, 여성들은 "건드리지 않았다는 것을 알았기" 때문에 그 새로운 빵을 구매했다는 것이다.[590]

듀폰 셀로판은 또한 《새터데이 이브닝 포스트》,《레이디스 홈 저널》, 그리고《굿 하우스키핑》처럼 인기 있는 잡지에 대대적인 광고를 함으로써 소비자에게 직접적으로 제품을 홍보했다. 더구나 〈셀로판 라디오 쇼 *Cellophane Radio Show*〉에서도 셀로판을 홍보했다. 그것은 에티켓 작가 에밀리 포스트Emily Post 주연으로 주부들이 가게에 가기 직전의 아침 시간에 방송했다. 이런 소비자 지향적인 캠페인에서 듀폰은 인간의 손길과 관련된 균 혐오증을 이용했다. 한 광고에서는 불길하게도 이렇게 시작했다. "이상한 손. 탐구심 많은 손. 더러운 손. 가게에서 당신이 사는 물건을 만지고, 느껴보고, 살펴보는 손. 이렇게 **카운터 너머의 손**으로부터 당신을 확실하게 보호할 수 있는 방법은 단단하고 투명한 무균 셀로판입니다." 또 다른 광고에서는 희한하게 생긴 벌레들—리스테린 광고에서보다 훨씬 현실적이지 않아 보이는—을 특징적으로 실어서 이렇게 경고했다. "보호되지 않은 사탕 한 알, 혹은 다른 식품은 균이 당신과 친해질 수 있는 기회입니다."[591]

듀폰은 '위생 파수병'으로서의 셀로판이라는 아이디어를 홍보하기 위해 빵, 사탕, 고기, 담배, 의류, 아기용품 같이 균의 위험과 관련하여 오랜 역사를 가진 소비재에 집중했다. 회사에서는 보건운동의 동반자라고 자신을 제시했지만, 새로운 공중보건이 퇴출시키려고 노력하고 있던 먼지, 때, 접촉 매개물에 대한 오랜 공포를 이용하기도 했다. 1933년 보건부에 보낸 거의 400통의 편지에서 듀폰의 영업이사는 이렇게 설명했다. "우리는 도표, 다양한 주제, 그리고 꾸밈없는 진솔한 광고 문구를 통해서 더러움, 먼지, 균으로부터 전염 위험이 없는……보호된 식품을 선택할 중요성을 소비자에게 보여 주려 합니다."[592]

미국을 대단히 "셀로판 의식적"으로 만들려는 듀폰의 캠페인 덕분에 소비자들은 상품뿐만 아니라 포장에도 점점 더 많은 돈을 지불하게 되었다. 또한 균으로부터의 보호를 위해 일회용품이 훨씬 쉽게 용인되기도 했다. 1911년 《인디펜던트》의 한 사설에서는 "우리가 문명을 발전시킬수록 개인적이고 썩기 쉬운 용기나 의복을 더 많이 사용한다"고 말했다. 이 원칙은 위생적인 포장에 대한 요구에서 가장 분명하게 보인다. 소비자는 다른 사람의 균을 피하기 위해서 포장된 상품을 훨씬 더 많이 구매했고, 그렇지 않은 쓸모없는 것들은 쓰레기통에 던져 버렸다.[593]

이런 경향은 위생지 제품의 인기가 늘어난 것에서 극적으로 드러났다. 우리가 일찍이 보았던 것처럼, 제1차 세계대전 이전에는 종이컵에 1페니를 지불하는 것이 대부분의 소비자에게 너무 비싼 것 같았고, 일회용 크레이프 손수건crepe handkerchiefs 시장은 오로지 폐결핵 환자나 상이군인들에게만 국한되었을 뿐이었다. 상업적으로 만들어진 위생 냅킨은 다소 폭넓은 추종자들이 있었지만, 여전히 대부분의 여성들에게는 너무 비쌌다. 실제로 유일하게 넓은 시장을 가졌던 일회용 종이제품은 휴지(화장실용-역자 주)였다. 이 위생품에 대해서는 배설물 오염의 위험이 가격에 대한 걱정을 상쇄하는 것으로 보였다. 휴지가 별개의 제조 분야로 처음 기재된 1919년에 이미 거의 8만 톤이 생산되었다. 그러나 여전히 대부분의 가난한 미국인 가정은 종이 조각, 오래된 우편 주문 카탈로그, 그리고 옥수수 속으로 만족해야 했다.[594]

제조 과정이 지속적으로 발전하면서 더 값싸고 용도가 훨씬 많은 종이 생산이 가능했기 때문에, 제지업자들은 가격 대비 편의성 산출에 힘썼다. 특히 한 번 쓰고 버리는 종이제품을 정당화하는 데 위생이라는 명분이 유용했다. 예를 들어 종이컵 제조업자들이 시작했던 컵과 그릇협회Cup and Container Institute에서는 멸균되지 않은 그릇이나 유리잔의 위험을 강조했다. 그것은 1935년의 출판물에서 여행의 대중성과 외식의 증가는 "그것이 내포하는 모든 건강상의 위험과 함께 타액 교환의 가능성을 대단히 증가시킨다"고 경고했다. 협회는 "이러한 타액의 상호관계"에 대한 최선의 방어수단이 종이컵과 종이접시의 사용이라는 결론을 내렸다.[595]

코텍스Kotex와 클리넥스Kleenex의 위생적인 매력에 처음으로 반응한 사람들은 여성 소비자였다. 19세기 말 여성들은 천, 면 거즈, 치즈직포 같은 값싼 재료로 생리대를 손수 제작하다가, 상업적으로 만들어진 제품을 사기 시작했다. 1914년 위스콘신 제지업체 킴벌리-클라크사Kimberly-Clark Company는 그들이 셀루코튼cellucotton이라고 부른 부드러운 티슈를 새롭고 덜 비싼 공정으로 만드는 방법을 개발했다. 제1차 세계대전 시기에 외과 붕대로 소개되자 미국 야전병원의 간호사들은 곧바로 좋은 생리대감이라는 것을 알아챘다. 킴벌리-클라크는 또한 일회용 위생 냅킨의 잠재력을 보았고, 1920년대에는 코텍스 라인을 소개했다. 가격이 낮아졌을 뿐만 아니라, 광고 캠페인에서는 위생적인 가치를 강조했기 때문에, 코텍스와 그 유사품은 전간기 미국 여성들 사이에서 널리 사용되었다.[596]

1924년 킴벌리-클라크는 클리넥스를 "위생적인 콜드크림 제거제" 용도로 소개했다. 점점 더 많은 수의 여성들이 화장을 하게 되면서 회사에서는 비위생적이라고 명명된 콜드크림 타올을 대신할 일회용 화장지 시장을 예측했다. 그런 다음 1920년대 말 일리노이주 피오리나에서 행한 소비자 조사에서는 또 다른 활용도가 있는 클리넥스를 발견했다고 밝혔다. 그것은 여성들이 클리넥스로 코를 풀고 있다는 것이었다. 회사에서는 곧바로 소비자들에게 "야만적"이고 비위생적인 천 손수건을 버리라고 촉구하는 광고 캠페인을 개발했고, 다음 해에 상품 판매 수익은 두 배로 뛰었다.[597]

팍스 안티바이오티카

대중의 상상력을 지배했던 균의 위협은 1930년대 말에서야 시작된 '항생제 혁명antibiotic revolution'으로 약화되기 시작했다. 오래도록 꿈꾸었던 효험이 있는 항균성 약제를 발견하면서 감염병으로부터 해방감이 생겨났고, 이는 곧이어 미국 사회에서 감염병이 더이상 심각한 위협으로 여겨지지 않게 될 것이라는 믿음도 만들었다. 과학자들이 그런 '마법의 탄환magic bullets'을 자유자재로 사용하게 되자, 곧 균의 복음을 어기는 것도 차차 중요하지 않은 듯이 여겨지기 시작했다.[598]

연구자들은 거의 50년 동안 감염병에 효과적인 화약요법을 찾았지만 계속된 실패로 좌절하고 있었다. 몸 안의 병원균을 죽일 수 있는 '체내 소독제'는 너무 많은 심각한 부작용 때문에 사용할 수가 없었다. 파울 에를리히가 대단히 선구적으로 개발했던 매독 치료제, 즉 비소 화합물 살바르산도 그 대표적인 사례였다. 독성이 약했던 네오살바르산Neosalvarsan조차도 인체에 너무 지독한 영향을 미쳐 대부분의 환자들은 치료 과정을 채 마치기도 전에 포기했다. 그 결과, 백신과 항독소를 개발하는 것이 20세기 초 몇 십 년 동안에는 훨씬 전도유망한 연구 방향으로 간주되었다.[599]

그래도 여전히 일부 연구자들은 집요하게 인간 숙주를 파괴하지 않고도 병균을 죽일 수 있는 화학 물질이나 생물학적 물질을 계속 찾아다녔다. 첫번째 돌파구는 1935년에 마련되었다. 이때 독일의 화학 연구원 게르하르트 도마크Gerhard Domagk는 프로톤실Protonsil이라는 새로 특허를 받은 화학염료가 생쥐의 연쇄구균 감염을 치료한다는 것을 발견했다. 그 염료의 활성제는 나중에 설파노마이드sulfonamide라고 불리게 된 물질로 개발되었다. 설파노마이드와 거기서 파생된 설파다이아진sulfadiazine 및 설파피리딘sulfapyridine 등은 일괄하여 설파제sulfa drugs로 알려지게 되었다. 이것들은 연쇄상구균 감염, 임질, 폐렴에 효과가 있는 것으로 증명되었다.[600]

프로톤실이 발견되면서 특효약을 찾으려는 희망은 더욱더 되살아나게 되었다. 그리고 그 희망은 곧이어 훨씬 더 극적인 페니실린의 성공으로 실현되었다. 페니실린은 최초의 진정한 항생제였다. 항생제는 화학적으로 합성된 것과는 다르게 자연적으로 생성된 살균제를 지칭하기 위한 용어였다. 이는 영국인 연구자 알렉산더 플레밍Alexander Fleming이 1928년 우연한 실수로 배양 접시 중의 하나가 용해된 혹은 분해된 이상한 곰팡이, 즉 근처의 포도상구균에 오염됨으로써 그 약을 발견하게 되었다. 그 후 또 다른 연구자 하워드 플로리Howard Florey와 어니스트 체인Ernst Chain은 페니실린의 치료 성질을 쉽게 활용할 수 있는 형태로 이용하기 위해 수년 동안 연구를 거듭했다. 제2차 세계대전 시기 실험용 시약으로 처음 소개되었던 페니실린은 죽을 고비에 있는 병사들을 구하는 거의 마법과 같은 능력을 보여 주었다. 전쟁 말미로 향하면서 이 "기적의 약"은 민간인이 활용할 수 있게 제작되었다. 언론에서는 페니실린이 근대 과학에서 가장 위대한 발견 중 하나라고 환호하기 시작했다.[601]

페니실린의 성공으로 인한 행복감이 채 가시기도 전에, 연구소에서는 더 많은 항생제의 발견을 공표하기 시작했다. 1943년 럿거즈대학의 토양 생물학자 앨버트 샤츠Albert Schatz와 셀먼 왁스먼Selman Waksman은 스트렙토마이신 황산streptomycin sulfate을 분리했는데, 그것은 무서운 **결핵균**과 싸우는 것으로 알려진 최초의 약이었다. 1940년대 말 예일대학의 폴 버크홀더Paul Burkholder는 또 다른 토양 미생물을 발견했는데, 그것으로 클로람페니콜chloramphenicol이라고 불리는 화합물을 만들어 냈다. 이는 발진티푸스처럼 장티푸스나 리케차 감염의 원인이 되는 유기체에 효과적으로 저항하는 클로로마이세틴Chloromycetin으로 판매되었다. 거의 같은 시기에 레덜연구소Lederle Laboratories의 벤저민 더거Benjamin Duggar는 클로르테트라사이클린 염산chlortetracycline hydrochloride을 발견했다. 이것은 강력한 테트라사이클린tetracycline과의 첫 번째로, 다양한 폐렴의 원인이 되는 것들뿐만 아니라, 동일한 유기체에도 대항했다.[602]

그러나 새로운 항생제는 처음부터 한계가 있었다. 스트렙토마이신과 클로람페니콜 등은 심각한 부작용이 있었고, 페니실린과 설파제 등은 극소수 환자들에게는 위험한 알레르기 반응을 일으킬 가능성이 있었다. 또한 연구자들은 곧이이 약물에 내성이 있는 골치 아픈 박테리아를 지적하기 시작했다. 더 나아가 새로운 살균제 중 그 어떤 것도 바이러스성 질병에는 효과가 없다는 것도 드러났다. 그러나 1930년대 말 이전에는 감염에 저항력이 있는 약이 얼마나 적었는지를 생각해 보면, 의사나 일반인들 모두 매우 낙관적으로 항균 약품의 첫 번째 세대를 환영했던 것은 당연하다.[603]

이 새로운 "기적의 약"의 발견으로 생겨난 흥분과 극적인 상황은 결코 과장이 아니었다. 1943년 《리더스 다이제스트Reader's Digest》는 페니실린을 "노란색의 마법yellow magic"—정제되지 않은 약은 노란색이었다—이라고 불렀고, 끔찍한 감염 때문에 "죽은 거나 진 배 없는" 환자들을 회생시키는 놀라운 이야기를 전했다. 1949년에는 제약업의 성장에 대한 기사를 낸 《네이션 비즈니스Nation's Business》지에서는 페니실린을 "지금까지 발명된 것 중 가장 매력적인 약"이라고 말했다. 그리고 "단 7년 만에, 페니실린이 엄청난 인명을 구조했다"고 언급했다.[604]

이런 신약 발명가들은 국가적인 영웅들, 곧 루이 파스퇴르나 로베르트 코흐의 후예들로 갈채를 받았다. 예컨대 스트렙토마이신의 공동 발명가인 셀먼 왁스먼에게는 아이들의 생명을 구해 준 데 고마워하는 부모들이 보낸 감사 편지가 넘쳐났다. 한 부모가 스트렙토마이신에 대해서 썼듯이, "저에게 이 약은 마술과 같습니다. 왜냐하면 제 아기의 생명을 구한 것이 바로 이 약이라고 의사들이 저에게 말했기 때문입니다." 왁스먼 자신도 그가 발견한 것이 대단하다는 것을 느끼고 경외감을 표현했다. "내가 미천한 역할을 했을 뿐인 발견으로 인해 이 약을 사용해서 죽음을 면한 아이를 처음으로 보았을 때 내가 받은 감동을 어떻게 말로 설명할 수 있겠는가?"[605]

1950년대에는 하나도 아닌 두 가지의 효과적인 폴리오 백신이 개발되면서 이 낙관론은 더욱 높아졌다. 그러나 발명가 조나스 소크Jonas Salk와 앨버트 세이빈Albert Sabin 간의 극심한 경쟁은 과학적 협력이라는 이상에 좋은 예가 되지 못했다. 그리고 임상 실험, 특히 소크의 임상 실험에는 문제가 끊이지 않았다. 하지만 폴리오 백신의 소개는 또 다른 주요한 근대 의학의 승리로 알려지게 되었다. 1960년대 초, 오랜 시간이 흐른 뒤에 부모들은 1916년 이래로 매년 여름 일상적으로 보았던 폴리오에 대한 걱정으로부터 해방되었다.[606]

1965년에는 활용 가능한 약이나 백신으로 인해 접촉 감염을 조심할 필요가 현저히 줄어들었다. 곧바로 미국인들은 회복된 몇 가지 예외적인 사례들만 가지고도 근대 의학과 공중보건이 전염병을 "정복했다"고 믿게 되었다. 1960년대에 젊은 의사들은 "감염병에 걸릴 것을 걱정하지 말고" 대신 암과 심장병에 집중하라고 배웠다. 1969년 미국의 보건부장관은 **팍스 안티바이오티카**Pax Antibiotica에 대한 자신감을 드러내면서 감염병이 미국인의 건강에 더이상 심각한 위협이 아니기 때문에 "감염병에 대한 책을 덮을 시간입니다"라고 발표했다.[607]

그러는 사이에 미국인들은 계속해서 균의 복음과 관련된 습관을 행하고, 구강 세정제, 가정용 살균제, 종이컵, 고급 화장지 등 감염병을 막는 것으로 한때 추천받았던 제품을 사용했다. 그러나 해가 갈수록 결핵이나 폴리오의 재앙으로부터 비교적 해방되면서 그런 청결 습관과 생명을 위협하는 질병 사이의 연관성도 점차 사라져갔다. 1960년대 중반에는 도로변 식당에 들르는 고객은 공용 컵에 대한 오래된 공포 그리고 그것을 사용해서 걸릴지 모르는 "혐오스러운" 질병과 종이컵을 연관시키지 않았다. 그리고 클리넥스 휴지에 코를 푸는 사람도 크레이프 냅킨이 한때는 폐병 환자에게만 필수적인 위생품으로 간주되었다는 사실도 알지 못했다.

그럼에도 오래된 균 의식은 특히 나이든 미국인에게 도드라지게 잔존했다. 20세기 초의 질병 십자군 절정기에 성장했던 사람들은 보통 자신의 아이들에게 옮기는 질병으로부터의 안전과 청결 사이에 본능적인 감정적 유대감을 느꼈다. 사람들이 유행병에 대해 가장 잘 안다고 자신했던 1970년대에 행해진 이민 2세와 3세의 구술사는 더러움, 질병, 그리고 죽음이라는 "3D"에 대한 초창기 가르침의 결과가 지속되었다는 것을 입증한다. 인터뷰에 응한 사람들은 아동기의 질병과 형제자매의 죽음에 대한 기억에 더하여, 자신이 집을 청결하게 유지하기 위해 집착한다고 언급했다. 한 이탈리아계 미국인 여성이 말했듯이, 그녀가 성인이 된 이후에는 "일주일 내내 모든 것의 먼지를 닦아야 한다고 생각했다."[608]

그리하여 균을 기피하는 의식은 여전히 실행되고 있었는데, 새로운 치명적인 감염병 에이즈가 출현한 1980년대 다시 한번 대중이 의식하게 되었을 때까지도 일상생활에서 눈에 띄지 않게 남아 있었다. 수년 이내 에이즈의 유행은 수많은 다른 역사적인 힘과 합쳐져서 팍스 안티바이오티카가 가져다 준 자신감을 파괴하고 병균에 대한 또 다른 불안의 시대를 예고할 것이었다. 그리하여 균의 복음은 에이즈 시대에 다시 태어났다.

에이즈 시대 세균의 복음

1984년 인디애나주에 사는 열세 살 난 라이언 화이트Ryan White라는 이름의 소년은 심한 혈우병을 치료하기 위해 수혈을 받았다. 그 소년은 이후 수혈 과정에서 에이즈에 걸렸다는 사실을 알게 되었다. 그 다음 그에게 벌어진 일들은 균의 확산을 통제하는 데 전념한 대중적인 교육 캠페인 최악의 결과를 보여 준다.

그의 고향 인디애나주의 코코모Kokomo에 그 사실이 전해졌을 때, 소년과 그의 가족은 철저히 외면당했다. 의사나 보건 당국의 직원이 계속해서 장담했음에도 불구하고, 이웃에서는 에이즈 바이러스가 일상적인 접촉으로는 옮지 않는다는 사실을 믿지 않았다. 라이언은 균의 복음이 철저히 주입했던 공포에 시달려야 했다. 예를 들어서 사람들은 그와 악수를 하거나 그가 사용한 화장실을 사용하기조차 거부했다. 그가 의도적으로 병을 퍼뜨리려고 식료품점에 놓인 채소에다가 침을 뱉었다는 소문도 퍼졌다. 그리고 그의 어머니가 집을 깨끗하게 치우지 못해서 그에게 병이 생겼다고 생각했다. 그가 음식을 먹은 식당의 주인은 종업원에게 그와 그의 가족이 사용한 식기를 모두 버리라고 말했다. 심지어 교회에서는 라이언과 그의 가족에게 특별석에 앉아서 사람들이 그의 기침을 피할 수 있도록 하라고 요구했다. 결국 유일하게 그와 함께 시간을 보낸 사람들은 전국 방송에 그의 이야기를 전하기 위해서 파견왔던 기자들뿐이었다.

라이언이 고등학교에 복학하겠다고 했을 때 괴롭힘과 학대는 극심해졌고, 거실 창문으로 총알이 날아 들어온 뒤에 라이언의 가족은 다른 마을로 이사 갈 수밖에 없었다. 거기서 라이언의 삶은 차차 나아졌다. 공무원들은 그가 전학할 공립학교에 집중적인 에이즈 교육 프로그램을 시작했고, 그의 새 이웃들은 훨씬 차분하게 감염 공포에 대처했다. 그러는 동안 라이언이 보통의 십대를 보내려고 결심한 것으로 인해 그는 전국적인 저명인사가 되었다. 1988년 에이즈위원회에서는 그의 증언과 그의 삶을 다룬 텔레비전 영화를 제작했다. 이로 인해 라이언 화이트는 에이즈 시대에 균의 복음의 한계를 전 세대에게 교육시키는 데 큰 도움을 주었다.[609]

수년 동안 철저한 공중보건 교육이 실행된 이후, 오늘날의 우리는 에이즈 유행병 초창기에 라이언 화이트가 겪었던 경험이 재발하지 않을 것이라고 희망할 수도 있다. 그러나 미국인 대부분은 이 질병에 대해 계속해서 무분별할 정도로 두려움에 떨고 있다. 에이즈에 걸린 사람들은 직장을 잃고 친구들로부터 외면당하고 심지어 집이 불태워지기도 했다. 에이즈 유행병은 현재 우리의 균에 대한 믿음 중에 최악의 측면을 폭로해 왔다. 거기에 동성애 혐오나 인종주의를 무차별적으로 적용한다면, 균을 피한다는 명목으로 환자를 피하고 두려워하는 것은 가장 잔인한 형벌이다.

심지어 1980년대 초 에이즈가 알려진 뒤에 그것은 근대 의학의 강점과 약점 모두를 드러내었다. 실험실의 연구원들은 인체면역 결핍 바이러스를 분리해서 인체에 그 바이러스가 있는지를 진단하는 검사를 개발하는 데 괄목할 만한 과학적 기교를 보여 주었다. 지난 10년간 인체면역 결핍 바이러스에 대한 연구에 쏟아부은 자금이 일반적인 바이러스, 그리고 특히 레트로바이러스retroviruses에 대한 이해로 발전해 왔다. 최근에는 백신을 개발하거나 혼합 약제를 통한 치료상의 진보로 인체면역 결핍 바이러스 감염의 예방과 치료에 대한 새로운 희망을 보여 주었다. 그러나 과학 지식이 급격히 발전했음에도 불구하고 연구자들은 페니실린의 기적과 같은 확실한 에이즈 치료법을 찾아내지는 못했다. 이 점에 있어서는 그 어떤 바이러스성 질병도 마찬가지였다. 1800년대 말 세균학의 눈부신 성공과 마찬가지로 근대 바이러스학의 발전은 오로지 감염을 피하는 것이 바람직하다는 것만 강조했을 뿐이었다.[610]

따라서 한 세기 전 위대한 '백사병'과 싸웠을 때와 마찬가지로 에이즈에 맞선 보건 캠페인의 주안점도 예방이었다. 연구자들은 발병된 지 수년 이내에 피와 정액 교환을 통해 그 바이러스가 전염된다는 사실을 정확히 알아 낼 수 있었다. 그러나 이 질병은 동성애자 남성과 정맥 주사를 맞는 마약 중독자와의 초기 연관성 때문에 성병에 관한 대중 교육의 전통적인 문제를 더욱 복잡하게 만들었다. 사회적으로 보수적인 사람들은 항문 성교나 주사 바늘 공유에 대해서 솔직하게 논하지 않았다. 반면 게이의 권리를 지지하는 사람들은 탈의실에 대한 보건상의 제한 규정에 맞서 싸웠다.[611]

에이즈 유행병은 혁신주의 시대에 만들어진 보건 시민권 개념을 대단히 한정되게 만들었다. 사회 개혁가들은 질병 예방의 이상을 대단히 다양한 집단들도 결집할 수 있는 시민의 가치로 호소해 왔다. 19세기 말 결핵이 그랬듯이 보건 이슈가 모든 사람들에게 차별 없이 영향을 미쳤을 때, 이런 전략은 매우 효과적일 수 있다. 그러나 어떤 질병이 사회의 일부에게만 영향을 미친다면, 특히 다른 이유 때문에 이미 낙인이 찍힌 사람들에게만 영향을 미친다면, 질병의 예방은 잠재적으로 훨씬 더 극심한 적개심과 갈등을 야기한다. 처음 에이즈가 동성애자 남성, 정맥 주사를 맞는 마약 중독자, 혹은 아이티 출신의 이민자와 연관 지어졌다. 그 결과, 그것을 예방하려는 노력도 치명적인 편견에 말려들었다.

"우리 대對 그들"이라는 문제에 더해서, 에이즈 교육은 이전 보건 개혁가 세대가 힘겹게 심어 주었던 접촉 감염에 대한 믿음과 충돌했다. 콘돔을 사용하지 않은 성관계, 주사 바늘, 혹은 수혈로 감염된 사례가 극히 드물었음에도 불구하고, 라이언 화이트의 코코모 이웃과 마찬가지로 많은 미국인들은 에이즈 바이러스가 친밀하지 않은 접촉에 의해서는 감염되지 않는다는 사실을 받아들이기 어려웠다.

화이트의 경험에서 강조되듯이, '균의 복음'에 내재한 교훈은 에이즈에 걸린 사람을 향해 표출된 공포의 형태로 모든 곳에서 분명히 드러난다. 그들의 침이 닿을 것을 걱정하는 것은 반결핵 캠페인 동안 이어졌던 "침 뱉기와 죽음"이라는 슬로건의 영향이다. 컵과 그릇의 공유에 대한 걱정은 "공용 컵" 논쟁과 공명한다. 모기가 에이즈 바이러스를 옮길 수 있다는 걱정은 곤충이나 미생물 '벌레'에 대한 성공적인 동일시다.

에이즈가 유행한 초기 보건 운동가들은 본질적으로 균의 복음을 연상시키는 가르침을 폐기해야만 했다. 보건 교육가들은 이 과정을 '부정negative' 교육이라고 불렀다. 그것은 컵을 같이 쓰거나 악수를 하는 것과 같이 어떤 행동이 질병을 퍼뜨리지 **않는지**를 설명해야 했기 때문이다. 에이즈 광고가 강조했던 잘못된 통념은 20세기 초 보건 '교리문답'과 닮은꼴이었다.

"이 중에 그 무엇으로도 당신이 에이즈에 걸리지는 않을 것이다"라는 범주에는 화장실, 식기, 악수, 그리고 문의 손잡이 등이 있었다. 달리 말해 이는 균의 복음이 강조했던 전형적인 전염의 원인들이었다.[612]

일반적으로 에이즈 바이러스에 대한 지식이 심화되었을 때, 많은 미국인들은 백 년 전 균의 존재에 대해 알게 되었을 때 처음 느꼈던 경외심과 공포를 되살렸다. 인체면역 결핍 바이러스는 우리와 동거하는 보이지 않는 병균의 세계와 우리의 신체 사이에 경계가 얼마나 덧없는 것인지 생생하게 보여 준다. 이 포스트모던적인 바이러스는 면역 체계를 파괴함으로써, 면역력이 저하된 숙주를 체내에 존재하는 보통의 미생물로부터 감염되게 만든다. 칸디다균candida이나 단순 포진herpes simplex과 같은 그런 평범한 미생물이 초래할 수 있는 폐해는 숙주와 기생균 사이에 존재하는 미묘한 힘의 균형에 대해 다시 한번 생각하게 한다. 요컨대, 에이즈는 '미생물의 적자생존'에 대한 우리의 의식을 재차 각성시키는 것이다.[613]

아이러니하게도, 에이즈에 걸린 사람은 손상된 면역 체계 때문에 그들을 피하는 건강한 사람들보다도 위생적 보호를 훨씬 받지 못한다. 그들의 생사는 **결핵균**을 옮기는 부주의한 재채기, 와포좌충cryptosporidia에 오염된 수돗물, 조리가 덜 된 음식에 있는 살모넬라균을 피하는 데에서 좌우될 수 있다. 20세기 말 그 어떤 질병보다도 에이즈는 한 가지 실책, 즉 죽음에 이르는 경솔한 행동에 대한 공포를 재차 일깨워 주었다. 인체면역 결핍 바이러스가 인체에 들어갈 가능성이 있는 무방비한 성관계나 주사 바늘을 공유하는 것, 혹은 궁극적으로 면역 체계가 기능하는 데에 과부하가 걸리도록 만드는 어떤 병균과 닥치는 대로 접촉하는 것 등이 대표적으로 경솔한 행동이다. 에이즈는 처음부터 끝까지 균에 대한 보호라는 규칙을 위반

하는 것이 야기하는 끔찍한 결과를 보여 준다.[614]

  19세기 말 위생 개혁가들은 "작은 것이 사소한 것은 아니다"라는 교훈을 남겼다. 이 교훈은 뉴에이지New Age(1980년대 기존의 서구식 가치와 문화를 배척하는 새로운 문화운동—역자 주)의 미생물 숙주에 의해 다시 강화되었다. 지난 20년간 환경과 경제의 격변으로, 전례가 없을 만큼 많은 바이러스 종이 증식할 기회가 생겼다. 이는 특히 아열대 우림의 비옥한 생물학적 지형에서 그러했다. 치명적인 병균이 자라는 그 시간에 여러 대륙을 통과하는 수송 체계는 전 세계를 가장 먼 곳에서 발생한 질병에도 취약하게 만드는 것 같다. 그런 신종 바이러스, 특히 출혈열hemorrhagic fevers에 대한 설명은 미국인들에게 '핫 존hot zone', '확장amplification', 그리고 '쇼크와 과다출혈crash and bleed out'이라는 새로운 어휘로 익숙하다.[615]

  에볼라처럼 가장 치명적인 바이러스를 다루는 '레벨 4 생화학적 봉쇄Level 4 biocontainment' 실험실에서 관찰된 이야기는 '하나의 실책'이라는 주제를 더욱 강화시킨다. 그 극단적인 전염성은 공들인 소독, 특별한 우주복 등 그런 핫 존에 사용된 환기장치에서도 유지된다. 새로운 바이러스학의 기술은 루이 파스퇴르와 로베르트 코흐가 개척한 엄격한 예방조치를 아이들 놀이처럼 만든다. 부주의로 생긴 상처나 좌상에서 기인한 위험은 작가나 영화 제작자들의 상상력을 사로잡고, 연구자들이 아주 사소한 실험실 프로토콜의 위반을 통해 감염되는 실생활 드라마로도 이어진다.[616]

  마르부르크Marburg나 에볼라처럼 감염성이 매우 높은 바이러스의 임상적·역학적 경과는 환자와의 일상적 접촉의 위험을 훨씬 더 강조한다. 많은 양의 하혈을 통해 그 바이러스를 흘린 사람 혹은 '인덱스 케이스index case'(어떤 질병의 최초 사례-역자 주)는 수백 명의 사람을 단 며칠 만에 사망으로 이끌었던 유행병의 시작으로 알려져 왔다. 이전 시대의 선페스트나 천연두와 마찬가지로, 신종 바이러스는 환자의 몸에서 나온 부산물과의 접촉이 치명적일 수 있다는 소름끼치는 사실을 보여 준다.

놀랍게도 신종 바이러스가 퍼지는 방법에 대한 이론은 '집 병' 개념의 양상들을 소생시켰다. 예를 들어 볼리비아에서 발생한 출혈열에 대해 연구자들은 마을의 주택에 서식하는 야생쥐가 그 바이러스를 소변으로 방출하고 그것은 바닥에 있는 다른 더러운 것들과 섞인다고 의심했다. 또한 마른 청소는 그 바이러스를 공기 중에 퍼트려서 그 주택의 거주자들에게 옮겼을 수도 있었다. 이는 뚜렷하게 T. 미첼 프루덴의 먼지 감염설을 연상시키는 전파 양식이다.[617]

비슷하게, 외래성 질병의 발병은 동물이나 곤충과의 동거에서 비롯한 위험에 대해 다시 주의를 불러일으켰다. 인디언 보호구역에서 출현한 한타바이러스Hantavirus는 그 질병의 저장소가 될지도 모르는 흔한 설치류 동물에게서 기인한다고 생각된다. 라임병, 댕기열, 말뇌염은 대중들에게 진드기나 모기가 심각하고 종종 치명적인 질환을 옮길 수 있다는 것을 상기시킨다.[618]

이렇게 훨씬 색다른 질환들이 보도되는 것과 동시에, 이전에는 "순한" 미생물 종이었던 것이 최근 보건상의 위협으로 바뀌어서 재등장했다. 결핵은 이런 현상 중에서 가장 잘 알려진 사례다. 수십 년간 사망률이 감소한 이후, 1980년대 말 뉴욕 등 대도시에서 결핵이 다시 증가하기 시작했다. 이는 사회복지 사업이 축소되면서 더 많은 사람들이 굶주린 노숙자가 되었고 에이즈가 면역 체계를 더 약하게 만든 때였다. 보건 당국은 1992

년 모든 에이즈 환자의 40퍼센트가 결핵 증상이 있다고 추정했다. 설상가상 소규모의 유행병 시기에 내과 의사들은 장기간 항생제 치료를 완료하지 못한 환자들에게서 약물 내성이 있는 새로운 결핵 변종을 보기 시작했다. 1992년 당시 보건국장인 마거릿 햄버그Margaret Hamburg는 이렇게 경고했다. "내성이 억제되지 않으면, 우리는 곧바로 현대의 약물이 사용되기 이전의 세상으로 되돌아온 우리 자신을 발견할 수 있을 것이다."[619]

의사들은 이제 결핵뿐만 아니라 내성이 있는 연쇄상구균이나 포도상구균의 변종에 맞서고 있다. 신문이나 잡지 기사에서는 "불치로 전해지는 보통의 박테리아"를 공식적으로 발표하고 있다. 약물 내성의 문제를 넘어 인간 숙주와 마찬가지로 미생물도 계속해서 진화하고 있고, 따라서 오랫동안 순한 변종이었던 모든 미생물도 훨씬 치명적일 수 있다. 예를 들어, 인간의 장에서 발견되는 일반적인 **대장균**Escherichia coli 박테리아는 이질의 원인인 유기체에서 유전자를 "빌려" 위험한 것으로 바뀐다. 이런 새로운 **대장균**과 관련된 유행병은 최근 미국과 일본 두 나라에서 사망자를 낳았다.[620]

1980년대에서 1990년대 예방 보건 사업과 사회복지 사업의 지속적인 악화로 에이즈와 다른 슈퍼버그의 위험이 증가했다. 19세기 이후 최초의 그리고 가장 효과적인 감염병 방어법은 치료가 아니라 예방이었다. 그러나 1980년 이래 주나 도시에서 연방의 기금이 삭감되면서 기본적인 보건 사업에 대한 지출도 감소했다. 감염병으로부터 우리를 지키는 '솜 마개'를 저버린 결과가 드러나는 데 그리 오랜 시간이 걸리지 않았다.[621]

예컨대 미국의 수많은 도시에서 지난 몇 년간 심각한 수도 공급의 문제를 경험했다. 이 문제는 대중들에게 식수 안전성에 대한 믿음을 약화시켰다. 지금까지 최악은 1993년 위스콘신주 밀워키에서 20만 명의 사람들이 설사를 일으키는 원생동물 와포좌충에 오염된 식수로 병에 걸렸던 것이다. 이때와 다른 도시에서 물 비상사태가 벌어진 동안, 보건부에서는 주민에게 물을 마시기 전에 수돗물을 끓이고 아기를 씻길 때는 끓인 물을 사용하며 식기를 사용하기 전에는 충분히 건조시키라고 권고했다. 이 모든 예방조치는 오래전 행해진 균의 복음의 핵심이었다. 보건 당국은 점점 더 자주 이런 사건이 일어나는 이유가 시설물이 오래되고 정기점검을 축소한 때문이라고 생각했다. 이는 그런 일이 흔히 일어날 것이라는 의미였다. 그 사이에 많은 가정에서는 우리의 빅토리아 조상들과 매우 유사한 관행, 즉 생수병을 사고 집에 정수기를 설치하는 것으로 회귀했다.[622]

식량 공급의 안정성도 시대에 뒤떨어진 연방의 육류 검사와 식품 취급 시설에 대한 감시의 축소 때문에 주요한 관심사가 되어 왔다. 1993년 워싱턴주 잭 인 더 박스Jack in the Box 식당에서 식사한 400명이 새로운 대장균 악성 변종에 오염된 햄버거로 인해 병에 걸렸다. 결국 일부 어린이는 사망했고 거의 200명이 입원했다. 이 사고는 살모넬라균에 전염된 닭과 달걀에 대한 수많은 보고와 함께 부적절하게 가공되고 조리된 음식의 위험성에 대한 새로운 주의를 이끌어 냈다. 이와 같은 식품 오염에 대한 제도적 예방책의 실패는 가정에서의 식품 오염에 대한 경계를 강조하게 만들었다. 지난 몇 년간 미국 농무부는 안전하게 고기를 저장하는 법이나 조리하는 법, 도마와 조리대에 살모넬라균이 없도록 유지할 필요성, 그리고 오래된 '가정세균학'을 연상시키는 다른 가르침에 소비자들이 익숙해지도록 광범위한 홍보 활동을 했다.[623]

결핵이나 다른 소위 "정복된" 질병의 재등장은 또한 혁신주의 시대의 개혁가들에게 잘 알려진 영양 부족, 주택, 의료 서비스가 질병에 대한 자연 내성을 악화시킨다는 것을 분명히 보여 준다. 1980년 이후 미국에서 빈곤율이 극적으로 증가해 왔다. 서양의 산업국가들에 대한 최근의 연구는 미국이 소득불평등 정도가 가장 높고, 가장 많은 아동이 궁핍한 생활을 한다는 점을 보여 준다. 연방의회에서 보수파들이 가난한 사람들에 대한 복지나 서비스 축소를 재촉하기 때문에, 그런 불평등은 확실하게 악화되어 오래된 질병이나 신종 질병의 확산에 이상적인 조건을 조성할 것이다.[624]

이제 인간의 건강에 대한 더 큰 환경적 맥락에 대한 우려는 감염병에 관한 현재의 불안에 또 다른 걱정을 추가한다. 오늘날 미국인은 오존층 파괴가 줄 잠재적인 건강상의 위협에 대해 점점 더 많은 것을 듣고 있다. 자외선에 장기간 노출되면 인간의 면역 체계가 손상되어 암과 전염병의 위험이 증가한다. 1996년 7월 유엔은 지구 온난화가 "인간의 건강에 광범위한 영향을 미칠 수 있고 그 대부분은 부정적일 것"이라 경고하는 보고서를 발표했다. 한 가지 예를 들면, 지구 온난화로 인한 기후변화는 말라리아를 지금까지 발병되지 않았던 많은 지역으로 퍼트릴 수 있을 것이다.[625]

환경보건학에서의 정곡을 찌르는 발견은 '집 병' 개념에 대한 관심을 다시 가져 왔다. 연구자들은 석면, 납 페인트, 농약에 오염된 물, 라돈 가스, 전자파 등 미국 가정에 도사리는 갖가지 위험을 파악했다. 그것은 미생물보다 화학물질의 위협으로 구성되지만, '병에 걸린 건물'이라는 근대의 개념은 19세기 말 '집 병'이라는 개념과 현저한 유사성을 가진다. 더구나 '집 병'의 위험에 맞서 권고된 예방책들은 괴상하게도 한 세기 전 균의 이름으로 옹호된 것들을 연상시킨다. 한때 장래의 구매자나 임차인들이 집의 '폐결핵 역사'consumptive history'에 대해 알아 보라는 경고를 들었던 반면, 오늘날의 소비자들은 라돈이나 다른 환경적인 위험 요소를 검사하라는 조언을 듣는다. 가족의 안전을 보장하려는 자택 소유자들은 환경 제어 시스템을 설치하기 위해서 현대판 위생사에게 조언을 구한다. 집에 알레르기 항원을 줄이라는 안내서에는 엄격한 세척 방법을 지시한다. 거기서 오래 전 경계를 요하는 균의 주요한 용의자—카펫과 덮개를 댄 가구—가 여전히 두드러지게 나타나지만, 이제 그것은 무서운 집 먼지진드기의 서식지로 표현된다. 수년 전 저미사이드나 시클로 변기와 마찬가지로, 건강에 대한 대중적 불안의 결과로 공기 청정기, 제습기, 증기 흡입기, 가정용 라돈 및 납 검사기 등의 판매가 급속히 늘어나고 있다. 이런 모든 불안 속에서 광고주들은 '균의 판매'가 다시 새롭게 인기를 끌고 있다고 전한다.[626]

돌이켜 보면, 이제 '슈퍼버그의 복수'라고 표현된 대부분의 불안은 아마도 부당한 것으로 밝혀질 것이다. 확실히 그렇게 오랜 세월 동안 하수 가스의 공포를 살아남게 만들었던 것과 똑같은 상업 세력이 책, 영화 티켓, 정수기, 가정용 소독제를 팔기 위해 현재의 균의 공포를 열심히 이용한다. 균의 재발견은 또한 20세기 말 형성된 세계화에 대한 폭넓은 수용의 일부이기도 하다. 이는 혁신주의 세대의 '균의 합병'에 대한 반응과도 유사하다. 일부 평론가들은 심지어 균에 대한 불안을 냉전의 종식이나 소련의 붕괴와도 연결시킨다. 그것은 미국인들에게 새로운 공공의 적을 필요로 하게 만들었다는 것이다.[627]

그러나 균의 위협이 분명히 과장되어 왔지만, 그것이 실질적이며 매우 중요한 문제를 반영한다는 것을 부인할 수는 없다. 인간이 환경과 상호 작용하는 방식—"자연스런" 미생물의 진화, 보건 기반의 붕괴, 그리고 전반적인 환경의 악화—에 따른 위협은 우리로 하여금 우리 증조부가 잘 알았던 취약함에 대한 의식을 완전히 되살려 냈다. 감염병에 대한 의학적 낙관주의가 최고조에 이르렀던 때에 성장한 베이비부머들에게 에이즈 유행병과 그 후유증은 그들을 겸허하게 만드는 특별한 경험이었다.

팍스 안티바이오티카 이후 태생이 누렸던 질병으로부터의 전례 없는 안전의 시대는 '위대한 사회'(1960년대에 린든 B. 존슨 대통령의 빈곤 추방 및 경제 번영을 위한 정책–역자 주)나 우드스탁(1969년 뉴욕에서 개최된 록 페스티벌로 반문화운동의 상징–역자 주) 정신만큼이나 회복할 수 없을 정도로 상실된 것 같다. 우리는 1980년대에서 1990년대 이런 비극의 그림자 아래에서 자란 아이들에게 에이즈 유행병이 장기적으로 야기할 심리적인 결과를 상상만 할 수 있을 뿐이다.[628]

이런 분위기 속에서 세기 전환기에 인기 있었던 미생물의 적자생존이라는 진화론적인 수사가 다시 한번 널리 사용되고 있다. 그러나 현재의 설명에서 현저히 결여된 것은 19세기 말 많은 미국인이 세균설을 수용한 결과로 표현했던 낙관론이다. 1924년《과학적 미국인*Scientific American*》의 사설에서도 분명했던 그 확고한 믿음—"인류와 병균이 투쟁한 자연의 결과는 언제나 인간에게 호의적이었다"—은 훨씬 어두운 분위기로 바뀌었다. 이제 슈퍼버그의 복수는 20세기의 오만, 말하자면 과학, 기술, 자본주의가 감염병 위협을 포함해 모든 문제를 해결할 수 있다는 맹목적인 믿음에 대한 적절한 형벌인 듯 보인다.[629]

로리 가렛Laurie Garrett의《신종 전염병》은 임박한 종말에 대한 이런 인식을 잘 보여 준다. 그녀는 미생물의 세계를 점심시간 도쿄의 보도에서 부딪치는 사람들의 엄청난 행렬조차 초라하게 만드는, 미친 듯이 화가 난

곳, 무색의 서로를 밀고 밀쳐 내는 경기로 묘사하고 있다. 최초의 균 이론가들이 사용했던 것과 매우 유사한 이미지를 사용하면서 그녀는 이렇게 말한다. "미생물 세계에서의 전쟁은 한결같다. 유기체 대부분의 생존은 다른 것의 소멸을 필요로 한다." 가렛은 다음의 메시지로 끝을 맺는다. "인간 종이 항상 비좁은 영역과 불충분한 자원을 둘러싸고 싸우는 동안, 병균의 진영이 유리해진다. 그들은 우리의 포식자이며 우리 **호모 사피엔스**가 병균에게 기회를 허용치 않는, 합리적인 지구촌에서 살아가는 방법을 배우지 않으면 그들이 승리할 것이다. 그렇게 하거나 아니면 우리 스스로 신종 전염병에 대비하거나 둘 중 하나다."[630]

새로운 균과의 전쟁에 대한 많은 다른 대중적인 설명과 마찬가지로 가렛의 글에서 의미하는 것은 "나쁜" 미생물이 너무 급속히 득세하고 있다는 것이다. 분자생물학, 미생물학, 면역학이 엄청나게 증가했음에도 불구하고, 의학사와 환경사가인 알프레드 크로스비Alfred Crosby가 언급한 것처럼 "특히 새로 알려진 그 나쁜 병원균 녀석들은 일반 대중에게는 과학자들이 똑똑해지는 것보다 훨씬 더 빠르게 고약해지는 것 같다." 우리는 계속해서 에이즈 치료의 특효약을 기대하지만, 상수도에서 오존층에 이르기까지 질병을 막는 장벽이 크게 붕괴되어 과학기술의 응급조치로도 해결할 수 없는 것 같다.[631]

이러한 이유에도 불구하고 지난 한 세기 세균설을 퍼트린 십자군은 애로스미스 세대가 한때 묘사했던 것만큼 어리석은 것 같지는 않다. 전선이나 라돈 가스가 질병의 진정한 위험인지를 걱정하는 많은 미국인들은 우리의 증조부를 괴롭힌 하수 가스나 질병을 일으키는 벽지에 대한 공포에 공감할 수 있다. 우리가 신속하게 정수기나 라돈 감지기를 설치하려고 할 때, 우리는 위협적인 외부 세계에 맞서 가족을 보호하는 방법으로 집을 청소하려는 이민자 주부의 열망에도 일체감을 느낄 수 있다.

나는 현재의 논의로 과거 보건의 업적에 대해 더 크게 감사하게 될 것이라고 기대한다. 오늘날 보건부에서 인체면역 결핍 바이러스, **대장균**, 그리고 와포좌충에 걸릴 위험을 예방하기 위해서 대중에게 개인적인 보호에 대해 교육하는 빈도는 이 책의 핵심 주제들 중 하나를 보다 설득력 있게 만든다. 바로 보건의 사적 측면은 중요한 사회적 현상일 뿐만 아니라 사람들을 질병으로부터 보호하기도 한다는 것이다. 싱클레어 루이스와 그의 세대가 초기 질병 십자군 피커바우 박사에게서 느꼈던 경멸이 전염병 예방을 위한 유용한 지식을 보급하는 데 있어 교육의 매우 중요한 역할을 흐리게 해서는 안 된다.

세균설의 역사는 현재 연방과 주 정부에 대한 공격을 재고할 필요성도 보여 준다. 과거 미국 보건의 발전은 주로 사적·공적 분야의 어느 한쪽에 배타적으로 의존한 것이 아니라 둘의 합작으로 이루어졌다. 혁신주의 시대를 생각해 보자. 미국 역사의 그 어디에서도 사적인 개혁안이 그렇게 많거나 그렇게 효과적이었던 적은 전무후무하다. 세기 전환기 미국 시민사회의 활기는 아마 결코 다시는 오지 않을 것이다. 그러나 보건의 사적인 측면이 무질서한 시장에 널리 퍼져 있는 위생상의 악습을 충분히 제지할 수 없다는 것을 깨달은 사람들은 바로 이와 같은 개혁가 세대였다. 민간 개혁은 국가가 위생 안전의 수호자가 될 수 있는 길을 열어 주었다. 그것은 그 어떤 집단도 할 수 없는 규제 서비스를 수행한 것이다. 우리는 19세기 말 '큰 정부big government'(민간의 삶을 통제하는 중앙 집권적인 정부—역자 주)를 해체하려는 북새통 속에서 공적·사적 단체들의 **파트너십**이 아주 최근까지도 대부분의 미국인에게 큰 도움이 되는 보건시설들을 세웠다는 것을 잘 기억해야 한다.

마지막으로, 오늘날의 정치적인 불신과 불화의 분위기 속에서 혁신주의 시대의 '질병의 사슬'이라는 개념도 역시 감탄을 자아내게 한다. 균의 복음은 분명히 미국인을 계급, 젠더, 인종, 민족에 따라 갈라 놓는 데 그 몫을 다했다. 한 세기 전 위대한 질병 십자군은 의심의 여지없이 환자에 대한 낙인찍기와 외국 태생이거나 비백인 미국인들에 대한 차별을 강화시켰다. 노스 브라더섬에 13년 이상 감금되었던 '장티푸스 메리'나 악명 높은 터스키기 매독 실험 동안에 치료를 거부당했던 흑인 소작농들에게 새로운 세균학이 위대한 관용의 정신을 일깨우지는 않았다.[632]

그러나 우리가 존경하고 심지어 모방할 만한 혁신주의 시대의 위대한 질병 십자군에는 다른 측면이 있다. 병균이 인종이나 사회적인 특성과 무관하게 모든 육체를 잡아먹는다는 사실은 간단하게 의심과 혐오를 일으키지는 않는 도덕적·사회적 담론의 길을 열어 주었다. "균은 계급이나 인종 차별을 모른다"라는 믿음은 부정적인 결과뿐만 아니라 긍정적인 결과도 낳았다. 풀뿌리 노조 조직책이나 흑인공동체의 지도자들이 개발한 보건 시민권 개념은 근본적인 부정과 편견을 말하기 위해서 질병에 대한 불안을 독창적으로 활용한 것이었다.

균의 복음을 보급하는 데 헌신했던 영국계 중간계급 미국인 개혁가들은 그들의 독선과 민족중심주의에도 불구하고, 근대의 전염병에 대한 논의가 현저하게 부족했던 다른 사람들의 건강에도 책임감을 느꼈다. 질병의 사슬과 병균의 사회주의에 대한 그들의 믿음으로 만들어진 '상상의 공동체'는 그들을 산업적 진보로 인한 최악의 폐해를 고치도록 노력하게 했다.

그 결과 그들의 생각은 특권적인 이해의 범위인 자신들의 집을 훨씬 넘어서 사회 주변부의 버림받은 사람들의 직장과 가정에까지 이르렀다. 보건 이론이 여전히 접촉매개 감염에 대한 믿음을 지지한다면, 오늘날 유명한 십자군 운동가들로 하여금 중간계급 미국인들에게 미국과 해외의 의류 노동자들에 대한 경제적인 착취를 일깨우는 것이 얼마나 수월할지를 생각해 보라. 플로렌스 켈리의 표현처럼 "천연두를 구매"한다고 생각한다면 소비자들은 여성과 아이들이 사실상 노예가 되는 스웨트샵에서 만들어진 옷을 기꺼이 구매할 것인가?[633]

우리가 우리 자신의 약점을 알게 되면, 세기 전환기의 위대한 질병 십자군은 단순히 우리를 분노하게 하거나 위안을 주는 것이 아니라 교육하고 영감을 주는 데 도움이 된다. 새로운 세기로 접어들면서 미국과 전 세계는 전염병 통제에 있어서 많은 심각한 난관에 봉착한다. 우리는 세계의 환경 속에서 점점 더 돌이킬 수 없는 건강상의 결과에 대해 더 많이 알고자 하고, 현대 의학의 강점과 약점을 조화시키며, 공중보건의 토대를 무너뜨리는 인종적·계급적 편견을 바꾸기 위해 노력하고 있다. 나는 균의 복음의 역사적인 실패나 성공이 우리가 그런 싸움을 할 때 어떤 귀중한 통찰력을 제공한다고 생각한다.

감사의 글

이 책을 저술하는 9년 동안 내가 제대로 고마움을 표할 수 없을 만큼 많은 빚을 졌다. 나의 연구는 미국 학술단체협의회American Council of Learned Societies와 록펠러 재단Rockefeller Foundation의 기금, 국립 인문학재단 National Endowment for the Humanities(Grant no. RH-21055-92)과 국립 의학 도서관National Library of Medicine(Grant no. ROI LM0579-01)의 지원금, 그리고 뉴욕 주립대학교 스토니브룩State University of New York at Stony Brook의 지원을 받았다. 책의 내용은 오로지 나의 책임이며 반드시 이들 단체나 기관의 관점을 대변하지는 않는다.

나는 수년간 나를 도와준 많은 기록 보관원들과 사서들에게 감사를 표한다. 특히 듀크대학 하트먼센터Hartman Center의 오랜 친구 엘렌 가르트렐Ellen Gartrell, 필라델피아의대College of Physicians of Philadelphia, 애틀랜타 역사센터Atlanta History Center, 코넬대학의 대학 아카이브와 킬센터 Kheel Center, 헤글리 박물관 및 도서관Hagley Museum and Library, 터스키기 대학 아카이브Tuskegee University Archives 직원들의 업무 범위를 넘어서는 서비스에 대해 진심으로 감사한다.

2장, 3장, 5장, 6장은 다음의 간행본에서 약간 다른 형태로 출간되었다. 여기에 포함할 수 있도록 허락해준 것에 대해 출판사들에게 감사드린다. "The Private Side of Public Health: Sanitary Science, Domestic Hygiene, and the Germ Theory," *Bulletin of the History of Medicine* 64:4 (Winter 1990), 598–599; "Moralizing the Microbe: The Germ Theory and the Moral Construction of Behavior in the Late Nineteenth Century Tuberculosis Movement," in *Morality and Health*, edited by Allan Brandt and Paul Rozin (New York: Routledge, 1997); 그리고 "Spreading the Germ Theory: Sanitary Science and the Home Economics Movement," in *Rethinking Home Economics: Women and the History of a Profession*, edited by Sarah Stage and Virginia B. Vincenti, Cornell University Press, 1997).

이 책을 위한 연구를 수행하면서 힐러리 아키노Hilary Aquino, 다이앤 크리Dianne Creagh, 아만다 프리스킨Amanda Frisken, 다이앤 글레이브Dianne Glave, 돈 그릴리Dawn Greeley, 파울라 비테르보Paula Viterbo 그리고 스토니 브룩의 모든 훌륭한 대학원생들의 도움을 받았다. 또한 맨디Mandy는 초고를 읽고 수정하기 위한 훌륭한 제안을 해 주었다. 그리고 파울라Paula는 나의 세균설에 대한 이해를 형성하는 데 각별히 중요한 역할을 했다. 다른 많은 친구들과 동료들이 이야기를 공유하고 나에게 연구의 실마리를 제공해 주었다. 그중에는 스튜어트 갤리쇼프Stuart Galishoff, 로버트 조이 Robert Joy, 수잔 레더러Susan Lederer, 샌드라 모스Sandra Moss, 캐서린 오트 Katherine Ott, 찰스 로젠버그Charles Rosenberg, 앨리스 로스Alice Ross, 마크 스턴Marc Stern, 제임스 스트릭James Strick, 존 할리 워너John Harley Warner 그리고 제임스 하비 영James Harvey Young이 있다. 훌륭한 《퍽》 만화를 나에게 보내 준 버트 한센Bert Hansen과 자신의 에이즈 포스터 컬렉션 견본을 준 윌리엄 헬펀드William Helfand에게 감사를 표하고 싶다. 에밀리 아벨Emily Abel, 패트리샤 쿠퍼Patricia Cooper, 존 하크니스Jon Harkness, 테라 헌터Tera Hunter, 쥬디스 왈처 레빗Judith Walzer Leavitt, 재클린 리트Jacqueline Litt, 조엘 모커Joel Mokyr, 모린 오글Maureen Ogle, 새뮤얼 프레스톤Samuel Preston, 쉐릴 레드몬Sherrill Redmon, 그리고 에드워드 러셀 3세Edward Russell Ⅲ는 친절하게도 자신들의 진행 중인 연구를 나와 공유해 왔다.

조앤 제이콥스 브룸버그Joan Jacobs Brumberg는 아카이브 자료와 아이디어를 공유했을 뿐만 아니라 중요한 순간에 원고를 읽고 내가 훨씬 더 나은 책을 쓸 수 있도록 인도해 주었다. 로버트 주스만Robert Zussman은 후기 단계에서 내가 책의 기본적인 주장을 더 선명하게 다듬을 수 있도록 도와주었다. 잭 쿨러한Jack Coulehan은 막바지에 원고를 읽고 과학적인 무례를 범하는 게 아닌지 걱정하는 나를 달래 주었다. 스토니브룩 사학과의 동료들은 내가 끝나지 않을 것 같던 일을 마치려고 애를 쓸 때 끊임없이 지지하고 격려해 주었다. 특별히 "슈퍼 클럽 자매들sisters of the supper club"—홍영선, 템마 카플란Temma Kaplan, 브룩 라슨Brooke Larson, 이오나 만청Iona Man-Cheong, 바바라 와인스타인Barbara Weinstein, 그리고 캐슬린 윌슨Kathleen Wilson—은 모든 단계에서 나에게 용기를 북돋아 주었다. 하버드대학 출판사와 편집부 직원, 특히 아이다 도널드Aida Donald와 엘리자베스 서텔Pascal-Suttell은 함께 일하기 매우 훌륭한 분들이다. 줄리 칼슨Julie Carlson은 재치, 유머, 능력을 겸비한 최고의 교열 작업을 했다.

마지막으로 리스테린을 처음 경험한 나의 어머니 이야기, 내가 사랑하는 켄터키대학 야구팀에 대해 동생 린다가 오려 놓은 신문기사, 미생물 사냥 주제에 대한 제부 찰리의 열정을 포함해 나의 가족의 사랑과 격려에 감사하고 싶다. 나의 또 다른 가족, 시부모 줄리아Julia와 필립 셀러Philip Sellers는 나를 자신들의 자녀와 마찬가지로 진심으로 대했고 내가 가장 필요할 때 무료로 식사를 제공하고 내 아이들을 돌봐 주었다. 나의 시동생과 시누이는 내가 두서없이 균에 대해 말할 때 열렬한 청중이 되어 주었고, 숙모 매릴린Marilyn과 숙부 쿠엔틴 쇼크스Quentin Shokes는 스모키 마운틴 Smoky Mountains의 오두막집을 나에게 빌려 주었다. 거기서 초고 대부분을 썼다.

남편 크리스토퍼 셀러스Christopher Sellers에게 가장 큰 빚을 졌다. 그는 초고를 읽고, 참고문헌을 찾고, 시들해지는 나의 자신감을 북돋우면서 매 순간을 나와 함께 보냈다. 우리의 딸 앤 캠린Anne Camlin은 이 책을 쓰는 막바지에 태어났다. 다행히도 잠깐이긴 했지만, 그녀의 열과 발진이 내가 아이의 안전에 대해 부모들이 느끼는 불안감을 이해하게 도와주었다. 그런 와중에도, 애니Annie(앤의 애칭—역자 주)와 남편은 지속적으로 나에게 책을 쓰는 것 말고도 더 좋은 것이 많이 있다는 것을 상기시켜 주었다. 그들의 사랑과 도움은 이 책을 완성하기 위해 가장 큰 동기를 제공했다.

옮긴이의 글

어린 시절 외출했다가 집에 들어오면 손을 씻으라는 부모님의 성화를 누구나 겪어 보았을 것이다. 이런 강박적인 성화는 변기보다 더 많은 균이 우리 손에 있다는 공포스러운 상상에서 기인한다. 이른바 '균 혐오증'이다. 그리고 이런 공포스러운 이미지는 독감이나 이 보다 더 치명적인 유행병이 돌 때면 자신의 영향력을 더 크게 발휘한다. 하지만 오늘날 균을 기피하는 행위는 우리에게 너무나 익숙해져 버려 습관적으로 행하는 하나의 의식儀式이 되었다. 예컨대 손 세척제를 항상 곁에 두고, 식전에 반드시 손을 닦거나 씻고, 수돗물이 아니라 생수를 구매해서 마시고, 음식을 따로 덜어먹는 등이 이러한 의식이다. 이 책의 저자 낸시 톰스는 이런 모든 행위가 오늘날 우리가 일상적으로 실천하는 '균의 복음'의 사례라고 한다.

《세균의 복음The Gospel of Germs: Men, Women, and the Microbe in American Life》은 19세기 중반에서 20세기 초반 미국 공중보건에 관한 역사책이다. 문자 그대로 '굿 뉴스' 혹은 '복된 소리'라는 의미를 갖는 복음은 종교적으로는 인간을 어둠의 세계로부터 구원하는 반가운 소식이고, 비종교적으로는 공공연히 받아들여진 '진실'을 뜻한다.

그렇다면 여기에서 말하는 진실은 구체적으로 무엇인가. 19세기 중반 미국인들이 새로이 알고 믿게 된 진실, 즉 보통 '균germs'이라고 불린 미생물이 존재한다는 것과 그것이 질병을 일으킨다는 것이다. 이른바 세균설이다. 눈에 보이지도 않고 냄새를 맡을 수도 없는 무엇이 어디에나 항시 존재하며 인간에게 영향을 미친다니. 이는 공포스러울 수밖에 없다. 그리고 현미경을 사용할 수 없었던 일반인이 무형무취의 균을 믿는 것은 흡사 신을 믿는 것과도 같았다. 때문에 균의 존재를 믿고, 그에 따라 파생되는 새로운 교리를 실천하면 그것이 야기하는 질병에서 벗어날 수 있으리라는 희망이 있었다. 이러한 '세균 신앙'은 세균에 대한 통제력을 통해 병에 대한 해방감을 주었고 그것은 미국인의 삶에 근본적인 변화를 야기했다.

그러나 세균에 대한 믿음이 질병으로부터의 완전한 자유를 안겨주지는 않았다. 1960년대 말, 미국 정부는 세균을 완전히 정복했고, 이제 인간은 감염병으로부터 해방되었다고 선언했다. 하지만 불과 20년이 지나지 않아 에이즈의 발병으로 낙관적인 전망이 와르르 무너졌다. 이 책에서 저자가 강조하듯이, 확실한 치료제가 개발되지 않은 질병이 발견되자 과거 세균의 복음이 부활했다. 그리고 그 복음은 예전보다 더 많이 남용되고 심지어 히스테리적인 현상을 초래했다. 당연하게도 호모포비아와 인종주의가 성적·인종적으로 더 심각한 차별과 배제의 논리로 작용했던 것이다. 지금도 전 세계적으로 이와 비슷한 히스테리와 균 혐오증이 존재한다. 이 책은 그 기원을 향해 거슬러 올라간다.

글 전체는 크게 보아 1870년부터 1930년까지 복음의 등장, 수용, 실천, 쇠퇴라는 일련의 과정을 다룬다. 그러나 단순히 연대기적으로 나열한 것이 아니라, 시기별로 관련된 다양한 주제에 초점을 맞춘다. 그 처음은 19세기 중반 루이 파스퇴르나 로베르트 코흐의 연구에 힘입은 새로운 '세균 이론'이 과거의 위생학과 결합해 개인과 가정에 스며드는 것으로부터 시작된다. 1880년대 처음으로 세균설을 받아들이고 균의 복음대로 충실히 실천한 계층은 중상류층 백인들이었다. 이들에게 개인 가정의 위생과 청결 상태는 사회적 지위를 나타내는 지표였기 때문에 그 누구보다 먼저 복음을 실천에 옮겼던 것이다.

1890년대부터 1900년대 초, 최초의 균의 복음은 특정 계층과 인종을 초월해 확장되기 시작했다. 코흐의 탄저 연구로 탄력을 받은 세균설이 더욱 정교화된 과학, 즉 세균학으로 발전했던 것이다. 이런 변화 속에서 복음의 실천적 버전은 1900년대 초 결핵예방운동과 가정학운동으로 그 모습을 드러냈다. '반결핵 십자군'이라 불린 결핵협회들은 단일 질병으로는 최초로 대중을 위한 보건 교육 캠페인을 벌였다. 지도층은 백인, 남성, 프로테스탄트, 중간계급이 지배적이었으나, 젠더·인종·계급에 상관없이 모든 사람들로부터 지지를 받았다. 반결핵운동과 달리, 가정학운동은 여성이 주도한 주부들 대상의 실천이었다. 따라서 새로운 여성 전문가들이 세균학의 지식을 가정에 적용하면서 사적인 여성의 역할이 공적인 위생과 직결된다는 점에 호소했다.

마지막으로 이 책은 1890년대에서 1920년대까지 균의 복음에 따라 항균 의식으로 물든 미국을 보여 준다. 미국인은 철저히 항균적인 외양과 매너를 갖추기 시작했다. 세균에 대한 의식이 높아지고 항균에 대한 의식적인 행동에 익숙해진 미국은 낸시 톰스의 표현처럼 '문화적 모더니즘의 새로운 스타일'을 갖게 되었다. 광고와 시장은 이런 '항균 의식적'인 미국의 형성에 결정적인 영향을 미쳤다. 당시 이민자들이 '미국화'된다는 것은 위생과 청결을 잘 실천한다는 의미와 동일시되었다. 이는 도시뿐만이 아니라 시골까지도 확산되었다. 그러나 균의 복음은 1930년대 말 이후 쇠퇴하기 시작해 페니실린과 같은 항생제가 개발된 이후에는 광고에서만 힘을 발휘할 정도로 약해진다. 이 시기에 이르면 그만큼 균에 대한 지배력이 강해지고 동시에 질병에 대한 예방 능력도 높아졌기 때문이다. 아니 정확히 말하면, 적어도 당시의 미국인들이 그렇게 믿었기 때문이다.

이 책은 단순히 세균에 대한 역사라고 하기 어렵다. 과학적 개념이 대중적 믿음으로 변화하는 과정은 미묘하고 복잡한 양상을 띠는데, 이 책은 세균에 대한 역사적 변천과 더불어 그 변천 속에 내재한 인간의 삶과 미묘한 갈등의 양상을 섬세하게 그려내기 때문이다. 이러한 섬세함의 재미를 느끼는 한 방법으로 젠더와 인종, 그리고 계급의 차원으로 쪼개서 읽어보기를 권한다.

먼저 세균은 빅토리아 시대 미국 여성들의 삶을 어떻게 바꾸어 놓았을까. 위생 개혁가들은 깨끗하게 치장한 상류층 미국인의 몸과 집을 '회칠한 무덤'이라 칭했다. 회칠한 무덤은 겉은 번드르르해 보이지만 속은 더럽고 썩어빠진 무덤이라는 비유였다. 이는 우리의 '빛 좋은 개살구'라는 표현보다 종교적·도덕적으로 훨씬 더 심각한 공포와 수치심을 불러일으키는 것이었다. 때문에 청결이 신분의 표식이었던 중상류층 미국인들에게 위생 개혁가들이 가한 이러한 공격은 상당히 심각한 위협이었다. 이러한 위협에 맞서서 자신과 가족의 건강과 명예를 지키는 엄중한 역할은 여성이 떠맡게 되었다.

그러나 여기서 낸시 톰스가 강조하는 바는 새로이 부가된 여성의 역할이 은총이자 저주였다는 것, 다시 말해서 하찮게 여겨지던 집안일이 중요시 되면서 여성들이 가정과 사회에서 새로운 권력을 얻었으나, 다른 한편 그것은 그녀들에게 너무 무거운 짐이었던 것이다. 만약 자신과 가족 중 누구에게라도 병에 생긴다면 그 책임은 모두 그녀의 몫이었고 이는 매우 수치스러운 일일 뿐만 아니라 죄악에 해당했다.

톰스는 '신여성'이라는 용어를 사용하지는 않았지만, 세기 전환기 새로운 스타일의 미국 여성의 등장에 대한 매우 중요한 점을 시사한다. 주지하다시피 19세기 말에서 20세기 초부터 미국 여성들이 거추장스런 외투를 벗고, 발목까지 오는 짧은 스커트를 입는 등의 의복개혁운동을 벌였다. 기존에는 신여성의 짧아진 치마 길이를, 흔히 여권운동의 영향, 영화나 댄스홀과 같은 야외 활동의 증가, 그리고 성적인 해방과 관련지어졌다. 그러나 톰스는 상기의 해석 요소만큼이나 중요하게 작용한 것으로 균에 대한 기피를 들었다. 게다가 이러한 근대성의 실천은 여성에게만 국한되지는 않았다. 근대적인 미국 남성은 멋스럽게 가꾸어왔던 수염을 더이상 고집하지 않고, 질레트 면도기를 사용해서 깔끔하게 면도했다. 이 또한 청결을 과시하는 행위였다. 이러한 '모던 룩'은 몸치장에만 그치지 않고, 매끄러운 표면과 깔끔한 선으로 대표되는 미니멀해진 홈패션으로 완성되었다.

이렇게 항균의식으로 무장한 근대성은 중상류층의 미국인들이 선도하긴 했지만, 사실상 계급과 인종을 초월하는 거대한 흐름이었다. 이주민 여성들은 빅토리아 시대의 화려한 겉치레를 선호하면서도 항균적 행위를 미국인이 되는 길로 받아들였고, 기업의 사주와 노동자는 세균이라는 공동의 적에 맞서서 노동조건을 개선하기 위해 상호 협력할 수 있었다. 균은 인종이나 계급을 차별하지 않는다는 '병균 사회주의'라는 논리는 흑인이나 사회적 빈곤층에게 사회 개혁을 요구할 수 있는 정당성과 힘을 제공했다. 또 '병균 사회주의'는 미국의 다양한 인종과 계층의 사람들을 공동의 적에 대항해서 뭉칠 수 있게 했다.

그러나 동시에 병균 사회주의는 중산층 미국인들에게 '질병의 사슬'이라는 관념, 즉 그들이 질병에 취약한 빈자나 이민자 혹은 흑인과 연결되어 있다는 끔찍한 현실을 폭로하는 것이었다. 이러한 현실감은 중간계급 백인들이 흑인이나 빈곤층을 질병의 온상으로 여기게 만드는 세균설의 어두운 그림자였다. 기존의 계급적, 인종적, 민족적 편견을 더욱 강하게 만들었기 때문이었다. 이처럼 세균설이 갖는 협력과 통합, 차별과 배척이라는 사회적 양상은 '양날의 검'이었다. 그럼에도 불구하고 '질병의 사슬'과 '병균 사회주의' 개념은 완전히 새로운 미국인의 권리와 의무, 다시 말해서 '공중보건 시민권'이라는 개념으로 결집되었다.

이 책을 흥미롭게 읽는 또 다른 방법은 19세기 중반에서 20세기 초반 미국의 세균 신앙이 야기한 변화의 보편성과 현재성에 관심 기울이는 것이다. 그러면 당시 행했던 아주 많은 실천이 오늘날까지 지속되고 있다는 사실에 크게 놀랄 것이다. 예를 들어 호텔 화장실에 처음 사용되기 시작한 두루마리 휴지, 매트리스와 침구를 감싼 하얀 천, 일회용 위생용품, 의사나 위생사의 하얀 가운과 위생 장갑, 포장제, 모든 곳에(심지어 입 속에도) 사용하는 살균제 소독법 등은 오늘날에는 미국의 가정과 사회를 넘어 거의 전세계에서 보편적으로 이용되고 있다.

한국에서는 세균설이 언제 보급되었을까. 종교적인 복음의 형태는 아니더라도 세균에 대한 과학적 지식이 한국인의 삶도 근본적으로 바꾸어 놓았다는 점은 확실하다. 광고에서는 여전히 세균에 대한 공포를 조장해 상품을 판매하고, 소비자는 그에 반응해 화학적 살균제를 일상적으로 사용한다. 최근의 가습기 살균제 사태는 우리의 항균의식을 이용한 광고와 제품이 크나큰 인명 피해를 야기한 대표적인 사례이다. 다시 말해, 세균 신앙과 그 오용의 사례인 것이다. 그렇다고 세균 신앙이 사라졌을까. 아니다. 최근 모 대학병원에서 신생아들이 급사한 사건은 우리의 균에 대한 지배력을 의심하기에 충분하다. 따라서 여전히 균의 복음은 때론 더 강하게 드러날 뿐만 아니라, 항시적인 케미포비아 현상까지 겹치기도 한다. 이제 우리는 다양한 환경적 요인을 늘 의심한다. 라돈과 같은 새로운 '집 병' 위험에 대한 인식, 미세먼지에 대한 공포로 인해 일상적으로 착용하는 마스크 등은 새로운 현상이다. 이는 19세기 미국인들이 경험했던 질병이 먼지에서 야기된다는 이론(질병 먼지설)이 다시금 21세기에 새로운 먼지에 대한 공포로 부활한 것이다.

이 책의 저자 낸시 톰스는 한국에는 잘 알려져 있지 않지만, 미국의 공중보건 및 의학의 역사와 관련해 세계적으로 인정받는 석학이다. 특히 이 책은 출판과 동시에 미국의 베스트 역사서 탑 랭킹에 들었고, 미국의학사학회American Association for the History of Medicine와 과학사학회History of Science Society로부터 수상할 만큼 관련 분야의 전문서적으로도 높은 평가를 받았다. 더욱이 미국에서 의학과 공중보건과 관련해 관심있는 역사학자들뿐만 아니라 개인의 건강에 대한 역사적 접근에 흥미를 가진 전 세계 일반 독자층 또한 갖추고 있다.

역사책, 특히나 세균과 관련된 역사책은 이해하기 어렵고 지루하리라 생각하기 쉽다. 그러나 이 책은 일반 독자들이 읽기에 전혀 어려움이 없을 정도로 이해하기 쉽게 쓰였고, 누구나 공감할 만한 흥미로운 사례를 풍부하게 제시한다. 더구나 각 장에는 세부 제목이 제시되어 자세한 독해 전에도 대략의 내용을 가늠할 수 있다. 낸시 톰스의 연구는 의료나 공중보건의 전문적 주제를 다루지만 그와 관련된 일반 대중들에 더 깊은 관심을 둔다. 따라서 이 책도 지루할지 모를 과학이나 의학 등 학문적 논의에 큰 비중을 두지 않는다. 오히려 누구나 흥미를 느낄 만한 재미난 이야기들로 가득하다. 예컨대, 시어도어 루스벨트 대통령의 우아하고 청결에 매우 민감했던 어머니가 '오물병'이라는 수치스런 질병으로 사망한 것, 가필드 대통령의 암살 미수 사건 이후 불거진 '백악관의 위생 스캔들' 등. 이 스캔들은 당시 의사들이 대통령의 총상 후유증보다 백악관의 배관에 더 신경을 썼다는 점에서 요새말로 웃픈 현실이었다. 스캔들로 인해 백악관에 새로 설치된 것이 하얀 자기로 만들어진 변기였는데, 이것은 오늘날 우리가 사용하는 변기의 모습과 흡사하다. 이런 매력적인 역사를 보여 주는 낸시 톰스의 가장 최근작은 의사를 쇼핑하는 환자들의 이야기로 이 책의 후속편처럼 읽어도 좋을 것 같다.

이 책을 번역해 출간하기까지 내게 큰 힘이 되어준 분들이 있다. 먼저 이 책의 저자인 낸시 톰스는 역자의 스승으로 힘든 유학생활 내내 오아시스 같은 존재였다. 톰스의 책을 번역해 출판하게 된 것 자체가 나무나 감사하고 기쁜 일이다. 또 누구에게나 시작이 있기 마련이고, 이는 그 무엇보다 중요한 순간이다. 김학이 선생님은 나의 학문적인 시작과 발전 곳곳에 중요한 디딤돌이 되어 주셨다. 이 책의 번역 작업도 선생님의 자극과 도움이 없었다면 그 시작조차 어려웠을 것이다. 출판사에 이 책의 번역을 추천해주신 이종찬 선생님께도 감사드린다. 푸른역사의 박혜숙 대표님과 편집자께도 감사의 말을 전한다. 그리고 내가 이 책을 번역하고 교정하면서 소원했던 시간 동안에도 쉼 없이 학문적 열정을 펼쳐 보여 주신 동료 선생님들께도 감사하다. 또한 주말마다 온라인 대화에서 번역 상의 의문점을 함께 고민해 준 친구 줄리 M. 길버트Julie M. Gilbert와 레이첼 맥Rachel Mak에게도 고마움을 전한다. 마지막으로 그 누구보다도 깊이 감사할 사람들이 있다. 부모님과 가족은 항상 나를 응원하며 지지해 주는 가장 든든한 버팀목이다. 사랑하는 송병우 선생은 퇴근 이후 피곤한 몸을 이끌고 자투리 시간을 내어 번역의 최종 교정을 성심껏 해 주었다. 이 모두에게 너무나 큰 은혜를 입었다.

이춘입

도판 출처

1. 저미사이드 위치(1885년경)

From The Germicide Company of New York, Sewer—Gas and the Remedy [n.d].

Courtesy of the Warshaw Collection of Business Americana, National Museum of American History, Washington, D.C.

2. 수세식 변기 모델 디자인(1887)

From Guarding the Home: Essential Conditions of Sanitary Arrangements to Exclude the Germs of Typhoid Fever and Other Zymotic Diseases, 1887.

Courtesy of Hagley Museum and Library, Wilmington, Delaware.

3. 표준 에나멜 자기 제품 광고(1906)

Good Housekeeping Magazine, July—December 1906.

Courtesy of American Standard Inc.

4. 가정용 정수기 광고(1894)

From McConnell Filter Co., McConnell Germ-Proof Water Filters, Illustrated Catalogue, 1894.

Courtesy of the Historical Collections of the College of Physicians of Philadelphia.

5. 반결핵 포스터(1910)

From Journal of the Outdoor Life, January 1910.

Courtesy of the Historical Collections of the College of Physicians of Philadelphia.

6. 반결핵 코끼리 퍼레이드(1924)

7. 제복을 입은 근대 보건 십자군(1921)

From Journal of the Outdoor Life, December 1921.

Courtesy of the Historical Collections of the College of Physicians of Philadelphia.

8. 손 세척 포스터(1919)

From Yearbook of the Pennsylvania Society for the Prevention of Tuberculosis for 1919.

Courtesy of the Historical Collections of the College of Physicians of Philadelphia.

9. 파리 퇴치 포스터(1917)

From Bulletin of the National Association for the Study and Prevention of Tuberculosis, June 1917.

Courtesy, of the Historical Collections of the College of Physicians of Philadelphia.

10. 개인용 컵 판매기(1909)

From Journal of the Outdoor Life, August 1909.

Courtesy of the Historical Collections of the College of Physicians of Philadelphia.

11. 젖병 준비 방법을 가르치는 방문간호사(1912)

From The Child in the City, 1912.

12. "치렁치렁한 치맛자락" 만화(1900)

13. "나한테 키스하지 마" 턱받이를 입은 아기(1929)

Courtesy of the City of Milwaukee Health Department.

14. 루이스 하인, "공동주택 냉장고와 유아 사망률"(1902~1904)

Courtesy of the George Eastman House, Rochester, New York.

15. 주방을 검사하는 위생감독관(1922)

Courtesy of the City of Milwaukee Health Department.

16. 리스테린 광고(1931)

From J. Walter Thompson Company Archives, Special Collections Library, Duke

University, Durham, North Carolina.

Courtesy of the Warner-Lambert Company.

17. 듀폰 셀로판 광고(1930년대 초)

From Hagley Museum and Library, Wilmington, Delaware. Courtesy of the Du Pont Company.

18. 에이즈 포스터, 밀워키 에이즈 프로젝트(1980년대)

Courtesy of the William H. Helfand Collection, New York, New York.

약어

AHS	Atlanta Lung Association Papers, Atlanta History Center, Atlanta, Georgia
ALA	Archives, American Lung Association, New York, New York
BHM	*Bulletin of the History of Medicine*
BJBSC	*Bulletin of the Joint Board of Sanitary Control*
BNTA	*Bulletin of the National Tuberculosis Association*
CHS	Chicago Historical Society, Chicago, Illinois
CPP	Historical Collections, College of Physicians of Philadelphia, Philadelphia, Pennsylvania
CRCFW	*Cornell Reading—Course for Farmers' Wives*
CSS	Community Service Society Papers, Rare Book and Manuscript Library, Columbia University, New York, New York
CU	Records, Office of the Dean, New York State College of Home Econ omics, Group 749, Division of Rare and Manuscript

	Collections, Cornell University Library, Ithaca, New York
CUE	Extension Records, New York State College of Home Economics, Group 919, Division of Rare and Manuscript Collections, Cornell University Library, Ithaca, New York
DC	R. G. Dun and Company Collection, Baker Library, Harvard University Graduate School of Business Administration, Cambridge, Massachusetts
GH	*Good Housekeeping*
GMM	George Meany Memorial Archives, Silver Spring, Maryland
HC	Trade Catalog Collection, Hagley Museum and Library, Wilmington, Delaware
HD	Records of the Du Pont Cellophane Company, Series 2, Part 2, Archives of the E. I. du Pont de Nemours and Company, Hagley Museum and Library, Wilmington, Delaware
HL	Theodore Roosevelt Collection, Houghton Library, Harvard University, Cambridge, Massachusetts
HM	*The Hotel Monthly*
ILR	Collection 60, Union Health Center, International Ladies Garment Workers' Union, Records, Kheel Center for Labor—Management Documentation and Archives, Cornell University, Ithaca, New York
JBSC	Joint Board of Sanitary Control
JHE	*Journal of Home Economics*

JHM	*Journal of the History of Medicine and Allied Sciences*
JOL	*Journal of the Outdoor Life*
JWT	J. Walter Thompson Company Archives, Special Collections Library, Duke University, Durham, North Carolina
KC	Oral Histories, Corinne Krause Collection, Library and Archives, Historical Society of Western Pennsylvania, Pittsburgh, Pennsylvania
LHJ	*Ladies' Home Journal*
NA	Record Group 42, Series 87, Correspondence and Other Records, Office of Public Buildings and Public Parks of the National Capital, National Archives, Washington, D.C.
NLM	Historical Division, National Library of Medicine, Bethesda, Maryland
NTA	National Tuberculosis Association
NU	Neighborhood Union Collection, Series 14–B, Special Collections and Archives, Atlanta University, Atlanta, Georgia
NYH	*New York Herald*
NYT	*New York Times*
PC	Department of History, Presbyterian Church (U.S.A), Philadelphia, Pennsylvania
PO	United States Patent Office, Alexandria, Virginia
PSM	*Popular Science Monthly*
PSPT	Pennsylvania Society for the Prevention of Tuberculosis
SCH	School of Home Economics, Records, 1900–1972, Record Group

	22.2, the College Archives, Simmons College, Boston, Massachusetts
SCP	School of Public Health Nursing, School of Nursing Records, 1902–1970, Record Group 22.1, the College Archives, Simmons College, Boston, Massachusetts
SE	*Sanitary Engineer*
SEP	*Saturday Evening Post*
TU	Tuskegee University Archives, Tuskegee, Alabama
UA	Central Labor Union Minutes, Records of Philadelphia Council, AFL–CIO, microfilm reels 1 and 2, Urban Archives, Temple University, Philadelphia, Pennsylvania
UPA	University of Pennsylvania Archives, Philadelphia, Pennsylvania
VP	Special Collections, University of Pennsylvania Library, Philadelphia, Pennsylvania
WC	Warshaw Collection, Smithsonian Institution Archives Center, National Museum of American History, Washington, D.C.

주

세균설과 그것이 미국 문화에 미친 영향에 관한 역사를 다루는 방대한 2차 사료를 선별했다. 나의 생각에 가장 직접적이고 깊은 영향을 미친 저서를 인용하기보다는 주로 내가 다룬 많은 주제에 대해 가장 최근의 포괄적인 논의를 독자들에게 소개하고자 한다.

한글판 서문

1 Nancy Tomes, *The Gospel of Germs: Men, Women, and the Microbe in American Life* (Cambridge, MA: Harvard University Press, 1998. Paperback ed.: 1999).

2 Christopher Nelson, Nicole Lurie, and Jeffrey Wasserman, "Assessing Public Health Emergency Preparedness: Concepts, Tools, and Challenges," *Annual Review of Public Health* 28, no. 1 (2007), pp.1~18.

3 Colin R. Howard and Nicola F. Fletcher, "Emerging Virus Diseases: Can We Ever Expect the Unexpected?" *Emerging Microbes & Infections* 1, no. 12 (December 26, 2012), pp.1~11.

4 Stacy Lu, "An Epidemic of Fear," *American Psychological Association Monitor* 46, no. 3 (2015). Accessed at http://www.apa.org/monitor/2015/03/fear.aspx.

5 Priscilla Wald, *Contagious: Cultures, Carriers, and the Outbreak Narrative*, 1 edition (Durham: Duke University Press, 2008). 질병대책센터에는 "좀비 대비Zombie Preparedness"에 전념하는 부서가 있다. Accessed at https://www.cdc.gov/phpr/zombie/index.htm.

6 Victor Luckerson, "Watch How Word of Ebola Exploded in America," *TIME* (October 7, 2014). Accessed at http://time.com/3478452/ebola-twitter.

7 Donald G. McNeil, Jr., *Zika: The Emerging Epidemic*(New York: W. W. Norton & Company, 2016).

8 Jessica Firger, "Amid Ebola Scare, New Yorkers on Edge about Subway Commute," CBS News (October 24, 2014). Accessed at http://www.cbsnews.com/news/ebola-scare-new-yorkers-on-edge-about-subway-commute.

9 "NIH Human Microbiome Project defines normal bacterial makeup of the body," NIH New Release (June 13, 2012). Accessed at https://www.nih.gov/news-events/news-releases/nih-human-microbiome-project-defines-normal-bacterial-makeup-body; Francie Diep, "Humans Share Microbiomes with Their Dogs, Study Finds," *Popular Science* (April 18, 2013). Accessed at https://www.popsci.com/science/article/2013-04/humans-share-microbiomes-their-dogs-study-finds; Rodney Dietert, *The Human Superorganism: How the Microbiome is Revolutionizing Pursuit of a Healthy Life* (New York: Dutton, 2016); Ed Yong, *I Contain Multitudes: The Microbes Within us and a Grander View of Life* (New York: Harper Collins, 2016).

서론: 세균의 복음

10 "Ann Landers," *Philadelphia Inquirer*, Sept. 13, 1989, p. 2C.

11 에이즈 환자의 "친구들"이 경험한 이 공포에 대한 설득력 있는 설명은 Emily Martin, *Flexible Bodies: Tracking Immunity in American Culture from the Days of Polio to the Age of AIDS*, Boston: Beacon, 1994, pp. 135~139.

12 세균에 대한 믿음과 행동은 사회학자 피에르 부르디외가 아비투스라고 칭한 것의 좋은 예다. 아비투스는 유년기에 획득되어 이후의 생에서 거의 의문시되지 않는 사고나 행동양식을 말한다. Pierre Bourdieu, *Outline of a Theory of Practice*, New York: Cambridge University Press, 1977, pp. 80~81.

13 전통적인 전염의 개념에 대한 설명은 Daniel Defoe, *A Journal of the Plague Year*, ed. Louis Landa, 1722; reprint, New York: Oxford University Press, 1969. 대기 감염의 개념에 대해서는 Alain Corbin, *The Foul and the Fragrant: Odor and the French Social*

Imagination, Cambridge, Mass.: Harvard University Press, 1986.

14 남북전쟁 이전에 미국인 대부분이 얼마나 더러웠는지에 대해서는 Suellen Hoy, *Chasing Dirt: The American Pursuit of Cleanliness*, New York: Oxford University Press, 1995, pp. 3~16. 개인의 일기나 편지는 보통 미국인들이 다른 사람 심지어 명백한 환자와의 일상적인 접촉으로 병이 옮는 것에 대해서도 걱정하지 않았다는 점을 보여 준다. 예를 들어, Laurel Thatcher Ulrich, *A Midwife's Tale: The Life of Martha Ballard, Based on Her Diary, 1785~1812*, New York: Alfred A. Knopf, 1990, pp. 40~46.

15 품위와 특정한 형태의 청결 충동에 대해서는 Richard L. Bushman, *The Refinement of America: Persons, Houses, Cities*, New York: Alfred A. Knopf, 1992; John F. Kasson, *Rudeness and Civility: Manners in Nineteenth-Century Urban America*, New York: Hill and Wang, 1990.

16 폐결핵에 대한 관점의 변화는 Sheila M. Rothman, *Living in the Shadow of Death: Tuberculosis and the Social Experience of Illness in American History*, New York: Basic Books, 1994.

17 Edward Trudeau, *An Autobiography*, New York: Doubleday Page, 1916, pp. 29~31.

18 Sherrill Redmon, "The Poisoned Wedding," 저자 보유의 비공개 논문.

19 링컨 아들의 죽음에 대해서는 Jean Baker, *Mary Todd Lincoln: A Biography*, New York: Norton, 1987, pp. 208~209. 장티푸스에 걸린 영국 왕실 가족에 대해서는 *Balthazar W. Foster, The Prince's Illness: Its Lessons*, London: J. & A. Churchill, 1872. 장티푸스로 사망한 마사 루스벨트에 대한 설명은 1장을 보라.

20 이 책은 개인과 가정의 실질적인 행동 변화를 요구한 예방 형태에 국한한다. 따라서 이 시기에 등장한 다른 중요한 예방책들은 고려하지 않는다. 그것들은 건강검진, 진단테스트, 엑스레이, 기타 등등에 기초한 예방접종과 검사 프로그램을 포함한다. 테라 지포린은 1870년대에서 1930년대 디프테리아, 장티푸스, 매독에 대한 언론 보도 연구에서 당시의 그런 발전을 잘 개괄하고 있다. Terra Ziporyn, *Disease in the Popular American Press: The Case of Diphtheria, Typhoid Fever, and Syphilis, 1870~1920*, New York: Greenwood, 1988.

21 Frank Buffington Vrooman, "Public Health and National Defence," *The Arena* 69, Aug. 1895, pp. 425~438, 인용은 425쪽.

22 T. Mitchell Prudden, *Dust and Its Dangers*, New York: G. P. Putnam's Sons, 1890, pp. 93~94. 대중의 종교문화에 대해서는 David D. Hall, *Worlds of Wonder; Days of judgment*, Cambridge, Mass.: Harvard University Press, 1990. 청교도 목사 코튼 매더는 1692년 세일럼 마을에서 폭발한 마녀사냥 시기 동안 사탄과 그 대리인의 초자연적인 활동을 언급하기 위해서 "보이지 않는 세계"라는 말을 사용했다. Cotton Mather, *The Wonders of the Invisible World*, Boston, Mass.: Benjamin Harris, 1693).

23 William Gilman Thompson, "The Present Aspect of Medical Education," PSM 27, 1885 pp. 589~595, 인용은 90쪽; H. G. Wells, "The War of the Worlds," *The Works of H. G. Wells*, vol. 3, New York: Charles Scribner's Sons, 1924, pp. 207~492; 박테리아의 승리에 대한 묘사는 436~437쪽. 당시 과학 저술에서 "원시적인primitive" 관점과 "근대적인modern" 관점의 비교는 매우 흔했다. John Burnham, *How Superstition Won and Science Lost: Popularizing Science and Health in the United States*, New Brunswick, NJ.: Rutgers University Press, 1987.

24 다양한 세균설에 대한 나의 개념은 제럴드 게이슨의 파스퇴르 연구와 크리스토퍼 로렌스와 리처드 딕시의 리스터 연구에서 영향을 받았다. Gerald L. Geison, *The Private Science of Louis Pasteur*, Princeton, N J.: Princeton University Press, 1995; Christopher Lawrence and Richard Dixey, "Practising on Principle: Joseph Lister and the Germ Theories of Disease," in *Medical Theory, Surgical Practice: Studies in the History of Surgery*, ed. *Christopher Lawrence*, New York: Routledge, 1992, pp. 153~215.

25 Laura Shapiro, *Perfection Salad: Women and Cooking at the Turn of the Century*, New York: Farrar, Straus and Giroux, 1986, p. 181에서 재인용한 엘렌 리처즈의 말.

26 Abraham Benenson, ed., *Control of Communicable Diseases in Man: An Official Report of the American Public Health Association*, 15th ed., Washington, D.C.: APHA, 1990.

27 다양한 문헌들은 본문에 더 적절한 장소에서 언급된다. 미국에서 발전한 더 집단적인 균 개념에 대해 서술한 소수의 자료 중에는 Andrew McClary, "Germs Are Everywhere: The Germ Threat as Seen in Magazine Articles, 1890~1920," *Journal of American Culture* 3, 1980, pp. 33~46. 또한 다음에서 영감을 받았다. Bruno Latour, *The Pasteurization of France*, trans. Alan Sheridan and John Law, Cambridge, Mass.: Harvard University Press, 1988. 세 가지 질병에 대해서만 집중했지만, 이 시기 대중의 태도 변화에 대한

가장 유익한 개설서는 Ziporyn, *Disease in the Popular American Press*.

28 Burnham, *How Superstition Won*; Roger Cooter, *The Cultural Meaning of Popular Science*: *Phrenology and the Organization of Consent in Nineteenth-Century Britain*, New York: Cambridge University Press, 1984; Latour, *Pasteurization of France*; Martin S. Pernick, *The Black Stork*: *Eugenics and the Death of "Defective" Babies in American Medicine and Motion Pictures since 1915*, New York: Oxford University Press, 1996. 또한 탁월한 서평은 Roger Cooter and Stephen Pumfrey, "Separate Spheres and Public Places: Reflections on the History of Science Popularization and Science in Popular Culture," *History of Science* 32, 1994, pp. 237~267. 민족지학 개념은 243쪽.

29 Burnham, *How Superstition Won*, 특히 1장.

30 Sinclair Lewis, *Arrowsmith*, 1924; reprint, New York: Harcourt Brace Jovanovich, 1952; Paul de Kruif, *Microbe Hunters*, 1926; reprint, New York: Harcourt, Brace and World, 1953.

31 Thomas McKeown, *The Modern Rise of Population*, New York: Academic Press, 1976.

32 Simon Szreter, "The Importance of Social Intervention in Britain's Mortality Decline, c. 1850~1914: A Reinterpretation of the Role of Public Health," *Social History of Medicine* 1, 1988, pp. 1~37; Anne Hardy, *The Epidemic Streets*: *Infectious Disease and the Rise of Preventive Medicine, 1856-1900*, Oxford, Eng.: Clarendon Press, Oxford University Press, 1993. 미국에 대해서는 Gretchen A. Condran, Henry Williams, and Rose A. Cheney, "The Decline in Mortality in Philadelphia from 1870 to 1930: The Role of Municipal Services," *Pennsylvania Magazine of History and Biography* 108, 1984, pp. 153~177; Samuel H. Preston and Michael R. Haines, Fatal Years: *Child Mortality in Late-Nineteenth-Century America*, Princeton, NJ.: Princeton University Press, 1991. 또한 《태동기*Fatal Years*》에 대한 훌륭한 심포지엄은 *BHM* 68, 1994, pp. 86~128.

33 Douglas C. Ewbank and Samuel H. Preston, "Personal Health Behaviour and the Decline in Infant and Child Mortality: The United States, 1900~1930," in John Caldwell et al., eds., *What We Know about Health Transition*: *The Cultural, Social and Behavioural Determinants of Health*, Canberra: Australian National University Press, 1990, pp. 116~149, 인용은 128쪽.

34 Mary Douglas, Purity and Danger: *An Analysis of the Concepts of Pollution and Taboo*, 1966; reprint, Boston: ARK Paperbacks, 1984, p. 2. 동일한 주장은 Elias, *The Civilizing Process*, p. 159.

35 Barry Bloom and Christopher J. L. Murray, "Tuberculosis: Commentary on a Reemergent Killer," *Science*, Aug. 21, 1992, p. 1055.

36 이 점에 대해서는 Charles E. Rosenberg, "Framing Disease: Illness, Society, and History," in *Explaining Epidemics and Other Studies in the History of Medicine*, ed. Charles E. Rosenberg, New York: Cambridge University Press, 1992, pp. 305~318.

37 Paul Starr, *The Social Transformation of American Medicine: The Rise of a Sovereign Profession and the Making of a Vast Industry*, New York: Basic Books, 1982, p. 189에서 그 "편협한 주제narrowing thesis"가 분명히 말해진다. 비슷한 주장은 Robert Gottlieb, *Forcing the Spring: The Transformation of the American Environmental Movement*, Washington, D. C.: Island Press, 1993. 배제 및 억압의 힘과 세균설의 관계에 관해서는 Alan M. Kraut, *Silent Travelers: Germs, Genes, and the "Immigrant Menace*," New York: Basic Books, 1994; Rothman, Living in the Shadow, 특히 179~193쪽; Judith Walzer Leavitt, *Typhoid Mary: Captive of the Public's Health*, Boston: Beacon, 1996.

38 나의 관심은 감염병과 그 예방 논의에서 세균설을 제기한 방식에 있다. 다음 연구는 세균설이 어떻게 미국인의 정치·문화생활에 하나의 비유로 작용했는지에 대한 관점을 폭넓게 제공한다. *JoAnne Brown, The Definition of a Profession: The Authority of Metaphor in the History of Intelligence Testing, 1890~1930*, Princeton, NJ.: Princeton University Press, 1992, pp. 78~81. 20세기 초 많은 대중적인 공중보건 십자군의 **상호관계**에 대해 더 많이 연구할 필요가 있다. 마틴 퍼닉의 연구는 감염병 통제와 대중 우생학운동의 의제가 겹친다는 중요한 문제를 제기한다. Pernick, *The Black Stork*, 특히 50~53, 58~59쪽.

39 영국 사례는 Hardy, Epidemic Streets. 프랑스 사례는 David S. Barnes, *The Making of a Social Disease: Tuberculosis in Nineteenth-Century France*, Berkeley: University of California Press, 1995. 식민 경험에 대해서는 Warwick Anderson, "Immunities of Empire: Race, Disease, and the New Tropical Medicine, 1900~1920," *BHM* 70, 1996, pp. 94~118; Mark Harrison, *Public Health in British India: Anglo-Indian Preventive*

Medicine, 1859~1914, New York: Cambridge University Press, 1994; Randall M. Packard, *White Plague, Black Labor: Tuberculosis and the Political Economy of Health and Disease in South Africa*, Berkeley: University of California Press, 1989; Mary P. Sutphen, "Not What but Where: Bubonic Plague and the Reception of Germ Theories in Hong Kong and Calcutta, 1894~1897," *JHM* 52, 1997, pp. 81~113.

40 이런 일반화를 지지하는 더욱 체계적인 두 가지 비교 연구는 Georgina D. Feldberg, *Disease and Class: Tuberculosis and the Shaping of Modern North American Society*, New Brunswick, NJ.: Rutgers University Press, 1995; Alisa Klaus, *Every Child a Lion: The Origins of Maternal and Infant Health Policy in the United States and France, 1890~1920*, Ithaca, N.Y: Cornell University Press, 1993. 광고와 위생에 대한 간단하지만 자극적인 비교는 Adrian Forty, *Objects of Desire*, New York: Pantheon, 1986, 특히 7장. '건강 판매selling health'에 대해서는 Elizabeth Toon, "Selling Health: Consumer Education, Public Health, and Public Relations in the Interwar Period", paper delivered at the Berkshire Conference on Women's History, Chapel Hill, N. C., June 1996. 질병 수사학의 복잡한 의미에 대한 예리한 토론 두 가지는 Pernick, The Black Stork, and Guenter Risse, "'A Long Pull, a Strong Pull, and All Together': San Francisco and Bubonic Plague, 1907~1908," *BHM* 66, 1992, pp. 260~286.

41 "Report of the Committee on Disinfectants," *Transactions of the American Medical Association* 17, 1866, pp.: 129~155, 인용은 129쪽.

I. 복음의 출현, 1870~1890

1. 세균의 사도들

42 Corinne Roosevelt Robinson to H. F. Pringle, Sept. 18, 1930, Pringle Notes, HL.

43 David McCullough, *Mornings on Horseback* (New York: Simon and Schuster, 1981, p. 285에서 엘리엇 루스벨트Elliott Roosevelt 인용.

44 장티푸스, 건강보균자 개념, 메리 멜론의 생애에 대해서는 Judith Walzer Leavitt, *Typhoid Mary: Captive of the Public's Health*, Bostorn: Beacon, 1996.

45 Roger S. Tracy, *Handbook of Sanitary-Information for Householders*, New York: D.

Appleton, 1884, p. 14.

46 Frances Theodora Smith Parsons, *Perchance Some Day* (Privately printed, 1951), pp. 26, 44~45, HL; McCullough, *Mornings on Horseback*, pp. 66~67, 127, 135~136, 244~245.

47 루스벨트 가족의 기록HL에는 가족의 주치의가 마사 루스벨트의 질병을 설명한 내용은 없다. 1880년에는 의사들이 장티푸스 발병 이후에 가정의 배관을 조사하라고 지시하는 것이 일반적이었다. 예를 들어, William Keating, "An Epidemic of Typhoid Fever from Defective Drainage," *Transactions of the College of Physicians of Philadelphia*, ser. 3, vol. 4, 1879, pp. 85~125.

48 이 통계는 Gretchen Condran, "Changing Patterns of Epidemic Disease in New York City," in *Hives of Sickness: Public Health and Epidemics in New York City*, ed. David Rosner, New Brunswick, NJ.: Rutgers University Press, 1995), pp. 27~41. 또한 Samuel H. Preston and Michael R. Haines, *Fatal Years: Child Mortality in Late Nineteenth-Century America*, Princeton, NJ.: Princeton University Press, 1991. 19세기 보건 문제에 대해서는 John Duffy, *The Sanitarians: A History of American Public Health*, Chicago: University of Illinois Press, 1990.

49 William H. Mays, "On the Supposed Identity of the Poisons of Diphtheria, Scarlatina, Typhoid Fever, and Puerperal Fever," *San Francisco Western Lancet* 9, 1880~1888, pp. 110~115, 인용은 110쪽.

50 병인론의 역사와 관련해서 유용한 세균설에 관한 개요는 Lester S. King, T*ransformations in American Medicine: From Benjamin Rush to William Osler*, Baltimore, Md.:Johns Hopkins University Press, 1991; Robert P. Hudson, *Disease and Its Control: The Shaping of Modern Thought*, New York: Praeger, 1983; Margaret Pelling, "Contagion/Germ Theory/Specificity," in *Companion Encyclopedia of the History of Medicine*, eds. W. F. Bynum and Roy Porter, New York: Routledge, 1993, vol. 1, pp. 309~334; Oswei Temkin, "An Historical Analysis of the Concept of Infection," in *The Double Face of Janus*, Baltimore, Md.: Johns Hopkins University Press, 1977, pp. 456~471.

51 의학적 논쟁에 대한 더 상세한 논의는 Nancy Tomes, "American Attitudes toward the Germ Theory of Disease: The Richmond Thesis Revisited," *JHM* 52, 1997, p. 17~50.

미국의 논쟁에 대한 나의 이해는 19세기 중반 질병설에 대한 다음의 연구에 힘입은 바가 크다. John K. Crellin, "The Dawn of the Germ Theory: Particles, Infection and Biology," in *Medicine, and Science in the 1860s*, ed. F. N. L. Poynter, London: Wellcome Institute of the History of Medicine, 1968, pp. 57~76; John M. Eyler, *Victorian Social Medicine: The Ideas and Methods of William Farr*, Baltimore, Md.: Johns Hopkins University Press, 1979; Margaret Pelling, *Cholera, Fever, and English Medicine*, 1825~1865, New York: Oxford University Press, 1978; Pelling, "Contagion/Germ Theory/Specificity."

52 W. D. Foster, *A History of Medical Bacteriology and Immunology*, London: Heinemann, 1970, p. 16쪽에서 재인용한 라이오넬 S. 빌의 말.

53 "세균"의 어원에 대해서는 *Oxford English Dictionary*, 2d ed., vol. 6, Oxford: Oxford University Press, 1989, pp. 467~468.

54 미국의 의학 전쟁에 대한 더 상세한 논의는 Tomes, "American Attitudes." 해석에 동의하지는 않지만, 그 논쟁에 대한 흥미로운 설명은 Phyllis Allen Richmond, "American Attitudes toward the Germ Theory of Disease (1860–1880)," *JHM* 9, 1954, pp. 58~84. K. 코델 카터K. Codell Carter는 이 시기 세균설과 그것이 의학계에 미친 영향에 대해 의미 있는 논문을 많이 저술했다. 그중에서 내가 유용하다고 생각하는 것은 "Ignaz Semmelweis, Carl Mayrhofer, and the Rise of Germ Theory," *Medical History* 29, 1985, pp. 33~53; "Koch's Postulates in Relation to the Work of Jacob Henle and Edwin Klebs," *Medical History* 29, 1985, pp. 353~374.

55 Karl Liebermeister, "Introduction," *in Cyclopedia of the Practice of Medicine, vol. 1: Acute Infectious Diseases*, ed. Hugo von Ziemssen, trans. Thomas Satterthwaite, New York: William Wood, 1874, pp. 1~33, 인용은 6쪽. 근대 세균설의 선례에 대한 개요는 William Bulloch, *The History of Bacteriology*, London: Oxford University Press, 1960, Chaps. 1 and 2; Pelling, "Contagion/Germ Theory/Specificity"; Richard Harrison Shryock, "Germ Theories in Medicine Prior to 1870," Clio Medica 7, 1972, pp. 81~109; Catherine Wilson, *The Invisible World: Early Modern Philosophy and the Invention of the Microscope*, Princeton, N J.: Princeton University Press, 1995, 5장.

56 Liebermeister, "Introduction," pp. 6, 7. 초기 현미경과 그것의 사용에 대해서는 Wilson,

Invisible World.

57 Liebermeister, "Introduction," p. 7.

58 대중적인 현미경 사용의 역사에 대해서는 Stella Butler, R. H. Nuttall, and Olivia Brown, *The Social History of the Microscope*, Cambridge, Eng.: Whipple Museum of the History of Science, n.d., 특히 10쪽; John Harley Warner, "'Exploring the Inner Labyrinths of Creation': Popular Microscopy in Nineteenth−Century America," *JHM* 37, 1982, pp. 7~33. 의료 현미경의 증가에 대해서는 James H. Cassedy, "The Microscope in American Medical Science, 1840~1860," *Isis* 67, 1976, pp. 76~97; DeborahJean Warner, "Medical Microscopy in Antebellum America," *BHM* 69, 1995, pp. 367~386.

59 질병발효설에 대한 유스투스 폰 리비히의 영향은 Eyler, *Victorian Social Medicine*, pp. 100, 103. 나의 파스퇴르의 연구에 대한 개괄은 다음에 크게 의존한다. Gerald L. Geison, "Louis Pasteur," in *The Dictionary of Scientific Biography*, vol. 3, ed. Charles C. Gillispie, New York: Charles Scribner's Sons, 1974, pp. 350~416; Gerald L. Geison, *The Private Science of Louis Pasteur*, Princeton, N J.: Princeton University Press, 1995.

60 René Dubois, *Louis Pasteur: Free Lance of Science*, 1960; reprint, New York: Da Capo, 1986, p. 233.

61 자연발생설 논쟁에서 파스퇴르 편에 대한 설명은 Geison, *Private Science*, pp. 110~142. 또한 John Farley, *The Spontaneous Generation Controversy from Descartes to Oparin*, Baltimore, Md.: Johns Hopkins University Press, 1977.

62 Geison, *Private Science*, Chap. 5.

63 Ibid., pp. 32~33, 90~91. 파스퇴르의 초기 세균설에 대한 저술에 대해서는 Dubos, *Louis Pasteur*, pp. 233~266.

64 이런 초기 연구에 대해서 가장 우수한 개설서는 Bulloch, *History of Bacteriology*.

65 John C. Dalton, "The Origin and Propagation of Disease," in *Annual Report of the Board of Regents of the Smithsonian Institution……for the Year 1873*, Washington, D. C.: Government Printing Office, 1874, pp. 226~245, 인용은 299쪽. 기생충학과 세균설에 대해서는 John Farley, "Parasites and the Germ Theory of Disease," in *Framing Disease: Studies in Cultural History*, ed. Charles E. Rosenberg and Janet Golden, New Brunswick,

NJ.: Rutgers University Press, 1992, pp. 33~49. 여기서 팔리는 기생충에 대한 과학적 연구가 세균설의 초기 공식화에 거의 영향을 미치지 않았다고 주장한다. 그러나 내가 미국 사료를 읽은 바로는 그가 말한 것보다 훨씬 더 빈번하게 기생 모델이 적용되었다는 것을 알 수 있었다.

66 Roy MacLeod, "John Tyndall," in *Dictionary of Scientific Biography*, vol. 13, pp. 521~524.

67 파스퇴르와 마찬가지로 리스터는 애초에 질병 세균설보다는 부패 세균설에 관해서 더 많이 생각했다. Christopher Lawrence and Richard Dixey, "Practising on Principle: Joseph Lister and the Germ Theories of Disease," in *Medical Theory, Surgical Practice: Studies in the History of Surgery*, ed. Christopher Lawrence, New York: Routledge, 1992, pp. 153~215.

68 처음으로 제목에 '세균설germ theory' 이라는 문구를 넣은 글은 Jabez Hogg, "The Organic Germ Theory of Disease," *Medical Times and Gazette*, 1870, pp. 659, 685. 일 반적으로 1860년대 말 이전에는 그 주제에 대한 기사가 매우 적었다. *Index Catalogue of the Library of the Surgeon-General's Office*, United States Army ser. 1, vol. 5, Washington, D. C.: Government Printing Office, 1880~1895, pp. 385~388. 또한 처음에는 병원균이 "원생체bioplasts"라고 주장—현대 암에 대한 관점과 다르지 않은 이론—했던 영국 의사이자 현미경 전문가 라이오넬 빌의 연구를 논하기 위해서 '질병 세균설' 이라는 표현을 사용했다. 빌의 가설과 구별하기 위해서 파스퇴르/리스터 이론은 종종 '기생parasitic균설' 이라고 불렀다.

69 Thomas J. MacLagan, "Correspondence," *Lancet*, Feb. 19, 1876, pp. 295~296; 295쪽에서 인용. 맥레이건은 진행 중이던 존 틴들과 바스티안의 논쟁에 대해 논평하고 있다. '세균' 이라는 용어 사용에 대해서는 Pelling, "Contagion/Germ Theory/Specificity," 특히 314쪽.

70 이 점에 대한 더 자세한 논의는 Tomes, "American Attitudes."

71 예를 들어 H. Charlton Bastian, "An Address on the Germ Theory of Disease," *Lancet*, Apr. 10, 1875, pp. 501~509.

72 Edward P. Hurd, "On the Germ Theory of Disease," *Boston Medical and Surgical Journal* 91, no. 5, July 1874, pp. 97~110, 100쪽에서 인용.

73 Ibid., pp. 101~102, 106.

74 Frank J. Davis, "Atmospheric Germs and Their Relation to Disease," *Chicago Medical Examiner* 12, 1871, pp. 191~199, 인용은 198쪽.

75 솔즈버리의 연구에 대해서는 Richmond, "American Attitudes," pp. 62~64.

76 Liebermeister, "Introduction," p. 8.

77 Hurd, "On the Germ Theory," pp. 105, 109.

78 코흐의 탄저 연구에 대한 개요는 Thomas Brock, *Robert Koch: A Life in Medicine and Bacteriology*, Madison, Wise.: Science Tech, 1888, pp. 27~37.

79 Ibid.

80 공중학 전통에 대해서는 Jan Golinski, *Science as Public Culture: Chemistry and Enlightenment in Britain, 1760~1820*, New York: Cambridge University Press, 1992; Larry Stewart, *The Rise of Public Science: Rhetoric, Technology, and Natural Philosophy in Newtonian Britain, 1660~1750*, New York: Cambridge University Press, 1992. 다음에서 자세히 논하듯이, 세균설 논쟁 양측에서 자신들의 주장을 펴기 위해 그런 비유와 일상적인 인유引喩를 사용했다. Tomes, "American Attitudes." 여기서 나의 초점은 그 이론의 초기 주창자들이 사용한 재현의 전략에 대한 것이다. 왜냐하면 그것들이 매우 직접적으로 대중의 균에 대한 개념을 형성했기 때문이다. 감염의 본질을 이해하는 데 사용된 다양한 비유에 대한 흥미로운 논의는 Pelling, "Contagion/Germ Theory/Specificity," pp. 313~315.

81 이런 연구의 가정적인 특징은 John Tyndall, "Spontaneous Generation," *PSM* 12, 1878, pp. 476~488, 591~604에서 잘 전달된다. 그는 594쪽에서 터키탕에 간 것을 이야기한다.

82 Dr. [William] Roberts on Spontaneous Generation, *PSM* 9, 1876, pp. 638~639. 순무 조각이나 양갈비살에 대한 언급은 Tyndall, "Spontaneous Generation," pp. 484, 597.

83 이러한 방어 자세에 대한 좋은 예는 P. Schutzenberger, "Air-Germs and Spontaneous Generation," *PSM* 9, 1878, pp. 91~102.

84 "Professor [John] Tyndall's Recent Researches," *PSM* 8, 1876, pp. 686~699, 인용은 696쪽.

85 John Tyndall, "Fermentation and Its Bearings on the Phenomena of Disease," *PSM* 9,

1876, pp. 129~154, pp. 141, 인용은 148쪽.

86 에렌베르크의 인용구는 Fredinand Papillon, "Ferments, Fermentation, and Life," *PSM* 5, 1874, pp. 542~556, 인용은 551쪽. 다른 인용은 Tyndall, "Spontaneous Generation," p. 486; "Tyndall and Roberts on Spontaneous Generation," *PSM* 10, 1877, p. 758.

87 Antoine Magnin, The Bacteria, in "Literary Notices," *PSM* 19, 1881, p. 706 서평에서 재인용.

88 Joseph Richardson, *The Germ Theory of Disease, and Its Present Bearing upon Public and Personal Hygiene*, Philadelphia: Philadelphia Social Science Association, 1878, p. 9. 여기서 리차드슨의 통계는 사실 그대로를 발표한 것이 아니라 감동을 주려고 한 시도로 보는 것이 좋다. 왜냐하면 5천만 개의 포자가 점 하나에 들어갈 수 있으므로, 어떻게 2만 개의 포자만 1인치에 줄 세울 수 있는지 상상하기 어렵기 때문이다.

89 "Disadvantages and Advantages of Bacteria," *PSM* 21, 1882, p. 709에서 재인용. 좋거나 나쁜 종으로 동물을 범주화하는 경향에 대해서는 Keith Thomas, *Man and the Natural World: A History of Modern Sensibility*, New York: Pantheon, 1983; Thomas R. Dunlap, *Saving America's Wildlife: Ecology and the American Mind, 1850~1990*, Princeton, NJ.: Princeton University Press, 1988.

90 Papillon, "Ferments, Fermentation, and Life," p. 551.

91 '씨앗과 토양' 비유는 Vivian Nutton, "The Seeds of Disease: An Explanation of Contagion and Infection from the Greeks to the Renaissance," *Medical History* 27, 1983, pp. 1~34.

92 Dalton, "Origin and Propagation of Disease," p. 243.

93 Mays, "On the Supposed Identity," p. 111; Stephen Smith, "Practical Tests of the Antiseptic System," *Transactions of the Medical Society of New York for 1878*, Albany, N.Y: Medical Society of New York, 1878, pp. 106~131, 인용은 130쪽; Richardson, The Germ Theory, p. 4.

94 진화론과 세균설의 관계에 대해 유용한 논의는 W. F. Bynum, "Darwin and the Doctors: Evolution, Diathesis, and Germs in Nineteenth-Century Britain," *Gesnerus* 40, 1983, pp. 43~53, 특히 49~52쪽. 진화론과 미국 의학에 대해서는 대체로 John S. Haller, *American Medicine in Transition, 1840~1910*, Urbana: University of Illinois

Press, 1981, 8장을 보라. 균 이론가들은 결코 동일한 방식으로 진화론을 적용하지는 않았다. 예컨대, Kenneth W. Millican, *Evolution of Morbid Germs: A Contribution to Transcendental Pathology*, London: H. K. Lewis, 1883는 발열을 일으키는 병원균이 다른 균으로 진화할 수 있다고 주장하기 위해서 다윈의 진화론을 사용했다.

95 Henry Gradle, *Bacteria and the Germ Theory of Disease*, Chicago: W. T. Keener, 1883, p. 2.

96 Ibid., p. 56.

97 예를 들어, Papillon, "Ferments, Fermentation, and Life."

98 William Preston Hill, "An Essay on the Origin of the Germ Theory", M.D. thesis, University of Pennsylvania, 1885, [unpaginated], VP.

99 Geison, Private Science, 6, 7, 8, 9장; Brock, *Robert Koch*, Chap. 18; John K. Crellin, "Internal Antisepsis or the Dawn of Chemotherapy?" *JHM* 36, 1981, pp. 9~18.

100 여기서 나의 해석은 프랑스 위생사들에 대한 라투르의 주장과 비슷하다. Bruno Latour, *The Pasteurization of France*, trans. *Alan Sheridan and John Law*, Cambridge, Mass.: Harvard University Press, 1988, 특히 25~26, 34쪽. 라투르는 프랑스의 사례가 본질적으로 미국이나 영국의 사례와 다르다고 생각하는 듯하다. p. 26, n. 17을 보라. 미국인과 영국인들이 매우 배타적으로 파스퇴르라는 인물에만 초점을 두지는 않았다는 것이 분명한 사실이지만, 라투르의 일반적인 관점—세균설 지지자들이 위생사들의 인식을 자신들의 말로 번역하고 그들의 위생 의제로 채택했다는 것—은 대체로 미국에도 해당된다. 라투르와 마찬가지로, 나는 위생학과 세균설의 결합은 처음에 둘 다를 보강했다고 생각한다.

101 Lloyd Stevenson, "Science Down the Drain: On the Hostility of Certain Sanitarians to Animal Experimentation, Bacteriology, and Immunology," *BHM* 29, 1955, pp. 1~26; Charles E. Rosenberg, "Florence Nightingale on Contagion: The Hospital as Moral Universe," in *Explaining Epidemics and Other Studies in the History of Medicine*, ed. Charles E. Rosenberg, New York: Cambridge University Press, 1992, pp. 90~108. 엘리자베스 블랙웰에 대해서는 Regina Morantz–Sanchez, *Sympathy and Science*, New York: Oxford University Press, 1985, pp. 186~191, and "Feminist Theory and Historical Practice: Rereading Elizabeth Blackwell," *History and Theory* 31, 1992, pp. 51~69.

102 F. A. P. Barnard, "The Germ Theory of Disease and Its Relations to Hygiene," in

American Public Health Association, Public Health Reports and Papers……1873, pp. 70~87; 인용은 87쪽. 동일한 지적에 대해서는 Howard Kramer, "The Germ Theory ancrthe Early Public Health Program in the United States," *BHM* 22, 1948, pp. 233~247.

103 Rene Vallery-Radot, *The Life of Pasteur*, trans. Mrs. R. L. Devonshire, New York: Doubleday, Page, 1920, p. 213. 그의 딸이 장티푸스로 사망한 데에 대한 논의는 pp. 86, 130~131. 또한 Geison, *Private Science*, p. 48.

2. 가정, '회칠한 무덤'

104 Charles Wingate, "The Unsanitary Homes of the Rich," *North American Review* 137, 1883, pp. 172~184; pp. 173, 인용 174. 윈게이트는 위생기사로서 부유한 미국인들이 가정 배관의 흠을 걱정하도록 만드는 데 대해 직업상 관심이 있었다. 나는 이 점을 이 책의 3장에서 더 자세히 논한다.

105 "회칠한 무덤"에 대한 언급은 마태복음 23:27에서 발견된다. 개정 표준역.

106 19세기 말 영국에서 비슷한 발전에 대해서는 Annmarie Adams, *Architecture in the Family Way*: Doctors, *Houses, and Women, 1870~1900*, Montreal: McGill-Queen's University Press, 1996.

107 전통적인 전염병 예방조치에 대한 관념은 Philip Ziegler, *The Black Death*, New York: Harper and Row, 1969; Carlo Cipolla, *Fighting the Plague in Seventeenth-Century Italy*, Madison: University of Wisconsin Press, 1981.

108 그런 전통적인 믿음에 대해 잘 묘사한 것으로는 Daniel Defoe, *A Journal of the Plague Year*, ed. Louis Landa, 1722; reprint, New York: Oxford University Press, 1969.

109 병원의 전염병 치료 거부는 Charles Rosenberg, *The Care of Strangers*: *The Rise of America's Hospital System*, New York: Basic Books, 1987, pp. 22~23, 30~31. 극적인 공동체 검열 사례는 1690년 매사추세츠주 앤도버Andover에서 천연두에 걸려 다른 사람들에게 병을 옮긴다고 비난받은 마사와 그녀의 아이들을 가혹하게 대한 것이었다. 이후 마사 캐리어는 마녀로 고발당해 세일럼 재판 와중에 처형되었다. Carol Karlsen, *The Devil in the Shape of a Woman*: *Witchcraft in Colonial New England*, New York: Vintage, 1987, pp. 99~100.

110 Whitfield J. Bell, Jr., *The College of Physicians of Philadelphia: A Bicentennial History*, Canton, Mass.: Science History Publications, 1987, p. 28에서 재인용한 러시의 말. 새로운 공중보건학에 대해서는 James C. Riley, *The Eighteenth-Century Campaign to Avoid Disease*, New York: St. Martin's, 1987; William Coleman, *Death Is a Social Disease: Public Health and Political Economy in Early Industrial France*, Madison: University of Wisconsin Press, 1982. 위생 매뉴얼에 대한 나의 일반화는 Bernhard C. Faust, *Catechism of Health for the Use of Schools, and for Domestic Instruction*, 1794; reprint, New York: Arno, 1972, and Caleb Ticknor, *The Philosophy of Living, or The Way to Enjoy Life and Its Comforts*, New York: Harper and Bros., 1836. 또한 이런 장르에 대해서는 Charles E. Rosenberg, "Catechisms of Health: The Body in the Prebellum Classroom," *BHM* 69, 1995, pp. 175~197. 인체는 종종 주택과 관련지어졌다는 점을 주지하라. 모두 가정 위생에 대한 위생학적 가르침을 더 쉽게 이해할 수 있게 만드는 전통이었다.

111 *Report of the Council of Hygiene and Public Health of the Citizens Association of New York upon the Sanitary Condition of the City*, 1866; reprint, New York: Arno, 1970, p. xcvi. 내전의 중요성에 대해서는 Suellen Hoy, *Chasing Dirt: The American Pursuit of Cleanliness*, New York: Oxford University Press, 1995, 2장. 병원 개혁에 대해서는 Rosenberg, Care of Strangers, 5장. 도시의 위생 개혁은 Stanley K. Schultz, *Constructing Urban Culture: American Cities and City Planning, 1800~1920*, Philadelphia: Temple University Press, 1989.

112 이 문제에 대한 당대의 해석과 역사적인 설명을 위해서는 William Paul Gerhard, *The Drainage of a House*, Boston: Rand Avery, 1888, p. 4; Joel Tarr, James McCurley, and Terry F. Yosie, "The Development and Impact of Urban Wastewater Technology," in *Pollution and Reform in American Cities, 1870~1930*, ed. Martin L. Melosi, Austin: University of Texas Press, 1980, pp. 59~82. 가정 배관의 혁명에 대해서는 May N. Stone, "The Plumbing Paradox: American Attitudes toward Late-Nineteenth-Century Domestic Sanitary Arrangements," *Winterthur Portfolio* 14, 1979, pp. 283~309; Maureen Ogle, "Domestic Reform and American Household Plumbing, 1840~1870," *Winterthur Portfolio* 28, 1993, pp. 33~58; Maureen Ogle, *All the Modern Conveniences: American Household Plumbing, 1840~1890*, Baltimore, Md.: Johns Hopkins University

Press, 1996.

113 Wingate, "Unsanitary Homes," p. 173. 윈저 왕가(빅토리아 여왕의 가족—역자 주)에서 장
티푸스와 관련해 겪은 시련에 대해서는 Balthazar W. Foster, *The Prince's Illness: Its
Lesson. A Lecture on the Prevention of Disease*, London: J. A. Churchill, 1872, p. 16.

114 Robert Clark Kedzie, "Preventive Medicine," *Sanitarian* 3, no. 26, May 1875, p. 86.

115 Joseph Edwards, *How We Ought to Live*, Philadelphia: H. C. Watts, 1882, pp. 151, 407.

116 출판 및 지식 보급 방식의 변화에 대해서는 Richard D. Brown, *Knowledge Is Power: The
Diffusion of Information in Early America, 1700~1865*, New York: Oxford University
Press, 1989; Carl F. Kaestle, et al., *Literacy in the United States: Readers and Reading since
1880*, New Haven, Conn.: Yale University Press, 1991. 의학 권장서에 대해서는 Anita
Clair Fellman and Michael Fellman, *Making Sense of Self: Medical Advice Literature in
Late—Nineteenth—Century America*, Philadelphia: University of Pennsylvania Press, 1982.
가정의 건축과 위생에 대한 문헌의 급증에 대해서는 Adams, *Architecture in the Family
Way*; Ogle, *All the Modern Conveniences*; Ogle, "Domestic Reform," 특히 40쪽.

117 Henry I. Bowditch, *Public Hygiene in America*, Boston: Little, Brown, 1877, p. 38.

118 William Eassie, *Sanitary Arrangements for Dwellings, Intended for the Use of Officers of
Health, Architects, Builders, and Householders*, London: Smith Elder, 1874; Henry
Hartshorne, *Our Homes*, Philadelphia: Presley Blakiston, 1880; Frederick Castle, ed.,
Wood's Household Practice of Medicine, Hygiene, and Surgery, 2 vols., New York: William
Wood, 1880. 캐슬 저서의 속표지에서 재인용. 1권에는 주택 건축과 가정 위생에 대한
여러 챕터가 있다. 미국 공중보건국 국장의 첫 번째 시리즈에는 1875년 이전 소수의
책과 논문만 "주거habitations"라는 제목아래 게재되었다. 그리고 그 대부분은 1870년
대에서 1880년대 말 이후부터 기재되었다. *Index Catalogue of the Library of the Surgeon
General's Office, United States Army*, 1st ser., Washington, D. C.: U.S. Government
Printing Office, 1880~1895.

119 조지 웨어링의 글은 책으로도 출간되었다. *The Sanitary Drainage of Houses and Towns*,
New York: Hurd and Houghton, 1876. 그의 경력에 대해서는 James H. Cassedy, "The
Flamboyant Colonel Waring: An Anticontagionist Holds the American Stage in the Age
of Pasteur and Koch," *BHM* 36, 1962, pp. 163~176. 대안 신문 혹은 종파적인 의학

신문도 가정 위생의 신조를 홍보하는 데 참여했다. 내가 발견한 가장 초기의 세균설에 대한 묘사는 다음의 종파적 책에서이다. [John Harvey Kellogg], *The Household Manual*, Battle Creek, Mich.: Office of the Health Reformer, 1875.

120 광고broadsides나 회보circulars는 오랫동안 전염병 시기에 대중을 교육하는 데 사용되었었다. 전형적인 미국 사례는 다음과 같다. Sanitary Committee of the Board of Health of Philadelphia, *Sanitary and Preventive Measures: Disinfectants, How to Use Them, or What May Be Done by the Public to Guard against Yellow Fever*, Philadelphia; Markley and Son, 1878, CPP; Massachusetts State Board of Health, *Suggestions for Preventing the Spread of Scarlet Fever* [n.d.; received at the surgeon's general's office in 1888], NLM. 가난한 독자층을 겨냥한 문헌의 예는 Citizens' Sanitary Society of Brooklyn, *Sanitary Tracts*, New York: E. P. Coby, n.d.; Mary Armstrong, *Preventable Diseases*, Hampton Tracts for the People, Sanitary Series, no. 3, Hampton, Va.: The Hampton Institute, 1878.

121 Kellogg, *Household Manual*, p. 16. 이것이 내가 안내서 견본에서 찾은 가장 초기 균에 대한 언급이다. "미세 식물microscopic plants"이 발효병을 일으키는 방법에 대한 아주 간단한 설명은 Catharine Beecher and Harriet Beecher Stowe, *The American Woman's Home*, 1869; reprint, New York: Arno, 1971, pp. 421~422. 그러나 그들은 "균germ"이라는 용어를 사용하지는 않는다.

122 *NYT*, Feb. 11, 1874, p. 2.

123 Armstrong, *Preventable Diseases*, p. 6.

124 Emma Hewitt, *Queen of the Home*, n.p.: Miller Magee, 1888, p. 225; George Wilson, *Health and Healthy Homes: A Guide to Domestic Hygiene*, Philadelphia: Presley Blakiston, 1880, p. 117. 의료계와 비교해서 보통 사람들의 세균설에 대한 관심이 처음 언급된 것은 Phyllis Allen Richmond, "American Attitudes toward the Germ Theory of Disease (1860~1880)," *JHM* 9, 1954, pp. 58~84.

125 Armstrong, *Preventable Diseases*, p. 5. "타락한" 공기의 위협에 대해서는 Gavin Townsend, "Airborne Toxins and the American House, 1865~1895," *Winterthur Portfolio* 24, no. 1, spring 1989, pp. 29~42.

126 Henry Hartshorne, *Our Homes*, Philadelphia: Presley Blakiston, 1880, p. 9. 빅토리아 시

대 부패와 질병에 대한 개념은 Christopher Hamlin, "Providence and Putrefaction: Victorian Sanitarians and the Natural Theology of Disease," *Victorian Studies* 28, 1985, pp. 381~411.

127 이 동일한 "추가 항목add-on" 접근법은 병원 개혁가들의 사고에 분명하다. Rosenberg, *Care of Strangers*, pp. 137~141.

128 1880년 이전에 쓰여진 매뉴얼에서 주요 관심은 젖은 땅에서 올라오는 건강에 해로운 지상 공기ground air였다. 이는 오염된 지하수ground water가 콜레라를 발병시킨다는 독일 의사 막스 판 페텐코퍼 이론의 인기를 반영하는 것이었다. 이후 저술들에서 지하수 주장은 새로이 병균과 결합했다. 예컨대 서명이 없는 사설 "Soil and Health," SE 5, no. 5, Dec. 29, 1881, pp. 100을 보라. 다음에서 묘사되었듯이 환기 장치 설계서는 병원 건축에 대한 문헌에서 크게 영향을 받았다. Rosenberg, *Care of Strangers*, 특히 139~141쪽.

129 T. J. MacLagan, "How Typhoid Fever Is Conveyed," *PSM* 16, 1880, pp. 460~467, 인용은 462~463쪽. 환기구 자가 제작에 대한 대표적인 설명은 Roger S. Tracy, *Hand-book of Sanitary Information for Householders*, New York: D. Appleton, 1884, p. 17.

130 Hartshorne, Our Homes, p. 101.

131 Alfred Carroll, "The Enemy in the Air," *Sanitarian* 6, no. 63, June 1878, pp. 253~255, 인용은 255쪽. 나중에 재출간된 글은 *Messenger*, a Staten Island, New York, missionary paper.

132 J. Pridgin Teale, *Dangers to Health: A Pictorial Guide to Domestic Sanitary Defects*, London: Churchill, 1879, p. 9. 박하 시험에 대한 설명은 Tracy, Hand-book, pp. 63~64.

133 Hartshorne, *Our Homes*, p. 100.

134 Ellen H. Richards and Marion Talbot, *Home Sanitation: A Manual for Housekeepers*, Boston: Ticknor, 1887, p. 9. 6장에서 리처드와 탤보의 경력에 대해 더 상세하게 설명한다.

135 MacLagan, "How Typhoid Fever Is Conveyed," p. 465. 가정병원 운영방법에 대한 대표적인 지시사항은 Edwards, *How We Ought to Live*, pp. 395~401. 분만실 배치에 대해서는 Adams, *Architecture in the Family Way*, Chap. 4.

136 Massachusetts Board of Health, *Suggestions*, p. 1; Joseph F. Perry, *Health in Our Homes*, Boston: Thayer, 1887, p. 403. 이 매사추세츠 회보에서는 세균설이 "가설"일 뿐이라고 강조하지만, 성홍열의 원인이 무엇이든지 간에 그것은 접촉 매개물에 의해 옮겨질 수 있다고 강조했다. 윌리엄스Williams의 이야기에서 한 소년이 성홍열에 걸리고 의사는 그가 좋아하는 토끼 인형이 "성홍열 균 덩어리"이기 때문에 태워 버리라고 말했다. Margery Williams, *The Velveteen Rabbit*, 1922; reprint, New York: Knopf, 1985.

137 Hewitt, *Queen of the Home*, p. 112.

138 New Hampshire State Board of Health, *Disinfectants and Their Use*, Concord, N.H.: Parsons B. Cogswell, 1885, p. 5. 살균에 대한 기본적인 논의는 Hartshorne, *Our Homes*, pp. 130~136.

139 품위, 가족, 그리고 계급에 대해서는 Richard L. Bushman, *The Refinement of America: Persons, Houses, Cities*, New York: Alfred A. Knopf, 1992; John F. Kasson, *Rudeness and Civility: Manners in Nineteenth-Century Urban America*, New York: Hill and Wang, 1990; Ogle, "Domestic Reform"; Mary Ryan, *Cradle of the Middle Class: The Family in Oneida County, New York, 1790~1865*, New York: Cambridge University Press, 1981.

140 Clara Bloomfield-Moore, *Sensible Etiquette of The Best Society*, 10th ed., Philadelphia: Porter and Coates, 1878, p. 257. 이 시대 소설에서는 계급과 주택의 관계를 강조한다. 1870년대 뉴욕 사회를 배경으로 한 《순수의 시대*The Age of Innocence*》에서 이디스 워튼Edith Wharton은 신혼부부인 뉴랜드 아처Newland Archer와 메이 웰랜드May Welland를 "소름끼치는 녹황색 석조" 연립주택에 자리를 잡게 했다. 그것의 주요 장점은 "완벽한" 배관이었다. 다음에서도 주거 테마가 눈에 띄게 표현된다. William Dean Howells, *The Rise of Silas Lapham*, Boston: Ticknor, 1885.

141 빅토리아 시대 가족생활과 사회생활에 대한 관념에서 가정의 중요성은 Clifford Edward Clark, Jr., *The American Family Home, 1800-1960*, Chapel Hill: University of North Carolina Press, 1986, 특히 1~71쪽; Louise L. Stevenson, *The Victorian Homefront: American Thought and Culture, 1860~1880*, New York: Twayne, 1991; Stuart M. Blumin, *The Emergence of the Middle Class: Social Experience in the American City, 1760~1900*, New York: Cambridge University Press, 1989, 5장. 문명의 이기의 확장에 대해서는 Stone, "Plumbing Paradox"; Ogle, *All the Modern Conveniences*; Ogle,

"Domestic Reform."

142 빅토리아인의 품위에 대한 걱정을 더 폭넓게 다룬 것은 Kasson, *Rudeness and Civility*;
Karen Halttunen, *Confidence Men and Painted Ladies: A Study of Middle—Class Culture in
America, 1830~1870*, New Haven, Conn.: Yale University Press, 1982.

143 [Robert Tomes,] *The Bazar Book of Health*, New York: Harper and Bros., 1873, p. 17;
"Decomposition," *Sanitarian* 2, no. 7, Oct. 1874, p. 316.

144 여성, 몸, 집의 관계에 대한 통찰력 있는 논의는 Adams, *Architecture in the Family Way*.
또한 Hoy, *Chasing Dirt*. 더러움과 섹슈얼리티에 대해서는 Phyllis Palmer, *Domesticity
and Dirt: Housewives and Domestic Servants in the United States, 1920~1945*,
Philadelphia: Temple University Press, 1989, 특히 138~141쪽.

145 Harriette M. Plunkett, *Women, Plumbers, and Doctors*, New York: D. Appleton, 1885, p.
43, 10; Perry, *Health in Our Homes*, Boston: Thayer, 1887, p. 65.

146 비슷한 주장은 Adams, *Architecture in the Family Way*, 특히 3장.

147 George E. Waring, *How to Drain a House*, New York: Henry Holt, 1885, pp. v—vi;
Plunkett, *Women, Plumbers, and Doctors*, p. 10.

148 Nancy Schrom Dye and Daniel Blake Smith, "Mother Love and Infant Death,
1750~1920," *Journal of American History* 73, no. 2, Sept. 1986, pp. 329~353. 1900년
대 초 모든 계급에 지속된 높은 유아 사망률에 대해서는 Samuel H. Preston and
Michael R. Haines, *Fatal Years: Child Mortality in Late Nineteenth—Century America*,
Princeton, NJ.: Princeton University Press, 1991. 빅토리아인의 애도 풍습에 대해서는
Martha Pike and Janice Armstrong, *A Time to Mourn*, Stony Brook, N.Y: The Museums
at Stony Brook, 1980. 유아 사망률이 엄마와 생존 자녀들에게 어떤 영향을 미쳤는지
에 대한 개인적인 설명은 Kathryn Kish Sklar, *Florence Kelley and the Nation's Work: The
Rise of Women's Political Culture, 1830~1900*, New Haven, Conn.: Yale University Press,
1995, pp. 27~31.

149 19세기 말 "하인 문제"에 대해서는 Faye E. Dudden, *Serving Women: Household Service
in Nineteenth—Century America*, Middletown, Conn.: Wesleyan University Press, 1983.

150 Plunkett, *Women, Doctors, and Plumbers*, p. 10. 페미니즘과 위생 개혁에 대해서는
Adams, *Architecture in the Family Way*, 5장 참조.

151 Hewitt, *Queen of the Home*, p. 225.

3. 세균을 '파는' 사람들

152 가필드의 총상과 외상 후 질환에 대해서는 Charles E. Rosenberg, *The Trial of the Assassin Guiteau*, Chicago: University of Chicago Press, 1968, pp. 1~12. 웨어링의 워싱턴 도착은 George Waring (이하 GW) to Almon F. Rockwell (이하 AFR), Aug. 13 and 15, 1881, box 10, item 292, NA.

153 이 사건의 의학적 측면에 대해서는 Stanley A. Fish, "The Death of President Garfield," *BHM* 24, 1950, pp. 378~392.

154 이 시기 광대한 위생 사업의 발전에 대해서는 Maureen Ogle, *All the Modern Conveniences: American Household Plumbing, 1840~1890*, Baltimore, Md.: Johns Hopkins University Press, 1996. 영국에서의 비슷한 발전은 Annmarie Adams, *Architecture in the Family Way: Doctors, Houses, and Women 1870~1900*, Montreal: McGill–Queen's University Press, 1996.

155 그것의 상징적 중요성에 대해서는 Frank Friedel and William Pencak, eds., *The White House: The First Two Hundred Years*, Boston: Northeastern University Press, 1994. 건축사에 대해서는 William Seale, *The President's House: A History*, 2 vols., Washington, D. C.: White House Association, 1986. 시어도어 루스벨트 정부 시기인 1901년 이후에야 대통령 관저는 공식적으로 백악관으로 알려지게 되었다.

156 Hayward and Hutchinson to T. L. Casey, July 16, 1879, box 7, folder 271, NA; M. M. Magruder to T. L. Casey, July 17, 1879, box 7, folder 264, NA. 미육군 기관사는 병참부대에서 기술자를 선발해 백악관 담당 공무원으로 근무하게 했다. 그의 임무에 대한 요약은 the National Archives Inventory for Record Group 42, NA, compiled by Mary Jane Dowd.

157 재판된 《볼티모어 어메리칸》의 기사는 *SE* 4, no. 13, June 1, 1881, pp. 304. 록웰의 수리에 대해서는 Hayward and Hutchinson to AFR, Mar. 16, 1881, box 10, folder 86, NA. 가필드 여사의 질환에 대해서는 Seale, *President's House*, vol. 1, pp. 519~520.

158 W. B. Allison to AFR, Apr. 8, 1881; Eppa Hunton to James A. Garfield, June 7, 1881; AFR to Eppa Hunton, June 20, 1881, all box 10, folder 213, NA.

159 Rosenberg, *Trial*, pp. 2~4, 8~9. 치료의 본질적인 부분이라고 가정하면서 의사들이 세심한 소독법을 실시하기 이전에 상처 감염은 매우 일반적이었다. 가필드를 치료하기 위해 불려온 탁월한 외과 의사들은 소독 예방법을 따랐던 듯하다. 그러나 총격 몇 시간 이후, 대통령의 상처는 세심하지 못한 의사들이 검사했고, 그들이 총알의 위치를 알아내려고 애쓰는 동안 감염이 되었다. Fish, "Death of President Garfield."

160 *NYH*, Aug. 1, 1881, Garfield Scrapbook, vol. 2, p. 2, NLM; *NYH*, Aug. 5, 1881, Garfield Scrapbook, vol. 2, p. 8, NLM. 처음으로 말라리아malaria 주제를 언급한 것은 *NYH*, July 29, 1881, Garfield Scrapbook, vol. 1, p. 68, NLM. 이 세 권짜리 책은 대부분 《뉴욕 헤럴드》 신문에서 가필드 총격과 그 후의 질병과 관련된 기사를 오려내 수집한 것이다. 백악관 직원 몇 명이 7월에 말라리아와 같은 열병에 걸린 이후, 가필드의 의사들은 그에게 퀴닌quinine(말라리아 특효약─역자 주)이라는 예방약을 투여하기 시작했다. 1800년대 말 "말라리아에 걸린malarial"이라는 말은 간헐적으로 나타났다 사라지는 열병을 뜻했고, 우리가 지금 말라리아로 알고 있는 특정 질환에 국한되지 않았다는 점에 주의하라. 말라리아라는 말은 '나쁜 공기'를 의미했기 때문에, 그 용어는 하수 가스에 노출되어 생겨났다고 생각되는 질병을 나타내는 데에도 종종 사용되었다.

161 A. Mead to AFR, Aug. 9, 1881, box 10, folder 348, NA; Ogilvie and Bennem to AFR, Aug. 20, 1881, box 10, folder 299, NA; E. E. Rice to AFR, Aug. 13, 1881, box 10, folder 213, NA.

162 웨어링에 관한 맥비그의 제안이 언급된 것은 AFR to Brigadier General H. G. Wright, Jan. 4, 1882, box 10, folder 436, NA. 《헤럴드》가 하수 가스 십자군을 시작하기 이전에도 록웰을 포함해서 대통령의 수행원들은 분명히 병실 공기에 대해서 걱정했다. 록웰은 더위를 가라앉히고 공기를 신선하게 만드는 특별한 냉각장치를 설치하는 것 이외에도 대통령을 임시로 다른 곳으로 옮긴 뒤 휘장이나 카펫을 제거하고 방을 "대청소하고 철저한 훈증 소독"을 실시했다. 감염에 대한 불안감을 암시하는 조치들이었다. NYT, July 29, 1881.

163 George E. Waring, "Suggestions for the Sanitary Drainage of Washington City," *Smithsonian Miscellaneous Collections* 26, 1880, pp. 1~23, 인용은 12쪽. 웨어링의 경력에 대해서는 James H. Cassedy, "The Flamboyant Colonel Waring: An Anticontagionist Holds the American Stage in the Age of Pasteur and Koch," *BHM* 36, 1962; Martin

Melosi, *Pragmatic Environmentalist: Sanitary Engineer*, George E. Waring, Jr., Washington, D. C.: Public Works Historical Society, 1977.

164 GW to AFR, Aug. 23, 1881, box 10, folder 303, NA. 사전 보고서는 사실상 전부 최종 보고서에 반복되었다. GW to AFR, Nov. 26, 1881, box 10, folder 411, NA. 또한 웨어링은 친구 존 쇼 빌링스John Shaw Billings에게 복사본을 보냈다. 이것은 NLM에서 확인할 수 있다.

165 Wayne MacVeigh to AFR, Sept. 2, 1881, box 10, folder 316, NA. 그는 웨어링의 보고서에 대해서 이렇게 썼다. "그것이 괜찮으면 매우 잘 요약할 필요가 있습니다." 다음에 따르면, 보고서가 대통령 사망 이후에야 발표되었다. *NYT*, Oct. 15, 1881.

166 부검 결과에 대해서는 Fish, "Death of President Garfield," p. 388. 가필드 자신이 뉴저지로 가고 싶어 했고, "의사들에게 그렇게 조치하라는 외부의 압력이 매우 집요했다." 다음에 따르면, 그들도 동의했다. *NYT*, Aug. 26, 1881. 다음에서는 가필드 의사들 중 한 사람인 뉴욕시의 프랭크 해밀튼 박사가 말라리아 가설을 감안하지 않았다고 인용했다. *NYH*, Sept. 27, 1881, Garfield Scrapbook, vol. 3, p. 58, NLM. 해밀튼이 가필드가 쇠약해진 것이 다른 요인들 때문이라고 생각했음에도 불구하고, 다른 맥락에서는 그도 하수 가스 위협의 지지자였다. Frank H. Hamilton, "Sewer-Gas," *PSM* 22, 1882, pp. 1~20.

167 SE 4, no. 22, Oct. 15, 1881, pp. 524~525. 또한 *NYT*, Oct. 15, 1881을 보라.

168 John Bogart to AFR, Oct. 6,1881, box 10, folder 353, NA; GW to AFR, Oct. 19, 1881, box 10, folder 381, NA. 아서의 불안감에 대해서는 Seale, *President's House*, vol. 1, pp. 536~538.

169 Waring, "Report···on the Improvement of the Sanitary Condition of the Executive Mansion," enclosed with GW to AFR, Nov. 26, 1881, box 10, folder 411, NA. George E. Waring, *How to Drain a House*, New York: Henry Holt, 1885, pp. 138. 이것은 백악관에 설치된 다섯 개의 변기가 최초로 사용된 신모델이었다고 말한다. 자세한 설명은 133~138쪽. 백악관에 대해 언급하는 광고는 Cudell's Patent Sewer Gas Trap, SE 5, no. 13, Feb. 23, 1882, p 272; Dececo Water Closet, *SE* 6, no. 7, Sept. 21, 1882: 336. 록웰과 웨어링 사이의 갈등 해결에 대해서는 AFR to GW, Nov. 3, 1881, box 10, folder 381, NA; GW to AFR, Nov. 10, 1881, box 10, folder 394, NA; William Paul

Gerhard to AFR, Oct. 24, 1881, box 10, folder 358, NA. 최종 보고서에서 웨어링은 자신의 지휘 감독하에 지역의 배관 회사 헤이워드와 허치슨Hayward and Hutchinson 의 작업에 만족한다고 공언했다.

170 GW, "Report," box 10, folder 411, NA; Seale, *President's House*, vol. 1, p. 537.

171 상원의 법안이 기록된 것은 *Congressional Record*, June 20, 1882, pp. 5126~5128. 또한 Seale, *President's House*, vol. 1, p. 537을 보라.

172 세균설 이전에 상업적인 위생 서비스의 확장에 대해서는 Maureen Ogle, *All the Modern Conveniences: American Household Plumbing, 1840~1890*, Baltimore, Md.: Johns Hopkins University Press, 1996; Maureen Ogle, "Domestic Reform and American Household Plumbing, 1840~1870," *Winterthur Portfolio* 28, 1993, pp. 33~58, 특히 43~53쪽; Nancy Tomes, "The Private Side of Public Health: Sanitary Science, Domestic Hygiene, and the Germ Theory," *BHM* 64, 1990, pp. 509~539, 특히 531~535쪽.

173 1870년에 구할 수 있었던 소독약의 범위는 "Report of Committee on Disinfectants," *Transactions of the American Medical Association* 17, 1866, pp. 129~155. 소독약을 홍보 하기 위해서 세균설을 사용한 것에 대해서는 James Harvey Young, *The Toadstool Millionaires: A Social History of Patent Medicines in America before Federal Regulation*, Princeton, NJ.: Princeton University Press, 1961, 10장.

174 *Disinfection and Disinfectants: Preliminary Report Made fry the Committee on Disinfectants of the APHA*, 1885, p. 3, pamphlet collection, CPP. 이 연구에서 스텐버그와 그의 동 료들은 보통 가정에서 활용할 수 있는 물질을 시험하기 위해서만 주장을 밝혔다. 최종 보고서는 다음에 출판되었다. [American Public Health Association], *Disinfection and Disinfectants: Their Application and Use in the Prevention and Treatment of Disease, and in Public and Private Sanitation*, Concord, N.H.: Republican Press Association, 1888.

175 American Public Health Association, *Disinfection and Disinfectants*, pp. 12, 13. 17쪽에서 스텐버그는 위더가 자신의 초창기 연구 보고서를 잘못 사용한 것에 대해 불평한다.

176 Automatic Fountain and Disinfecting Company, *The Botsford Automatic Fountain* [1893], Disinfectants, box 1, WC. 악취의 중요성에 대해서는 Alain Corbin, The Foul and the Fragrant: Odor and the French Social Imagination, Cambridge, Mass.: Harvard University Press, 1986. 특히 의약품 산업에 대해서는 Young, Toadstool Millionaires.

177 Tayman's Disinfectant and Fumigating Co., *Tayman's Disinfectors and Fumigators*, Philadelphia: privately printed, 1885, p. 4, HC.

178 Class 4-222, Patent 274,332, Mar. 20, 1883, PO; Class 4-221, Patent 334,158, Jan. 12, 1886, PO. 발명가들이 살균 작용의 필요성을 강조했음에도 불구하고 하수 가스의 치명적 요소는 보통 그것의 위험이 가장 낮았다는 것을 의미하는 마지막 순서에 놓였다.

179 1870년대 연구자들은 식수에 박테리아가 있는지 검사하기 시작했음에도 불구하고 1880년대 중반 이후까지 권위 있는 연구는 시작되지 않았다. Barbara Guttman Rosenkrantz, *Public Health and the State*, Cambridge, Mass.: Harvard University Press, 1972, 특히 97~107쪽. 1887년 매사추세츠 보건국이 선구적인 로렌스 연구소Lawrence Experiment Station를 열었다. 미국의 관행에 영향을 미친 영국의 발전을 위해서는 Christopher Hamlin, *A Science of Impurity: Water Analysis in Nineteenth-Century Britain*, Berkeley: University of California Press, 1990.

180 Sub-Merged Filter Company, Ltd., *A Perfect House Filter*, Philadelphia: n.p., [1885]), p. 4, HC; The Hyatt Pure Water Co., *The Hyatt System of Water Purification*, New York: n.p., n.d., ca. 1890, p. 5, HC. 하얏트사의 팸플릿에서 필라델피아에 있는 50여 개인 주택 목록은 50~52쪽. 하얏트사는 뉴욕에 기반을 두고 있었지만 다른 도시에도 지사가 있었다. NLM은 뉴욕의 게이트 시티 스톤 정수기 회사Gate City Stone Water Filter Company와 보스턴 정수기Boston Water Purifier의 팸플릿과 비슷하다. 정수기 기술은 깨끗한 물 공급이 필요했고 나중에 가정용에 적용한 맥주 양조업자와 다른 제조업자들이 개척했다.

181 보고서는 Edward J. Mallett, Jr., New York City, vol. 337, p. 2242, DC를 보라. 나는 오로지 말레의 두 번째 특허만 선정했다. 그것은 1882년에 특허를 받았고 저미사이드의 '공기 소독기air disinfector'를 개선한 것이었다. Class 4-222, Patent 253,400, Feb. 7, 1882, PO. 그 특허는 그가 1880년 2월에 받은 장치에 대한 이전의 특허권 9068을 언급한다. 다른 구체적인 사항에 대해서는 뉴욕의 저미사이드사에 관해 제출된 신용 평가보고서 New York City, vol. 373, p. 1201H, DC; the Penn Germicide Company, Pennsylvania, vol. 162, p. 13, DC. "그는 폐 질환 때문에 많은 시간을 서부에서 보낸다"고 직원이 보고했다. 말레트는 아마도 결핵에 걸렸을 것이다. 서부는 보통 19세기

말 폐결핵 환자들이 병을 치료하기 위해 떠나서 거주한 장소였기 때문이다.

182 *The Germicide, Endorsed by Science and Experience* [1882] p. 2, HC. 다음의 팸플릿 신판 안쪽의 안내장에는 가격표가 첨부되었다. Pennsylvania Germicide Co., *Information Regarding the Germicide* [1884], CPP.

183 Germicide, pp. 3, 4, 5. 원문 강조. 콘은 1837년을 "부패와 균의 관계가 처음으로 증명되고 공표된" 해로 언급했다. 그것은 아마도 카냐르 드 라 투르의 이스트 연구에 대한 언급이었다. 똑같이 모호한 언급으로, 루이 파스퇴르의 연구에 대해 콘은 이어서 말했다. "25년 뒤에 폭넓은 의학적 감각이 발전하기 시작했다."

184 Ibid., pp. 6~7. 저미사이드 추천장은 13~16쪽. 시카고 보건국은 일리노이 현미경협회 Illinois Microscopical Society와 함께 그 장치의 효율성에 대한 실험 연구를 의뢰했다. 그리고 시카고 시민들에게 모든 가정에서 저미사이드 사용을 권하는 공개편지를 썼다. 이는 1880년대 초 이런 종류의 변기 부착물이 얼마나 진지하게 고려되었는지 효과적으로 보여 준다. *Report of the Health Department of the City of Chicago on the Germicidal Action of Zincic Chloride*, Chicago: Jones Stationary and Printing, 1881, HC.

185 The Pennsylvania Germicide Company, *Information Concerning the Germicide and Its Protective Influence 1884*, pp. 14~36, CPP는 명단을 나열하고 추천서를 제공한다. 리처드슨의 이름은 16쪽에, 그리고 *NYH*는 30쪽에 보인다. 이 사본은 특별히 의사들을 위한 안내장을 포함했는데, 그것은 C. L. 콘이 팸플릿에 첨부하기 위해 쓴 것이었다. 1886년 하트숀은 그 장치를 칭찬하는 연설을 했다. 그것은 다음에 출간되었다. The Germicide Company of New York, *Sewer-Gas and the Remedy* (n.d.), pp. 21~27, Disinfectants, box 1, WC.

186 Penn Germicide Company, Pennsylvania, vol. 162, p. 13, DC. 1884년 5월부터 1888년 6월까지 기재되었다. R. G. 던 앤 컴퍼니는 이맘 때 원장ledgers에 보고서 작성을 멈추었다. 그래서 나는 그 회사의 역사에 대해 더 추적할 수 없었다.

187 New York Scientific Sanitary System, New York City, vol. 337, p. 2282, DC.

188 Henry C. Meyer, *The Story of the Sanitary Engineer*, New York: Jaques, 1928. SE는 위생학을 촉진하는 임무에 대해서 폭넓은 관점을 가졌다. 불량식품과 공동주택 개선과 같은 주제를 다루었다.

189 SE 5, no. 1, Dec. 1, 1881, p. 1. 세균학적 발견에 대한 보도의 예는 *SE* 4, no. 15, July 1,

1881, p. 349 (장티푸스와 이베르스균에 대해서); SE 5, no. 21, Apr. 20,1882, p. 433 (코흐의 소독제에 대한 연구).

190 *SE* 6, no. 24, Nov. 9, 1882, p. 485. 의사와 위생기사들 사이의 싸움은 안전한 하수 가스를 조성하는 것에 대한 논쟁에서 가장 명백하다. 예컨대 *SE* 5, no. 17, Mar. 23, 1882, p. 337를 보라.

191 배관업에 대한 개괄은 Martin Segal, *The Rise of the United Association: National Unionism in the Pipe Trades, 1884~1924*, Cambridge, Mass.: Wertheim Committee, Harvard University, 1970, pp. 1~16. 마스터 배관공들에 대한 성격 묘사는 또한 전미 마스터배관공협회National Association of Master Plumbers (이하 NAMP)의 회의록에 근거한다. 그것은 미국 국회도서관에서 구할 수 있다.

192 NAMP, *Proceedings of the First Annual Convention*, 1883, p. 23. NAMP는 동부와 중서부 20개 지역 마스터 배관공협회의 대표들에 의해 결성되었다.

193 NAMP, *Proceedings of the Eighth Annual Convention*, 1890, pp. 87~88.

194 당대 배관법에 대한 개관은 *Plumbing Problems*, New York: The Sanitary Engineer, 1885, pp. 225~231. 배관법의 발전에 대해서는 Ogle, *All the Modern Conveniences*; May N. Stone, "The Plumbing Paradox: American Attitudes Toward Late Nineteenth-Century Domestic Sanitary Arrangements," *Winterthur Portfolio* 14, 1979, pp. 283~309. 뉴욕법에 대해서는 John Duffy, *A History of Public Health in New York City, 1866~1966*, New York: Russell Sage Foundation, 1974, pp. 231~232.

195 화장실과 기술 및 미학적 변화에 대한 더 상세한 개괄은 Ellen Lupton and J. Abbott Miller, *The Bathroom, the Kitchen, and the Aesthetics of Waste*, Cambridge, Mass.: MIT List Visual Arts Center, 1992, 특히 25~33쪽; Ogle, *All the Modern Conveniences*. 데세코 변기에 대해서는 GW to AFR, Oct. 19, 1881, box 10, folder 381, NA.

196 Sanitary Association, Philadelphia, *Guarding the Home. Essential Conditions of Sanitary Arrangements to Exclude the Germs of Typhoid Fever and Other Zymotic Diseases* (title page lists it as *Skeletons of Our Homes, Tract no. 1*) [1887], insert, p. l. HC. 저자가 "비전문가"로만 확인되는 《가정 안내*Guarding the Home*》라는 제목의 이 소책자는 원래 월간잡지 《위생 매거진*Sanitary Magazine*》에 실린 것이었다.

197 Ibid., pp. 2, 3과 표지에서 인용.

198 Ibid., p. 4.

199 위생도기 산업의 성장에 대해서는 Marc J. Stern, *The Pottery Industry of Trenton: A Skilled Trade in Transition, 1850~1929*, New Brunswick, NJ.: Rutgers University Press, 1994. 또한 Ogle, *All the Modern Conveniences*, 특히 5장.

200 최저임금에 대한 나의 계산은 다음에서 가져왔다. David Montgomery, *The Fall of the House of Labor: The Workplace, the State, and American Labor Activism, 1865~1925*, New York: Cambridge University Press, 1987, p. 136. 위생장치의 가격은 거래 목록에 주로 포함된 가격표에 기초한 평균이다.

201 *Germicide*, p. [17]. 집에서 만든 환기구와 정수기에 대한 설명은 흔했지만, 하수관을 손수 제작하는 것에 대한 언급은 찾을 수 없었다.

II. 복음의 승리, 1890~1920

4. 실험실의 사도들

202 Albert Abrams, *Transactions of the Antiseptic Club*, New York: E. B. Treat, 1895, pp. 29~30, 37~38. 1920년대까지 에이브람스는 논란이 많은 인물이었다. 왜냐하면 "다이너마이트 사용자dynamizer"로 알려진 치료장치를 옹호했기 때문이다. 그것은 다양한 병을 치유하고 발견하는 데 사용되었다. James Harvey Young, *The Medical Messiahs: A Social History of Health Quackery in Twentieth-Century America*, Princeton, NJ.: Princeton University Press, 1967, pp. 137~142.

203 "Science," *Independent*, Apr. 14, 1892, p. 512. 찾을 수 있는 모든 종류의 논평은 남성에 의해 쓰였다.

204 Alan Trachtenberg, *The Incorporation of America: Culture and Society in the Gilded Age*, New York: Hill and Wang, 1982.

205 나의 '균의 합병incorporation of the germ' 이라는 개념은 다음의 연구로부터 영향을 받았다. Stephen S. Morse, "Emerging Viruses: Defining the Rules for Viral Traffic," *Perspectives in Biology and Medicine* 34, 1991, pp. 387~409; Benedict Anderson, *Imagined Communities: Reflections on the Origin and Spread of Nationalism*, London: Verso, 1983.

206 이러한 기술혁명에 대한 탁월한 개요는 Thomas D. Brock, *Robert Koch: A Life in Medicine and Bacteriology*, Madison, Wisc.: Science Tech, 1988.

207 코흐가 그의 이름이 붙은 원칙에 공로가 있는지 그리고 그 시기는 언제인지는 의학사 학자들 사이에서 오랜 논란의 문제다. Brock, *Robert Koch*, pp. 179~182.

208 세균학의 "황금시대"에 대한 개요는 William Bulloch, *The History of Bacteriology*, London: Oxford University Press, 1960. 여전히 유용한 개설은 Frederick P. Gorham, "The History of Bacteriology and Its Contribution to Public Health Work," in *A Half Century of Public Health*, ed. Mazyck P. Ravenal, 1921; reprint, New York: Arno, 1970, pp. 66~93, 특히 특정 미생물에 대한 연대기적 목록은 71~72쪽. 미국 세균학자들에 대해서는 Paul F. Clark, *Pioneer Microbiologists of America*, Madison: University of Wisconsin Press, 1961; Patricia Peck Gossel, "The Emergence of American Bacteriology, 1875~1900," (Ph.D. diss., Johns Hopkins University, 1988).

209 Edward Trudeau, *An Autobiography*, New York: Doubleday, Page, 1916, pp. 175~176. *Disease in the Popular American Press: The Case of Diphtheria, Typhoid Fever, and Syphilis, 1870~1920*, New York: Greenwood, 1988에서 테라 지포린이 자세히 논했던 것처럼, 그 당시 과학 저술에 결함이 많았음에도 불구하고, 나는 이런 새로운 방법이 권위를 갖게 된 이유가 세균학에 대한 대중적인 설명 때문이었다고 생각한다.

210 코흐와 건강보균자 문제에 대해서는 Brock, *Robert Koch*, pp. 255~256. 이후 그 개념의 전개는 Judith Walzer Leavitt, *Typhoid Mary: Captive of the Public's Health*, Boston: Beacon, 1996.

211 1880년대 이전에도 사실상 침 뱉기에 대한 관심이 있었지만 미적·도덕적인 이유 때문이었다. 나는 1880년 이전 시대에 나온 수많은 에티켓 매뉴얼과 건강 가이드를 조사했는데, 감염병을 퍼뜨리는 방식으로서 침 뱉기에 대한 내용은 찾지 못했다. 침 뱉기에 대해서는 Norbert Elias, *The Civilizing Process: The History of Manners*, 1939; reprint, Oxford, Eng: Basil Blackwell, 1978, pp. 153~160; John F. Kasson, *Rudeness and Civility: Manners in Nineteenth-Century Urban America*, New York: Hill and Wang, 1990, 특히 124~126쪽.

212 Carl Fraenkel, *Textbook of Bacteriology*, 3d ed., trans. and ed. J. H. Linsley, New York: William Wood, 1891, p. 347.

213 Ibid.

214 이 새로운 관점에 대한 깔끔한 요약은 Charles Chapin, *Sources and Modes of Infection*, New York: John Wiley and Sons, 1912. 이것은 1910년에 처음 출간되었다. 내가 이용한 문헌은 수정 및 확장된 개정판이다. 채핀의 훌륭한 자서전과 당시 공중보건 실천에 대해서는 James H. Cassedy, *Charles V. Chapin and the Public Health Movement*, Cambridge, Mass.: Harvard University Press, 1962.

215 Fraenkel, *Textbook of Bacteriology*, p. 242.

216 두 이론에 대한 평가는 Chapin, *Sources and Modes*, 특히 294~295과 302~305쪽. 나는 먼지설의 운명에 대해 10장에서 상세히 논한다.

217 T. Mitchell Prudden, *Dust and Its Dangers*, New York: G. P. Putnam's Sons, 1890.

218 Ibid., p. 21.

219 Ibid., pp. 53, 60~61, 70.

220 Ibid., p. 97.

221 Ibid., p. 99. 프루덴은 74~86쪽에서 먼지의 위험을 최소화하는 안전장치를 제안한다.

222 "Do House Flies Convey Infection?" *PSM* 22, 1883, p. 571. 1860년대 말, 루이스-아돌프 레임베르트Louis-Adolphe Raimbert는 파리가 몸에 있는 탄저균을 운반한다는 사실을 증명했다. 이후 탄저에 대한 코흐의 연구는 다른 감염 경로가 그 병을 퍼뜨리는 파리보다 훨씬 더 중요하다는 것을 입증했다. 그러나 균을 퍼뜨리는 집파리라는 전제는 여전히 매우 인기가 높았다.

223 파리의 질병 전파에 대한 세심한 조사는 George H. F. Nuttall, *On the Role of Insects, Arachnids, and Myriapods as Carriers in the Spread of Bacterial and Parasitic Diseases of Man and Animals: A Critical and Historical Study*, Baltimore, Md.: The Friedenwald Co., 1899. 누탈은 질병의 매개체로서 파리의 역할에 대한 강조는 그것을 확인한 실험 증거를 훨씬 능가한다고 생각했다. 파리의 "병리화pathologization"에 대한 훌륭한 설명은 Naomi Rogers, "Germs with Legs: Flies, Disease, and the New Public Health," *BHM* 63, no. 4, winter 1989, pp. 599~617. 테라 지포린은 균 위험을 대중화시키는 데 있어서 스페인-미국 전쟁의 중요성과 하워드 O. 릴랜드Leland O. Howard의 결단을 강조한다. Ziporyn, *Disease in the Popular American Press*, pp. 76~78, 85~86.

224 가축열 실험에 대한 논의는 Nuttall, *On the Role of Insects*, pp. 71~75. 다음은 누탈의 조

사가 드러난 이후 10년 동안 곤충 매개체에 대한 연구가 대단히 급증했다는 것을 압축해서 보여 준다. Chapin, *Sources and Modes*, pp. 380~447. 곤충 매개체에 대한 의학적 사고의 폭넓은 맥락은 Victoria A. Harden, *Rocky Mountain Spotted Fever: History of a Twentieth-Century Disease*, Baltimore, Md.: Johns Hopkins University Press, 1990, 3장.

225 Chapin, *Sources and Modes*, pp. 317~339. 세균학적 수질 연구와 로렌스 실험소에 대해서는 Barbara Rosenkrantz, *Public Health and the State: Changing Views in Massachusetts, 1842~1936*, Cambridge, Mass.: Harvard University Press, 1972, pp. 98~107.

226 Chapin, *Sources and Modes*, pp. 339~342.

227 Ibid., pp. 342~352.

228 Ibid., pp. 352~365. 소결핵의 문제는 Barbara Rosenkrantz, "The Trouble with Bovine Tuberculosis," *BHM* 59, 1985, pp. 155~175. 오염균을 제거하기 위해서 우유를 데우는 것에 대해서는 Rima D. Apple, *Mothers and Medicine: A Social History of Infant Feeding, 1890~1950*, Madison: University of Wisconsin Press, 1987, 특히 41~44쪽.

229 Chapin, *Sources and Modes*, pp. 371~379. 식중독의 역사에 대해서는 Stewart M. Brooks, *Ptomaine: The Story of Food Poisoning*, New York: A. S. Barnes, 1974; James Harvey Young, *Pure Food: Securing the Federal Food and Drugs Act of 1906*, Princeton, NJ.: Princeton University Press, 1989, 특히 110~113쪽. 영이 언급하듯이, 식량공급과 관련된 건강상의 관심은 처음에 화학적인 방부제와 불량품에 초점이 맞추어졌다. 그리고 단지 조금씩만 미생물 오염으로 인한 위험으로 확장되었다. Mitchell Okun, *Fair Play in the Marketplace: The First Battle for Pure Food and Drugs*, Dekalb: Northern Illinois University Press, 1986.

230 Brooks, *Ptomaine*, pp. 19~30; Young, *Pure Food*, pp. 110~113. 또한 James Harvey Young, "Botulism and the Ripe Olive Scare of 1919~1920," *BHM* 50, 1976, pp. 372~391. 프토마인 개념의 발전을 분명히 드러낸 유력한 연구로는 Victor Vaughan and Frederick G. Novy, *Ptomaïns, Leucomains, Toxins and Antitoxins; or, The Chemical Factors in the Causation of Disease*, 3d ed., New York: Lea Brothers, 1896. 이것은 1888년에 처음 출간되었다. 저자들은 제3판에서 '프토마인' 용어를 '세균성 독bacterial poisons' 으로 대체했었다.

231 살균 및 무균 수술의 발전에 대한 개관은 Owen Wangensteen and Sarah Wangensteen,

The Rise of Surgery from Empiric Craft to Scientific Discipline, Minneapolis: University of Minnesota Press, 1978; Ira Rutkow, *The History of Surgery in the United States, 1775~1900*, 2 vols., San Francisco: Norman, 1988.

232 Carl Beck, *A Manual of the Modern Theory and Technique of Surgical Asepsis*, Philadelphia: W. B. Saunders, 1895, pp. 14~15. 이미 1840년대 초에 오스트리아 의사 이그나츠 셈멜바이스Ignaz Semmelweiss와 미국인 의사 올리버 홈스Oliver Wendell Holmes는 불결한 의사의 손이 산욕열을 퍼뜨리고 있다고 경고했다. 그러나 의료진이 감염시킬 수 있다는 생각은 과학적·직업적인 이유 모두로 인해 심한 저항에 부딪혔다. Judith Walzer Leavitt, *Brought to Bed: Child-Bearing in America, 1750~1950*, New York: Oxford University Press, 1986, 특히 154~157쪽.

233 Hunter Robb, *Aseptic Surgical Technique*, Philadelphia: J. B. Lippincott, 1894, p. 13. 고무장갑 도입에 대해서는 Curt Proskauer, "Development and Use of the Rubber Glove in Surgery and Gynecology," *JHM* 13, 1958, pp. 373~381.

234 Beck, *A Manual*, p. 242; Edwin Valentine Mitchell, *Concerning Beards*, New York: Dodd, Mead, 1930, p. 42.

235 수술복과 수술실 프로토콜에 대한 논의는 Robb, *Aseptic Surgical Technique*, 특히 3장. 또한 Wangensteen and Wangensteen, *The Rise of Surgery*, pp. 487~488; Dan W. Blumhagen, "The Doctor's White Coat: The Image of the Physician in Modern America," *Annals of Internal Medicine* 92, 1979, pp. 111~116쪽과 115쪽에서, 그는 1930년 이후 눈부심을 최소화하기 위해서 색깔을 바꾸었다고 말한다.

236 Robb, *Aseptic Surgical Technique*, pp. 10~11, 46. 수술 중 과실에 대한 언급은 11~12쪽.

237 Nathan Breiter, "The Hand as a Propagator of Microbic Disease—A Medic-Social Question," *Medical Record* (N.Y.) 111, 1897, pp. 813~816, 인용은 813쪽.

238 Chapin, *Sources and Modes*, p. 189. 채핀은 아픈 사람이 방금 사용한 컵을 사용하는 것으로 야기될 수 있는 접촉 감염과 훨씬 더 긴 시간 간격을 수반하는 접촉 매개물 감염을 구분한다. 164~258쪽을 보라. 에즈라 헌트는 접촉 매개물을 "전염 분자를 흡수해서 가지고 있거나 전달할 수 있는 어떤 투과성 물질"로 규정했다. Ezra Hunt, "Sanitary Nomenclature," *Public Health Reports and Papers* 11, 1885, pp. 31~37, 인용은 35쪽.

239 Chapin, *Sources and Modes*, pp. 189~190. 또한 192~193.

240 Prudden, *Dust and Its Dangers*, 특히 pp. 76~78; "The Licking of Postage Stamps," *Literary Digest* 53, 1916, pp. 454~455. 도서관 책에 대한 논쟁은 Andrew McClary, "Beware the Deadly Books: A Forgotten Episode in Library History," *Journal of Library History* 20, 1985, pp. 427~433.

241 접촉 매개물설의 개선은 이미 다음에서 증명된다. Chapin, *Sources and Modes*, pp. 212~258.

242 성병의 사회사는 Allan M. Brandt, *No Magic Bullet: A Social History of Venereal Disease in the United States since 1880*, New York: Oxford University Press, 1985.

243 Timothy J. Gilfoyle, *City of Eros: New York City, Prostitution, and the Commercialization of Sex*, 1790~1920, New York: W. W. Norton, 1992, 62~63쪽에서 매춘과 성병에 대한 생어의 연구를 인용한다. Brandt, *No Magic Bullet*, 특히 12~13쪽에는 1800년대 말 성병이 증가했다는 인식을 논한다. 그리고 16쪽에서는 모로의 통계를 인용한다.

244 L. Duncan Bulkley, *Syphilis in the Innocent (Syphilis Insontium) Clinically and Historically Considered with a Plan for the Legal Control of the Disease*, New York: Bailey and Fairchild, 1894, p. 54.

245 Ibid., pp. 88~89.

246 Ibid., p. 18.

247 성병에 대한 대중 교육의 어려움은 Brandt, No Magic Bullet, and Ziporyn, *Disease in the Popular American Press*, Chap. 4. 성병에 대한 공포는 일상적인 접촉과 접촉 매개물 전염에 대한 대중의 믿음에 강하게 영향을 미쳤다는 것은 설득력이 있다.

248 Charles Chapin, "The End of the Filth Theory of Disease," *PSM* 60, 1902, pp. 234~239.

249 소비자들에게 특히 영향을 미쳤던 그런 경제적 변화에 대해서는 William Leach, *Land of Desire: Merchants, Power, and the Rise of a New American Culture*, New York: Pantheon, 1993; Trachtenberg, *Incorporation of America*. 위생과 혁신주의 시대의 시장에 대해서는 Okun, *Fair Play in the Marketplace*. 노동자의 건강 악화에 대해서는 David Rosner and Gerald Markowitz, eds., *Dying for Work: Workers' Safety and Health in Twentieth-Century America*, Bloomington: Indiana University Press, 1987. "연결된 networked" 도시의 증가에 대해서는 Joel A. Tarr and Gabriel Dupuy, eds., *Technology*

and the Rise of the Networked City in Europe and America, Philadelphia: Temple University Press, 1988.

250 일등칸과 이등칸의 구분으로 계급과 인종분리 조치는 확실했음에도 불구하고, 철도 여행은 종종 "민주화democratizing" 경험으로 묘사되었다. 예를 들어, H. Roger Grant, *We Took the Train*, Dekalb: Northern Illinois University Press, 1990. 대중교통의 발전에 대해서는 Charles W. Cheape, *Moving the Masses: Urban Public Transit in New York, Boston, and Philadelphia, 1880~1912*, Cambridge, Mass.: Harvard University Press, 1980.

251 새로운 백화점 문화에 대해서는 Leach, *Land of Desire*. 외식에 대해서는 Lewis Erenberg, *Steppin' Out: New York Nightlife and the Transformation of American Culture, 1890~1930*, Chicago: University of Chicago Press, 1984; Harvey Levenstein, *Revolution at the Table: The Transformation of the American Diet*, New York: Oxford University Press, 1988, pp. 185~187.

252 오락의 변화에 대해서는 Erenberg, *Steppin' Out*; David Nasaw, *Going Out: The Rise and Fall of Public Amusements*, New York: Basic Books, 1993; Kathy Peiss, *Cheap Amusements: Working Women and Leisure in Turn-of-the-Century New York*, Philadelphia: Temple University Press, 1986; Roy Rosenzweig, E*ight Hours for What We Will: Workers and Leisure in an Industrial City, 1870~1920*, New York: Cambridge University Press, 1983. 파이스는 4장에서 댄스홀의 성적 위험에 대한 개혁가들의 걱정을 논한다.

253 Lawrence Flick, *The Hygiene of Phthisis*, Philadelphia: William J. Dornan, 1888, pp. 5, 9, CPP.

254 유럽 이민자들과 건강상의 "위협menace"에 대해서는 Alan M. Kraut, *Silent Travelers: Germs, Genes, and the "Immigrant Menace"*, New York: Basic Books, 1994; Howard Markel, "'Knocking Out the Cholera': Cholera, Class, and Quarantines in New York City, 1892," *BHM* 69, 1995, pp. 420~457. 흑인과 도시 유행병에 대해서는 David McBride, *From TB to AIDS: Epidemics among Urban Blacks since 1900*, Albany: State University of New York Press, 1991. 이런 주장들은 9장에서 더 자세히 논한다.

5. 결핵 종교

255 WMP to Lawrence Flick, Sept. 22, 1893, "Tuberculosis Letters," Flick CPP.

256 전염 대 유전 문제에 대해서는 Katherine Ott, *Fevered Lives: Tuberculosis in American Culture since 1870*, Cambridge, Mass.: Harvard University Press, 1996; Sheila M. Rothman, *Living in the Shadow of Death: Tuberculosis and the Social Experience of Illness in American History*, New York: Basic Books, 1994, 특히 1장과 12장; Rene Dubos and Jean Dubos, *The White Plague: Tuberculosis, Man, and Society*, 1952; reprint, New Brunswick, NJ.: Rutgers University Press, 1987, 특히 8장. 존 버니언은 8쪽에 인용되었다. 또한 Barbara Rosenkrantz, ed., *From Consumption to Tuberculosis: A Documentary History*, New York: Garland, 1994.

257 M. V. Ball, "Preventive Measures against Tuberculosis," p. 3, in Tuberculosis Pamphlets, vol. 106, no. 28, Flick Papers, CPP. 혁신주의 시대 "과학 종교religion of science"에 대해서는 John Burnham, *How Superstition Won and Science Lost: Popularizing Science and Health in the United States*, New Brunswick, NJ.: Rutgers University Press, 1987. 반결핵운동은 그가 여기서 설명하는 과학 대중화의 일반적인 역동성을 잘 보여 준다. 특히 2장.

258 반결핵운동의 역사에 대한 오래 되었지만 여전히 유용한 연구들은 S. Adolphus Knopf, *A History of the National Tuberculosis Association: The Anti-Tuberculosis Movement in the United States*, New York: NT A, 1922; Richard Harrison Shryock, *National Tuberculosis Association, 1904~1954: A Study of the Voluntary Health Movement in the United States*, Historical Series, no. 8, New York: NTA, 1957; Richard Harrison Shryock, "The Historical Significance of the Tuberculosis Movement," in *Medicine in America: Historical Essays*, Baltimore, Md.: Johns Hopkins University Press, 1966. 새로운 연구는 Mark Caldwell, *The Last Crusade: The War on Consumption, 1862~1954*, New York: Athene,um, 1988; Ott, *Fevered Lives; and Michael E. Teller, The Tuberculosis Movement*, Westwood, Conn.: Greenwood, 1988. 텔러는 33쪽에서 수많은 협회에 대한 통계를 제공한다. 로렌스 플릭의 경력에 대해서는 Barbara Bate, *Bargaining for Life: A Social History of Tuberculosis, 1876~1938*, Philadelphia: University of Pennsylvania Press, 1992. 49. 크노프의 역사에서 윤곽이 드러난 직원 49명은 모두 백인이었고 한 명만 여성

(Mabel Boardman of the American Red Cross)이었다. 그리고 33명은 의사였다.

259 반결핵운동의 선전 방법의 범위와 중요성에 대해서는 Martin Pernick, "The Ethics of Preventive Medicine: Thomas Edison's Tuberculosis Films; Mass Media and Health Propaganda," *Hastings Center Report* 8, June 1978, pp. 21~27. 물론 이 시기에 보건에 관련한 많은 다른 중요한 십자군들이 있었다. 적어도 금주운동은 체계적인 보건 교육을 촉진하기 위해서 반결핵운동의 활동들을 오래전에 선행했었다. 그러나 테라 지포린이 대중적인 미국 언론에서의 질병에 관한 꼼꼼한 연구로 기술했던 것처럼, 결핵은 "아마도 그 시대에 전형적인 질병"이었다. 그러나 그녀는 그것을 분석하지 않았는데, 왜냐하면 그녀의 말로는 그 논의가 "그 자체로 책 한 권의 분량을 넘을 수 있기" 때문이었다. Terra Ziporyn, *Disease in the Popular American Press: The Case of Diphtheria, Typhoid Fever, and Syphilis, 1870~1920*, New York: Greenwood, 1988, p. 3. 금주운동이 보건 교육에 미친 영향에 대해서는 Richard K. Means, *A History of Health Education in the United States*, Philadelphia: Lea and Febiger, 1962.

260 결핵의 감소에 대해서는 F. B. Smith, *The Retreat of Tuberculosis, 1850~1950*, New York: Croom Helm, 1988; Leonard Wilson, "The Historical Decline of Tuberculosis in Europe and America: Its Causes and Significance," *JHM* 45, 1990, pp. 366~396. 1933년 이전 미국에서는 질병 사망률에 대한 신뢰할 만한 전국 통계를 얻을 수 없었다. 스미스는 237쪽에서 1870년경 미국에서 결핵으로 인한 사망률이 감소하기 시작했으며, 1916년 이후에는 급격히 줄어들었다고 말한다. 윌슨은 1806년부터 지금까지 완료된 뉴욕시 데이터를 보고 1880년경에 지속적으로 쇠퇴했다는 것을 알았다. 예방 활동의 유효성에 대해서는 Teller, *Tuberculosis Movement*, pp. 134~137. 텔러는 그 운동이 1917년 이전 쇠퇴에 크게 기여한 것에 대해 의심한다. 그러나 그는 많은 혁신주의 시대의 권위자들이 정반대를 주장했다고 언급한다.

261 결핵 사망률은 Teller, *Tuberculosis Movement*, p. 3; Rosenkrantz, *From Consumption to Tuberculosis*, p. 3. 1900년까지 폐렴이나 독감으로 인한 사망률은 결핵으로 인한 사망률과 같거나 그보다 조금 높았다는 것에 유의하라. 투베르쿨린은 치료 효과가 없다고 밝혀졌지만, 그것의 진단 가치는 상당했다. Thomas D. Brock, *Robert Koch: A Life in Medicine and Bacteriology*, Madison, Wisc.: Science Tech, 1988, 특히 194~215, 294~295쪽. 요양원운동에 대해서는 Bates, *Bargaining for Life, and Rothman, Living in*

the Shadow, 특히 13장을 보라.

262 펜실베니아 결핵예방협회 최초의 트랙스 9개는 PSPT, *Report for the Year Ending May 1, 1905*, pp. 13~35에 재판되었다. 플릭스 문서에 보관된 트랙 요청 편지는 보낸 사람들이 폐결핵 환자이거나 친지들이 그 질병을 앓았다고 암시한다.

263 "The Anti-Tuberculosis Bill Poster Campaign," *JOL* 7, no. 1, Jan. 1910, pp. 390~393, 인용은 390쪽. 전미결핵협회의 지부들 사이에 배포된 《월간 비밀 회보*Monthly Confidential Bulletin*》는 좋은 광고 아이디어를 공유하는 데 긍정적인 역할을 했다.

264 "Livingston Farrand," *Dictionary of American Biography*, ed. Robert Livingston Schuyler and Edward T. James, New York: Charles Scribner's Sons, 1958, supp. 2, pp. 176~178; "Livingston Farrand, an Appreciation," *BNTA* 25, no. 2, Dec. 1939, pp. 185~186; Biographical Files for Charles M. De Forest (T391), Livingston Farrand (P1006), Philip Jacobs (T300), and E. G. Routzahn (1978), Archives, ALA.

265 이 시기 미국 광고의 역사에 대해서는 Michele H. Bogart, *Artists, Advertising, and the Borders of Art*, Chicago: University of Chicago Press, 1995; Stephen Fox, *The Mirror Makers: A History of American Advertising and Its Creators*, New York: William Morrow, 1984; Leach, *Land of Desire*; Jackson Lears, *Fables of Abundance: A Cultural History of Advertising in America*, New York: Basic Books, 1994; Roland Marchand, *Advertising the American Dream: Making Way for Modernity, 1920~1940*, Berkeley: University of California Press, 1985; James Norris, *Advertising and the Transformation of American Society, 1865~1920*, New York: Greenwood, 1990; Daniel Pope, *The Making of Modern Advertising*, New York: Basic Books, 1983; Frank Presbrey, *The History and Development of Advertising*, 1929; reprint, New York: Greenwood, 1968; Susan Strasser, *Satisfaction Guaranteed: The Making of the American Mass Market*, New York: Pantheon, 1989.

266 Philip P. Jacobs, *The Tuberculosis Worker*, Baltimore, Md.: Williams and Wilkins, 1923, p. 17. 현저하게 더 심리적인 접근법을 사용하게 된 제1차 세계대전 이후의 기술과 비교해서, 혁신주의 시대 광고는 보건 활동가들에게의 매력을 설명해 주는 순수하고 솔직한 분위기를 갖는다. 저널리즘은 시간적 제약으로 인해 여기서는 다루지 않는 그런 변화에 또 다른 중요한 자극이 되었다. 당대 대중과학 저술의 발전에 대해서는 Burnham, *How Superstition Won*; and Ziporyn, *Disease in the Popular American Press*.

Lears, *Fables of Abundance*, pp. 282~283은 저널리즘이 광고 카피에 미친 영향력을 언급한다.

267 이 과정에 대해서는 특히 Leach, *Land of Desire*; Lears, *Fables of Abundance*.

268 JOL은 "결핵 광고Advertising Tuberculosis"라는 제목의 특집기사를 정기적으로 실었다. 그것은 많은 새로운 종류의 대형 광고의 예를 제공했다. 캔자스 벽돌에 대해서는 Samuel J. Crumbine, *Frontier Doctor*, Philadelphia: Dorrance, 1948, p. 147. 교육자료에 대한 지면 배정의 변화에 대해서는 Mary Swain Routzahn and Evart G. Routzahn, *Publicity for Social Work*, New York: Russell Sage Foundation, 1928, p. 154.

269 겹세로 십자에 대해서는 Knopf, *History of the National Tuberculosis Association*, pp. 152~154. 상표 개발에 대해서는 Presbrey, *History and Development*, 특히 382~386쪽.

270 상업예술의 등장에 대해서는 Bogart, *Artists*; Presbrey, *History and Development*, pp. 356~359, 388~413. 상품의 새로운 시각 문화에 대해서는 Leach, *Land of Desire*; Lears, *Fables of Abundance*.

271 베니스 포스터에 대한 이야기는 Lawrence Veiller, "A New Method of Tuberculosis Prevention," *JOL*, 5, no. 7, Aug. 1908, pp. 239~241. 다양한 민족 및 인종 집단에 접근하는 방법에 대한 논의는《월간 비밀 회보》에 자주 논의되었다. 예를 들어, Jan. 1909 and May 1909, ALA.

272 이런 포스터는 "The Anti-Tuberculosis Bill Poster Campaign," 391~393쪽에 다시 실렸다.

273 "An Effective Fly Poster," *BNTA* 3, no. 9, June 1917, p. 4; *Public Health Exhibitions: A Catalogue of Necessaries for Their Outfitting and Maintenance*, catalogue B, 1910, p. 14, in *Tuberculosis Pamphlets*, vol. 106, no. 8, Flick Papers, CPP. 이 환영은 세계 사망률에 기초해야만 했다. 왜냐하면 미국의 사망률은 청중들에게 감동을 주기에는 너무 긴 시간 간격인 2분마다 한 번씩만 깜빡였기 때문이다.

274 "도우보이doughboy" 포스터는 Evart G. Routzahn and Mary Swain Routzahn, *The ABC of Exhibit Planning*, New York: Russell Sage Foundation, 1918, p. 68b. 재판된 결핵예방협회 포스터는 *The Year Book of the PSPT…1919*, Philadelphia: PSPT, 1919.

275 *The Year Book of the PSPT…1919*에 재간행. 더 "긍정적인positive" 호소 방침으로의 변화는 Routzahn and Routzahn, *Publicity for Social Work*, 특히 44~56쪽. 이 만화는 프랑

스의 결핵예방위원회Commission for the Prevention of Tuberculosis가 개발한 것으로 전쟁으로 파괴된 프랑스에 미국식 공중보건 방법을 가져오려는 록펠러재단의 기금 활동이었다. 몇 가지 샘플은 Routzahn and Routzahn, *The ABC of Exhibit Planning*, p. 104b. 또한 Nancy Tomes, "American and European Public Health Reform and the Bacteriological Model, 1880~1930," (paper delivered at the Annual Meeting of the Organization of American Historians, Reno, Nevada, Mar. 1988). 주목할 만한 만화 바실루스를 위해서는 Harry A. Wilmer, *The Lives and Loves of Huber the Tuber*, New York: NTA, 1942.

276 초기 반결핵 영화는 Pernick, "The Ethics of Preventive Medicine." 일반적인 보건 영화는 Martin Pernick, *The Black Stork: Eugenics and the Death of "Defective" Babies in American Medicine and Motion Pictures since 1915*, New York: Oxford University Press, 1996.

277 전시회에 대해서는 Knopf, *History of the National Tuberculosis Association*, p. 33; Jacobs, *Tuberculosis Worker*, pp. 18~19.

278 "Monthly Confidential Bulletin," Feb. 1909, ALA. 또한 전시회 형식은 혁신주의 시대에 개발된 사회조사 방법이었다. Martin Bulmer, Kevin Bales, and Kathryn Kish Sklar, *The Social Survey in Historical Perspective, 1880~1940*, New York: Cambridge University1991.

279 씰 캠페인의 발전에 대해서는 Knopf, *History of the Tuberculosis Association*, pp. 55~66; Shryock, *National Tuberculosis Association*, pp. 127~134. 모금된 금액은 Leigh Mitchel Hodges, *The People against Tuberculosis: The Story of the Seal Sale*, New York: NTA, 1942, pp. 53~54. 1919년 씰 캠페인 조직 일람표는 그것이 대규모 광고 캠페인과 얼마나 비슷해졌는지를 보여 준다. BNTA 5, no. 10, July 1919, p. 12.

280 Samuel Hopkins Adams, "Health for Sale: The 'People's Penny Proposition,'" *La Follete's Magazine*, Dec. 7, 1914, pp. 8~9, 29~30, 인용은 8쪽.

281 근대 보건 십자군에 등록된 아동의 수와 역사에 대해서는 Knopf, *History of the National Tuberculosis Association*, p. 43. 풍부한 설명을 위해서는 Louise Strachan and Elizabeth F. Jordan, *From Pioneer to Partner: Child Health Education in the National Tuberculosis Association, 1917~1945*, Historical Series, no. 4, New York: NTA, 1947.

282 NTA, "Monthly Confidential Bulletin," Mar. 1909, ALA.

283 F. N. Yeager, "Post Cards as Educational Agents," *JOL* 6, no. 6, June 1909, p. 172.

284 Illinois State Board of Health, *Consumption: [Circular] Recommended by the Central Board of Health for General Distribution*, 1908~1910, in vol. 106, no. 24, Flick Papers, CPP; and *BNTA* 4, no. 9, June 1918, p. 3, 원문 강조. 이러한 종교적인 수사는 결코 반결핵운동에 국한된 것이 아니었다. 예를 들어, John Ettling, *The Germ of Laziness: Rockefeller Philanthropy and Public Health in the New South*, Cambridge, Mass.: Harvard University Press, 1981, 특히 viii~vix쪽을 보라. 반결핵운동의 십자군 표상에 대한 통찰력 있는 독해는 JoAnne Brown, "Tuberculosis: A Romance," (paper presented at the Berkshire Conference of Women's History, Poughkeepsie, N.Y., May 1993.)

285 Knopf, *A History of the National Tuberculosis Association*, p. 154에서는 "종교적인 중요성을 가진 그 어떤 디자인과도 가장 거리가 먼" 겸세로 십자라는 특정 디자인을 선택했다고 NTA가 말한 것을 필립 제이콥스가 인용한다. 다른 겸세로 십자 형태는 고대 기독교 교회의 "예루살렘 십자가Jerusalem Cross"와 최초 십자군의 "로렌 십자가Lorraine Cross"로 알려졌다. 때로는 세속주의와 프로테스탄티즘의 이런 부자연스러운 결합은 대체로 혁신주의 개혁에 전형적이었다. Robert M. Crunden, *Ministers of Reform*, New York: Basic Books, 1982를 보라.

286 National Tuberculosis Association, *What You Should Know about Tuberculosis*, New York: NTA, 1916, p. 8. 다른 침 뱉기 슬로건은 예컨대 New York City Department of Health, *Do Not Spit: A Tuberculosis (Consumption) Catechism and Primer for School Children*, New York: Board of Health, 1908, p. 10. 침 뱉기에 대한 이른 비판에 대해서는 John F. Kasson, *Rudeness and Civility: Manners in Nineteenth-Century Urban America*, New York: Hill and Wang, 1990.

287 New York City Department of Health and the Committee on Prevention of Tuberculosis of the Charity Organization Society, *What You Should Know about Tuberculosis*, New York: Board of Health, 1910, p. 15; D. E. Salmon, "The Origin and Prevention of Twberculosis," *The Sanitary Volunteer* 1, no. 4, Apr. 1889, pp. 81, 82.

288 E. C. Schroeder, *The Relation of the Tuberculous Cow to the Public Health*, reprint from the Bureau of Animal Industry, *Twenty-Fifth Annual Report* (1908) in *Tuberculosis Pamphlets*,

vol. 106, no. 15, Flick Papers, CPP. 더러움에 대해 민감한 형태에서 둔감한 것으로의 변화는 Georges Vigarello, *Concepts of Cleanliness: Changing Attitudes in France since the Middle Ages*, New York: Cambridge University Press, 1988, 특히 15장.

289 Louis Hamman, "The Prevention of Tuberculosis," *JOL* 7, no. 2, Feb.1910, p. 29.

290 Agnes Vietor, "Tuberculosis in Everyday Life," *JOL* 2, no. 7, Aug. 1905, pp. 163~167, 인용은 164쪽; *Little Dangers to Be Avoided in the Daily Fight against Tuberculosis*, reprint from *Pennsylvania Health Bulletin* 7, 1910, pp. 1~5, 인용은 3, 2쪽.

291 J. C. Wilson to Lawrence Flick, Jan. 17, 1893, Flick TB Papers, 1893, p. 216, CPP. 결핵예방협회는 결국 그 주제에 대한 문서memorial를 마련하여 백악관에 전달했다. 이 편지는 또한 해리슨의 손녀가 최근에 한 차례 성홍열로 간호를 받았으며 백악관 훈증 소독이 더욱 시급해졌다고 언급했다. 해리슨의 건강 문제에 대해서는 Harry J. Sievers, *Benjamin Harrison*, 3 vols., Chicago: H. Regnery Co., 1968, pp. 3, 218~219, 224, 241~42, 250~253. P 부인과 마찬가지로 캐롤린 해리슨은 결핵으로 죽어가고 있다는 말을 듣지 못했다.

292 *Little Dangers*, p. 4.

293 Edwin F. Bowers, "The Menace of Whiskers," *McClure's* 46, 1916, p. 90; *Little Dangers*, p. 4.

294 Lawrence Flick, *The Hygiene of Phthisis*, Philadelphia: William J. Dornan, 1888, p. 7. 윌리엄 오슬러는 1892년 강연에서 자신이 결핵에 "씨앗과 토양" 비유를 처음 사용했다고 주장했다. 그러나 이 책의 1장에서 분명히 드러나듯이, 그것은 그 훨씬 오래전에 다른 질병과 관련해 사용되었다. William Osler, "The Home in Its Relation to the Tuberculosis Problem," *First Annual Report of the Henry Phipps Institute*, Philadelphia: Henry Phipps Institute, 1905, p.146을 보라.

295 New York City Department of Health, *What You Should Know*, p. 20; Vietor, "Tuberculosis in Everyday Life," p. 163. 더 별개로, 이 책의 5장에서 논하듯이 반결핵 십자군은 성병을 예방하기 위한 사회 위생학자들의 활동을 위해 괜찮은 영역으로 기능했다.

296 Cyrus Edson, "The Microbe as a Social Leveller," *North American Review* 161, 1895, pp. 421~426. 에드슨의 경력에 대해서는 John Duffy, *A History of Public Health in New York City, 1866~1966*, New York: Russell Sage Foundation, 1974, 특히 92~93쪽을 보라.

297 New York City Department of Health, *What You Should Know*, p. 16; "Texts for Tuberculosis Sunday," undated mimeograph, Virginia Lung Association Papers, Claude Moore Health Sciences Library, University of Virginia. 빈민, 특히 이민자들과 결핵을 동일시한 것과 그들이 감염되기 쉽다는 것에 대한 다양한 설명은 Rothman, *Living in the Shadow*, pp. 183~185; and Alan M. Kraut, *Silent Travelers: Germs, Genes, and the "Immigrant Menace"*, New York: Basic Books, 1994, 특히 120~123, 155~156쪽을 보라.

298 Frank Buffington Vrooman, "Public Health and National Defence," *The Arena* 69, 1895, pp. 425~438, 인용은 434쪽. 초창기 보건 프로그램을 홍보하는 데 있어서 콜레라의 중요성에 대해서는 Charles E. Rosenberg, *The Cholera Years: The United States in 1832, 1849, and 1866, Chicago*: University of Chicago Press, 1962. 혁신주의 시대 결핵의 중요성에 대해서는 Mark Caldwell, *The Last Crusade: The War on Consumption, 1862~1954*, New York: Atheneum, 1988; Rothman, *Living in the Shadow*, 특히 179~210쪽.

299 Osler, "The Home," pp. 141~154, 인용은 148쪽. 혁신주의 시대 결핵 병인학에 대한 논쟁의 개요는 Teller, *Tuberculosis Movement*, 특히 95~108쪽을 보라.

300 Lucius Morse, "Tuberculophobia—Can It Longer Be Excused as an Adult Entity?" *JOL* 16, no. 2, Feb. 1919, pp. 45~48, 인용은 47쪽.

301 "Crusade a Democratic Movement," *BNTA* 5, no. 13, Oct. 1919, p. 6.

302 반결핵 퍼레이드와 전시에 대한 설명은 *JOL*과 다른 결핵 문헌에 많이 있다. 예를 들어, "Memphis Pageant," *BNTA* 5, no., Nov. 1919, p. 7. 통합 의식으로서의 퍼레이드에 대해서는 Susan G. Davis, *Parades and Power*, Philadelphia: Temple University Press, 1986; Mary Ryan, "The American Parade: Representations of the Nineteenth—Century Social Order," in *The New Cultural History*, ed. Lynn Hunt, Los Angeles: University of California Press, 1989, pp. 131~153. 보건 개혁가로서 아이들을 묶는 특별한 역할에 대해서는 Naomi Rogers, "Vegetables on Parade: Child Health Education in the 1920s," (paper delivered at the Annual Meeting of the American Association for the History of Medicine, Baltimore, Md., May 1990).

303 "Cincinnati's Death Calendar," *JOL* 6, no. 9, Sept. 1909, p. 276; "Tuberculophobia," p. 45. 결핵에 대한 오명의 증가를 통찰력 있게 논의한 것으로는 Ott, *Fevered Lives*;

Rothman, *Living in the Shadow*, pp. 211~217.

304 "A Stock Lecture," *JOL* 12, no. 8, Aug. 1915, pp. 262~263.

305 New York City Department of Health, *What You Should Know*, p. 24; *Little Dangers*, p. 4.

306 Ellen N. La Motte, "The Unteachable Consumptive," *JOL* 6, no. 4, Apr. 1909, pp. 105~107, 인용은 105쪽. 원문 강조. 이 논문은 내가 반결핵에 대해 읽은 가장 냉혹한 서술 중의 하나이다.

307 성작운동에 대해서는 Howard S. Anders, "Present of the Sanitary Movement for the Adpption of the Individual Drinking Cup," *Transactions of the Medical Society of the State of Pennsylvania* 26, 1895: Howard S. Anders, "The Progress of the Individual Cup Movement, Especially among Churches," *Journal of the American Medical Association* 29, 1897, pp. 789~794.

308 W. M. Parker, "The Hygiene of the Holy Communion," *Medical Record* 41, 1892, pp. 264~265, 인용은 265쪽; Minutes of the General Assembly the Presbyterian Church in the United States of America, n.s., vol. 18, p. 75, PC.

309 Parker, "Hygiene of Holy Communion," p. 265에서 재인용.

310 Ellen A. Wallace, *Dietetic Hygienic Gazette* 12, 1896, pp. 211~212, 인용은 212쪽.

311 "To the Session of the Walnut Street Church," Walnut Street Presbyterian Philadelphia, included in Minutes of Session, Apr. 6, 1898, PC; Walnut Street Presbyterian Church, Minutes of Session, May 15, 1898, PC.

312 소책자는 "Silver and Pewter Communion ware," ser. 9, record 22, Records of the Presbyterian Historical Society, 1851~1965, PC. 목록에는 모든 장로파 교회에 의한 체크 표시가 있다. Ledlie I. Laughlin, "Pewter Communion Services of the Presbyterian Historical Society," *Journal of Presbyterian* 44, 1966, pp. 83~88쪽에 따르면, 1890년대에 회중이 공용 컵을 버리기 시작했을 때 PC 콜렉션이 극적으로 증가했다. 알루미늄 컵으로 된 최초의 위생 성찬식 세트는 1894년 오하이오주 리마의 장로교 목사 J. 게틴 토마스Gethin Thomas가 발명했다. "Reverand [sic] J. G. Thomas," MS C735i, PC.

313 Anders, "Progress," p. 790.

6. 세균의 가정화

314 Ellen H. Richards, *Sanitation in Daily Life*, 3d ed., Boston: Whitcomb and Barrows, 1915, p. 3; Ellen H. Richards and Marion Talbot, *Home Sanitation: A Manual for Housekeepers*, Boston: Ticknor, 1887, p. 73. 리처즈와 탤벗은 "모세 율법"에 대해 구약성서에 기록되고 탈무드 해설에서 정교화된 것과 마찬가지로 신이 모세에게 장황하게 설명한 데서 유래한 광범위한 종교법을 언급하고 있다. 신과의 약속을 지키기 위해서 유대인들은 일상생활에서 특별한 청결 규칙을 준수했다. 예를 들어 부엌에서 **식사 계율**kashruth(kosher)을 따르고, 목욕 의식 혹은 미크베스mikves를 했다. 리처즈와 탤벗 시기에 목격한 미국 유대인의 관습에 대해서는 Andrew R. Heinze, *Adapting to Abundance: Jewish Immigrants, Mass Consumption, and the Search for American Identity*, New York: Columbia University Press, 1990, 3장.

315 나는 가정을 향상시키려는 광범위한 활동을 포함하기 위해서 여성들의 자발적인 조직이나 직업을 통합한 '가정학domestic science'이라는 용어를 사용한다. 그리고 더 폭넓은 운동에서 나온 특정 직업을 언급하기 위해서 '가정경제학home economics'이라는 용어를 사용한다. 혁신주의 시대에는 여성들의 정치문화와 전문직업적 정체성에 대한 문헌이 증가했다. 그중 내가 찾은 가장 유용한 것으로는 Ellen Fitzpatrick, *Endless Crusade: Women Social Scientists and Progressive Reform*, New York: Oxford University Press, 1990; Suellen Hoy, Chasing Dirt: *The American Pursuit of Cleanliness*, New York: Oxford University Press, 1995; Robyn Muncy, *Creating a Female Dominion in American Reform, 1890~1935*, New York: Oxford University Press, 1991; Anne Firor Scott, *Natural Allies: Women's Associations in American History*, Urbana: University of Illinois Press, 1993; Kathryn Kish Sklar, *Florence Kelley and the Nation's Work: The Rise of Women's Political Culture, 1830~1900*, New Haven, Conn.: Yale University Press, 1995. 이 시기 여성 직업의 증가에 대해서는 Joan Jacobs Brumberg and Nancy Tomes, "Women in the Professions: A Research Agenda for American Historians," *Reviews in American History* 10, no. 2, June 1982, pp. 275~296.

316 초기 가정경제학운동에 대해서는 Hoy, *Chasing Dirt*, 특히 153~157쪽; Laura Shapiro, *Perfection Salad: Women and Cooking at the Turn of the Century*, New York: Farrar, Straus and Giroux, 1986; Sarah Stage, "From Domestic Science to Social Housekeeping: The

Career of Ellen Richards," in *Power and Responsibility: Case Studies in American Leadership*, eds. David M. Kennedy and Michael E. Parrish, New York: Harcourt Brace Jovanovich, 1986, pp. 211~228; Sarah Stage and Virginia Vincenti, eds., *Rethinking Home Economics: Women and the History of a Profession*, Ithaca, N.Y: Cornell University Press, 1997; Emma S. Weigley, "It Might Have Been Euthenics: The Lake Placid Conferences and the Home Economics Movement," *American Quarterly* 26, 1974, pp. 79~96. 미국 농촌에서의 가정학운동은 Marilyn Irwin Holt, Linoleum, *Better Babies, and the Modern Farm Woman, 1890~1930*, Albuquerque: University of New Mexico Press, 1995.

317 여의사들과 그들의 위생에 대한 헌신은 Regina Morantz−Sanchez, *Sympathy and Science: Women Physicians in American Medicine*, New York: Oxford University Press, 1985, pp. 58~63.

318 Harriette M. Plunkett to Lawrence Flick, Apr. 11, 1893, TB Letters, CPP; Shapiro, *Perfection Salad*, 175쪽에서 리처즈 재인용.

319 이 시기 여성의 고등교육에 대해서는 Lynn D. Gordon, *Gender and Higher Education in the Progressive Period*, New Haven, Conn.: Yale University Press, 1990; Rosalind Rosenberg, *Beyond Separate Spheres: Intellectual Roots of Modern Feminism*, New Haven, Conn.: Yale University Press, 1982. 자연과학 분야 여성들에 대해서는 Margaret Rossiter, *Women Scientists in America: Struggles and Strategies to 1940*, Baltimore, Md.: Johns Hopkins University Press, 1982. 사회과학 분야 여성들에 대해서는 Fitzpatrick, Endless Crusade, and Rosenberg, *Beyond Separate Spheres*. '과학적 방법scientific method'에 대한 여성 전문가들의 개념은 실험주의뿐만 아니라 사회조사social survey 에 의해서도 영향을 받았다. Martin Bulmer, Kevin ·Bales, and Kathryn Kish Sklar, *The Social Survey in Historical Perspective, 1880~1940*, New York: Cambridge University Press, 1991.

320 엘렌 리처즈의 경력에 대해서는 George Rosen, "Ellen H. Richards," *American Journal of Public Health* 64, 1974, pp. 816~819; Rossiter, *Women Scientists*, pp. 68~70; Stage, "From Domestic Science." 매리언 탤벗의 경력은 Edward James, Janet James, and Paul Boyer, eds., *Notable American Women: A Biographical Dictionary, 1607~1950*, vol. 3,

Cambridge, Mass.: Belknap Press, Harvard University Press, 1971, pp. 423~424; Fitzpatrick, *Endless Crusade*, 특히 30~32, 84~86쪽.

321 Florence Kelley, "Aims and Principles of the Consumer's League," *American Journal of Sociology* 5, no. 3, Nov. 1899, pp. 289~304, 인용은 296쪽. 켈리의 경력에 대해서는 Sklar, *Florence Kelley*.

322 Charlotte Angstman, "College Women and the New Science," *PSM* 53, 1898, pp. 674~690. 인용은 686쪽.

323 여성 개혁가들의 지위 향상 개념에 새겨진 계급 및 인종 전제에 대해서는, 예를 들어, Rivka Shpak Lissak, *Pluralism and Progressives: Hull House and the New Immigrants, 1890~1919*, Chicago: University of Chicago Press, 1989; Elizabeth Lasch-Quinn, *Black Neighbors: Race and the Limits of Reform in the American Settlement House Movement, 1890~1945*, Chapel Hill: University of North Carolina Press, 1993.

324 S. Maria Elliott, *Household Bacteriology*, Chicago: American School of Home Economics, 1907, pp. 124, 157. 실험실과 시연법이 가정경제학과 맞물리는 방법에 대한 좋은 예 는 Ava L. Johnson, *Bacteriology of the Home: A Textbook of Practical Bacteriology*, Peoria, Ill.: Manual Arts Press, 1929. 공중학 전통에 대해서는 Jan Golinski, *Science as Public Culture: Chemistry and Enlightenment in Britain, 1760~1820*, New York: Cambridge University Press; Larry Stewart, *The Rise of Public Science: Rhetoric, Technology, and Natural Philosophy in Newtonian Britain, 1660~1750*, New York: Cambridge University Press, 1992.

325 나의 이런 일반화에 기초가 된 것은 Lake Placid Conference on Home Economics, *Proceedings of Annual Conferences*, Lake Placid, N.Y and Boston Mass.: Lake Placid Conference on Home Economics, 1899 to 1920. 이 그룹은 이후에 미국가정경제학협 회American Home Economics Association로 이름을 바꾸었다.

326 *LHJ*에 대해서는 Helen Damon-Moore, *Magazines for the Millions: Gender and Commerce in the Ladies' Home Journal and the Saturday Evening Post*, Albany: State University of New York Press, 1994; Jennifer Scanlon, *Inarticulate Longings: The Ladies' Home Journal, Gender, and the Promises of Consumer Culture*, New York: Routledge, 1995. LHJ는 단독 으로 백만 명 이상의 구독자가 있었다. 1910년대까지 미국 여성 다섯 명 중에 한 명이

독자였다. 《하퍼스 바자》, 《코스모폴리탄*Cosmopolitan*》, 《하우스 뷰티풀*House Beautiful*》 등 대규모 여성 독자층을 가진 다른 대중잡지는 새로운 가정학에 대한 글을 실었다.

327 "Discoveries," *GH* 48, May 1909, p. 656.

328 일반 대중용 잡지에서 광고의 역할은 Damon Moore, *Magazines for the Millions, and Scanlon, Inarticulate Longings*, 특히 6장. 슈넬린 호이Suellen Hoy는 청결의 상품화를 1910년대로 거슬러 올라간다. Hoy, *Chasing Dirt*, pp. 140~149를 보라. 4장은 저미사이드와 같은 상품에 의해 증명되었듯이 일찍이 1880년대에 시작되어 1890년대에 가속화되었다고 말한다. *LHJ*와 *GH*의 광고 조사에서 1890년대 중반부터 균을 언급하는 광고 카피가 증가한 것을 알 수 있다.

329 통제 가능한 환경 과학에 대한 리처즈의 개념은 Stage, "From Domestic Science."

330 이 사건은 다음에 전해진다. Flora Rose, "A Page of Modern Education, 1900~1940: Forty Years of Home Economics at Cornell University," *A Growing College: Home Economics at Cornell University*, Ithaca: New York State College of Ecology, 1969, pp. 22~23. 공중학 교육 자체는 새롭지 않았지만 교육이 제한적이었던 주부들에게로 확장되었다. John Burnham, *How Superstition Won and Science Lost: Popularizing Science and Health in the United States*, New Brunswick, NJ.: Rutgers University Press, 1987.

331 Herbert W. Conn, Bacteria, *Yeasts, and Molds in the Home*, Boston: Ginn, 1903, p. 1.

332 Elliott, *Household Bacteriology*, p. 5; Conn, *Bacteria, Yeasts, and Molds*; "Bacteriology of the Household," *CRCFW*, n.s. 1, no. 4, Feb. 1909. 엘리엇은 109~113쪽에 세균설의 역사와 코흐의 원칙을 논한다. 그녀는 이 코넬 시리즈를 위한 반 렌셀러의 회보 준비를 도왔다. 내가 이 책의 8장에서 언급하는 것처럼, 위생 개혁가들은 가장 교육받지 못한 청중에게 연설할 때 과학적인 원칙에 대한 가르침에 무뎌졌다.

333 Marion Harland, "Little Things That Are No Trifles," *GH* 54, May 1912, pp. 705~707, 인용은 706쪽; Elliott, *Household Bacteriology*, p. 20.

334 Ibid., p. 32.

335 S. Maria Elliott, *Household Hygiene*, Chicago: American School of Home Economics, 1907, p. 3.

336 Ibid., pp. 192~193. 엘리엇은 137쪽에서 박하 시험을 주장했다.

337 예를 들어, Mary Taylor Bissell, *A Manual of Hygiene*, New York: Baker and Taylor, 1894, pp. 96~97.

338 Martha Van Rennselaer (이하 MVR) to Dora Bird, May 11,1912, box 24, folder 36, CU. 먼지 털기에 대한 전형적인 지침은 Elliott, *Household Bacteriology*, pp. 104~105. 프루덴의 연구는 157~161쪽 모범적인 수업계획서에 기재되었다.

339 MVR, "Decoratron in the Farm Home," *CRCFW*, ser. 1, no. 2, Dec. 1902. 또한 Claudia Q. Murphy, "Wall-Sanitation," Lake Placid Conference, *Proceedings of the Eighth Annual Conference, 15~22 September*, 1906, Lake Placid, N.Y: Lake Placid Conference, 1906, pp. 47~50.

340 Flora Rose, "The Laundry," *CRCFW*, n.s. 1, no. 3, Jan. 1909, pp. 42, 67; L. R. Balderston and E. H. Gunther, "Sanitary Precautions in Laundry Work," *GH* 54, 1912, pp. 712~715, 인용은 712, 714쪽.

341 MVR, "Household Insects," 1913, pp. 1~2, box 46, CU. 19세기 가정 안내서에서 많이 볼 수 있는 구충제 영수증이 증명하듯이, 주부들은 오랫동안 나방과 곤충이 옷과 피부를 손상시키기 때문에 기피했었다. 예컨대 Catharine Beecher and Harriet Beecher Stowe, American Woman's Home, 1869; reprint, Hartford, Conn.: Stowe-Day Foundation, 1991, p. 377을 보라.

342 예를 들어, Amy Elizabeth Pope, *Home Care of the Sick*, Chicago: American School of Home Economics, 1907. 결핵에 대한 논의는 pp. 125~144. 병원 이용의 증가는 Charles E. Rosenberg, *The Care of Strangers: The Rise of America's Hospital System*, New York: Basic Books, 1987, 특히 10장.

343 MVR, "Household Bacteriology," pp. 93~94. 또한 Hibbert Winslow Hill, "Teaching Bacteriology to Mothers," *JHE* 2, no. 6, Dec. 1910, pp. 635~640, 인용은 640쪽.

344 Conn, Bacteria, *Yeasts, and Molds*, pp. 2, 139. 냉기에 대해서는 pp. 148~156.

345 MVR, "Household Bacteriology," p. 94; Maria Parloa, "To Keep Refrigerators Sweet," *LHJ* 9, no. 8, July 1892, p. 21.

346 Conn, Bacteria, *Yeasts, and Molds*, pp. 111~112. 다음에서 미국인의 식이요법에서 이런 측면은 질병 예방의 문제와는 관련 없이 언급된다. Shapiro, *Perfection Salad*.

347 MVR, "Household Bacteriology," p. 66. 두엄더미에서 아기 젖병으로 옮겨 앉은 파리에

대한 전형적인 호소는 "The Home and Its Mistress," *The Metropolitan* 28, no. 2, winter 1917, p. 3.

348 "Thursday Program 1913," box 16, file 7, Farmers' Week, CU. 로즈도 우유 병에 입을 대고 마시는 가족의 누군가가 다음에 마시는 사람에게 박테리아를 전달할 것이라고 경고했다. 우유에 대한 걱정에 대해서는 Charles Chapin, *Sources and Modes of Infection*, 2d ed., New York: John Wiley and Sons, 1912, pp. 342~365.

349 부엌일에 있어서 새로운 정밀성의 좋은 예는 MVR, "Household Bacteriology," and Mary Urie Watson, "Rules for Cleaning," *CRCFW*, n.s., vol. 1, no. 23, Sept. 1, 1912, pp. 325, 336~337. 당대 배관 텍스트도 여성들에게 부엌과 세탁 과정을 분리하라고 조언했다. "절대 부엌에서 빨래를 하지 마세요"라고 저자는 말했다. 왜냐하면 옷을 삶는 물은 옷에 있는 때를 포함하고 있고 부엌 표면, 가구뿐만 아니라 음식에도 응축되기 때문이었다. "균이 그 더러운 응축물에 살지는 않겠지만 우리는 음식에 죽은 물질이 생기지 않도록 조심해야 합니다." James J. Lawler, *Lawler's American Sanitary Plumbing*, New York: Excelsior, 1896, 219~220쪽을 보라.

350 Ola Powell, *Successful Canning and Preserving*, 3d rev. ed., Philadelphia: J. B. Lippincott, 1917, pp. vii, 15. 초기 통조림 세균학은 James Harvey Young, *Pure Food: Securing the Federal Food and Drugs Act of 1906*, Princeton, NJ.: Princeton University Press, 1989, 특히 110~113쪽.

351 예를 들어, ibid., pp.15~28; Maria Parloa, "Canning and Preserving," *CRCFW* 4, no. 20, Feb. 1906.

352 Powell, *Successful Canning*, p. 6; Mary B. Hughes, *Everywoman's Canning Book: The ABC's of Safe Home Canning and Preserving by the Cold Pack Method*, Boston: Whitcomb and Barrows, 1918, p. 6.

353 Powell, *Successful Canning*, p. 12. 18세기 보툴리누스 식중독 사례가 이미 보고되었지만, 1895년에야 벨기에 연구자 반 에르멘젠이 이런 식중독의 원인이 되는 미생물을 분리했다. James Harvey Young, "Botulism and the Ripe Olive Scare of 1919~1920," *BHM* 50, 1976, pp. 372~391.

354 가정은 "여성들 고유의 왕국kingdom peculiar to women"으로 불렸다. Isabel Bevier, "Household Science in a State University," paper delivered to 1900 Farmers' Institute,

Jacksonville, Illinois, Isabel Bevier Papers, RS 8/1/20, box 5, University of Illinois Archives, Urbana, Illinois. 더 폭넓은 사회적인 살림살이 개념은 Stage, "From Domestic Science."

355 [So Maria Elliott], *Public Hygiene in Relation to the Housekeeper*, brochure for the Women's Educational and Industrial Union, School of Housekeeping, 1900~1901, box 1, folder 1, SCH. 엘리엇은 유명한 위생 화학자이자 세균학자인 윌리엄 세즈윅William Sedgwick 의 조교로 그 수업을 가르쳤다. 혁신주의 시대 위생개혁에서 여성들의 핵심적인 역할 에 대해서는 Suellen M. Hoy, "'Municipal Housekeeping' : The Role of Women in Improving Urban Sanitation Practices, 1880~1917," in *Pollution and Reform in American Cities, 1870~1930*, ed. Martin V. Melosi, Austin: University of Texas Press, 1980, pp. 173~198.

356 Kelley, "Aims and Principles," pp. 298~299.

357 MVR, "Household Bacteriology," p. 97. 다음에서 묘사되었듯이, 가정학자들은 어느 정 도 상품과 그것이 생산되는 장소 및 과정의 "관련성을 재구성"하려고 했다. William Cronon, *Nature's Metropolis: Chicago and the Great West*, New York: W. W. Norton, 1991. 그는 xv쪽에서 이 문구를 사용한다.

358 MVR, "Household Bacteriology," p. 95. 장갑을 끼라는 조언에 대해서는 Elliott, *Household Bacteriology*, p. 122.

359 "Cheap Food, or Clean Food?" *Literary Digest* 50, May 29, 1915, pp. 1272~1273, 인용 은 1272쪽.

360 MVR, "Household Bacteriology," p. 97.

III. 복음의 실행, 1900~1930

7. 항균 의식적 미국

361 "Eight Rainy Day Suits," *NYT*, Mar. 4, 1898.

362 "A Plea for Long Skirts," *Harper's Bazaar* 33, 1900, p. 206.

363 새로운 근대성 개념에 대해서는 특히 William Leach, *Land of Desire: Merchants, Power, and the Rise of a New American Culture*, New York: Pantheon, 1993; Jackson Lears,

Fables of Abundance: A Cultural History of Advertising in America, New York: Basic Books, 1994; Roland Marchand, *Advertising the American Dream: Making Way for Modernity, 1920~1940*, Berkeley: University of California Press, 1985; Susan Strasser, Satisfaction Guaranteed: *The Making of the American Mass Market*, New York: Pantheon, 1989.

364 William W. Bauer, "Antisepticonscious America," *American Mercury* 29, July 1933, pp. 323~326.

365 "The Passing of the Beard," *Harper's Weekly* 47, 1903, p. 102.

366 William Inglis, "The Revolt against the Whisker," *Harper's Weekly* 51, 1907, pp. 612~613, 인용은 612쪽. 질레트에 대해서는 Russell B. Adams, Jr., *King C. Gillette: The Man and His Wonderful Shaving Device*, Boston: Little, Brown, 1978, 인용은 56쪽. 전미결핵협회 임원들의 사진은 Knopf, *History of the National Tuberculosis Association*, New York: NTA, 1922, "Biographies of the Officers of the Association," pp. 273~464. 다른 임원들 중에 두 명은 작은 염소수염이 있었다. 29명은 콧수염이 있었고, 그중 거의 모두가 수염을 짧게 손질했다. 그리고 12명은 완전히 깨끗하게 면도를 했다. 이 시기 "남자다움"에 대한 폭넓은 재규정은 Gail Bederman, *Manliness and Civilization: A Cultural History of Gender and Race in the United States, 1880~1917*, Chicago: University of Chicago Press, 1995.

367 Emily A. Bruce, "The Rational Dress Movement: A Physician's View," *The Arena* 51, Feb. 1894, pp. 317~319, 인용은 318쪽; "A Dirty Fashion," Puck, Aug. 8, 1900, p. 7. 또한 "Septic Skirts," Scientific American, Aug. 18, 1900, p. 108.

368 Elizabeth Ewing, *History of Twentieth-Century Fashion*, rev. ed., Totowa, NJ.: Barnes and Noble, 1986, pp. 10, 23~24, 42~43, 62~63, 81, 90~91. 1915년 발목 위로 올라간 치맛단은 결코 다시 내려오지 않았다. 미국 여성들은 확실히 유럽 여성들보다 더 짧은 치마를 입었다. Jane Mulvagh, *Vogue History of Twentieth-Century Fashion*, New York: Viking, 1988, p. 17.

369 1880년대 엘렌 리처즈는 자신의 집에서 먼지를 많이 타는 가구를 치웠다. Caroline L. Hunt, *Life of Ellen H. Richards, 1842~1911*, Washington, D. C.: American Home Economics Association, 1958, pp. 59~60. "예술적인 집"에 대해서는 Clifford Edward Clark, Jr., *The American Family Home, 1800~1960*, Chapel Hill: University of North

Carolina Press, 1986, pp. 103~130; Bradley C. Brooks, "Clarity, Contrast, and Simplicity: Changes in American Interiors, 1880~1930," in *The Arts and the American Home, 1890~1930*, ed. Jessica H. Foy and Karal Ann Marling, Knoxville: University of Tennessee Press, 1994, pp. 14~43; Katherine C. Grier, *Culture and Comfort: People, Parlors, and Upholstery, 1850~1930*, Amherst: University of Massachusetts Press, 1988.

370 Clark, *American Family Home*, pp. 131~192; Brooks, "Clarity, Contrast, and Simplicity". 또한 Ellen Lupton and J. Abbott Miller, *The Bathroom, the Kitchen, and the Aesthetics of Waste*, Cambridge, Mass.: MIT List Visual Arts Center, 1992.

371 브룩스는 새로운 스타일과 "새로운 이민"의 관계를 보여 준다. Brooks, "Clarity, Contrast, and Simplicity," pp. 34~37, 클라크도 위생 문제의 중요성을 강조한다. Clark, *American Family Home*, pp. 156~157.

372 제품 판매를 위해서 균을 이용하는 경향의 증가에 대한 충분한 설명은 Suellen Hoy, *Chasing Dirt: The American Pursuit of Cleanliness*, New York: Oxford University Press, 1995, 특히 123~149쪽; Vincent Vinikas, *Soft Soap, Hard Sell: American Hygiene in an Age of Advertisement*, Ames: Iowa State University Press, 1992. 또한 흥미로운 논의는 Lears, *Fables of Abundance*, 6장, 특히 171~174쪽.

373 이민자와 소비재에 대해서는 Lisabeth Cohen, *Making a New Deal: Industrial Workers in Chicago, 1919~1939*, New York: Cambridge University Press, 1990, 특히 3장; Andrew Heinze, *Adapting to Abundance: Jewish Immigrants, Mass Consumption, and the Search for American Identity*, New York: Columbia University Press, 1990. 위생의 미국화는 Hoy, *Chasing Dirt*, 특히 4장.

374 Earnest Elmo Calkins, "The Influence of Advertising," *GH* 48, May 1909, pp. 643~645, 인용은 644쪽. 칼킨스의 경력에 대해서는 Lears, *Fables of Abundance*, 특히 308~314쪽.

375 Potteries Selling Co., *Household Health* (ca. 1915), p. 7. HC. 하수 가스 공포를 의심하는 찰스 에드워드 아모리 윈슬로Charles Edward Amory Winslow의 믿을 만한 보고서는 National Association of Master Plumbers, *Report of the Sanitary Committee, 1907~1908~1909*, Boston, Mass.: National Association of Master Plumbers, 1909.

376 "Advertising Section," *GH* 43, July~Dec. 1906 and *GH* 41, July~Dec. 1905. *GH* 잡지 뒷면에 정기적으로 광고가 실렸다. 거기에는 쪽 번호가 매겨지지 않아서 이후 인용에

는 간단히 권수만 표시한다.

377 *McConnell Germ-Proof Water Filters, Illustrated Catalogue, 1894*, CPP; The Pasteur-Chamberland Filter Co., *Illustrated Types of Pasteur Water Filters*. 1900, HC. 파스퇴르의 이름을 사용한 것은 단순히 존경에 대한 표시만은 아니었다. 그는 실제로 이 필터 특허권을 소유했었다. Gerald L. Geison, *The Private Science of Louis Pasteur*, Princeton, NJ.: Princeton~University Press, 1995, p. 41.

378 Trenner-Lee Formaldehyde Disinfector, J. Ellwood Lee Co., n.d., p. 6, in Related Pamphlets; American and Continental "Sanitas" Co., "How to Disinfect: A Guide to Practical Disinfection in Everyday Life"; Germ-a-Thol, Pratt Food Co.; all in Disinfectants, box 1, WC. 애완동물, 더 구체적으로 말하면 애완동물의 털이 종종 잠재적인 감염원으로 언급되었다. 초기 결핵 소책자에는 여기저기 결핵을 옮기는 고양이와 개에 대한 언급이 있다. 곤충 매개체의 역할에 대한 새로운 인식은 그런 걱정을 배가시켰다. 흔한 애완동물 벼룩은 결코 질병 매개체와는 관련이 없었지만, '연좌제'로 엮일 공산이 컸다.

379 C. N. West Disinfecting Co., "Message to Good Housewives," Disinfectants, box 1, WC. 나는 소독약 광고에서 흔했던 불쾌한 말투가 주부들로 하여금 더 값싼 대체 수단을 이용할 수 있을 때조차 비싼 비누와 살균제에 돈을 지불하는 데 직면한 회사의 노력을 증명하는 것 같다고 생각한다.

380 Oakland Chemical Company, *Monograph on Hydrogen Dioxide*, 1897, pp. 3, 23, NLM; Lambert Pharmacal Co., *Summer Complaints of Infants and Children*, 뒷표지. 리스테린 제조사인 세인트루이스의 램버트 제약회사Lambert Pharmacal Company of St. Louis 는 의학 잡지와 팸플릿에서 1880년대 광고에 전형적인 남성 의학 권위자에게 계속 호소했다. 일반대중용 잡지의 리스테린 광고는 살균력이 있는 구강 및 피부 세정제로서의 포괄적인 용도를 강조했다.

381 "Hoymei," *LHJ* 58, Nov. 1899, p. 33.

382 Mildred Maddocks, "The Cleaner versus the Broom," *GH* 64, May 1917, pp. 68, 158, 161, 162, 인용은 68쪽; Charles J. Clarke, "Do You Use a Vacuum Cleaner?" *GH* 68, Mar. 1919, p. 28. 1926년 80퍼센트의 부유한 가정에서 진공청소기를 소유했다. 이러한 신기술이 가사에 미친 영향에 대해서는 Ruth Schwartz Cowan, *More Work for*

Mother: *The Ironies of Household Technology from the Open Hearth to the Microwave*, New York: Basic Books, 1983, 통계는 173쪽; 그리고 Susan Strasser, *Never Done: A History of American Housework*, New York: Pantheon, 1982.

383 *Cosmopolitan Magazine* 54, Dec. 1912: 168a; *Harper' s Bazaar* 43, July–Dec. 1909, unpaginated back matter.

384 Sanitary Manufacturing Company, *The Passing of the Carpet*, 1902, p. 12, HC; *Harper's Bazaar* 43, July–Dec. 1909, p. 4.

385 Standard Textile Products Company, "Sanitas Modern Wall Covering and Its Uses," n.d., p. 9, HC; Carbola Chemical Company, "Carbola, the Disinfectant That Paints," n.d., unpaginated, Disinfectants, box 1, WC; E. 1. du Pont de Nemours & Co., *Saniflat*, HC; *SEP* June 5, 1926, p. 160.

386 *GH* 43, July–Dec. 1906.

387 *GH* 48, 1909). 냉장고 개발에 대해서는 Cowan, *More Work*, pp. 128~145.

388 *Harper' s Bazaar* 43, July–Dec. 1909; *GH* 48, 1909; *GH* 41, July–Dec. 1905.

389 *GH* 32, 1902. 원문 강조.

390 Thomas Hine, *The Total Package: The Evolution and Secret Meanings of Boxes, Bottles, Cans, and Tubes*, New York: Little, Brown, 1995; Strasser, *Satisfaction Guaranteed*, pp. 252~285. "밀폐air–tight"나 "위생sanitary" 같은 용어의 사용에 대한 개괄은 세기 전환기 광고에 근거한다.

391 "The Development of Cellophane," Reference Files, Public Relations Department, E. I. du Pont de Nemours & Co., box 3, folder 328, Accession no. 1410, HD; *GH* 43, July–Dec. 1906.

392 "Supplement to Baked Goods Survey Report," Apr. 1, 1928, box 502, HD; "Food–Candy, 1917~1929 misc.," Competitive Advertisements Files, JWT.

393 "Canned Foods," Competitive Advertisements Files, JWT. 유리병 사용에 대해서는 Eric Lampard, *The Rise of the Dairy Industry in Wisconsin: A Study in Agricultural Change, 1820~1920*, Madison: State Historical Society of Wisconsin, 1963, pp. 228~229, 405.

394 Marion Harland, *The Story of Canning* (n.p.: National Canners Association, 1910), pp. 5~6. 할랜드의 본명은 메리 버지니아 호스 터훈Mary Virginia Hawes Terhune이었다.

395 *Harper's Bazaar* 43, July–Dec. 1909. 통조림 산업에서 위생 보증서를 강조한 노력은 예를 들어 Max Ams Machine Company, *The Seal of Safety*, New York: Max Ams Machine Publicity Department, 1915. 통조림에 대한 세균학 교재는 1899년에 처음 나타났지만, 통조림 산업은 1910년 이후에야 체계적으로 세균학 방법을 적용하기 시작했다. 다음에 따르면, 이는 주로 "분산되고 단편적"이었기 때문이다. James Harvey Young, *Pure Food: Securing the Federal Food and Drugs Act of 1906*, Princeton, NJ,: Princeton University Press, 1989, p. 113.

396 *Butcher's Advocate* 77, Sept. 3, 1924 and Apr. 16, 1924.

397 새로운 기업문화에 대해서는 Olivier Zunz, *Making America Corporate, 1870~1920*, Chicago: University of Chicago Press, 1990. 특히 7장, "Drummers and Salesmen"

398 서비스 산업의 노동자 규율에 대해서는 Matthew Josephson, *Union House, Union Bar: The History of the Hotel and Restaurant Employees and Bartenders International Union, AFL-CIO*, New York: Random House, 1956. 특히 86쪽.

399 훌륭한 서비스 조달자로서 호텔의 발전에 대한 흥미로운 논의는 Leach, *Land of Desire*, Chap. 5. 또한 호텔과 식당에 대한 좋은 참고자료는 Josephson, *Union House, Union Bar*.

400 "How Hotel Keepers Can Aid in Preventing the Spread of Tuberculosis," PSPT, *Report for the Year Ending May 1, 1906*, Philadelphia: PSPT, 1906. pp. 20~21. 이런 일반화는 나의 NYT와 HM 독해에 기초한다. Frank H. Hamilton, "Sewer Gas," *PSM* 22, 1882, pp. 1~20. 특히 17~18쪽에서는 많은 호텔에서 하수 가스가 침실로 들어오지 못하도록 세면대를 없앴다는 사실을 언급한다.

401 "The Practical Hotel Housekeeper," HM 5, no. 49, Apr. 1897, pp. 28~29. 인용은 28쪽. 몇 세기 이후에도 똑같이 충고했다. Jane C. Van Ness, *The Housekeeper's Primer*, Chicago: The Hotel Monthly Press, 1940, CHS.

402 *HM* 8, no. 89, Aug. 1900: 11. 위생 장비 구매자로서 호텔에 대해서는 American Aromatic Disinfector Company, "Disinfectants and Disinfecting Appliances," [ca. 1910], HC; Albert Pick and Co., Chicago, *General Catalog···*, 1911~1912, CHS.

403 광고는 "Acme Hygienic Couches, Mattresses, and Pillows," *HM* 7, no. 74, 1899. *HM*의 냉장고, 진공청소기 등에 대한 광고는 *GH*의 광고와 동일한 주제를 상기시켰다.

404 *NYT*, Jan. 23, 1910. 호텔 이불에 대한 전형적인 경고는 "Little Dangers to Be Avoided in the Daily Fight against Tuberculosis," *Pennsylvania Health Bulletin* 7, Jan. 1910, pp. 1~5.

405 *NYT*, Jan. 16, 1912; *NYT*, Feb. 13, 1912. 이 법안은 매트리스 전체를 덮기에 충분한 "각 시트는 91인치 길이"에 넓어야 한다고 공표했다. 버지니아에서도 호텔에 8피트(96인치-역자 주)짜리 시트를 사용하도록 요구하는 법안을 통과시켰으나, 법원은 그것이 위헌이라고 판결했다(이 판정은 상고되었다). NYT, Dec. 14, 1911.

406 Edward Hungerford, "Sleeping-Cars and Microbes," *Harper's Weekly*, Feb. 1, 1914, pp. 20~22. 이 글은 침대차를 사용한 승객 수에 대한 통계를 제공하고 각별한 쟁점인 "결핵 휴양지" 노선을 언급한다. 풀먼차의 역사에 대해서는 Joseph Husband, *The Story of the Pullman Car*, Chicago: A. C. McClurg, 1917. 1914년 당시 풀먼사는 미국에서 사용된 전체 침대차의 95퍼센트를 공급했다. 1900년 초 보건 당국도 철도 위생 문제를 심각하게 고려했다. 예컨대 열차칸 위생에 대한 논의는 U.S. Public Health Service, *Transactions of the Third Annual Conference of State and Territorial Health Officers with the United States Public Health and Marine Hospital Service*, May 15, 1905, Washington, D. C.: Government Printing Office, 1906, pp. 24~29.

407 Husband, *Story of the Pullman Car*, p. 153. 크로더의 임명은 다음에서 언급된다. U.S. Public Health Service, *Transactions of the Third Annual Conference*, p. 27.

408 Hungerford, "Sleeping-Cars and Microbes," p. 22. 이 회사에서 실제로 그런 규칙을 정확히 따랐는지에 대해서는 더 연구할 가치가 있다.

409 외식에 대해서는 Lewis Erenberg, *Steppin' Out: New York Nightlife and the Transformation of American Culture, 1890~1930*, Chicago: University of Chicago Press, 1984. 요식업계에서 청결에 대한 강조가 늘어난 것에 대해서는 Harvey Levenstein, *Revolution at the Table: The Transformation of the American Diet*, New York: Oxford University Press, 1988, p. 186.

410 "Editor's Diary," *North American Review* 183, 1906, p. 699; *HM* 9, no. 103, Oct. 1901, p. 17.

411 *HM* 5, no. 49, Apr. 1897, p. 28~29, 인용은 29쪽; John Goins, *The American Colored Waiter*, n.d., Hotel School, CU; I. S. Anoff, "The Albert Pick and Company Story," 발

표되지 않은 원고, 12쪽, CHS.

412 장티푸스균과 건강보균자 개념은 Judith Walzer Leavitt, *Typhoid Mary: Captive of the Public's Health*, Boston: Beacon, 1996.

413 *NYT*, Dec. 24, 1910 and Dec. 3, 1915. 이 도시의 위생법은 도시의 식품 취급자들에 대한 세균학 검사를 요구하는 것으로 개정되었다. 레스토랑 종사자들은 일하기 위해서 증명서가 필요했다. 1915년 논문은 첫 검사를 받은 4만 명 중에 약 3.5퍼센트가 "그들의 고용을 불법으로 만드는 그런 건강 상태"로 드러났다고 보고했다. 식품 취급자의 위생 규칙에 대한 진전된 논의는 Leavitt, *Typhoid Mary*, pp. 52~54.

414 노조 활동가들의 조직 캠페인에서도 서비스 노동자들이 부유한 고객들에게 봉사하는 동안 위생적인 정확성을 강요받음에도 불구하고 반면에 그들의 노동 상태는 보통 매우 비위생적이라는 사실을 이용하려고 했다. 예컨대 Pasquale Russo, *Twelve O'Clock Lunch*, Chicago: the author, 1923, CHS.

415 예를 들어, 식품검사에 대한 논의는 Robert S. Lynd and Helen Merrell Lynd, *Middletown: A Study in American Culture*, New York: Harvest/Harcourt Brace, 1957, pp. 449~450. 포장식품에 대한 정치학은 Strasser, *Satisfaction Guaranteed*, 8장. 도시 노동계급을 위한 오락과 서비스는 Erenberg, *Steppin' Out*; Levenstein, *Revolution at the Table*.

416 《미국 공중보건 연구*American Journal of Public Health*》에 실린 논문과 비평은 1910년대에서 1920년대 정부의 위생 규정에서 이런 확장 과정을 파악할 수 있게 해 준다. 하나의 구체적인 변화 영역, 즉 개인별 식기 제공에 대한 자세한 조사는 David Fromson, comp., *Regulatory Measures Concerning the Prohibition of the Common Drinking Cup and the Sterilization of Eating and Drinking Utensils in Public Places*, New York: Cup and Container Institute, 1936.

417 "Individual Drinking Cups," *JOL* 6, no. 8, Aug. 1909, p. 237은 철도에 컵 판매기를 설치했다고 언급한다. 보건 당국도 다양한 철도 노선에 종이컵 실험을 검토했다. U.S. Public Health Service, *Transactions of the Fourth Annual Conference···1906*, pp. 31~45. 조립식 음료 컵에 대한 광고는 《과학적 미국인》과 *JOL* 등 이 시기 많은 정기 간행물에서 볼 수 있다.

418 John H. White. Jr., *The American Railroad Passenger Car* (Baltimore, Md.: Johns Hopkins

University Press, 1978), p. 432 인용.

419 "A Drink of Cold Water," *Survey* 29, Oct. 12, 1912, pp. 54~55, 인용은 55쪽. 또한 온도 논쟁에 대한 서술은 *The Independent* 71, Oct. 12, 1911, pp. 830~831.

420 식수대 역사에 대해서는 Louis V. Dieter, "The Relative Sanitary Values of Different Types of Drinking Fountains," *The American City* 21, no. 5, Nov. 1919, pp. 452~457 and 21, no. 6, Dec. 1919, pp. 549~554. 주별 음료 컵 법안에 대한 개요는 Fromson, *Regulatory Measures*.

421 "A Drink of Cold Water," pp. 54~55.

422 *The Independent* 74, May 22, 1913, pp. 1118~1119.

423 Marie Correll, *Sanitary Drinking Facilities, with Special Reference to Drinking Fountains*, Bulletin of the Women's Bureau, no. 87, Washington, D. C.: Government Printing Office, 1931, p. 6.

424 JBSC, *Bulletin* 1, no. 3, Oct. 1919, back cover, box 10, folder 12, ILR.

8. 더러움의 대가는 죽음이었다

425 Marion Harland, "Little Things That Are No Trifles," *GH* 54, May 1912, pp. 705~707, 인용은 705쪽.

426 Harriette M. Plunkett, *Women, Plumbers, and Doctors*, New York: D. Appleton, 1885, p. 203. 시어도어 루스벨트는 장티푸스로 사망한 어머니 외에도 어린 나이에 결핵에 걸린 여자 형제가 있었다는 것에 유의하라. David McCullough, *Mornings on Horseback*, New York: Simon and Schuster, 1981, pp. 32~34.

427 계급과 인종에 따른 사망률의 차이는 S. K. Kleinberg, *The Shadow of the Mills: Working-Class Families in Pittsburgh, 1870~1907*, Pittsburgh: University of Pittsburgh Press, 1989; Barbara Bates, *Bargaining for Life: A Social History of Tuberculosis, 1876~1938*, Philadelphia: University of Pennsylvania Press, 1992, pp. 313~327; Georgina D. Feldberg, *Disease and Class: Tuberculosis and the Shaping of Modern North American Society*, New Brunswick, NJ.: Rutgers University Press, 1995; David McBride, *From Tuberculosis to AIDS: Epidemics among Urban Blacks since 1900*, Albany, N.Y: State University of New York Press, 1991; Katherine Ott, *Fevered Lives: Tuberculosis in*

American Culture since 1870, Cambridge, Mass.: Harvard University Press, 1996.

428 이런 십자군에 대해서는 Feldberg, *Disease and Class*, 특히 3장; Suellen Hoy, *Chasing Dirt: The American Pursuit of Cleanliness*, New York: Oxford University Press, 1995, 특히 4장; Ott, *Fevered Lives*; Michael E. Teller, *The Tuberculosis Movement*, Westwood, Conn.: Greenwood, 1988.

429 이 시기 여성 지배적인 직업의 확장에 대해서는 Joan Jacobs Brumberg and Nancy Tomes, "Women in the Professions: A Research Agenda for American Historians," in *Reviews in American History* 10, 1982, pp. 275~296.

430 Kleinberg, *Shadow of the Mills*, 특히 94~99쪽과 347~348쪽, nn.125, 126. 새로운 조사에 근거해 사뮤엘 프레스톤과 마이클 하이네스는 1900년에 도시의 유아 사망률이 특권적인 사회 집단에서도 매우 높았다고 주장한다. Samuel H. Preston and Michael R. Haines, *Fatal Years: Child Mortality in Late Nineteenth-Century America*, Princeton, N J.: Princeton University Press, 1991.

431 John Duffy, *The Sanitarians: A History of American Public Health*, Chicago: University of Illinois Press, 1990, pp. 178~179; Kleinberg, *The Shadow of the Mills*, pp. 97~98; Hoy, *Chasing Dirt*, 3장. 공동주택 개혁을 위한 십자군은 Roy Lubove, *The Progressives and the Slums: Tenement Housing Reform in New York City*, Pittsburgh: University of Pittsburgh Press, 1962.

432 Edith Abbott et al., *The Tenements of Chicago, 1908-1935*, Chicago: University of Chicago Press, 1936, p. 206; Kleinberg, Shadow of the Mills, pp. 97, 92.

433 이 시기 보건 권력이 강화된 데 대해서는 *Duffy, Sanitarians*, 특히 13장; Judith Walzer Leavitt, *The Healthiest City: Milwaukee and the Politics of Health Reform*, Princeton, NJ.: Princeton University Press, 1982. 유아 사망률을 낮추기 위한 캠페인은 Richard A. Meckel, *Save the Babies: American Public Health Reform and the Prevention of Infant Mortality, 1850~1929*, Baltimore, Md.: The Johns Hopkins University Press, 1990. 메트로폴리탄 보험에 대해서는 Diane Hamilton, "The Cost of Caring: The Metropolitan Life Insurance Company's Visiting Nurse Service, 1909~1953," *BHM* 63, 1989, pp. 419~426; Elizabeth Toon, "Corporations, Consumers, and Classrooms: Women and Health Education at the Metropolitan Life Insurance Company, 1920~1940," (paper

presented at the Berkshire Conference on Women's History, Chapel Hill, N.C., 1996).

434 Bureau of Child Hygiene, New York City Department of Health, *Ten Commandments for Keeping Baby Well*, New York: privately printed, 1916. 보건 교육을 "지나치게 단순화하는dumb down" 경향에 대해서는 John Burnham, *How Superstition Won and Science Lost: Popularizing Science and Health in the United States*, New Brunswick, N.J.: Rutgers University Press, 1987, 특히 45~84쪽. 그는 1930년대에 이 과정이 급격히 증가했다고 주장한다.

435 *Report of the Henry Street Settlement*, New York: privately printed, 1926, p. 3. 방문간호의 역사에 대해서는 Karen Buhler Wilkerson, "False Dawn: The Rise and Decline of PujJ1ic Health Nursing in America, 1900—1930," in *Nursing History: New Perspectives, New Possibilities*, ed. Ellen C. Lagemann, New York: Teachers College Press, 1983, pp. 89~106; "Left Carrying the Bag: Experiments in Visiting Nursing, 1877~1909," *Nursing Research* 36, 1987, pp. 42~47; Hamilton, "Cost of Caring."

436 "Nursing Technique," box 1, folder 2, SCP.

437 저항과 순응에 대한 나의 생각은 다음의 연구에 힘입은 바가 크다. Lizabeth Cohen, "Embellishing a Life of Labor: An Interpretation of the Material Culture of American Working—Class Homes, 1885~1915," in *American Material Culture: The Shape of Things around Us*, ed. Edith Mayo, Bowling Green, Ohio: Bowling Green State University Popular Press, 1984, pp. 158~181, 인용은 178쪽; Lisabeth Cohen, *Making a New Deal: Industrial Workers in Chicago*, 1919~1939, New York: Cambridge University Press, 1990.

438 열악한 주거 환경에 대해서는 Kleinberg, *Shadow of the Mills*, pp. 65~99; Elizabeth Ewen, *Immigrant Women in the Land of Dollars: Life and Culture on the Lower East Side, 1890~1925*, New York: Monthly Review Press, 1985, 특히 148~163쪽; Laura Anker Schwartz, "Immigrant Voices from Home, Work, and Community: Women and Family in the Migration Process, 1890~1938", Ph.D. diss., State University of New York at Stony Brook, 1983, 특히 9장과 10장.

439 Henry Street Settlement, Visiting Nurse Society Brochure, Oct. 1936, p. 13, in box 86, Henry Street Settlement Papers, Social Welfare History Archives, University of

Minnesota.

440 Florence Larrabee Lattimore, "Three Studies in Housing and Responsibility," in *The Pittsburgh Survey*, ed. Paul U. Kellogg, vol. 5: *The Pittsburgh District: Civic Frontage*, New York: Survey Associates, 1914, pp. 124~138, 인용은 128쪽; *Kingsley Record* 22, no. 2, Mar. 1920, pp. 1, 3, 인용은 3쪽.

441 "Miss O'Donnell, Personal Experiences during the Epidemic," box 8, folder 1, SCP; Ewen, *Immigrant Women*, p. 97, 메리 심코비치Mary Simkhovitch 재인용. 코린 크라우제Corinne Krause의 구술사 중에서 한 슬라브계 여성은 아픈 아이와 함께 잠을 자는 것이 "모성애mother love"의 표시라고 말하면서 "그 소년 소녀가 당신이 모르는 사이에 죽을 수도" 있었기 때문에 어린 아이들이 각자의 방에서 자도록 내버려두는 친척을 비판했다. Interview S-2-A, p. 32, KC. 이 장에서는 대략 225개의 구술사로 구성된 크라우제 콜렉션Krause Collection에 크게 의존한다. 이 인터뷰는 1975년과 1976년에 민족별 여성들의 정신 건강에 대한 연구의 일환으로 같은 가족 내에서 3대(할머니, 어머니, 딸)의 여성들과 이루어졌다. 자존감의 원천을 평가하기 위한 노력의 일환으로 인터뷰에는 가사노동이나 육아와 관련된 수많은 질문이 포함되었다. 참가자들은 질병의 경험이나 의사에 대한 태도 등 가족의 병력에 대한 질문도 받았다. 인터뷰를 받은 사람들은 사생활 보호를 위해 이니셜로만 확인된다. 접두사 I는 이탈리아인, J는 유대인, S는 슬라브인 가족을 지칭한다. 알파벳 A는 할머니, B는 어머니, C는 딸에 사용되었다.

442 Peter Roberts, "The New Pittsburghers: Slavs and Kindred Immigrants in Pittsburgh," *Charities and Commons* 21, 1909, pp. 533~552, 인용은 543쪽; Lattimore, "Three Studies in Housing and Responsibility," p. 132; National Council of Jewish Women, *By Myself I'm a Book! An Oral History of the Immigrant Jewish Experience in Pittsburgh*, Waltham, Mass.: American Jewish Historical Society, 1972, pp. 102~103.

443 Lattimore, "Three Studies in Housing and Responsibility," p. 125; Interview S-1-A, p. 16, KC.

444 Mabel Hyde Kittredge, "The Need of the Immigrant," *JHE* 5, no. 4, Oct. 1913, pp. 307~316, 인용 pp. 307, 308.

445 Cohen, "Embellishing a Life of Labor," 특히 164~167쪽.

446 사회조사관들은 종종 여성들이 자신의 집에 부과한 꼼꼼한 살림살이 기준과 거리의 오물이나 무질서를 대조한 것에 대해 논평했다. Ewen, *Immigrant Women*, pp. 136, 137. 1920년대에 한 이탈리아 여성은 서른 살 즈음 미국에 왔을 때 젠더화된 노동 분업의 측면에서 "그는 바깥일에 책임이 있었고, 나는 집안을 책임졌어요"라고 설명했다. Interview I−1−A, p. 22, KC.

447 Interviews S−1−B, p. 8; S−13−B, p. 4; I−14−B, p. 5; J−9−B, p. 24, all KC. 청결의 어려움에 대해서는 Interviews I−1−B, pp. 4−5; I−3−A, p. 63; I−4−B, pp. 33−34; S−3−A, p. 19, all KC. 또한 Ewen, *Immigrant Women*, pp. 95, 100~101, 154~157; Schwartz, "Immigrant Voices," pp. 636~638. 한 여성은 어떤 아이가 엄마의 청소 통에 떨어져 화상으로 사망했다고 회상했다. Interview S−7−A, pp. 10−11, KC.

448 청결 습관에 대해서는 Ewen, *Immigrant Women*, pp. 32, 148~149.

449 이민자 신문의 광고에 대한 논의는 Andrew Heinze, *Adapting to Abundance*: *Jewish Immigrants, Mass Consumption, and the Search for American Identity*, New York: Columbia University Press, 1990, 특히 6, 9, 10장. 그는 비누 같은 미국 상품의 광고를 특징 짓기 위해서는 이디시어 신문보다는 이탈리아계 신문이 더 빠르다고 언급한다. 리놀륨에 대한 언급은 예컨대 Interviews 1−5−A, p. 63; S−4−A, p. 8, KC. 리놀륨은 농촌 여성들 사이에서도 인기가 있었다. Marilyn Irwin Holt, *Linoleum, Better Babies, and the Modern Farm Woman, 1890~1930*, Albuquerque: University of New Mexico Press, 1995, pp. 88~89.

450 Interview S−1−B, p. 13; 1−22−A, p. 6, KC.

451 Interviews S−8−A, p. 13; S−14−A, p. 21; S−14−B, p. 13; 1−24−B, p. 75, KC.

452 Interviews S−1−B, p. 39; S−3−B, p. 13, KC.

453 Interviews J−6−A, p. 14; J−4−B, n.p., KC.

454 Interview 1−7−B, p. 10, KC.

455 Frank Persons to F. E. Crowell, Nov. 27, 1916, "Tuberculosis, 1916~1917," box 180, CSS.

456 Interview I−23−B, p. 26, KC; Robert S. Lynd and Helen Merrell Lynd, *Middletown*: *A Study in American Culture*, New York: Harcourt, Brace and World, 1929, p. 452.

457 Persons to Crowell, Nov. 27, 1916, CSS; "Twentieth Century Follies," p. 8, box 1, folder

2, SCP.

458 Interview I-11-B, p. 25, KC.

459 청결과 동화assimilation의 관계에 대해서는 Hoy, *Chasing Dirt*, 특히 4장. '백인성 whiteness' 이라는 개념에 대해서는 David R. Roediger, *The Wages of Whiteness: Race and the Making of the American Working Class*, New York: Verso, 1991.

460 크라우제의 구술사에서 유아 및 아동 사망은 이민자 어머니와 딸들의 강박적인 청결에 대한 논평과 나란히 자주 언급된다.

461 농촌 생활운동은 William L. Bowers, *The Country Life Movement in America, 1900~1920*, Port Washington, N.Y.: Kennikat, 1974. 시골 여성을 위한 농촌지도운동에 대해서는 Holt, *Linoleum*. 코넬의 농촌 가정경제학에 대한 역사는 Flora Rose, *A Growing College: Home Economics at Cornell University*, Ithaca: New York State College of Human Ecology, 1969.

462 농촌지도운동은 농촌에서의 성별 분업을 반영했다. 뉴욕 시골의 가정경제에 대한 개괄은 Nancy Grey Osterud, *Bonds of Community: The Lives of farm Women in Nineteenth-Century New York*, Ithaca, NY: Cornell University Press, 1991, 특히 pt. 3.

463 Rose, *Growing College*, p. 16. 베일리의 경력과 초기 가정경제학에 대해서는 10~23쪽.

464 "Report, Cornell Study Clubs, 1914," box 24, folder 44, CU. 베일리와 반 렌셀러가 셔토콰 서클을 본 따서 코넬 독서 강좌를 만들었다는 직접적인 근거는 찾지 못했다. 그러나 그들의 방법은 대단히 유사하다.

465 Details on the Farmers' Institute programs are in box 16, folder 7, CU; 부엌학회에 대한 보고서는 CUE. 구내식당 실험실에 대해서는 Rose, *Growing College*, pp. 48~49.

466 Martha Van Rensselaer (이하 MVR) to Mrs. R. W. Potter, Nov. 23, 1903, Letterpress, p. 605, CU; Louise Montgomery to MVR, Mar. 27, 1913, box 24, folder 36, CU; Isabel Parsons to MVR, Apr. 16, 1910, box 24, folder 42, cu. 이는 아무도 가정경제학자의 권위에 도전하지 않았다는 말은 아니다. 예컨대 MVR to Mr. Alva Agee, Dec. 17, 1903, Letterpress, pp. 642~643, box 49, CU.

467 "Survey of Results of Extension," Chenango County, Oct. 24~25, 1923, CUE; Mrs. E. P. Ellinwood to MVR, Mar. 1, 1909, box 24, folder 33, CU.

468 Louise Montgomery to MVR, Mar. 27, 1913, box 24, folder 36, CU; Estelle Cole to

MVR,Jan. 31, 1910, box 24, folder 31, CD.

469 Eppie E. Yantis to MVR, Feb. 13, 1915, box 23, folder 40, CU; Geneva Watson to MVR, n.d., box 24, folder 41, CU.

470 Mrs. E. P. Ellinwood to MVR, Mar. 1, 1909, box 24, folder 33, CU; Mrs. E. H. Warren to Farmer's Wives Reading Club, Oct. 1, 1907, box 24, folder 41, CU.

471 Martha Van Rensselaer, "Suggestions on Home Sanitation," *CRCFW*, ser. 3, no. 11, Nov. 1904, p. 205. 원문 강조.

472 Ibid., p. 207. 위생 전단에서 남성의 책임을 강조하려는 그녀의 결정에 대해서는 MVR to Mrs. John H. McClure, Mar. 6, 1901, Letterpress, p. 56, CU.

473 "Reading Course Testimonials," box 25, folder 16, CU. 저자는 확인되지 않는다. 그녀 도 "망아지도 돌보아야 하고 죽어라 일해야 한다"고 썼다. 그리고 이렇게 끝맺었다. "나는 당신의 글을 기쁜 마음으로 읽고 간직합니다. 좋았어요."

474 MVR to Mr. Alva Agee, Dec. 17, 1903, Letterpress, pp. 642~643, box 49, CU; Mrs. Rufus Stanley to MVR, Dec. 26 1909, box 16, folder 7, CU.

475 Elizabeth Ecker to MVR, n.d., box 24, folder 34, CU; Mrs. John L. Fuller to MVR, n.d., box 24, folder 39, CU.

476 가정세균학에 대한 논문은 Kathrea Edes, box 24, folder 34; MVR to Mrs. S. W. Terry, Oct. 25, 1909, box 24, folder 40; MVR to Mrs. D. F. Boutwell, Mar. 21, 1901, Letterpress p. 87, box 49, all CU.

477 Mrs. W. S. Peck to MVR, Jan. 25, 1909, box 24, folder 42, CU; Ella Cushman, "Notice of Trip Arrangements," Oct. 3, 1934, Chenango County, box 1, record group 919, CUE.

478 "Reading Course Testimonials," box 24, folder 9, CU; Ella Cushman, "Report of Meeting on Household Management," Cattaraugus County, box 1, CUE.

479 Ella Cushman, "Report on-Kitchen Tour" [1934?], Chenango County, box 1, CUE. 끓 인 물 사용에 대해서는 "Summary of Eighty-one Records," Dec. 1932, Jefferson County, box 2, CUE. 제퍼슨 카운티Jefferson County의 24가구에서만 뜨거운 수돗물 이 나왔다.

480 Kathrea Edes, "Household Bacteriology: Discussion Paper," Apr. 1, 1913, box 24, folder

34, CU; MVR to Mrs. C. V. Zelley, Apr. 29, 1912, box 24, folder 42, CU.

481 Mrs. George Bancroft to MVR, n.d. [answered Mar. 1909], box 24, folder 32, CU; Helen Boden to Miss White, [1910?], box 24, folder 35, CU.

482 May E. Abbuhl to Flora Rose, Jan. 16, 1915, box 16, folder 8, CU; Ella Cushman, "Trip Report," Apr. 6, 1934, Cattaraugus County, box 1, CUE.

483 Ella Cushman, "Trip Report," Oct. 20~21, 1931, Cattaraugus County, box 1, CUE. 또 한 MVR to Mrs. James Swan, May 4,1904, Letterpress, p. 727, box 49, CU; MVR to Mrs. George B. Ward, Mar. 18, 1901, Letterpress, pp. 82~83, box 49, CU.

484 Mrs. A. C. Abbuhl to MVR, July 9, 1920, box 24, folder 36, CU.

485 인구통계학 논의는 Douglas C. Ewbank and Samuel H. Preston, "Personal Health Behaviour and the Decline in Infant and Child Mortality: The United States, 1900~1930," in John Caldwell et al., eds., *What We Know about Health Transition: The Cultural, Social and Behavioural Determinants of Health*, Canberra: Australian National University Press, 1990, pp. 116~149. "불필요한 작업"이라는 해석은 다음에서 잘 설 명된다. Barbara Ehrenreich and Deirdre English, *For Her Own Good: 150 Years of the Experts' Advice to Women*, New York: Doubleday, 1978, 특히 159쪽.

9. 양날의 검

486 Maud Nathan, *The Story of an Epoch-Making Movement*, New York: Doubleday, Page, 1926, pp. 61, 62, 63.

487 Cyrus Edson, "The Microbe as a Social Leveller," *North American Review* 161, 1895, pp. 421~426.

488 Ernest Poole, *The Plague in Its Stronghold*, New York: Charities Organization Society, 1903. 의류 산업에 대한 논의는 다음에 의존한다. Steven Frazer, "Combined and Uneven Development in the Men's Clothing Industry," *Business History Review* 57, winter 1983, pp. 522~547; Steven Fraser, *Labor Will Rule: Sidney Hillman and the Rise of American Labor*, New York: Free Press, 1991; David Montgomery, *The Fall of the House of Labor*, New York: Cambridge University Press, 1987. 이민자 의류 노동자들의 노동 상태에 대해서는 Alan M. Kraut, *Silent Travelers: Genes, Germs, and the "Immigrant*

Menace", New York: Basic Books, 1994, 특히 180~182, 187쪽.

489 의류 노조운동은 Fraser, *Labor Will Rule*; Gus Tyler, *Look for the Union Label: A History of the International Ladies' Garment Workers' Union*, Armonk, N.Y: M. E. Sharpe, 1995; Joan M. Jensen, "The Great Uprisings: 1900~1920," in *A Needle, a Bobbin, a Strike: Women Needleworkers in America*, ed. Joan M. Jensen and Sue Davidson, Philadelphia: Temple University Press, 1984, pp. 88~89. 1900년 일리노이, 매사추세츠, 뉴욕 모두에 공장검사법이 있었다.

490 Nathan, Story, p. 6l. 소비자 연맹의 출현은 Kathryn Kish Sklar, *Florence Kelley and the Nation's Work: The Rise of Women's Political Culture, 1830~1900*, New Haven, Conn.: Yale University Press, 1995, 특히 12장.

491 New York City Consumer's League, *The Menace to the Home from Sweatshop and Tenement-Made Clothing*, New York: The League, 1901, p. 3. 이 팸플릿은 1900년에 뉴욕주의 공동주택위원회Tenement-House Commission of New York State에 제출된 증언을 재출간했다.

492 Nathan, *Story*, pp. 60~67, 66쪽에서 인용. 전국적인 운동에 대해서는 Sklar, *Florence Kelley*, pp. 308~31l. 뉴욕시 연맹은 이미 적절한 임금, 적정 노동시간, "모든 점에 있어서 현존 표준법을 따를" 의지를 포함해 "깨끗한 주택 기준Standard of a Fair House"을 준수하는 가게를 지명하기 위해 "화이트 리스트White List"를 사용했었다. 그러나 이런 전략이 통하기에는 의류 산업이 너무 분산되어 있었다. 백화점은 단순하게 그들이 판매하는 옷이 공동주택에서 만들어졌는지를 몰랐다. 노조 라벨의 역사에 대해서는 Ernest R. Spedden, *The Trade Union Label*, Johns Hopkins University Studies in Historical and Political Science, ser. 28, no. 2, Baltimore, Md.: Johns Hopkins University Press, 1910. "화이트 라벨"이라는 용어는 샌프란시스코 시가 제조업 노조에서 자신들의 제품을 중국 노동자들의 것과 구별하기 위해 처음 사용했다. 그러나 소비자연맹이 차용한 "화이트 라벨"이라는 말은 제품을 만드는 노동자의 인종보다는 제품의 도덕적·위생적인 상태와 관련이 있었다. 대부분의 의류 노동자들은 러시아계 유대인이나 이탈리아인들로, 영국계 미국인 프로테스탄트들이 "백인"으로 여기지 않는 집단이었다.

493 Nathan, *Story*, pp. 67~69.

494 Spedden, *Trade Union Label*, 67쪽에서 인용.

495 1880년대 곰퍼스는 이미 확실한 위생학적인 언어 구사력이 있었고 의사나 보건 관계 자들의 말을 널리 인용했다. Samuel Gompers, "Reports on Tenement-House Cigar Manufacture: Some Implications," in *The Samuel Gompers Papers*, ed. Stuart B. Kaufman, vol 1: *The Making of a Union Leader, 1850~86*, Chicago: University of Illinois Press, 1986, p. 200. 곰퍼스는 1895년 한 해를 제외하고 1886년부터 1924년까지 미국노동총동맹의 회장이었다. 샌프란시스코 시가 제작자들이 사용한 "화이트 라벨"에 대해서는 Spedden, *Trade Union Label*, p. 63. 위생 상태에 대한 노동자들의 오랜 관심에 대해서는 예컨대 Anthony F. C. Wallace, *St. Clair: A Nineteenth-Century Coal Town's Experience with a Disaster-Prone Industry*, Ithaca, N.Y: Cornell University Press, 1988, 특히 5장. 《정글》에 대해서는 James Harvey Young, *Pure Food: Securing the Federal Food and Drugs Act of 1906*, Princeton, NJ.: Princeton University Press, 1989, 10장. 국제노동자동맹에서 호텔과 식당 노동자들을 조직하기 위한 활동에 대해서는 Pasquale Russo, *Twelve O' Clock Lunch*, Chicago: Pasquale Russo, 1923.

496 내가 사용한 시카고 폐협회, 애틀랜타 폐협회, 결핵예방협회, 그리고 뉴욕시 자선조직 협회의 기록 모두는 1900년대 초 노동위원회의 형성을 입증한다. 다음에 따르면, 보스턴에도 분명히 비슷한 위원회가 있었다. Richard Shryock, *National Tuberculosis Association, 1904-1954: A Study of the Voluntary Health Movement in the United States*, NTA Historical Series, no. 8, New York: NTA, 1957, p. 91. 노조 활동에 대한 당대의 설명은 "Labor' s Fight against Tuberculosis," *JOL* 6, no. 6, June 1909, pp. 172~173. 결핵 십자군에 대한 노조 신문의 보도는 1900년대 초 인쇄업자들의 《인쇄 연구 *Typographical Journal*》를 보시오.

497 American Federation of Labor, *Tuberculosis*, Washington, D. C.: AFL, 1906, George Meany Memorial Archives, Silver Spring, Md., 2, 3쪽과 표지에서 인용(원문의 대문자는 굵은 글씨체로 강조-역자 주).

498 Central Labor Union of Philadelphia, Minutes, 1908~1914, Oct. 9, 1910, p. 228, UA 에 재출판.

499 Central Labor Union of Philadelphia, Minutes, 1908~1914, Sept. 25, 1910, p. 222, UA; 케너데이의 연설은 American Federation of Labor, *Tuberculosis*, pp. 5~7, 인용은 7쪽.

500 American Federation of Labor, *Tuberculosis*, p. 7. 나는 남성 지배적인 노조에서는 여성 지배적인 소비자 연맹보다 남성 지배적인 반결핵협회들을 더 마음에 들어 했을 것이라고 생각한다.

501 1909~1910년 파업에 대해서는 Jensen, "The Great Uprisings," and Tyler, *Look for the Union Label*, 4~5장.

502 그것의 설립에 대해서는 JBSC, *Fifteen Years of Industrial Sanitary Self Control*, Fifteenth Anniversary Report of the JBSC…1926, pp. 26~27, box 5, folder 13, ILR.

503 Ibid., pp. 28~29. 의정서의 위생 규정은 1913년에 의복 및 블라우스 제조업자들과 노조로 확대되었다. 위생관리 공동위원회가 양측에 호소한 것에 대해서는 Tyler, *Look for the Union Label*, p. 127.

504 JBSC, *Fifteen Years*, p. 7.

505 그 표준은 *BJBSC*, no. 1, June 1911, n.p. box 10, folder 4, ILR에 재판.

506 JBSC, *Six Years' Work and Progress of the JBSC…1916*, New York: IBSC, 1916, p. 7, box 5, folder 6, ILR; IBSC, *Ten Years of Industrial Sanitary Self Control: Tenth Annual Report of the JBSC…*, New York: JBSC, 1921, p. 7; E. Packard, "Impressions of a Temporary Inspector," *BJBSC* 2, no. 1, May 1914, p. 12.

507 윌리엄 제이 쉐플린의 부고에 실린 전기는 *NYT*, May 1, 1955, p. 88; 릴리안 월드에 대해서는 Edward James, Janet James, and Paul Boyer, eds., *Notable American Women: A Biographical Dictionary, 1607~1950*, Cambridge, Mass.: Belknap Press, Harvard University Press, 1971, vol. 3, pp. 526~529; 헨리 모스코비츠에 대해서는 Elizabeth Israels Perry, *Belle Moskowitz: Feminine Politics and the Exercise of Power in the Age of Alfred E. Smith*, New York: Oxford University Press, 1987, pp. 99~107; 조지 프라이스에 대해서는 "Industrial Medicine's Hall of Fame: George M. Price," *Industrial Medicine and Surgery* 22, no. 1, Jan. 1953, pp. 37~38.

508 앞의 전기 자료와 함께 Tyler, *Look for the Union Label*, pp. 127~128을 보라. 타일러는 프라이스의 역할이 중요했다고 강조한다. 그는 적극적인 사회주의자가 아니었음에도 불구하고 의료 사회화에 대한 분명한 신념을 가지고 있었다. 뉴먼과 슈나이더맨의 경력에 대해서는 Annelise Orleck, *Common Sense and a Little Fire: Women and Working-Class Politics in the United States, 1900~1965*, Chapel Hill: University of North Carolina

Press, 1995. ILR에 보관된 구술사에서 뉴먼은 정통파 유대교도인 그녀의 오빠가 유력 사회주의 일간신문《더 포워드*The Forward*》를 읽지 않는다면 그녀에게 학비를 대주겠다고 제안했지만, 그녀는 거절했다고 말했다. Henoch Mendelsund, "Interview with Pauline Newman," 1973, p. 42.

509 "The Sanitary Label," *BJBSC*, no. 5, Jan. 1912: n.p., box 10, folder 5, ILR. Fraser, *Labor Will Rule*에서 분석한 것처럼, 이 점과 관련해서 위생 관리 공동위원회의 철학은 미국 의복노조연합Amalgamated Clothing Workers' of America의 열정적인 지도자 시드니 힐먼Sidney Hillman의 철학과 매우 유사하다.

510 George M. Price, "Factory Introspection," *The Survey* 26, 1911, pp. 219~228, 인용은 219, 220쪽.

511 JBSC, Workers' *Health Bulletin*, New York: JBSC, 1915, 인용은 24쪽. 다음에서 위생상의 책임 구분이 명확하다. *Sanitary Control Monthly Bulletin* 1, no. 3, Oct. 1919, pp. 8~9. 제시된 위생 결함의 종류는 "가게 주인의 책임"과 "가게 주인과 노동자의 공동 책임" 두 가지였다.

512 *BJBSC*, no. 3, Aug. 1911, p. 1; "The Impressions of Miss Rose Schneiderman," *BJBSC*, no. 6, May 1912: n.p., box 10, folder 5, ILR.

513 "Impressions of Miss Rose Schneiderman," unpaginated; Oral History, Pauline Newman, 1973, pp. 4~5, Oral History 4, ILR.

514 "The Sanitary Label," *BJBSC*, no. 5, Jan. 1912, unpaginated, box 10, folder 5, ILR.

515 JBSC, *Fifteen Years*, p. 30은 간단하게 이런 관습이 라벨 아이디어를 승인하긴 했지만 "여러 가지 이유로 인해" 그것을 실행에 옮기는 데는 실패했다고만 언급한다. 구체적인 내용은 제공하지는 않는다.《여성복 노조*The Ladies' Garment Worker*》에서 라벨 이슈에 대한 보도는 그 아이디어에 대한 반대를 재구성하는 데 훨씬 유용하다. 그 잡지 자체는 프로토콜 라벨을 찬성했다. An editorial, "The White Protocol Label," *The Ladies' Garment Worker*, Aug. 1914, pp. 9~10에서는 이전에 노조 라벨을 개발하려던 시도가 "라벨 제품이 조악하다는 잘못된 믿음" 때문에 실패했다고 주장했다. 프로토콜 라벨은 그 생각을 지워줄 뿐만 아니라 노조가 "우리가 순전히 선동으로 얻는다고 희망할 수 있는 것보다 훨씬 빠르게 더 능률적인 방식으로" 상태를 개선할 수 있게 해줄 것이었다. 또 다른 글 "Convention Echoes," *The Ladies' Garment Worker*, June 1913,

p. 27에서는 국제여성복노조의 "과격한militant" 요소를 라벨 아이디어에 대한 반대의 근원으로 본다. 시가 노동자들 사이에서도 비슷했던 의견 차이를 논하면서 패트리샤 쿠퍼Patricia Cooper는 이렇게 썼다. "일부는 그 라벨을 지지하는 것이 기본적으로 자본가들의 사업을 부흥시키는 것이라는 세계산업노동자조합Industrial Workers of the World의 말에 동의한다." Patricia Cooper, *Once a Cigar Maker: Men, Women, and Work Culture in American Cigar Factories, 1900~1919*, Chicago: University of Illinois Press, 1987, pp. 138~139, 인용은 139쪽.

516 Henry Moskowitz, "The Prosanis Label of the Joint Board of Sanitary Control," in JBSC, *Fifteen Years*, pp. 2~16, 인용은 3, 2, 7쪽. 그 해결책은 모스코비츠의 보고서 일부로 재출간되었다.

517 Ibid., p. 4.

518 Tyler, *Look for the Union Label*, p. 292. 라벨운동과 그것이 노동계급 여성들로부터 지지를 얻지 못한 것에 대한 통찰력 있는 논의는 Dana Frank, *Purchasing Power: Consumer Organizing, Gender; the Seattle Labor Movement, 1919~1929*, New York: Cambridge University Press, 1994. 그녀의 연구는 노조 라벨이 노동계급 여성들로부터 지지받았던 것보다 위생 라벨이 중간계급 여성들로부터 훨씬 더 많은 지지를 받은 이유를 보여준다. 특히 216~224쪽을 보라. 얼핏 보면, 위생 관리 공동위원회를 1920년대의 보수적인 복지 자본주의의 선조로 치부하는 것은 매력이 있다. 그러나 나는 그것이 데이비드 몽고메리David Montgomery가 "건설적 사회주의constructive Socialism"라고 불렀던 상당히 복잡하고 흥미로운 예를 보여 준다고 생각한다. 건설적 사회주의는 "노동자들에게 노조의 근로조건에 대한 투쟁과 필사적인 공동체 개혁의 중요성을 연결시키려는" 노동 철학이다. 몽고메리가 썼듯이, "하수구 사회주의sewer socialism를 당에 대한 부르주아의 영향력과 동일시하는 것만큼 심각한 오해도 없을 것이다." Montgomery, *Fall of the House of Labor*, p. 286. 시드니 힐먼의 경력에 대한 비슷한 주장은 Fraser, *Labor Will Rule*.

519 Moskowitz, "The Prosanis Label," p. 6.

520 George M. Price, "Labor's Fight against Tuberculosis," *Transactions of the Twenty-First Annual Meeting of the National Tuberculosis Association*, pp. 457~460. 그것의 다양한 활동의 의미는 Union Health Center, *Report for 1926*, box 5, folder 14, ILR. 또한 Tyler,

Look for the Union Label, 9장.

521 [Pauline Newman], untitled MS, box 11, folder 21, ILR.

522 Charles Wertenbaker, "My Experience in Organizing Negro Anti−Tuberculosis Leagues," in *The Call of the New South: Addresses Delivered at the Southern Sociological Congress··· 1912*, ed. James E. McCulloch, Nashville, Tenn.: Southern Sociological Congress, 1912, pp. 216~220, 인용은 216쪽. 이 시기 인종과 보건 문제에 대한 개론은 Vanessa Gamble, *Germs Have No Color Line: Blacks and American Medicine, 1900~1940*, New York: Garland, 1989; David McBride, *From Tuberculosis to AIDS: Epidemics among Urban Blacks since 1900*, Albany: State University of New York Press, 1991, 특히 1장과 2장; Susan L. Smith, *Sick and Tired of Being Sick and Tired: Black Women's Health Activism in America, 1890~1950*, Philadelphia: University of Pennsylvania Press, 1995, 특히 서론, 1장, 그리고 2장; Marion M. Torchia, "Tuberculosis among American Negroes: Medical Research on a Racial Disease, 1830−1950," *JHM* 32, 1977, pp. 252~279. 이 시기 흑인 지도자들이 맞닥뜨린 도전에 대한 두 가지의 예리한 설명은 Kevin K. Gaines, *Uplifting the Race: Black Leadership, Politics, and Culture in the Twentieth Century*, Chapel Hill: University of North Carolina Press, 1996; Evelyn Brooks Higginbotham, *Righteous Discontent: The Women's Movement in the Black Baptist Church, 1880~1920*, Cambridge, Mass.: Harvard University Press, 1993.

523 1906년 인종폭동 사건뿐만 아니라 애틀랜타의 흑인의 생활에 대한 괜찮은 묘사는 Jacqueline Anne Rouse, *Lugenia Burns Hope: Black Southern Reformer*, Athens: University of Georgia Press, 1989, pp. 41~45, 57~67. 애틀랜타의 인종분리와 보건에 대해서는 Stuart Galishoff, "Germs Know No Color Line: Black Health and Public Policy in Atlanta, 1900~1918," *JHM* 40, 1985, pp. 22~41. 1900년에 미국 인구조사국은 애틀랜타 인구가 89,872명이고 그중 "니그로"로 분류된 사람은 39.8퍼센트라고 발표했다.

524 Minutes of the Executive Committee [later Board of Directors], June 1, Oct. 12, and Nov. 9, 1909, box 2, folder 3, AHS. "니그로 인종위원회"의 회장인 캠벨Campbell 박사는 앞장서서 다양한 흑인 단체들과 만났다. 그가 회의에 불참하기 시작했을 때, 인종 간 협력의 노력은 중단된 듯하다. 애틀랜타 반결핵 및 방문간호사협회에 대한 전반적인 역사는 Margaret Kidd Parsons, "White Plague and Double−Barred Cross in

Atlanta,", Ph.D. diss., Emory University, 1985.

525 Scrapbook, 1909, box 7, folder 40, AHS, 17, 26쪽에서 인용. 원문 강조. 흑인 노동자에 대해서는 Tera Hunter, "Household Workers in the Making: Mro-American Women in Atlanta and the New South, 1861 to 1920,", Ph.D. diss., Yale University, 1990. 그녀는 5장에서 세탁부 논쟁을 분석한다.

526 Minutes, Executive Committee, Apr. 12, 1910, box 2, folder 32, AHS. On the politics surrounding 세탁부 논쟁을 둘러싼 정치 활동에 대해서는 Hunter, "Household Workers," pp. 212~228.

527 Rouse, *Lugenia Burnsrlope*, 특히 11~19, 26~27, 41~46, 65~68쪽. "The Constitution of the Neighborhood Union," typescript, box 1, NU에서 인용.

528 Marion Torchia, "The Tuberculosis Movement and the Race Question, 1890-1950," *BHM* 49, 1975, pp. 152~168. 당대의 설명은 Kelly Miller, "The Negro Anti-Tuberculosis Society of Washington," *JOL* 6, no. 5, May 1909, pp. 129~130. 버지니아 대학 도서관에 있는 찰스 베르텐베이커Charles Wertenbaker의 문서는 흑인연맹의 형성에 대한 상세한 정보를 포함한다.

529 Dr. Henry Rutherford Butler, "Negligence a Cause of Mortality," *Mortality among Negroes in Cities: Proceedings of the Conference for Investigation of City Problems, Held at Atlanta University, May 26~27, 1898*, Atlanta University Publications, no. 1, 1896, pp. 15~18, 20~25, 인용은 24~25쪽.

530 Lugenia Burns Hope (이하 LBH), Draft of speech, ca. 1908~1909, NU.

531 Parsons, "White Plague," pp. 83~86, 115~116. 파슨스는 호프가 방문하기 전에 로가 미국 흑인 교사 앨리스 캐어리Alice Carey의 제안을 따랐고, 여섯 명의 흑인 여성들과 공식적으로 만나기 시작해서 그들의 지역에 그 정보를 보급했을 것이라고 한다. 만약 호프가 로의 그룹을 알았더라면 애틀랜타협회에 대해 이런 건의를 하도록 충분히 격려했을지도 모른다.

532 Rosa Lowe (이하 RL) to LBH, May 23, 1914, Correspondence, box 1, folder 4, AHS.

533 RL, "City Tuberculosis Program for Negroes," 1914, Reports, Negro Program, box 3, folder 32, AHS.

534 Ibid.

535 이전의 명칭은 "흑인들과 결핵 활동을 동일시하지 않았다"고 생각되었기 때문에 이름이 바뀌었다. Minutes, Negro Anti-Tuberculosis Association (이하 NATA), Jan. 8, 1915, box 3, folder 6, AHS. 나는 미국 흑인 참여자들이 "유색인 지부Colored Branch"보다는 "니그로협회Negro Association"라는 이름을 선호한 것은 아닌가 생각한다. 주민연합이 사용한 지구 시스템에 대해서는 Rouse, *Lugenia Burns Hope*, pp. 67~69.

536 Minutes of NATA, box 3, folders 6 and 32, AHS에 수집된 의사록을 보면 NATA를 위한 폭넓은 재정 지원은 명백하다.

537 예를 들어서 댄스홀 주인들에게 신고 위협은 Minutes of NATA, Jan. 8, 1915, box 3, folder 6, AHS. NATA의 접근법은 히긴보텀Higginbotham의 《당연한 분노*Righteous Discontent*》에서 "책임의 정치학politics of respectability"과 매우 흡사하다.

538 1925년 "위생 조사" 샘플은 box 2, folder 3, NU에 보관된다. NU의 위생 활동에 대한 흥미로운 설명은 "Work of the Neighborhood Union," *Spellman Messenger*, Nov. 1916, pp. 5~6, in box 1, NU.

539 Minutes, NATA, June 8,1915, box 3, folder 6, AHS. 이 백인협회에게 성가신 일을 위임한 것에 대해서는 *Minutes of the Negro Meeting Held on April* 18, 1917, box 3, folder 6, AHS; *Minutes of the Educational-Medical Campaign Meeting…April 20*, 1917, box 3, folder 6, AHS. 상공회의소Chamber of Commerce에 보낸 위생 결함이 있는 103개의 주택 리스트는 주택 상태가 어떻게 질병과 직결되었는지를 보여준다. 예를 들어서 하나의 주택을 "여기서 3명이 12월에 결핵으로 사망한, 거의 쓰레기하치장"이라고 묘사한다. *Chamber of Commerce List*, Apr. 1921, box 2, folder 1, NU. 상점들로 조사 확대에 대해서는 Rouse, *Lugenia Burns Hope*, pp. 81~82.

540 "Partial Report of the Work of the NU," 1919, box 2, NU. 이 상은 다음에 보고된다. Minutes, NATA, July 24, 1917, box 3, folder 6, AHS. 미국 인구조사에 따르면, 애틀랜타 흑인 인구는 1910년에 15만 4,839명에서 1920년 27만 366명까지 늘었다.

541 로사 로는 다음에서 쓰레기를 수거할 것이라는 시의 약속을 보고했다. *Minutes of the Negro Meeting Held on April 18, 1917*. 그리고 루제니아 번즈 호프는 다음에서 그들이 약속을 지키지 않은 것에 대해 불평했다. *Report of the Educational Dept.*, *AATA* [Atlanta Anti-Tuberculosis Association], June 12 to July 17, 1919, box 2, NU.

542 Minutes, NATA, Oct. 17,1916, box 3, folder 6, AHS. 1917년 로와 호프는 초만원 상태,

운동장 부족 등을 조사하기 위해서 흑인학교를 방문했다. Minutes, NATA, Nov. 14, 1917, box 3, folder 5, AHS를 보라. 근대 위생 십자군의 도입에 대해서는 "Report of Colored Dept. for Year 1919," box 2, folder 18, AHS.

543 Minutes, NATA, Jan 1, 1917, and Mar. 13, 1917, box 3, folder 6, AHS에서 인용. 헨리 H. 페이스는 해리Harry라는 별명으로 종종 확인된다. 도서관 논쟁에 대한 보다 상세한 정보는 Donald L. Grant, *The Way It Was in the South: The Black Experience in Georgia*, ed. *Jonathan Grant*, New York: Carol Publishing, 1993, pp. 217~218.

544 Minutes, NATA, Apr. 20, 1916, box 3, folder 6, AHS. 나는 이 공원이 정말 만들어졌는지는 모른다.

545 북부 이주에 대해서는 James R. Grossman, *Land of Hope: Chicago, Black Southerners, and the Great Migration*, Chicago: University of Chicago Press, 1989; Daniel M. Johnson and Rex R. Campbell, *Black Migration in America: A Social Demographic History*, Durham, N.C.: Duke University Press, 1981.

546 *Minutes of the Joint Meeting Held on July 27th, 1917*, box 3, folder 6, AHS.

547 Ibid.

548 보험회사의 지원에 대해서는 Minutes, NATA, Mar. 19 and Apr. 11, 1919 (hiring black agent); Minutes, NATA, Jan. 16, 1917 (printing material), both in box 3, folder—6, AHS.

549 *Anti—Tuberculosis Association, Colored Department, Annual Report*, [1921], box 3, folder 32, AHS; Minutes, NATA, May 19, 1921, box 3, folder 6, AHS. 교회 캠페인에 대한 진전된 설명은 Minutes, NATA, June to Sept. 1921, in box 3, folder 6, AHS.

550 Minutes of the Annual Meeting, Feb. 18, 1926, box 2, folder 19, AHS. 웨이시거는 NATA를 "정기적으로 만나고 주로 조직 내에 교육적·지식적인 측면에서 애틀랜타 흑인주민Atlanta's Colored Population과 함께 일하는 뛰어난 지도자들이 있는" 집단으로 묘사했다. 그 단체들에 대해서는 Rouse, *Lugenia Burns Hope*, pp. 82–85.

551 전미 니그로 보건 주간에 대해서는 *Sick and Tired*, pp. 33~57.

552 Minutes, NATA, Sept. 21,—HH5, box 3 folder 6, AHS; Minutes, Feb. 21, 1924, box 3, folder 7, AHS. 1920년에 애틀랜타협회는 남부결핵협회Southern Tuberculosis Association에 존 호프John Hope를 대표단의 한 명으로 보내는 대담한 조치를 취했다. Parsons, "White Plague," p. 125를 보라.

553 Leet Myers to LBH, Aug. 24, 1920, box 2, NU. 아이들의 소묘는 터스키기대학 아카이브에 있는 전미 니그로 보건 주간 문서에서 볼 수 있다.

554 Mary Antin to LBH, Apr. 19, 1922, box 2, NU.

555 Monroe Work Files, "Women's Work," clipping from Savannah Journal, July 23, 1921, TU. 스튜어트 갈리쇼프Stuart Galishoff는 애틀랜타, 특히 1910년 시의 상수도 개선을 위한 자금을 공급하는 공채 발행과 관련한 논문에서 동일하게 주장한다. Galishoff, "Germs Know No Color Line."

IV. 복음의 후퇴

10. 열정의 쇠퇴

556 Charles-Edward Amory Winslow, "Man and the Microbe," *PSM* 85, 1914, pp. 5~20, 인용은 9쪽.

557 건강보균자 개념의 중요성은 Judith Walzer Leavitt, *Typhoid Mary: Captive of the Public's Health*, Boston: Beacon, 1996.

558 Charles Chapin, "The End of the Filth Theory of Disease," *PSM* 60, Jan. 1902, pp. 234~239; "The Fetich of Disinfection," *Journal of the American Medical Association* 47, Aug. 1906, pp. 574~577. 윈슬로의 하수 가스 실험 연구는 National Association of Master Plumbers, *Report of the Sanitary Committee 1907~1908~1909*, Boston, Mass.: National Association of Master Plumbers, 1909, pp. 4~22, 39~85. 월터 리드의 실험과 황열병에 대한 진전된 해석은 Margaret Humphreys, *Yellow Fever and the South*, New Brunswick, NJ.: Rutgers University Press, 1992, pp. 38~39, 153~157.

559 Livingston Farrand to General Director, AICP [Association for Improving the Condition of the Poor], Dec. 9, 1914, box 52, CSS 재인용. "선별winnowing" 과정에 대한 개괄은 Charles Chapin, *Sources and Modes of Infection*, 2d ed., New York: John Wiley and Sons, 1912.

560 Bailey Burritt to Lawrence Veiller, Feb. 11, 1916, Veiller Correspondence, CSS. 버릿은 빈곤층의 상태를 개선하기 위한 협회Association for Improving the Condition of the Poor를 위해 일했다.

561 먼지설에 대한 회의가 증가한 것에 대해서는 Milton J. Rosenau, *Preventive Medicine and Hygiene*, New York: D. Appleton, 1913의 개정판을 비교해서 추적할 수 있다. 먼지설이 잔존할 수 있었던 요인은 채석이나 금속 연마 같은 이른바 먼지투성이의 일을 하는 노동자들에게서 결핵 발병률이 특히 높다는 것을 발견한 것이었다. Gerald Rosner and Gerald Markowitz, *Deadly Dust: Silicosis and the Politics of Occupational Disease in Twentieth-Century America*, Princeton, NJ.: Princeton University Press, 1991.

562 Hibbert Winslow Hill, *The New Public Health*, Minneapolis: Press of the Journal Lancet, 1913, p. 5. 새로운 공중보건에 대해서는 Elizabeth Fee, *Disease and Discovery: A History of the Johns Hopkins School of Hygiene and Public Health, 1916~1939*, Baltimore, Md.: Johns Hopkins University Press, 1987; Judith Walzer Leavitt, *The Healthiest City: Milwaukee and the Politics of Health Reform*, Princeton, NJ.: Princeton University Press, 1982; Leavitt, *Typhoid Mary*; and Barbara Gutmann Rosenkrantz, *Public Health and the State: Changing Views in Massachusetts, 1842~1936*, Cambridge, Mass.: Harvard University Press, 1972.

563 새로운 진단 방법에 대해서는 George Rosen, *A History of Public Health*, expanded ed., Baltimore, Md.: Johns Hopkins University Press, 1993, 특히 307~314쪽; Terra Ziporyn, Disease *in the Popular American Press: The Case of Diphtheria, Typhoid Fever, and Syphilis, 1870~1920*, New York: Greenwood, 1988; René Dubos and Jean Dubos, *The White Plague: Tuberculosis, Man, and Society*, 1952; reprint, New Brunswick, NJ.: Rutgers University Press, 1987, pp. 120~122. 비달 검사는 1890년대 말에 이용할 수 있게 되었다.

564 Hill, *New Public Health*, p. 5; Winslow, "Man and the Microbe," p. 20.

565 Iago Gladston, "Debunking Health Education," *Journal of the American* Medical Association 91, no. 14, Oct. 6, 1928, pp. 1056; Sinclair Lewis, *Arrowsmith*, 1924; reprint, New York: Harcourt Brace Jovanovich, 1952; Paul de Kruif, *Microbe Hunters*, 1926; reprint, New York: Harcourt, Brace and World, 1953, pp. 282, 300. 《애로스미스》 저술에 대해서는 Charles E. Rosenberg, "Martin Arrowsmith: The Scientist as Hero," in *No Other Gods: On Science and American Social Thought*, ed. Charles Rosenberg, Baltimore, Md.: Johns Hopkins University Press, 1976, pp. 123~131.

566 Lewis, *Arrowsmith*, pp. 189, 242, 244, 216, 219.

567 De Kruif, *Microbe Hunters*, pp. 282, 300.

568 1920년대에 대한 개관은 Stanley Coben, *Rebellion against Victorianism: The Impetus for Cultural Change in 1920s America*, New York: Oxford University Press, 1991; Ellis-Hawley, *The Great War and the Search for a Modern Order: A History of the American People and Their Institutions, 1917~1933*, New York: St. Martih's, 1992. 공중보건운동의 변화에 대해서는 Paul Starr, *The Social Transformation of American Medicine*, New York: Basic Books, 1982, 특히 Bk. 1, 5장과 Bk. 2, 1장. 유아복지운동에 대해서는 Richard A. Meckel, *Save the Babies: American Public Health Reform and the Prevention of Infant Mortality, 1850~1929*, Baltimore, Md.: Johns Hopkins University Press, 1990. 사회적·정치적 옹호로부터 과학적 옹호로의 변화는 Christopher C. Sellers, *Hazards of the Job: From Industrial Disease to Environmental Health Hazard*, Chapel Hill: University of North Carolina Press, 1997; John Burnham, "American Physicians and Tobacco Use," *BHM* 63, 1989, pp. 1~31; Philip J. Pauly, "The Struggle for Ignorance about Alcohol," *BHM* 64, 1990, pp. 366~392. 그러나 사회적 이슈로부터 너무 멀리 후퇴한 것은 아니었다. 조지나 펠드버그는 실험실에 대한 의존에도 불구하고 강력한 "사회개혁이라는 치료법"이 지속적으로 결핵 통제를 위한 보건 정책을 형성했다고 설득력 있게 주장한다. Georgina D. Feldberg, *Disease and Class: Tuberculosis and the Shaping of Modern North American Society*, New Brunswick, NJ.: Rutgers University Press, 1995.

569 전간기 대중 보건 교육에 대해서는 Martin Pernick, *The Black Stork: Eugenics and the Death of "Defective" Babies in American Medicine and Motion Pictures since 1915*, New York: Oxford University Press, 1996; Martin Per nick, "The Ethics of Preventive Medicine: Thomas Edison's Tuberculosis Films; Mass Media and Health Propaganda," *Hastings Center Report* 8, June 1978, pp. 21~27; Elizabeth Toon, "Managing the Conduct of the Individual Life: Public Health Education and American Public Health, 1910~1940", Ph.D. diss., University of Pennsylvania, forthcoming Dec. 1997. 퍼닉과 툰의 연구는 보건 영화나 라디오 프로그램의 급증이 어떻게 전간기 균의 복음을 개조하는 데 도움이 되었는지를 탐구하는 데 대단히 유용할 것이다. 세균학에서 여성에 대해서는 Margaret Rossiter, *Women Scientists in America: Struggles and Strategies to 1940*,

Baltimore, Md.: Johns Hopkins University Press, 1982, 특히 238~243쪽. 초기 보건 교육의 발전에 대해서는 Elizabeth Toon, "Selling Health: Consumer Education, Public Health, and Public Relations in the Interwar Period" (paper delivered at the Berkshire Conference on Women's History, Chapel Hill, N.C. June 1996).

570 사망률 통계의 변화에 대한 간략한 설명은 Judith Walzer Leavitt and Ronald L. Numbers, "Sickness and Health in America: An Overview," in *Sickness and Health in America: Readings in the History of Medicine and Public Health*, Madison: University of Wisconsin Press, 1985. 아동 사망률의 감소에 대한 상세한 연구를 위해서는 Meckel, *Save the Babies, and Samuel H. Preston and Michael R. Haines, Fatal Years: Child Mortality in Late Nineteenth-Century America*, Princeton, NJ.: Princeton University Press, 1991를 보라. 비타민에 대해서는 Rima D. Apple, *Vitamania: Vitamins in American Culture*, New Brunswick, NJ.: Rutgers University Press, 1996. 긍정적 건강이라는 이상에 대한 정의는 Martha Koehne, "The Health Education Program and the Home Economist," *JHE* 16, no. 7, July 1924, pp. 373~380.

571 Stanhope Bayne-Jones, *Man and Microbes*, Baltimore, Md.: Williams and Wilkins, 1932, p. 128. 물이나 위생 같은 분야에서 보건 규정의 효과 증가에 대해서는 John Duffy, *A History of Public Health in New York City, 1866~1966*, New York: Russell Sage Foundation, 1974; Leavitt, *Healthiest City*. 식품 산업에 대해서는 Harvey Levenstein, *Revolution at the Table: The Transformation of the American Diet*, New York: Oxford University Press, 1988. 포장에 대해서는 Thomas Hine, *The Total Package: The Evolution and Secret Meanings of Boxes, Bottles, Cans, and Tubes*, New York: Little, Brown, 1995.

572 반결핵협회들의 발전에 대해서는 Michael E. Teller, *The Tuberculosis Movement*, Westwood, Conn.: Greenwood, 1988; Richard H. Shryock, *National Tuberculosis Association, 1904~1954: A Study of the Voluntary Health Movement in the United States*, Historical Series, no. 8, New York: NTA, 1957. 폐암에 맞선 십자군에 대해서는 James T. Patterson, *The Dread Disease: Cancer and Modern American Culture*, Cambridge, Mass.: Harvard University Press, 1987.

573 예컨대 Estelle D. Buchanan and Robert Earle Buchanan, *Bacteriology for Students in General and Household Science*, rev. ed., New York: Macmillan, 1922; Ava L. Johnson,

Bacteriology of the Home: A Textbook of Practical Bacteriology, Peoria, Ill.: Manual Arts Press, 1929; Paul W. Allen, D. Frank Holtman, and Louise Allen McBee, *Microbes Which Help or Destroy Us*, St. Louis, Mo: C. V. Mosby, 1941. 표지에는 에스텔 뷰캐넌이 석사학위를 가졌고 이전에 아이오와 주립대학에서 식물학 조교수였다고 나온다. 그리고 로버트 뷰캐넌은 박사학위가 있었고 세균학 교수였다. 존슨은 가정경제학 학사와 석사 둘 다 있었으며 프랫대학의 실용 세균학 책임자였다. 엘렌과 홀트만은 둘 다 박사학위 소지자였고 테네시대학의 세균학 교수였다. 맥비는 석사학위가 있었고 이전에 동 대학의 조교였다. 가정세균학과 주립대학들 사이에 관계가 강하게 지속되었던 것을 주지하라.

574 이 일반화는 1910년대에서 1920년대에 《가정경제학 연구*Journal of Home Economics*》에 근거한다. 전간기 가정경제학자들의 취업 기회에 대한 조사에서는 영양학이나 섬유 산업을 강조했다. 식품 세균학은 눈에 띌 정도로 없었다. 1920년대 보건 교육에 대한 논문에서는 가정경제학자들이 다른 직업들 특히 간호사와 경쟁하고 있었고, 영양학을 "새로운 공중보건"과 결합하는 최선의 희망으로 보았다는 것을 나타낸다. 또한 역사 에세이는 Sarah Stage and Virginia Vincenti, eds., *Rethinking Home Economics: Women and the History of a Profession*, Ithaca, N.Y.: Cornell University Press, 1997.

575 주석 17에 언급된 글 어디에도 가정 배관에 대한 논의는 없었다. Allen, Holtman, and McBee, *Microbes Which Help*, pp. 147~149, 154, 164쪽에서는 T. 미첼 프루덴이 흠잡을 수 없는 먼지 감염설에 대한 논의를 다룬다.

576 *Scouting for Girls: Official Handbook of the Girl Scouts*, 3d ed., New York: Girl Scouts, 1922, p. 121. 미국 적십자사의 간호 수업도 중요한 "전간기 가정 위생을 교육하는 중요한 전달자"가 되었다. Jane A. Delano and Isabel McIsaac, *American Red Cross Textbook on Elementary Hygiene and Home Care of the Sick*, Philadelphia: P. Blakiston's Son, 1913.

577 가사일의 변화에 대해서는 Ruth Schwartz Cowan, *More Work for Mother: The Ironies of Household Technology from the Open Hearth to the Microwave*, New York: Basic, 1983; Suellen Hoy, *Chasing Dirt: The American Pursuit of Cleanliness*, New York: Oxford University Press, 1995. 병원의 확장에 대해서는 Rosemary Stevens, *In Sickness and in Wealth: American Hospitals in the Twentieth Century*, New York: Basic Books, 1989.

578 예컨대, 용어에 대한 논의는 Charles F. Bolduan and Nils W. Bolduan, *Applied*

Microbiology and Immunology for Nurses, Philadelphia: W. B. Saunders, 1940, p. 13.

579 바이러스학의 역사에 대해서는 Sally Smith Hughes, *The Virus: A History of the Concept*, New York: Science History Publications, 1977.

580 독감 유행에 대해서는 Alfred W. Crosby, *America's Forgotten Pandemic: The Influenza of 1918*, New York: Cambridge University Press, 1989. 통계는 206쪽. 독감 유행에 대한 생생한 묘사는 Simmons College's School of Public Health Nursing, box 8, folder 1, SCP.

581 폴리오에 대한 논의는 다음의 훌륭한 연구에 근거한다. Naomi Rogers, *Dirt and Disease: Polio before FDR*, New Brunswick, NJ,: Rutgers University Press, 1992.

582 Ibid., pp. 1~2.

583 Ibid., 특히 138~190쪽. 지속적인 청결과 폴리오 방지의 관계에 대해서는 Emily Martin, *Flexible Bodies: Tracking Immunity in American Culture from the Days of Polio to the Age of AIDS*, Boston: Beacon, 1994, pp. 24~25; Jane S. Smith, *Patenting the Sun: Polio and the Salk Vaccine*, New York: William Morrow, 1990, pp. 155~157.

584 아동보건 교육의 역사에 대해서는 Richard K. Means, *A History of Health Education in the United States*, Philadelphia: Lea and Febiger, 1962.

585 흑인 보건운동에 대한 개관은 Susan L. Smith, *Sick and Tired of Being Sick and Tired: Black Women's Health Activism in America, 1890~1950*, Philadelphia: University of Pennsylvania Press, 1995. 터스키기에서의 연구는 33~57쪽. 농촌의 보건 지도 사업에 대한 당대의 설명은 Thomas Monroe Campbell, *The Moveable School Goes to the Negro Farmer*, 1936; reprint, Tuskegee, Ala.: Tuskegee Institute, Tuskegee University Archives, 1992. 흑인 의료 서비스에 대해서는 대체로 David McBride, *Integrating the City of Medicine: Blacks in Philadelphia Health Care, 1910~1965*, Philadelphia: Temple University Press, 1989; McBride, *From TB to AIDS*.

586 전간기 광고와 위생에 대한 일반적인 설명은 Vincent Vinikas, *Soft Soap, Hard Sell: American Hygiene in an Age of Advertisement*, Ames: Iowa State University Press, 1992; Hoy, Chasing Dirt, pp. 123~149. 또한 Jackson Lears, *Fables of Abundance: A Cultural History of Advertising in America* (New York: Basic Books, 1994, 6장).

587 리스테린 캠페인에 대한 통찰력 있는 설명은 Roland Marchand, *Advertising the American*

Dream: Making Way for Modernity, 1920~1940, Berkeley: University of California Press, 1985, pp. 18~21.

588 이 다음 몇 단락에서 분석한 내용은 1920년대에서 1930년의 리스테린 광고에 근거한 다. Domestic Advertisements, Warner—Lambert Company, JWT.

589 "Just about All about Cellophane," pp. 74~102 [clipping, source unidentified], in vol. 81, Scrapbook 1932~1933, HD, 인용은 74쪽.

590 "Just about All," p. 75; "Lost and Found: A Profit Maker for the Baking Industry," item 509, HD. 셀로판 마케팅 경비는 Minutes of Directors' Meetings, Du Pont Cellophane Company, vols. 18, 20, HD. 듀폰의 마케팅 전략에 대한 일반화는 그 회사 아카이브 자료 조사에 기초한다. 1924년 듀폰의 화학자들 중 한 명이 언급했듯이, 셀로판은 글라신지(얇고 반투명한 광택지로 책 표지나 포장에 주로 사용—역자 주)나 은박지처럼 이미 널리 사용되고 있던 포장지보다 위생적으로 현저하게 나아진 것은 아니었다. H. R. Whitaker to O. F. Benz, Aug. 19, 1924, box 502, "Defendant's Exhibits," no. 299, HD.

591 라디오 쇼에 대해서는 *Emily Post*, brochure in Scrapbook, 1932~1933, vol. 81, HD. 주요 광고 캠페인에 대한 조사는 "Making American Cellophane Conscious," Scrapbook, 1932~1933, vol. 81, HD. 이 스크랩북도 일반 대중잡지에 실린 광고 샘플을 포함한다.

592 Oliver Benz, form letter, May 26, 1933, vol. 82, Scrapbook, 1933, HD.

593 "The Public Cup," *Independent* 71, 1911, pp. 830~831, 인용은 831쪽. 듀폰은 젊은 여성들에게 셀로판을 접어서 모자, 벨트, 지갑을 만들도록 장려하여 셀로판 공예 아이디어를 홍보함으로써 낭비를 줄이려고 노력했다. 셀로판 "가내 공업homecraft"에 대해서는 *It Started with Belts*, vol. 81, Scrapbook, 1932~1933, HD.

594 생리대에 대해서는 Jane Farrell—Beck and Laura Klosterman Kidd, "The Roles of Health Professionals in the Development and Dissemination of Women's Sanitary Products, 1880~1940," *JHM* 51, 1996, pp. 325~352. 휴지의 역사에 대해서는 Walter T. Hughes, "A Tribute to Toilet Paper," *Reviews of Infectious Diseases* 10, no. 1, Jan.—Feb. 1988, pp. 218~222.

595 Homer N. Calver, "Foreword," *Regulatory Measures Concerning the Prohibition of the Common Drinking Cup and the Sterilization of Eating and Drinking Utensils in Public*

Places, New York: Public Health Committee, Cup and Container Institute, 1936, p. 3.

596 "Kimberly—Clark Corporation," in Adele Hast, ed., *International Directory of Company Histories*, vol. 3, Chicago: St. James, 1991, pp. 40~41. 위생용품과 생리 위생의 역사에 대해서는 Farrell—Beck and Kidd, "Roles of Health Profess1onals"; Joan Jacobs Brumberg, *Body Projects*, New York: Random House, 1997, 2장.

597 "Kimberly—Clark Corporation," pp. 40~41; "The Introduction of Kleenex Tissues," Archives, Kimberly—Clark Corporation, Neenah, Wisconsin.

598 항생제의 역사에 대한 설명은 Harry F. Dowling, *Fighting Infection: Conquests of the Twentieth Century*, Cambridge, Mass.: Harvard University Press, 1977; Stuart B. Levy, *The Antibiotic Paradox: How Miracle Drugs Are Destroying the Miracle*, New York: Plenum, 1992; Frank Ryan, *Forgotten Plague: How the Battle against Tuberculosis Was Won and Lost*, Boston: Little, Brown, 1992.

599 에를리히에 대해서는 Ryan, *Forgotten Plague*, pp. 88~89.

600 Ibid., pp. 96~109.

601 Dowling, *Fighting Infection*, pp. 125~157.

602 Ryan, *Forgotten Plague*, 특히 209~223쪽; Levy, *Antibiotic Paradox*, 특히 42~46쪽. 레비는 자신의 책 47쪽에 1919년부터 1972년까지 항균제의 발견과 임상 치료의 도입에 대한 유용한 연대기를 제공한다.

603 초기 항생제 사용과 관련된 문제는 Ryan, *Forgotten Plague*, 특히 19장; Dowling, *Fighting Infection*, 특히 11장.

604 J. D. Ratcliff, "Yellow Magic of Penicillin," *Reader's Digest* 43, 1943, pp. 47~51, 인용은 48쪽; J. D. Ratcliff, "Bugs Are Their Employees," *Nation's Business* 37, 1949, pp. 32~34, 58~59. 인용은 33, 34쪽.

605 Ryan, *Forgotten Plague*, 296쪽에서 재인용. 불행히도 결핵은 애초에 예상했던 것보다 훨씬 더 치료하기 어렵다는 사실이 곧 밝혀졌기 때문에 그런 행복감은 이내 자취를 감추었다. 결국 효과적인 약물 치료는 여러 가지 다양한 항생제를 섞어서 복용할 필요가 있었다. Ryan, *Forgotten Plague*, 특히 377~384쪽.

606 폴리오 백신 개발과 도입에 대해서는 Smith, *Patenting the Sun*.

607 "The Killers All Around," *Time*, Sept. 12, 1994, p. 65; Barry Bloom and Christopher J. L.

Murray, "Tuberculosis: Commentary on a Reemergent Killer," *Science* 257, Aug. 21, 1992, 1055쪽에서 보건국장의 말을 재인용. 팍스 안티바이오티카는 다음에서 사용된 용어이다. John D. Arras, "Fragile Web of Responsibility," *Hastings Center Report* 18, no. 2, Apr.–May 1988, supp., p. 10.

608 Interview 1–4–A, KC.

에필로그

609 Ryan White and Ann Marie Cunningham, *Ryan White: My Own Story*, New York: Dial, 1991.

610 에이즈에 대한 역사적 개관은 Mirko Grmek, *History of Aids: Emergence and Origin of a Modern Pandemic, Princeton*, NJ.: Princeton University Press, 1990. 또한 Randy Shilts, *And the Band Played On: Politics, People and the AIDS Epidemic*, New York: St. Martin's, 1987; Elinor Burkett, *The Gravest Show on Earth: America in the Age of AIDS*, New York: Houghton Mifflin, 1995. 쉴츠와 마찬가지로 많은 에이즈운동가들은 의료계가 에이즈 바이러스를 추적하는 데 너무 지체했다고 생각했다. 그러나 의사학자들 대부분은 레트로 바이러스의 파악하기 어려운 성질과 전달 방식을 고려할 때 실험실 연구자나 질병 통제센터 모두 상당히 효과적으로 유행병의 도전에 대응했다는 그르멕의 주장에 동의할 것이다. 이 장에서 제기된 다른 문제뿐만 아니라 에이즈 유행병에 의해 야기된 폭넓은 보건 문제에 대해서는 다음의 사려 깊은 논의를 보라. Joshua Lederberg, Robert E. Shope, and Stanley C. Oaks, Jr., eds., *Emerging Infections: Microbial Threats to Health in the United States*, Washington, D.C.: National Academy Press, 1992.

611 Shilts, *And the Band Played On*; Brandt, *No Magic Bullet: A Social History of Venereal Disease in the United States since 1880*, expo ed., New York: Oxford University Press, 1987, 특히 6장.

612 부정적 교육의 중요성에 대해서는 예컨대 Steven Kappel et al., "AIDS Knowledge and Attitudes among Adults in Vermont," *Public Health Reports* 104, 1989, pp. 388~391.

613 대중의 면역 체계에 대한 인식은 Emily Martin, *Flexible Bodies: Tracking Immunity in American Culture from the Days of Polio to the Age of AIDS*, Boston: Beacon, 1994.

614 에이즈 환자와 그 보호자에게 권고된 예방책은 John G. Bartlett and Anne K.

Finkbeiner, *The Guide to Living with HIV Infection*, rev. ed., Baltimore, Md.: Johns Hopkins University Press, 1993, pp. 42~55.

615 Marion Harland, "Little Things That Are No Trifles," *GH* 54, May 1912, pp. 705~707. 신종 바이러스에 대한 대중적인 설명은 Laurie Garrett, *The Coming Plague: Newly Emerging Diseases in a World Out of Balance*, New York: Farrar, Straus, and Giroux, 1994; Richard Preston, T*he Hot Zone*, New York: Random House, 1994. 그 발생에 대한 과학적인 치료법은 Lederberg, Shope, and Oaks, *Emerging Infections*, 특히 2장.

616 Garrett, *Coming Plague*, 특히 80~84쪽; Preston, *Hot Zone*, 특히 80~83쪽.

617 Garrett, *Coming Plague*, p. 27.

618 한타 바이러스에 대해서는 Garrett, *Coming Plague*, 15장. 라임병은 Alan Barbour, *Lyme Disease*, Baltimore, Md.: Johns Hopkins University Press, 1996. 댕기열에 대해서는 Robin Marantz Henig, "The New Mosquito Menace," *NYT*, Sept. 13, 1995, p. A23; Larry Rohter, "U.S. Is Now Threatened by Epidemic of Dengue," *NYT*, Sept. 23, 1995, p. A5. 말 뇌염은 John Rather, "Mosquito Threat Draws Swift Action," *NYT*, Sept. 1, 1996, sec. 13, pp. l, 14.

619 "Neglected for Years, TB Is Back with Strains That Are Deadlier," *NYT*, Oct. 11, 1992, pp. AI, A44. 결핵 재발에 대해서는 Katherine Ott, *Fevered Lives: Tuberculosis in American Culture since 1870*, Cambridge, Mass.: Harvard University Press, 1996, 9장; Frank Ryan, *The Forgotten Plague: How the Battle against Tuberculosis Was Won and Lost*, Boston: Little, Brown, 1992. 오트가 지적하듯이, 결핵의 "재발return"이라는 개념은 그 질병이 이 세기를 통틀어 개발도상국들에서 주요 사망원인이라는 점에서 오해의 소지가 있다.

620 "Common Bacteria Said to Be Turning Untreatable," *NYT*, Feb. 20, 1994, p. 24. 새로운 용혈연쇄구균 A 발병에 대해서는 "Severe Infection Cited in Queens Boy's Death," *NYT*, Apr. 5, 1995, pp. Bl, B6. 또한 "Fears Growing over Bacteria Resistant to Antibiotics," *NYT*, Sept. 12, 1995, pp. Cl, C3. 연쇄상구균의 감염력은 약제 내성이 아니라 유전적 변이의 결과인 것 같다. 그리고 그것들은 페니실린으로 치료할 수 있다.

621 이 과정에 대한 좋은 개요는 Lederberg, Shope, and Oaks, *Emerging Infections*, 특히 2장.

622 "Outbreak of Disease in Milwaukee Undercuts Confidence in Water," *NYT*, Apr. 20, 1993, p. C3; "Bacterial Taint in Water Supply Baffles Experts," *NYT*, July 29, 1993, p. A1. 상수도에 대한 걱정은 지난 10년 동안 생수병 판매가 급증한 주된 이유이다. Suzanne Hamlin, "Behind American's Love of Bottled Water," *NYT*, July 24, 1996, pp. Cl, C6.

623 "Lessons Are Sought in Outbreak of Illness from Tainted Meat," *NYT*, Feb. 9, 1993, p. C3. 농무부에서 채택한 안전 취급 지침서들은 "Coming Soon to a Brisket near You," NYT, Aug. 15, 1993, sec. 4, p. 2. 1996년 7월에 이 똑같은 **대장균** 변형으로 8,000명의 일본인들이 병에 걸렸고, 7명이 죽었다. "A Food Infection Alarms Japanese," *NYT*, July 25,1996, pp. AI, A8.

624 Keith Bradsher, "Gap in Wealth in U.S. Called Widest in West," *NYT*, Apr. 17, 1995, pp. AI, D4.

625 John Cushman, "Report Says Global Warming Poses Threat to Public Health" *NYT*, July 8, 1996. p. A2.

626 이런 논평은 다음과 같은 연방정부에서 입수할 수 있는 자료들을 검토한 것에 기초한다. *The Inside Story: A Guide to Indoor Air Quality*, Washington, D. C.: U.S. Environmental Protection Agency, 1988. 광범위한 가정 건강의 위험에 대한 안내서는 Arthur C. Upton and Eden Graber, *Staying Healthy in a Risky Environment*, New York: Simon and Schuster, 1993. 세균 판매의 재발을 위해서는 "Why Germs Make Us Squirm," *Atlanta Journal/Constitution*, July 20, 1993, pp. Bl, B7.

627 Tim Weiner, "Finding New Reasons to Dread the Unknown," *NYT*, Mar. 26, 1995, sec. 4, p. l.

628 최근에 신종 전염병이 야기한 위험에 대한 과학적 평가는 Lederberg, Shope, and Oaks, *Emerging Infections*.

629 "Civilization and the Microbe," *Scientific American* 130, Mar. 1924, p. 172.

630 Garrett, *Coming Plague*, pp. 618, 620.

631 Alfred Crosby, *America's Forgotten Pandemic: The Influenza of 1918*, New York: Cambridge University Press, 1989, p. xi.

632 장티푸스 보균자에 대해서는 Judith Walzer Leavitt, *Typhoid Mary: Captive of the Public's*

Health, Boston: Beacon, 1996. 터스키기에 대해서는 James Jones, *Bad Blood*: *The Tuskegee Syphilis Experiment*, rev. ed., New York: Free Press, 1993.

633 노동 착취에 대한 유명인의 캠페인은 "Labor Pains," *People*, June 10, 1996, pp. 55~60, 67~68.

찾아보기

세균의 복음──1870~1930년 미국 공중보건의 역사

⊙ 2019년 4월 22일 초판 1쇄 인쇄
⊙ 2019년 4월 29일 초판 1쇄 발행
⊙ 지은이　　　 낸시 톰스
⊙ 옮긴이　　　 이춘입
⊙ 펴낸이　　　 박혜숙
⊙ 디자인　　　 김정연
⊙ 펴낸곳　　　 도서출판 푸른역사
　　　　　　 우) 03044 서울시 종로구 자하문로8길 13
　　　　　　 전화: 02)720−8921(편집부) 02)720−8920(영업부)
　　　　　　 팩스: 02)720−9887
　　　　　　 전자우편: 2013history@naver.com
　　　　　　 등록: 1997년 2월 14일 제13−483호

ⓒ 이춘입, 2019

ISBN　979−11−5612−1350　93900